D1687164

Franz Kiener

Eine Ordnung als Anfang

PARK BOOKS

Z·V Zentralvereinigung
der ArchitektInnen Österreichs

Eine Ordnung als Anfang! Man muss es in seinen Kopf bekommen. Sich vorerst die Räume aufzeichnen und diese genau anschauen und vor allem die Umgebung mitdenken. Dann bekommt man ein erstes Gefühl für die Bauaufgabe und man kann eine grobe Form entwickeln. Anschließend wird der Grundriss erarbeitet und die technische Umsetzung überlegt. Damit verändert sich die Form und es entsteht etwas Amorphes. Dann heißt es, einen „Faden" zu finden, an dem man sich anhängt und auf dem man weiterentwickeln kann. So macht man Architektur!

Franz Kiener

Inhalt

8 Ingrid Holzschuh, Vorwort
11 Friedrich Achleitner, Einleitung

1 Biografische Skizzen

12

14 Ingrid Holzschuh
Geprägt. Im Geist der Nachkriegsmoderne

28 Christoph Hölz
Das Meisterschulen-Prinzip. Feste und Ausstellungen für und über Clemens Holzmeister

34 Franziska Leeb
Franz Kiener und die Zentralvereinigung der Architekten

2 Einfamilienhäuser

40

42 Monika Platzer
Private Räume. Modern, aber nicht modernistisch

48 Haus Kiener, 1956–1959
50 Haus Neuhauser, 1963
52 Haus Subal, 1964
54 Haus Franz Graf, 1964–1965
56 Haus Pfeiffer, 1970–1972
58 Haus Ploch, 1979
64 Haus Neuhauser, 1980
66 Haus Komlanz, 1983
68 Teichhaus, 1992
70 Haus Weiß, 2002
72 Haus Lindner, 2006
74 Haus Roman Kokoschka, 2014
76 Dachwohnung Neuhauser, 2015

Einfamilienhäuser / Entwürfe
78 Haus Schudawa, 1959
79 Haus Pircher, 1962
80 Haus Svoboda, 1964
81 Haus Moritz, 2000

Wohnungen
82 Wohnungen Dostal, 1957–1975
88 Wohnung Kiener, 1966
92 Möbel Eva Maria Kokoschka, 1979–2013
94 Wohnung Kührer, 2007
98 Wohnungen Weiß, 2009–2012

3 Moderne Vorstellungen im Städtebau

100

102 Georg Rigele
50+ Die „Gartenstadt Süd" und das EVN-Verwaltungszentrum

108 Wettbewerb Gartenstadt Süd, 1959
112 Verwaltungszentrum NEWAG und NIOGAS, 1959–1963

Städtebauliche Entwürfe
120 Siedlung Wagram, 1955
121 Siedlung Dornbach, 1958
122 Wettbewerb Wohnquartier und Bundesamtsgebäude Rennweg, 1977
124 Wettbewerb Wohnverbauung Gräf & Stift-Gründe, 1981

4 Ideen und Bauten im Wiener Gemeindebau

126

128 Wettbewerb Per-Albin-Hansson-Siedlung Nord, 1959
132 Wohnbauten Roda-Roda-Gasse, 1964
134 Rudolf-Krammer-Hof, 1981–1983
138 Wohnhaus Corneliusgasse / Esterházygasse, 1985

Inhalt

5 Neue Wege im Schulbau — 142

144 Sabine Plakolm-Forsthuber
Modulare Ordnung & flexibles Raumsystem:
Die Modellschule Imst, 1970–1973

150 Wettbewerb Schule Liezen, 1954
151 Wettbewerb Volks- und Hauptschule Ranshofen, 1954
152 Studiengemeinschaft „Vorfertigung im Schulbau",
1965–1969
154 Wettbewerb Pädagogische Akademie Baden, 1968
158 Wettbewerb Bundesgymnasium Steyr, 1968
160 Bundesrealgymnasium Imst, 1969–1973
170 Wettbewerb Akademisches Bundesgymnasium
Rainberg, 1971
172 Wettbewerb Universität Salzburg, 1973
174 Wettbewerb HTBLA Wien 10, 1974
175 Wettbewerb Bundesrealgymnasium und HBLA Oed,
1975
176 Wettbewerb HBLA Leoben, 1979
177 Wettbewerb Landes- und Universitätssportanlagen Rif,
1982

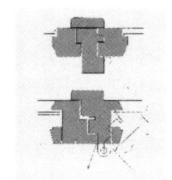

Musikschulen
178 Konservatorium Johannesgasse, 1997
180 Musikschule Wien, Bräuhausgasse, 2001

6 Neue Herausforderungen im Gemeindebau. Die Sanierung — 184

186 Bruno Maldoner
Über die Sanierung der „Baudenkmale" Wiener
Gemeindebauten

192 Sanierung Karl-Marx-Hof, 1989–1992
198 Sanierung Blathof, 1990–1993
200 Sanierung Reumannhof, 1993–1996
204 Sanierung Wohnhausanlage Friedrich-Engels-Platz,
1998–2000
206 Sanierung Fröhlich-Hof, 2002–2004
208 Sanierung Liebknechthof, 2005–2007
210 Sanierung Neues Schöpfwerk, 2008–2012

7 Diverse Projekte — 214

216 Bäckerei Klinger, 1957
218 Firma Indufin, 1957
220 Büroumbau Wukovich, 1962
222 Geschäftslokale Ferry Dusika, 1963
224 Rollschuhbahn Prater, 1963
226 Wohnhausanlage Deutsch Wagram, 1966
228 Büro- und Betriebsgebäude Firma Anders, 1969
232 AEG Messepavillon, 1970
238 Haus der Industrie, Urbansaal, 1970
242 Kaiserhaus, 1980
244 Innenausstattung Postamt 1300 Flughafen Wien, 1983
246 Betriebsgebäude Firma Flora, 1985–1987
250 Innenausstattung Postamt 1072, 1988
252 Geologische Bundesanstalt, Labor, 1999–2000
254 Wettbewerb Veranstaltungshalle Araburg, 2008
256 Wettbewerb Wien Museum Neu, 2014

8 Anhang — 258

259 Kurzbiografien der AutorInnen
260 Biografie Franz Kiener
262 Werkverzeichnis
268 MitarbeiterInnen
269 Personenindex
270 Literaturverzeichnis
272 Impressum

Vorwort

Ingrid Holzschuh

Fast 70 Jahre ist Franz Kiener im Berufsfeld der Architektur tätig und seit 1959 selbstständiger Architekt. 1926 geboren, gehört Kiener jener Generation an, die in der Zeit des Nationalsozialismus von der Schulbank weg in die Wehrmacht einberufen wurde, um an der Kriegsfront zu kämpfen. Die jungen Männer, die den Krieg überlebten, kehrten nach 1945 wieder in ihre Schulen zurück und waren gefordert, in einer sowohl gesellschaftspolitisch als auch wirtschaftlich schwierigen Lage ein berufliches Ziel für sich zu entdecken. Für Kiener war es das Architekturstudium an der Akademie der bildenden Künste in Wien, das sein Leben baukünstlerisch und persönlich prägte. Zeitlebens fühlte er sich mit seinem Lehrer Clemens Holzmeister verbunden, der ihm auch ein persönlicher Freund war. Ab 1966 gestaltete Kiener mehrere Geburtstagsfeste und Ausstellungen für Holzmeister mit, die von ihm auch nach dessen Tod bis 2013 regelmäßig als Absolventreffen organisiert wurden. Neben Holzmeister war es vor allem dessen Assistent Eugen Wachberger, für den Kiener nach seinem Studium mehrere Jahre als Mitarbeiter tätig war und der sein Mentor wurde. Wachberger war ein Vertreter der gemäßigten Moderne der Zwischenkriegszeit, eine Architektursprache, die er nach 1945 beibehielt und die eine gute Basis für Studenten wie Kiener bildete, die in der Architektur der Nachkriegsmoderne ihre neue Ausdrucksweise fanden. Kieners Teilnahme am Wachsmann-Seminar 1956 intensivierte die Auseinandersetzung mit Themen wie Planen im Raster, modulare Ordnungssysteme und Vorfertigung.

1959 entwickelte er gemeinsam mit Gustav Peichl und Wilhelm Hubatsch den Masterplan der Südstadt, dem ersten städtebaulichen Projekt einer realisierten Gartenstadt der Nachkriegszeit. Der Entwurf für den Neubau des Verwaltungszentrums (1963) für die Firmen NEWAG und NIOGAS (heute EVN) stammt ebenfalls von dem Architektentrio. Dieser Bau, umgesetzt in der Bildsprache der Nachkriegsmoderne, besteht noch heute, nach über 50 Jahren, in seinen ursprünglich gewählten Materialien und wird damit der heutigen Definition einer „nachhaltigen" Architektur mehr als gerecht. Gemeinsam mit Heinz Dieter Kajaba nahm Kiener 1959 am städtebaulichen Ideenwettbewerb der Per-Albin-Hansson-Siedlung Nord teil. Dieser stand am Beginn einer neuen Wohnhauspolitik der Nachkriegszeit. Unter dem Slogan „Wien soll reiner und heller" werden – eine Anspielung auf das neue Zweigespann von Stadtplaner Roland Rainer und Baustadtrat Kurt Heller – wollte die Stadt Wien im Gemeindebau neue Wege beschreiten. Mit einem erstmals offenen Wettbewerbsverfahren und keinerlei Vorgaben für Grundrisslösungen und architektonische Gestaltung wurden hierfür die Voraussetzungen geschaffen. Es wurde vom Gewinn einer „Schlacht für die moderne Architektur" berichtet, über 90 Projekte wurden eingereicht, viele davon von jungen Architekten. Das Projekt von Franz Kiener und Heinz Dieter

Vorwort

Kajaba überzeugte die Jury und es wurde als eines von insgesamt zwölf Preisträgern ausgezeichnet.

1965 gehörte Franz Kiener u. a. der Studiengemeinschaft „Vorfertigung im Schulbau" an, deren Ergebnisse man beim Bau von drei Modellschulen umsetzte. Eine davon war das Bundesrealgymnasium in Imst in Tirol (1973), mit deren Ausführung Franz Kiener und Ferdinand Kitt betraut wurden. Die auf einem Rastersystem konstruierte Hallenschule beschritt nicht nur in ihrer charakteristischen Ausführung mit Sichtbetonfertigteilen neue Wege im Schulbau, sondern auch in ihrer hohen Raumflexibilität, die neue Unterrichtsformen unterstützen sollte. Dass der Bau heute unter Denkmalschutz steht, spricht für seine hochwertige architektonische Konzeption. Der zur gleichen Zeit gebaute Messepavillon der Firma AEG (1970) ist der konsequenteste Bau Kieners, den er im Ordnungsprinzip des quadratischen Rastersystems entwickelte. Seine hohe Ausführungsqualität spiegelt Kieners jahrelange Erfahrungen mit der Verwendung von Sichtbeton und dem Einsatz von Betonfertigteilen wider.

Mit der Modellsanierung des Karl-Marx-Hofes (1989), die zum Prototyp der nachfolgenden Sanierungen der Gemeindebauten aus der Zwischenkriegszeit wurde, begann Kieners langjährige Tätigkeit in der Wiener Stadterneuerung. Es galt, sich neuen Herausforderungen zu stellen, die sich aus dem Aufbringen eines Wärmedämmverbundsystems oder dem Einbau von neuen Fenstern ergaben. Gemeinsam mit dem Bundesdenkmalamt, den Behörden und den Professionisten wurden neue Systeme entwickelt und erprobt. Eine ungeliebte Planungsaufgabe, da sie von dem Architekten einfordert, seine Gestaltung der bestehenden Architektur unterzuordnen. Kieners erfolgreicher Dialog mit den Bauherren, den er seit Jahrzehnten unter dem Aspekt des sich Einlassens auf die jeweilige Persönlichkeit führt, zeigt sich u. a. in der großen Zahl gebauter Einfamilienhäuser in ganz Österreich.

Franz Kiener ist kein Theoretiker, sondern ein Praktiker, dem das Bauen und die Suche nach „fachgerechten" Lösungen ein großes Anliegen sind. Kieners beruflicher Erfolg zeichnet sich in einer umfangreichen Werkliste ab, die eine Vielzahl an Bauaufgaben umfasst. 70 Jahre Architekturgeschichte spiegeln sich in seinen Bauten und Entwürfen, die er als Student, Mitarbeiter von Eugen Wachberger und später als selbstständiger Architekt jahrzehntelang mitgestaltet. Durch seine Teilnahme an vielen wichtigen österreichischen Wettbewerben liest sich sein Werkverzeichnis wie ein Kalendarium der Architekturgeschichte und die Vielzahl an Arbeitsgemeinschaften zeugt von seinen persönlichen und beruflichen guten Kontakten zu Architektenkollegen. Sein über 40 Jahre anhaltendes Engagement als Vorstandsmitglied für die Zentralvereinigung der ArchitektInnen Österreichs bekräftigt sein Interesse für den Architektenstand und seine lebenslange Überzeugung für seinen Beruf als Architekt.

In der nun vorliegenden Monografie über Franz Kiener behandeln die Beiträge der Autorinnen und Autoren sowohl die Biografie als auch die Bauten Kieners, die in einen größeren architektonischen Kontext eingeordnet werden. Mit persönlichen Notizen kommentiert der Architekt seine Projekte und ermöglicht damit einen erweiterten Blick auf sein baukünstlerisches Werk.

Einleitung

Zur Basis einer neuen Baukultur

Friedrich Achleitner

Es ist vielleicht kein Zufall, dass Franz Kiener eine späte, aber verdiente Würdigung in Form einer Monografie bekommt. Sein Werk ist nicht der individuelle Alleingang eines „Künstlerarchitekten", sondern eher ein lebenslanges Wirken in einer lebendigen Bauszene, auch in Zusammenarbeit mit älteren Architekten oder Freunden aus der Holzmeister-Schule. Kieners Entwicklung könnte auch ein Schlüssel zum näheren Verständnis der sogenannten Holzmeister-Schule sein, ja zur Frage, ob es sie überhaupt noch nach dem Zweiten Weltkrieg gegeben hat.

Holzmeister kam erst 1954 aus der Türkei zurück. Die Schule wurde ab 1946 mit großem Engagement von Eugen Wachberger geleitet, sein Seniorpartner Erich Boltenstern (ein Freund Holzmeisters) hatte eine Art „Oberaufsicht". Clemens Holzmeister „erschien" im Semester ein- oder zweimal, hielt einen Vortrag (etwa über den „Dreiklang der Künste"), machte eine Korrektur der entstandenen Projekte, und abends ging es dann zum Heurigen nach Grinzing, mit viel Gesang und Wein, bis in die Morgenstunden.

Holzmeister war auch Lehrer durch seine Erscheinung, durch sein Auftreten und durch seine Bauten, Aquarelle und Zeichnungen. Eine besondere Qualität als Lehrer lag auch darin, dass er keine „Kleinen Holzmeister" erzeugen wollte, denn er schätzte individuelle Leistungen und war stolz auf seine „narrischen Teifln".

Die gesellschaftliche Rolle des Architekten war in den 1950er-Jahren noch die eines Luxusgegenstandes. Wenn man einen Architekten kannte, der auch in der Öffentlichkeit eine Rolle spielte, war es Holzmeister, vor allem durch die Salzburger Festspiele (ein „Karajan der Architektur"). In dieser baukulturellen Situation (wenn sie überhaupt als eine solche bezeichnet werden konnte) hatte Eugen Wachberger eine Rolle, die man kaum hoch genug einschätzen konnte. Der Architektur wurde zwar noch eine künstlerische Rolle zugestanden, aber das allgemeine Interesse lag in einer schnellen, leistbaren und effizienten Bautätigkeit. Wachberger stand dem Handwerk sehr nahe, er nahm alle Aufgaben der Architektur sehr ernst, seine Schüler wurden mit soliden Kenntnissen ausgestattet, sodass das Klischee vom wirklichkeitsfremden „Bildlmaler" oder „Fantasten und Spinner" immer mehr verdrängt wurde.

Die Holzmeister-Schule hatte in dieser Zeit zwei Ebenen, einerseits die des „Meisters", der in seinem Selbstverständnis ein Künstlerarchitekt war (allerdings mit einer ausgeprägten Bodenhaftung), und die des „Realisten" Wachberger, mit einem handfesten Architekturbegriff, mit gesellschaftlicher Verantwortung und in einer sehr soliden Verankerung im Handwerk. Die sogenannte Nachkriegsmoderne (mit den Vorbildern zunächst aus der Schweiz, Italien und aus Schweden) war nach der doktrinären NS-Architektur so etwas wie eine stille Revolution in vielen Bereichen des Bauens, ein Aufbruch, der das Fundament vorbereitete für die späteren Entwicklungen. Mit dem heutigen Blick auf die Architektur dieser Zeit ist, nach einer Periode der Geringschätzung, eine solide Aufarbeitung angesagt. Franz Kiener ist ein bedeutender Vertreter dieser „stillen Moderne", die nicht eine laute Originalität in den Vordergrund stellte und schon gar nicht daran dachte, die Schwelle zum „Stararchitekten" zu überschreiten. Sein Werk diente den Fundamenten einer soliden Baukultur, die zu jeder Zeit dringend notwendig ist.

1 Biografische Skizzen

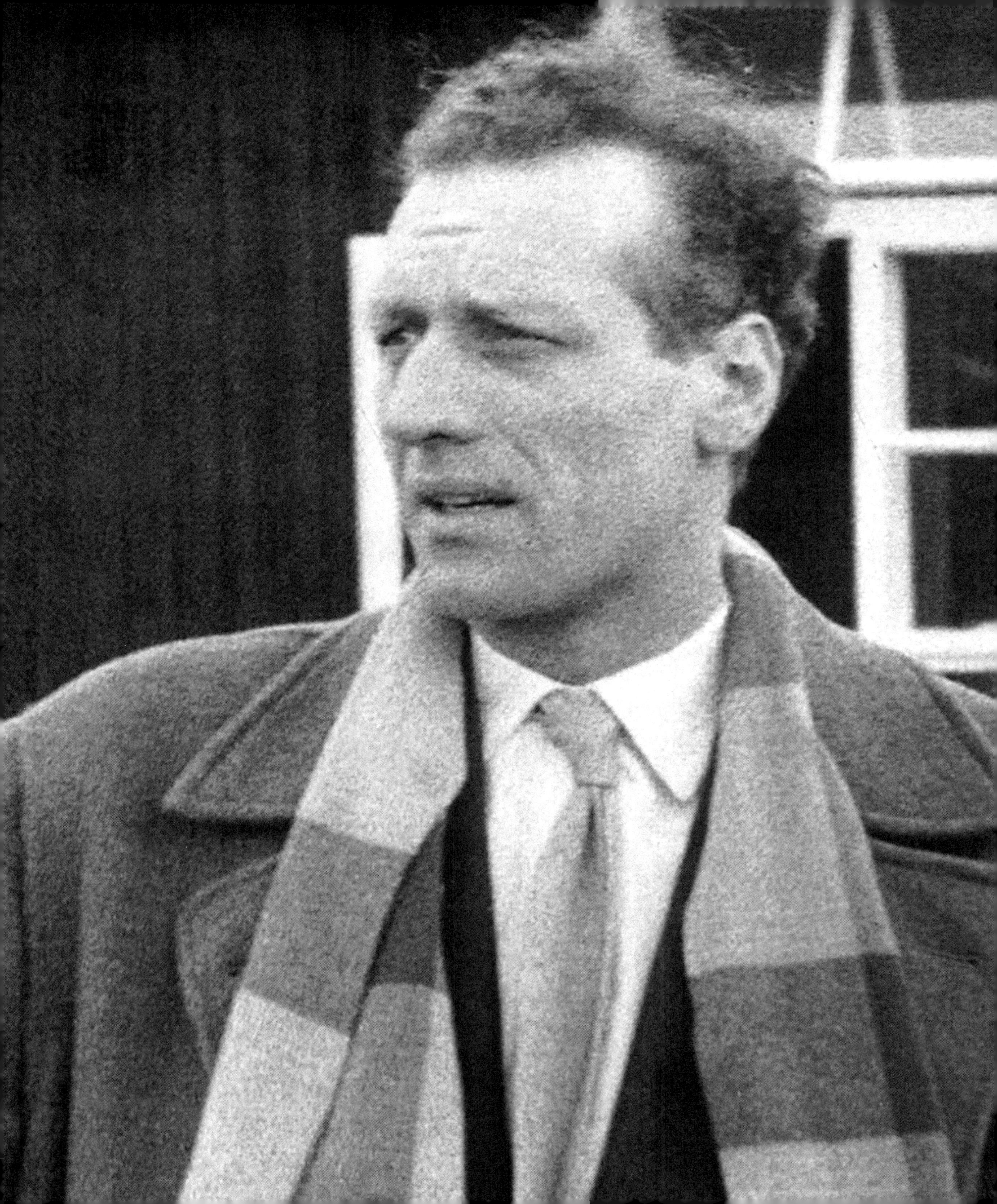

Geprägt. Im Geist der Nachkriegsmoderne

Ingrid Holzschuh

←
Franz Kiener, 1963

Biografische Skizzen

Herkunft

Franz Kiener wurde am 9. April 1926 in Friedburg (Oberösterreich) geboren, wo er die ersten Jahre seiner Kindheit verbrachte. Sein Vater, Franz Kiener (1896–1938), war ausgebildeter Gärtner und Gendarmeriebeamter und seine Mutter, Maria (1898–1997), geb. Schwandtner, eine Schneiderin. Nur ein Jahr später kam sein Bruder Hans Kiener (geb. 1927) zur Welt. Der Postenwechsel seines Vaters veranlasste die vierköpfige Familie, nach Schwand im Innkreis zu ziehen. Im Alter von nur zwölf Jahren verlor Kiener seinen Vater, der 1938 nach einem schweren Verkehrsunfall starb. Da die Mutter für ihre zwei Söhne in der Stadt Salzburg bessere schulische Möglichkeiten sah, entschied sie sich, dorthin umzusiedeln, wo Kiener schließlich die Hauptschule abschloss.

Staatsgewerbeschule Salzburg und der Kriegseinsatz

Sein Weg führte ihn an die Staatsgewerbeschule in Salzburg, wo er die bautechnische Basisausbildung für sein Architekturstudium bekommen sollte. Die Architekten Hermann Rehrl[1] und Fritz Medicus

Bauhof in der Staatsgewerbeschule Salzburg, 1942

waren für ihn die wichtigsten Lehrer. Als 1926er-Jahrgang wurde Kiener 1944 mit 18 Jahren direkt von der Schulbank zur Wehrmacht eingezogen und an die Front berufen. Er absolvierte vorerst eine Alpinausbildung in Landeck (Tirol) und eine Funkerausbildung in Triest, anschließend schickte man ihn zur Reserveoffiziers-Ausbildung nach Kufstein und schließlich zum Fronteinsatz an die französisch-italienische Grenze am San-Bernardino-Pass. Nach der Gefangennahme in Ghedi (Norditalien) und dem Arbeitseinsatz als Kriegsgefangener bei den Amerikanern in Verona wurde Kiener im Oktober 1945 entlassen und konnte nach Salzburg zurückkehren. In einer „zusammengewürfelten Klasse von jungen und kriegserfahrenen Schülern"[2] machte er im Jahr 1946 seine Matura. Auch Viktor Hufnagl[3] war ein Schulkollege der ersten Stunde und blieb zeitlebens ein enger Freund und Kollege von Franz Kiener. Sie teilten nicht nur das Interesse an der Architektur, sondern auch die Freude an stundenlangen Gesprächen darüber. Wie

Maturaklasse von Franz Kiener, 1946

für viele Salzburger Staatsgewerbeschule-Absolventen stand auch für Kiener und Hufnagl fest, dass der nächste Schritt nach Wien zu Clemens Holzmeister führen musste.

Hufnagl begann unmittelbar nach der Matura das Studium in der Architekturklasse von Holzmeister an der Akademie der bildenden Künste. Für Kiener schien dieses Ziel aufgrund der familiären und damit schwierigen finanziellen Situation vorerst unerreichbar. Er blieb in Salzburg und begann als bautechnischer Zeichner (1946–1948) im Büro des Salzburger Architekten Ferdinand Klinger, einem ehemaligen Holzmeister-Schüler. Klinger bewegte sich bei seinen Bauten noch im architektonischen Umfeld des traditionellen Bauens der 1940er-Jahre, wie ein Büroentwurf

Büro Ferdinand Klinger, Haus Mosbacher, Ansicht, 1948

zu einem Einfamilienhaus zeigt. So überrascht es auch nicht, dass die ersten selbstständigen Projekte Kieners aus dem Jahr 1947/48 dieser Architektursprache entspringen.

Architekturstudium an der Akademie in Wien

Der Kontakt zu seinem Freund Hufnagl nach Wien blieb bestehen, dieser bestärkte Kiener immer wieder in seinen Plänen, ihm an die Akademie zu folgen. 1948 war es schließlich so weit, Kieners finanzielle

---

1
Hermann Rehrl (1894–1976) war Architekt und Direktor der Staatsgewerbeschule in Salzburg und ein Absolvent der Architekturschule von Clemens Holzmeister (Diplom 1935).
2
Franz Kiener im Gespräch mit der Autorin, 4. 5. 2015.
3
Viktor Hufnagl (1922–2007) besuchte von 1947–1949 die Meisterschule von Clemens Holzmeister an der Akademie der bildenden Künste in Wien. Ab 1949 war er als freischaffender Architekt tätig und zeichnete u. a. als federführender Architekt für den Wohnbau „Am Schöpfwerk" (1976–1980) in Wien 12 verantwortlich. 1965 war er Gründungsmitglied der Österreichischen Gesellschaft für Architektur (ÖGFA).

Situation erlaubte ihm die Erfüllung seines sehnlichsten Wunsches, das Architekturstudium bei Clemens Holzmeister zu absolvieren. Noch vor der offiziellen Aufnahme an der Akademie suchte er den persönlichen Kontakt mit Eugen Wachberger, dem Assistenten von Holzmeister, in dessen Linzer Büro. Von ihm in seinem Vorhaben bestätigt, machte sich Kiener anschließend im Herbst auf den Weg nach Wien. In einem Gespräch mit Wachberger und Erich Boltenstern [4] erläuterte er seine Motive für ein Architekturstudium und legte eine Mappe mit seinen künstlerischen Arbeiten vor. Da er beide von seinem Können überzeugen konnte, wurde er im Herbst 1948 an der Akademie der bildenden Künste als Student der Architekturklasse von Clemens Holzmeister aufgenommen. [5]

„Es gab während meiner Studienzeit nicht viele Möglichkeiten, sich über die Architekturentwicklung in der Welt zu informieren. Fachzeitschriften waren nur wenige vorhanden. Erst in meinem letzten Studienjahr sind die internationalen Entwicklungen in der Architektur auch auf der Akademie in Wien angekommen und diskutiert worden. Vor allem die Bauten von Le Corbusier wurden ab 1950 verstärkt in Zeitschriften publiziert. Auch das Interesse der Studenten an der Moderne der Zwischenkriegszeit stieg stetig und das Bauhaus sowie dessen Protagonisten, wie Walter Gropius und Mies van der Rohe, waren unsere Vorbilder. Das sah Holzmeister natürlich nicht gern, aber er hat es akzeptiert. Er hat das Interesse der Studenten gespürt und erkannt, dass die Moderne nicht umzubringen war. Mit viel Offenheit und Toleranz ist er den ‚modernen' Studentenarbeiten gegenübergetreten, auch wenn diese nicht seinen Architekturvorstellungen entsprachen. Für ihn war das Wichtigste, dass man sein Projekt argumentieren und verbal darlegen konnte, und dann folgte eine konstruktive Diskussion mit Holzmeister. Entgegen anderer Meisterklassen lautete hier das Credo: nicht beeinflussen, sondern hinführen. Man sollte über die eigenen Füße stolpern und erst bei der Diskussion kam der Angriff, gegen den man sich verteidigen musste. Die hohe Qualität in Holzmeisters Architektur lag darin, dass er seine Projekte mit der Umgebung entwickelte. Egal ob am Land oder in der Stadt, bei seinen Bauten gab es immer ein harmonisches Verhältnis zwischen seiner Architektur und dem bestehenden Umfeld. Er hat sich auf den Ort eingelassen. In Deutschland hat er sich mit der Bauaufgabe des Kirchenbaus intensiv auseinandergesetzt und dabei eine Reinigung seines Ausdrucks erfahren: ein klarer Entwurf und im Großen und Ganzen sehr modern. Ein weiteres Kriterium seiner Architektur ist die Materialgebundenheit am Ort. Holzmeister war kein Theoretiker, er hat sich auch nicht mit Wohnungsproblemen unter sozialen Aspekten auseinandergesetzt, das hat ihn nicht interessiert. Er sah auch einen Gemeindebau als eine Bauaufgabe, die er formal zu lösen hatte. Der Grundriss war ihm egal." [6]

Die Studienzeit Franz Kieners an der Akademie war von zwei Persönlichkeiten geprägt, dem Leiter der Architekturklasse, Clemens Holzmeister, und dessen langjährigem Assistenten Eugen Wachberger. [7] Bedingt durch die wenigen Wochen der Anwesenheit von Holzmeister in Wien war es daher vor allem Wachberger, der für die Studenten der Nachkriegsjahre die erste Ansprechperson in der Holzmeister-Klasse war. Wachberger war selber Holzmeister-Schüler (Abschluss 1934) und gehörte durch seine Mitarbeit an der Werkbundsiedlung (Doppelhaus, Woinovichgasse 22, Wien 13) dem Umfeld der gemäßigten Moderne an, die sich in Wien in den 1930er-Jahren herausgeformt hatte. [8] 1937 wurde er neben Erich Boltenstern der zweite Assistent von Clemens Holzmeister. [9] Nach der Machtergreifung der Nationalsozialisten 1938 wurde auch Wachberger suspendiert und kehrte erst 1946 wieder an die Akademie zurück, wo er vorerst als Assistent begann und später aufgrund Holzmeisters Emeritierung als außerordentlicher Professor die interimistische Leitung der Holzmeister-Klasse (1961–1963) übernahm. Wachberger hatte in der Nachkriegszeit nicht nur die fachliche Betreuung der Studenten über, sondern kümmerte sich auch um die Stärkung des Gemeinschaftsgefühls der jungen Leute, was z. B. die Organisation von Ausflügen

Eugen Wachberger bei einem Ausflug mit Studenten, 1950

beinhaltete. Nicht nur die Auswirkung seiner langjährigen Lehrtätigkeit auf die Studenten, sondern auch Wachbergers Rolle in der österreichischen Architekturgeschichte als Vertreter der gemäßigten Moderne und der Nachkriegsmoderne blieben bis heute in der Forschung weitgehend unberücksichtigt. Für Kiener war Wachberger sowohl in theoretischer als auch praktischer Hinsicht sein wichtigster Mentor.

Studienprojekte im Geist der Moderne

Die Entwurfsprojekte der Studienzeit geben den architektonischen Nährboden wieder, aus dem heraus sich ein junger Architekt entwickelt. Sie formen die Basis für seinen weiteren beruflichen Weg. Da die Architekturstudenten aufgefordert waren, sich mit ihren Projekten am aktuellen Architekturdiskurs zu

---

[4] Erich Boltenstern (1896–1991) war ab 1945 interimistischer Leiter der Architekturklasse anstelle von Holzmeister und gleichzeitig ao. Professor für Wohnbau an der Technischen Hochschule Wien (1946–1967). Die zweite Architekturklasse wurde ab 1947 (bis 1954) von Lois Welzenbacher geleitet.

[5] Clemens Holzmeister (1886–1983) leitete ab 1924 die Meisterschule für Architektur an der Akademie der bildenden Künste Wien. Im Zuge der Machtergreifung durch die Nationalsozialisten 1938 wurde er zwangspensioniert und entlassen. Er übersiedelte in die Türkei, wo er bis 1949 eine Professur an der Technischen Hochschule in Istanbul innehatte und u. a. als Architekt für verschiedene Staatsbauten in Ankara verantwortlich zeichnete. Nach dem Krieg wurde er wieder an die Akademie berufen, wobei bis 1952 offiziell sein ehemaliger Assistent Boltenstern interimistischer Leiter der Holzmeister-Klasse war. Erst 1954 verlegte Holzmeister seinen Lebensmittelpunkt wieder endgültig zurück nach Wien.

[6] Franz Kiener über seinen Lehrer Clemens Holzmeister; im Gespräch mit der Autorin, 4. 5. 2015.

[7] Eugen Wachberger (1904–1971) war gelernter Tischler und begann sein Studium an der Kunstgewerbeschule Wien am Stubenring in der Klasse „Inneneinrichtung und Möbelbau" bei Carl Witzmann und ging danach an die Akademie, um das Studium der Architektur abzuschließen. 1934 diplomierte er bei Clemens Holzmeister und wurde anschließend 1937 sein Assistent. Mit der Machtübernahme der Nationalsozialisten 1938 wurde er gemeinsam mit Holzmeister von der Akademie suspendiert und bekam nach 1945 seine Stelle wieder zurück. Wachberger hatte bis zu seiner Pensionierung 1956 sein eigenes Architekturbüro in den Räumlichkeiten der Akademie.

[8] Eugen Wachberger, www.architektenlexikon.at/de/668.htm (5. 10. 2015).

[9] Siehe dazu: Judith Eiblmayr, Iris Meder (Hrsg.), Moderat Modern. Erich Boltenstern und die Baukultur nach 1945 (Ausstellungskatalog, Sonderausstellung des Wien Museums, 20. 10. 2005 – 29. 1. 2006, 326), Salzburg u. a.: Pustet, 2006.

Vierfamilienhaus – 1948/49

Im ersten Semester wurde allen Studenten die gleiche Entwurfsaufgabe gestellt: ein Vierfamilienhaus. Dieses sollte – unabhängig von jeglichen soziologischen Vorgaben – frei entwickelt werden. Kiener entschied sich für eine Reihenhausanlage in gekoppelter Bauweise. Die Hanglage des Grundstückes nutzte er für die Trennung des öffentlichen Eingangsbereiches im Norden und der privaten Gartenseite im Süden. Die Ausführung der Wohneinheiten erfolgt zweigeschossig, wobei sich im unteren Bereich die Wohnräume und oben die Schlafräume befinden. Große Fensterflächen, Balkone und Terrassen öffnen das Gebäude zur Gartenseite hin. Der vorgezogene eingeschossige Gebäudeteil schottet die ebenerdigen Terrassen gegenüber den Nachbarhäusern ab und schafft damit einen intimen Gartenraum. Das Satteldach und die Fensterläden zeigen noch Anklänge an das traditionelle Bauen der 1940er-Jahre im Wohnbau. Die großen Glasflächen und die leichten Balkonkonstruktionen zeigen bereits erste Ansätze der aufkommenden Nachkriegsmoderne. Als Vorbild diente Kiener hier unverkennbar das 1949 von Oswald Haerdtl errichtete Zweifamilienhaus Bablik im 18. Wiener Gemeindebezirk (Haizingergasse 36).

Kirche – 1949

Die freie Wahl der Entwurfsaufgabe fiel diesmal auf einen katholischen Kirchenbau. Sie beruhte auf der Kenntnis des Vorhabens der Gemeinde Reindlmühl bei Altmünster (Traunsee), eine neue Kirche zu errichten, die jedoch nicht zur Ausführung kam. Holzmeister war bereits ein angesehener Experte auf diesem Gebiet und er selber meinte, dass der Kirchenbau neben dem auf szenische Raumwandlungen eingestellten Theaterraum jene Aufgabe verkörpert, „die am stärksten die grundlegenden Gestalten einfordert".¹⁰ Kiener schuf einen zum Platz hin ausgerichteten stützenfreien Kirchenraum, der mit einem aus mehreren polygonalen Flächen zusammengesetzten steilen Schleppdach überdacht ist. Im hinteren Bereich ragt der Kirchturm hervor. Die Innenansicht zeigt die offene Dachkonstruktion, die den Blick auf den von oben belichteten Altar lenkt. Das künstlerische Talent Kieners zeigt sich in der ins Theatralische geführten Strichführung seiner Perspektive, die an den Duktus seines Meisters erinnert. In dem Artikel „Junge Architekten. Über den Unterricht an der Meisterschule an der Akademie der Bildenden Künste in Wien spricht Professor Clemens Holzmeister" würdigte Holzmeister 1952 den Entwurf seines Studenten folgendermaßen: „Die Kirche, welche 700 Gläubige faßt, steht inmitten des Ortes, der zugleich Schnittpunkt von 4 Tälern ist. Die zum Altar führende Form im Grundriß und das aufstrebende, nach oben sich auflösende Dach geben dem Innenraum einen sakralen Charakter, der in der äußeren Gestaltung ebenso zum Ausdruck kommt. Der große Kirchenraum ist durch den geringen und getönten Lichteinfall der Lamellenwand in ein mystisches Dunkel gehüllt. Jede kultische Handlung führt die Gläubigen dem Altar, dem Mittelpunkt zu."¹¹

Messepavillon – 1949/50

Auch in den weiteren Entwurfsaufgaben wurden die Studenten dazu angehalten, die Themen frei zu wählen. Der Bezug zu aktuellen Architekturaufgaben war immer wichtig, so auch Kieners dritter Entwurf für einen Messepavillon für die Österreichischen Werkstätten (ÖW). Nur ein Jahr zuvor (1948) wurde diese in der Nachfolge von Werkbund und Kunsthandwerkverein gegründet, als eine Art Wiedergeburt der Wiener Werkstätte. Für diese aus dem Geist der Wiener Moderne entstandene Institution entwarf Kiener einen Pavillon zur Präsentation ihrer Produkte. Die Ausstellung der Wohnungsmobiliare erfolgte in abgegrenzten Bereichen, in denen jeweils ganze Raumensembles präsentiert wurden. Nur wenige Wandscheiben tragen die Konstruktion des Flachdaches. Bestimmt wird der Einraumpavillon durch die sich in jede Himmelsrichtung öffnenden Glasfassaden, die den Raum mit Licht durchfluten. Die grafische Ausarbeitung des Entwurfs verweist auf das große künstlerische Können Kieners. Die genaue Darstellung des Außenraumes und das Hervorheben von Details durch farbige Akzente entspricht der allgemeinen Entwicklung der Plandarstellung, die etwa ab 1950 verstärkt einsetzte. Dass hier der Pariser Pavillonbau von Oswald Haerdtl aus dem Jahr 1937, an dem Eugen Wachberger als Mitarbeiter bei Josef Hoffmann beteiligt war, eine gewisse Vorbildwirkung hatte, ist unbestritten.¹² Als direktes Zitat kann vor allem die rot-weiß gestreifte Markise der Café-Terrasse verstanden werden. Einen eigenen Weg fand Kiener in der sehr freien Grundrissform, die er von jeglicher Geometrie löste. Schräge und geschwungene Fassadenflächen umschließen den Einraumpavillon und stellen eine neue, im Formalen gefundene Grundrisslösung dar. Ein Jahr später, 1951, entstand Oswald Haerdtls erster Messepavillon der Firma Felten & Guilleaume,¹³ der 1953 durch einen neuen ersetzt wurde und als „Eine Ikone der Nachkriegsmoderne"¹⁴ in die Architekturgeschichte einging.

Wohnbau – 1950/51

Oftmals wurden auch aktuelle Wettbewerbe beobachtet, die dann ins Entwurfsprogramm Eingang fanden. Und so war das 1951 entstandene Projekt der Verbauung des Concordia-Hofes die Anregung für Franz Kieners viertes Studienprojekt an der Akademie. Die Architektengruppe Max Fellerer, Eugen Wörle und Felix Hasenöhrl wurde mit der Aufgabe zur Errichtung eines Wohnhauses neben der Kirche am Gestade beauftragt. Das Projekt geriet in der Wiener Presse ins Kreuzfeuer der Kritik und es wurde der Begriff der „zugemauerten Kirche" geprägt.¹⁵ Kiener griff die Bauaufgabe des Wohnbaus auf und setzte sich –

10
Georg Rigele (Hrsg.), Clemens Holzmeister, Innsbruck: Haymon Verlag, 2000, S. 67.

11
Clemens Holzmeister, „Junge Architekten. Über den Unterricht an der Meisterschule an der Akademie der Bildenden Künste in Wien spricht Professor Clemens Holzmeister", in: Der Bau, H. 7/8, 1952, S. 144.

12
Adolph Stiller, „Mehr als eine Vitrine ...", in: ders., Oswald Haerdtl. Architekt und Designer, 1899–1959 (Ausstellungskatalog, Architektur im Ringturm, 6.6.–1.9.2000), Salzburg u.a.: Pustet, 2000, S. 85–99.

13
Adolph Stiller, „Eine Ikone der Nachkriegsmoderne. Pavillon Felten & Guilleaume, 1953", in: ebd., S. 141–149.

14
Ebd., S. 141.

15
Stephan Simony, „Maria am Gestade oder im Gegenteil: Wir wollen Architekturkritik", in: Der Bau, H. 5, 1957, S. 248; siehe auch: O. A., „Nachbar einer gotischen Kirche", in: Der Bau, H. 2, 1960, S. 76.

Vierfamilienhaus, Perspektive, 1949

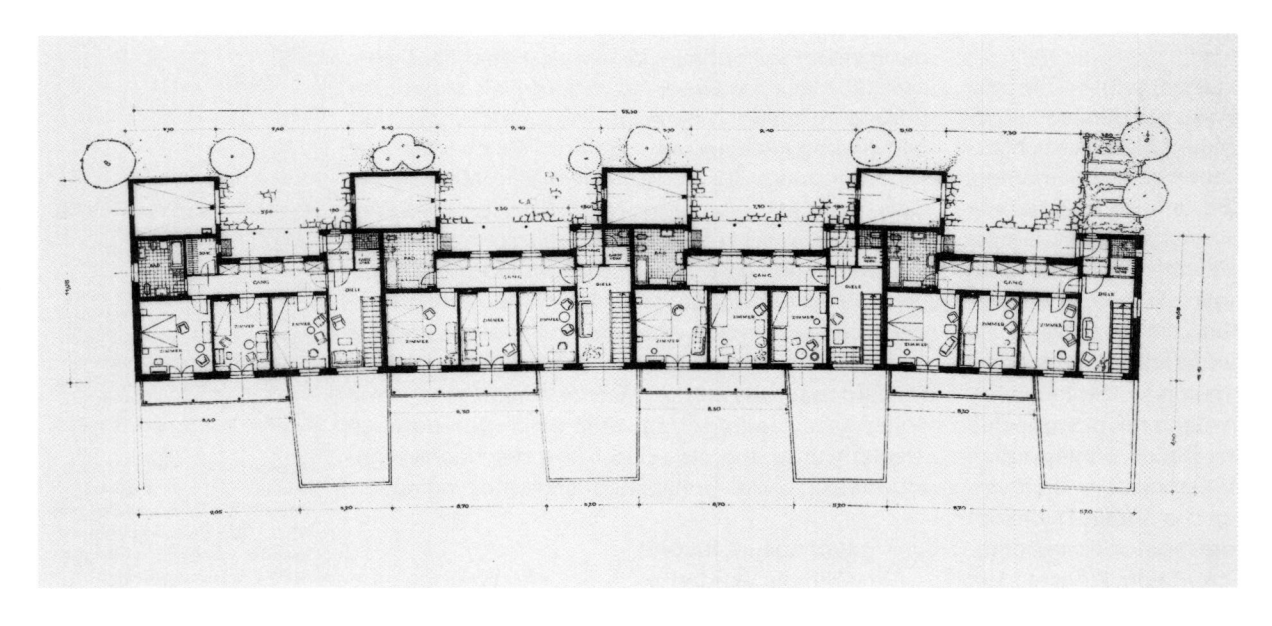

Vierfamilienhaus, Grundriss, 1949

Biografische Skizzen

Wohnbau, Perspektive, 1951

im Gegensatz zu den von Fellerer/Wörle/Hasenöhrl eingehaltenen – von den bestehenden Baulinien ab. Die durch das Studienprojekt erlaubte kühne Einbeziehung des Nachbargebäudes ermöglichte ihm, das Gebäude am Concordiaplatz nach hinten zu rücken und damit einerseits die historische Stiege freizulegen und den Blick zur Kirche als auch die Platzsituation zu verbessern. Im Vergleich zu der ausgeführten strengen Lochfassade kündigte Kieners Vorschlag eine neue Generation von Architekten an. Die mit offenen Loggien gestaltete Platzfassade, das italienisch anmutende Terrassencafé und die sich in den Stadtraum erweiternde Stiegenlandschaft verweisen bereits auf eine neue Sprache in der Architektur der 1950er-Jahre. In der Legende zu Kieners Projekt heißt es: „Diesem Entwurf wurde als wesentlicher Gesichtspunkt die Beibehaltung der historischen Stiegenanlage zugrunde gelegt. Der schöne Blick auf die Vorderfront der Kirche vom Concordiaplatz aus bleibt erhalten und die schlecht verbaute linke Seitenansicht wird durch einen Riegel abgeschirmt."[16]

Golfclub – Diplomprojekt, 1951

Durch die Anregung Wachbergers gestärkt, wählte Kiener für seine Diplomarbeit das Thema eines Golfclubs im Lainzer Tiergarten. Möglicherweise konnte sich Wachberger noch erinnern, dass 1927 Teile des Tiergartens zur Errichtung einer Golfanlage freigegeben wurden. Es gab Pläne für Hotels und Tennisanlagen, die jedoch aufgrund der wachsenden Geldprobleme des Clubs versiegten, obwohl dieser formal noch während des Krieges bestand.[17] Bei der gewählten Bauaufgabe lag der Schwerpunkt auf der Innenraumgestaltung, was der langjährigen Erfahrung Kieners aufgrund der Mitarbeit im Büro Wachbergers entgegenkam.

Die Funktion des Golfclubs erlaubte die Reduzierung auf ein minimales Raumprogramm, wodurch sich Kiener auf die formale Lösung des Baukörpers und die Ausgestaltung des Innen- sowie Außenraumes konzentrieren konnte. Das Ergebnis ist ein zweigeschossiges Gebäude mit Flachdach, das sich durch einen hohen, klaren, kubischen Hauptkörper definiert. An der Seite und nach hinten werden zwei niedrigere Nebengebäude angeschlossen. Diese sind

ihren Funktionen als Bar und Umkleidekabinen entsprechend durch massive Wandscheiben begrenzt. Dem gegenüber ist der Hauptraum mit Empfangshalle, Buffet, Speiseraum, Bibliothek und Clubraum mit seiner leichten Stahl-Glas-Konstruktion ein sich öffnender Raum, der das Zusammenspiel mit außen sucht. Die Baukörpergliederung sowie die schrägen bzw. leicht geschwungenen Wände verweisen auf Vorbilder des Internationalen Stils. Die in den Perspektiven präsentierte Innenraumgestaltung zeigt Kieners Können im Umgang mit verschiedenen Materialien. Dass dabei der Einfluss von Oswald Haerdtls Inneneinrichtungen spürbar ist, wird von Kiener bestätigt. Kieners Diplomprojekt spricht die Architektursprache der Nachkriegsmoderne, deren Wesensmerkmale, laut Eduard F. Sekler in einem Artikel von 1952, folgende sind: ein funktionell richtig durchgearbeiteter Entwurf, die Freude an neuen Materialien und kühnen Konstruktionen und schließlich das Zusammenfließen von Innen- und Außenraum.[18]

Kieners akademische Entwurfsleistung wurde 1951 mit einer „belobenden Anerkennung für die Fügerarbeit" (Fügermedaille) und einer „Anerkennung der künstlerischen Leistung" an der Akademie gewürdigt. Holzmeister schreibt abschließend über

Meisterklasse Clemens Holzmeister, 1951

seine Studienleistung: „Herr Kiener hat alle Studienarbeiten mit ausgezeichnetem Erfolg durchgeführt. Er ist begabt, darstellerisch und technisch geschickt, fleissig und strebsam und er sucht mit grossem Ernst nach einer persönlichen Einstellung zu den Bauproblemen unserer Zeit."[19]

Erste selbstständige Wettbewerbe

Nur ein Jahr nach seinem Studium nahm er am Wettbewerb für den Neubau der Chirurgischen Station des Landeskrankenhauses in Salzburg (1952) teil. Für die Teilnahme war zwar die Ziviltechnikerbefugnis nicht Voraussetzung, jedoch eine Mitgliedschaft in der Zentralvereinigung der Architekten, was Kiener zum Beitritt veranlasste und ihn heute zum ältesten Mitglied macht. 1954 beteiligte er sich an dem international ausgeschriebenen Wettbewerb zum Neubau der Beethovenhalle in Bonn, aus dem

16
Legende am Plan von Kiener.
17
Lainzer Tiergarten, Wikipedia, https://de.wikipedia.org/wiki/Lainzer_Tiergarten (29.9.2015).
18
Eduard F. Sekler, „Europäische Architektur seit 1945", in: Der Aufbau, H. 6, 1952, S. 213–216.
19
Aus dem Studienblatt von Franz Kiener, Akademie der bildenden Künste (Studienzeit 1948–1951).

Ingrid Holzschuh

Es war keine Holzmeister-Kirche, aber es gab Motive darin!

Zeichnen wir wie der Holzmeister, weil das wirkt!

→
Kirche, Perspektive, 1949

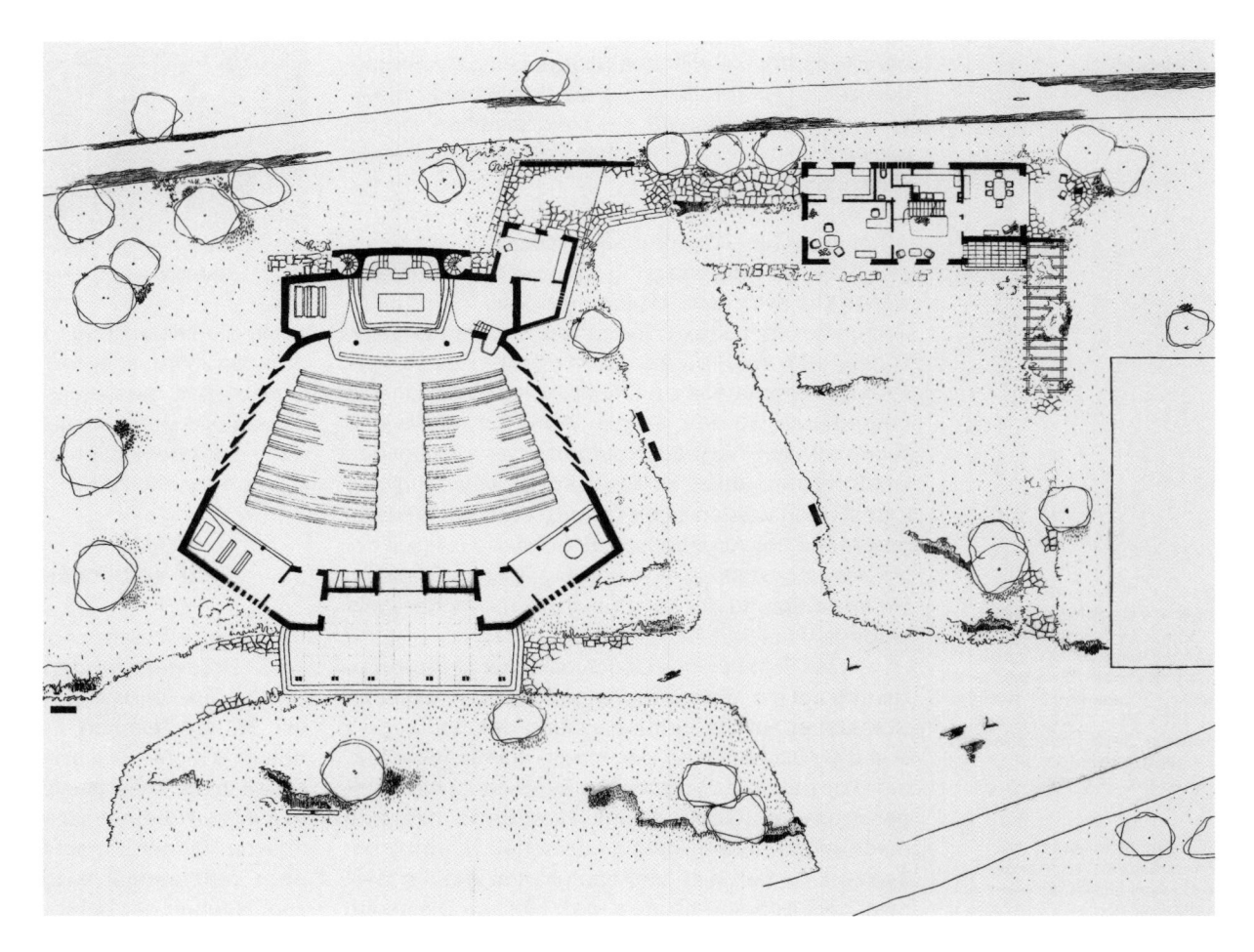

→
Kirche, Grundriss, 1949

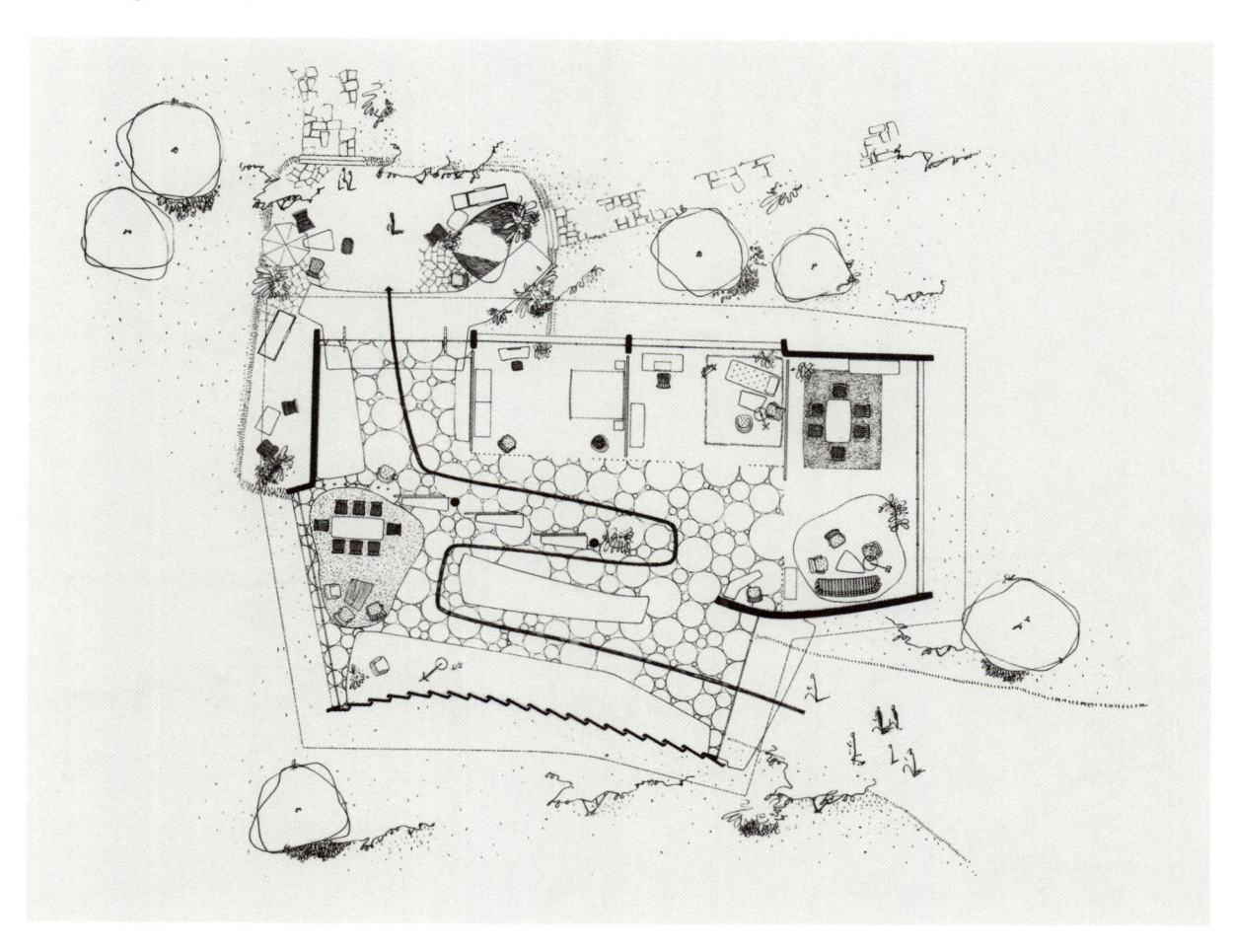

Biografische Skizzen

→
Messepavillon, Grundriss, 1950

Wachberger hat uns immer ermutigt, die modernen Bauten von Oswald Haerdtl zu studieren. Er war ein pragmatischer Typ, der mir beigebracht hat, wie ein Grundriss funktioniert. Er hat in seiner Sprache Anklang an die Moderne genommen, an das Bauhaus, aber in sehr feiner Form, mit enormer Kenntnis über Ausführungsdetails. Die technische Detailumsetzung, die Wachberger durch die Praxis seiner Tischlerausbildung mitbrachte, prägte meine Ausbildung.

→
Messepavillon, Ansicht, 1950

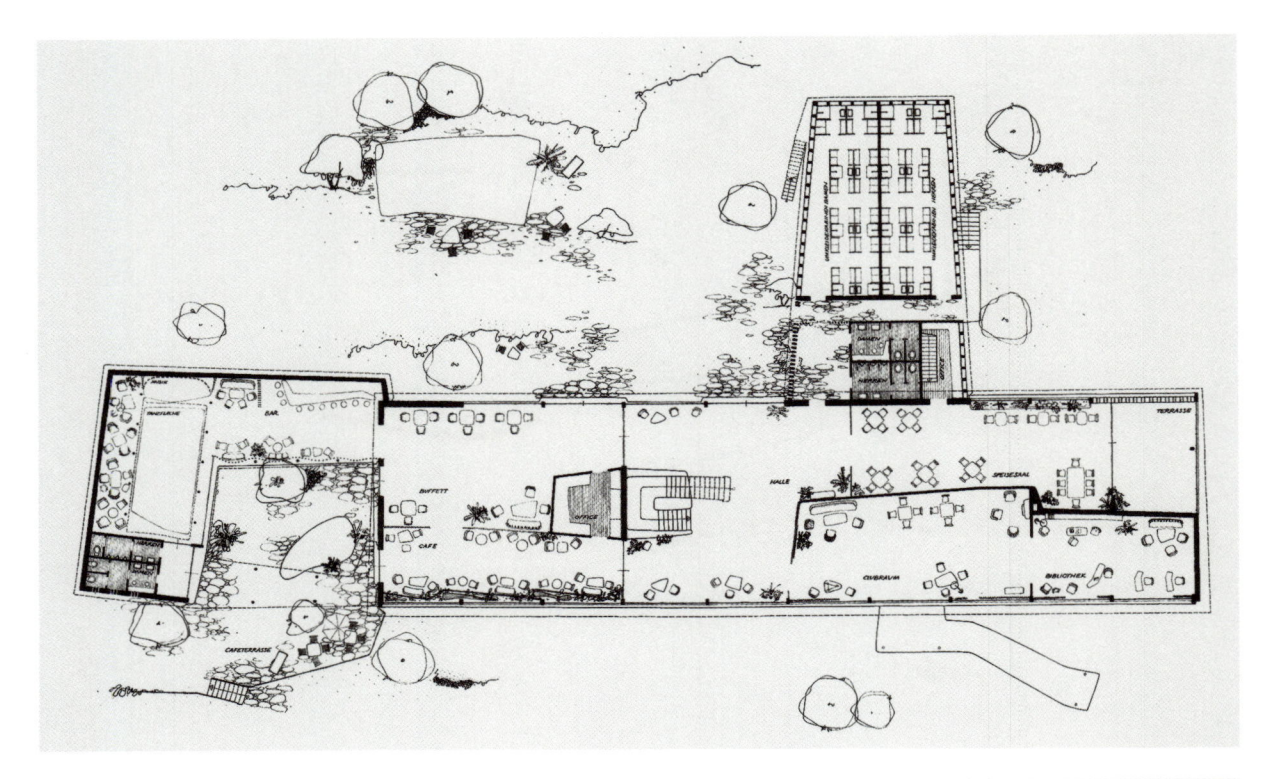

← Golfclub, Grundriss, 1951

← Golfclub, Ansicht, 1951

← Golfclub, Innenperspektiven, 1951

schließlich der junge Scharoun-Schüler Siegfried Wolske als Sieger hervorging. Die erhaltenen Zeichnungen zeigen, dass Kiener die in seiner Studienzeit entwickelte Architektursprache der Nachkriegsmoderne in seinen ersten selbstständigen Projekten fortsetzte.

Lehrjahre im Büro von Architekt Eugen Wachberger

Bereits nach einem Jahr Studium holte Eugen Wachberger den jungen Studenten Franz Kiener in sein eigenes Büro, das in der Akademie am Schillerplatz untergebracht war. An dem aktuellen Wettbewerbsprojekt, dem Neubau des Kinderspitals in Linz, zeichnete Kiener die Grundrisse. Auch der junge Holzmeister-Schüler Otto Gruen[20] war Mitarbeiter im Büro, den Friedrich Kurrent später als „einflussreichen Boltenstern-Assistenten"[21] während seiner Studienzeit bezeichnete. Für Kiener war der Linzer Wettbewerb der Beginn einer über zehn Jahre dauernden Zusammenarbeit und Freundschaft mit der für ihn „prägendsten Person" in seinem Leben, nicht im Hinblick auf die architektonische Ausbildung, sondern vielmehr in der Vermittlung von Werten, die sich auf Anständigkeit und anthroposophische Vorstellungen stützen.[22] Auch Wachberger war von Beginn an vom Talent Kieners überzeugt und betraute den Studenten bald darauf mit der Planung und Bauaufsicht der Inneneinrichtung des Modegeschäfts Baumgartner in Linz. Danach folgte die Mitarbeit an verschiedenen Wettbewerben und Projekten, wie u. a. die Ausführung der DDSG-Anlegestelle in Linz. 1949 gewann Wachberger gemeinsam mit Boltenstern den Wettbewerb für eine Wohnhausanlage in Wien.[23]

Der umfangreiche Auftrag bedingte eine Erweiterung des Büros mit Architekten und Architekturstudenten. Auch die räumliche Situation veränderte sich und es wurden zusätzliche Räume in der Akademie genutzt, wie z. B. das „Professorenkammerl" oder der große Raum im Dachgeschoss. Parallel zu dem Wohnbau wurde die Arbeitsgemeinschaft Wachberger/Boltenstern von der Nationalbank direkt mit den Planungen am Otto-Wagner-Platz beauftragt. Diese sahen neben der Errichtung eines Wohn- und Bürohauses (Osttorgebäude) eine neue Innenausstattung des Hauptsitzes sowie der Direktionsetage im 1. Obergeschoss vor. Unter dem Otto-Wagner-Platz wurde eine Garage errichtet. Schließlich folgte auch noch der aus einem Wettbewerb hervorgegangene Auftrag für einen Neubau. Ab 1952 arbeitete Kiener an diesem für Wachberger wohl wichtigsten Projekt der 1950er-Jahre mit.

Insgesamt blieb Kiener fast zehn Jahre Mitarbeiter im Büro von Eugen Wachberger. 1959 erhielt er seine Ziviltechnikerbefugnis und begann mit der Planung und Ausführung seines ersten selbstständigen Projektes, eines Gemeindebaus in Wien 21 (Roda-Roda-Gasse 1). Da Kiener seine Räumlichkeiten in der Akademie bis 1963 nutzen konnte, blieb der Kontakt zu Wachberger bestehen. Somit bewegte er sich noch über Jahre hinweg im Dunstkreis seiner Ausbildungsstätte, der Holzmeister-Schule. Seine lebenslange Bindung daran äußert sich in seinem persönlichen Engagement für die Organisation der vielen Ausstellungen und Feste für Clemens Holzmeister.

Im Wachsmann-Seminar 1956

Wie für viele Architekten seiner Generation war auch für Franz Kiener die Begegnung mit Konrad Wachsmann und die Teilnahme am ersten Seminar (1956) der Sommerakademie in Salzburg prägend für sein Verständnis der Architektur und für seine zukünftigen Arbeiten. Von einem Vortrag in Wien im Frühjahr 1956 beflügelt, entschied auch er sich zur Teilnahme am Seminar, das von Friedrich Kurrent und Johannes Spalt als Assistenten begleitet wurde. „Die Seminararbeit gliederte sich nach der Methode wissenschaftlicher Teamarbeit in Teilgebiete, die von rotierenden Dreiergruppen und dazwischengeschalteten Diskussionen erarbeitet wurde. Mehr und mehr verdichtete sich die Arbeit unter Verwischung aller persönlicher Spuren in Richtung Ergebnis, und es schien, als wäre ein anonymes Werk entstanden."[24] Als Ergebnis der Seminararbeit entstand eine offene, aus Holz konstruierte Halle, die für Konzerte im Freien genutzt werden sollte. Durch das stützenlose, weit auskragende Dach wurde ein Veranstaltungsraum ohne Sichteinschränkung geformt. Die Teilnehmer waren von Wachsmann

Konzerthalle, Wachsmann-Seminar, 1956

begeistert und ab nun sollten Themen wie „industrielle Produktion, modulare Vorfabrikation und wiederholbare Strukturen auf Grundlage komplexer Maßsysteme"[25] auch die junge Architektengeneration in Österreich beschäftigen. Kiener begann unmittelbar nach dem Wachsmann-Seminar in seinen Planungen dieses an einem Rastersystem orientierte Ordnungsprinzip anzuwenden, was sich in allen Bauten der 1960er-Jahre widerspiegelt. Zur Perfektion brachte er es nach über zehn Jahren Erfahrung in dem von

---

[20] Otto Gruen (1921–1994) studierte Architektur an der Akademie der bildenden Künste Wien bei Clemens Holzmeister und war ab 1951 Mitglied der Wiener Secession. Unter anderem entwarf er für die Gemeinde Wien zusammen mit Franz Sturm, Otto Frank und Eva Poduschka den August-Fürst-Hof in Wien 12 (Meidlinger Hauptstraße 8–14, 1955–1957).

[21] Friedrich Kurrent, Einige Häuser, Kirchen und dergleichen, Salzburg u. a.: Pustet, 2001, S. 27.

[22] Franz Kiener im Gespräch mit der Autorin, 4.5.2015.

[23] Erich Boltenstern und Eugen Wachberger pflegten seit ihrer gemeinsamen Zeit als Assistenten von Josef Hoffmann an der Kunstgewerbeschule Wien engen beruflichen Kontakt und auch Projekte (z. B. das Kahlenberg-Restaurant, 1935) wurden gemeinsam umgesetzt. Durch die Kriegsjahre unterbrochen, setzte die Arbeitsgemeinschaft ihre Erfolge nach 1945 wieder fort. Mittlerweile hatte Erich Boltenstern den Rang des „Architekten des Wiederaufbaus" erlangt, und er zeichnete u. a. für den Wiederaufbau der Staatsoper verantwortlich. Bedingt durch die gute Auftragslage wurde die bereits erprobte gute Zusammenarbeit von Wachberger und Boltenstern wieder aktiviert und bei den Bauten für die Österreichische Nationalbank erfolgreich fortgesetzt.

[24] Sonja Pisarik (Red.), Architekturzentrum Wien (Hrsg.), arbeitsgruppe 4. Wilhelm Holzbauer, Friedrich Kurrent, Johannes Spalt, 1950–1970 (Ausstellungskatalog, Architekturzentrum Wien, 4.3.–31.5.2010), Salzburg-Wien: Müry Salzmann, 2010, S. 59.

[25] Ebd., S. 59.

Ingrid Holzschuh

← Wettbewerb Chirurgische
Station LKH Salzburg,
Perspektive, 1952

↖ Wettbewerb Beethovenhalle
Bonn, Skizze, 1954

Biografische Skizzen

Eugen Wachberger,
Wettbewerb Wien Museum,
Perspektive, 1953

Eugen Wachberger,
Wettbewerb Verbauung Ballhausplatz, Perspektive, 1954

Wachsmann-Seminar, 1956

ihm am konsequentesten durchgearbeiteten Bau, dem 1970 für die Firma AEG Telefunken errichteten Pavillon am Messegelände Wien.[26] Um den vielfältigen Bedingungen im Messebetrieb zu entsprechen, war eine hohe Flexibilität des Gebäudeinneren gefordert. Kiener fand die Lösung in einem zweigeschossigen Bau, der sich im Grundriss und Aufriss aus einem quadratischen Rastermaß aufbaut und damit nach allen Richtungen modular erweiterbar ist. In der Innenansicht erschließt sich die Konstruktion des Pavillons: ein von Ortbeton-Kreuzstützen definiertes Grundelement mit eingehängten Kassettendecken. Der Bau ist das Ergebnis von Kieners Erfahrungen mit dem strengen System des Ordnungsprinzips in der Gebäudekonstruktion, dem Einsatz von Sichtbeton und der Verwendung von Betonfertigteilen.

Kieners architektonische „Erziehung" wurde geprägt von seinen Lehrern Clemens Holzmeister und Eugen Wachberger. Das von ihnen nach 1945 geschaffene Klima in der Holzmeister-Schule hat wesentlich zur Veränderung der baulichen Szene der 1950er-Jahre beigetragen. Die Wiederentdeckung der Moderne und die Anknüpfung an die internationalen Tendenzen charakterisieren die Entwürfe der neuen Architektengeneration, deren prominentester Vertreter das Architekturkollektiv arbeitsgruppe 4 ist. Franz Kiener gehört dieser Architektengeneration an und prägte mit seinen Bauten die Architekturlandschaft der österreichischen Nachkriegsmoderne entscheidend mit.

26
Sowohl Kieners Pavillon als auch die in unmittelbarer Nachbarschaft errichteten Bauten von Oswald Haerdtl und Karl Schwanzer mussten 2002 den Neubauplänen der Messe Wien (Architekt Gustav Peichl) weichen.

Biografische Skizzen

→
AEG Messepavillon, Modell,
1970

Das Ordnungsprinzip, sich einem Raster zu unterwerfen, stand sicherlich im Einfluss von
Konrad Wachsmann. Und so war mir in meinen Bauten die Aufrechterhaltung eines Ordnungsprinzips
immer wichtig, weil sich dadurch vieles lösen lässt.

Das Meisterschulen-Prinzip.
Feste und Ausstellungen für und
über Clemens Holzmeister

Christoph Hölz

Dürnstein war für Holzmeister ein Fixpunkt in Österreich. So konnte ich die erste Diplomfeier des Jahrgangs 1949 miterleben. Mit Gesang und einigen Aufforderungen zum Trinken sowie Erzählen und Kommentieren der Ereignisse des vergangenen Jahres wurde bis in die Morgenstunden gefeiert.

→
Clemens Holzmeister, im Hintergrund Erich Boltenstern, 1950

„Meine Richtlinien als Leiter einer Meisterschule für Architektur waren von Anfang an etwa folgende: strenge Aufnahmebedingungen in Bezug auf künstlerische Begabung und gediegene Kenntnisse im Baufach, praktische Betätigung während der Ferien auf Bauten aller Art vervollständigen die technischen und theoretischen Kenntnisse der Meisterschüler und bewahren sie vor Phantastereien, für die unsere Zeit keinen Platz mehr hat."[1]

So lauteten die Kernsätze der Meisterschule Clemens Holzmeisters. Sie beschreiben die Forderungen und Erwartungen des Lehrers von seinen Schülern. Ergänzend dazu formulierte Holzmeister das besondere Verhältnis der Schüler untereinander: „Auf Demut im Schaffen und Toleranz gegenüber den Leistungen der Gegenwart und auch der letzten Vergangenheit wird größtes Gewicht gelegt. Hier hilft im Besonderen die Pflege echten Geistes zwischen der Schülerschaft, edler Wettbewerb in den Leistungen zwischen den einzelnen Jahrgängen und damit eine gegenseitige Befruchtung unter den Schülern, die sich ab und zu in Vorträgen der Schüler und Exkursionen sowie dem gemeinsamen Studium der Zeitschriften besonders auswirkt."[2]

Hier klingt schließlich das besondere Verhältnis zwischen Meister und Schüler an. Die weitreichenden Auswirkungen dieses Lehrmodells auf die Schüler wurden meist unterschätzt. Dies wurde im jüngst erschienenen Tagungsband über die Holzmeister-Schule korrigiert und ausführlich dargestellt.[3] Die Lehre Holzmeisters war vollständig auf das Prinzip der Meisterschule ausgerichtet. Besondere Bedeutung in dieser Meisterschule wurde der Gemeinschaft der Schüler untereinander sowie der engen Beziehung zwischen Schüler und Meister beigemessen. Entscheidend war dabei die Persönlichkeit des Professors und nicht alleine seine didaktische oder fachliche Befähigung. Clemens Holzmeister war zweifellos eine solche Persönlichkeit. Er polarisierte zeitlebens seine Zeitgenossen in Freund und Feind. Es war nur schwer möglich, dieser dominanten und autoritären Figur unvoreingenommen zu begegnen. Nur drei Zitate aus einer langen Reihe von Aussagen über Holzmeister und Charakterisierungen seiner Person mögen dies belegen.

Der Komponist Ernst Krenek beispielsweise urteilte im Rückblick: „Eine schöpferische und allerdings auch ausschließende Persönlichkeit wie Clemens Holzmeister hat es verstanden, der modernen Architektur in Österreich eine Stätte zu schaffen. Dabei mussten wir allerdings ein nach mancher Hinsicht bedauerliches Monopol Holzmeister in Kauf nehmen."[4] „Also, wenn sie Ideen haben, können sie tun was sie wollen, wenn sie keine Ideen haben, müssen sie tun, was ich will", erinnerte sich Hans Hollein (Absolvent der Holzmeister-Schule 1956) in einem Fernsehinterview an eine Aussage Holzmeisters in seinen Korrekturen. Und Wilhelm Holzbauer (Absolvent der Holzmeister-Schule 1953) erkannte in seinem Lehrer einen Mann mit „brutaler Durchsetzungsfähigkeit", einer Eigenschaft, die er sich später auch selbst attestierte.[5]

Die Vorbildfunktion Holzmeisters für seine Schüler als erfolgreicher Architekt, nicht zuletzt hinsichtlich seiner effizienten Netzwerkbildung in Gesellschaft, Politik, Wirtschaft und Kultur, kann wohl kaum hoch genug eingeschätzt werden.

Franz Kiener, der 1948–1951 bei Holzmeister an der Akademie der bildenden Künste in Wien studiert hat, zählt zweifellos zu seinen „treuesten Schülern". Für Franz Kiener war Holzmeister nicht nur sein Lehrer, sondern über die Jahre wurde er auch ein persönlicher Freund. Über drei Jahrzehnte blieb er seinem Meister und dessen Schule verbunden. Er hielt das Gemeinschaftsgefühl der alten und jungen Architekten und das Andenken an den Lehrer lebendig, indem er regelmäßige Treffen und Ausstellungen organisierte, die quantitativ und qualitativ Maßstäbe setzten und bis heute legendären Ruf genießen.

Bis zur Annexion Österreichs und dem Verlust seiner Professuren an den Akademien in Düsseldorf 1933 und Wien 1938 hatte Holzmeister Exkursionen mit seinen Meisterschulen in ganz Mitteleuropa unternommen. Nach seiner Rückkehr aus Ankara an die Wiener Akademie 1950 (endgültig 1954) ließ die schlechte wirtschaftliche Situation seiner Studenten derartige Reisen nicht mehr zu. Stattdessen wurden Ausflüge in die nähere Umgebung unternommen. Der Jahrgang von Franz Kiener ging zum Beispiel mit Holzmeisters langjährigem Assistenten, Eugen Wachberger (Assistent 1937/38 und 1946–1963), eine Woche lang zum Skifahren in die österreichischen Alpen und die Diplomfeiern der späten 1940er- und 1950er-Jahre fanden in Dürnstein statt.

Clemens Holzmeister mit Franz Kiener und Eugen Wachberger, Diplomfeier beim Heurigen, Dürnstein, 1951

Mit der Wachau war Holzmeister seit seinem Studium eng verbunden, hier hatte er mit der Volksschule in Marbach an der Donau 1914 seinen ersten Bau realisiert und er engagierte sich bis zu seinem Tod für den Schutz der durch maßlose Verkehrsplanungen der Nachkriegszeit bedrohten Kulturlandschaft. In Dürnstein lud Holzmeister regelmäßig zu großen Festen in den Heurigen von Richard Thiery (Hotel Richard Löwenherz) und versetzte seine Gäste durch opulente Bewirtung in Erstaunen. Der Ablauf dieser Feiern bekam kanonischen Charakter. Auch die Studenten

---

[1] Mitschrift eines Interviews von Angelica Bäumer mit Clemens Holzmeister, „Clemens Holzmeister: Von der Würde des Bauens", ORF-Produktion, 1984.

[2] Clemens Holzmeister, „Junge Architektur. Über den Unterricht an seiner Meisterschule an der Akademie der Bildenden Künste in Wien spricht Professor Clemens Holzmeister", in: Der Bau, H. 7/8, 1952, S. 144.

[3] Christoph Hölz (Hrsg.), Gibt es eine Holzmeister-Schule? Clemens Holzmeister 1886–1983 und seine Schüler (Schriftenreihe des Archivs für Baukunst im Adambräu, 8), Innsbruck: Univ. Press, 2015.

[4] Zitiert nach Wilfried Posch, Clemens Holzmeister. Architekt zwischen Kunst und Politik, Salzburg: Müry Salzmann, 2010, S. 257.

[5] Wilhelm Holzbauer im Gespräch mit dem Autor vor der zweiten internationalen Holzmeister-Fachtagung (Gibt es eine Holzmeister-Schule? Clemens Holzmeister [1886–1983] und seine Schüler) in Innsbruck, 16.–18.10.2014.

Christoph Hölz

aus den jüngeren Semestern der Holzmeister-Schule wurden dazu eingeladen. Nach Verleihung der Diplome in der Akademie in Wien begann die Diplomfeier am Samstagabend beim Heurigen in Dürnstein und ging mit einem gemeinsamen Gottesdienst in der Stiftskirche am Sonntagvormittag zu Ende. Da Franz Kiener auch noch über sein Studium hinaus bis 1963 an der Akademie tätig war, nahm er an den Festen auch noch nach seinem eigenen Studienabschluss teil.

Wurden auf diese Art die Absolventen aus dem Studium in der Meisterschule entlassen, ließ sich Holzmeister nach seiner Emeritierung von seinen ehemaligen Schülern regelmäßig feiern. Am Beginn der von Franz Kiener organisierten „Holzmeister-Feste" steht der 80. Geburtstag des „Meisters" im Jahr 1966. Aus diesem Anlass stellten Franz Kiener und Walter Schmutzer eine zweiteilige Veranstaltung zusammen.[6] In der Akademie der bildenden Künste wurde das Œuvre Holzmeisters auf „40 Wandtafeln mit Werken aus der letzten Zeit" in einer Ausstellung präsentiert und anschließend ein großes Fest in Dürnstein arrangiert. Zu den Feierlichkeiten wurden alle Meisterschü-

Clemens Holzmeister, 1971

Clemens Holzmeister, 1966

ler eingeladen, die in großer Zahl daran teilnahmen. Sie trugen sich anschließend in ein speziell angefertigtes Gästebuch mit Widmung ein: „Aus Anlass der Festlichkeiten zum achtzigsten Geburtstag soll dieses Buch eine bleibende Erinnerung und der Ausdruck besonderer Danksagung aller Schüler an ihren sehr verehrten und geschätzten Professor Clemens Holzmeister sein. Wien-Dürnstein, 27. März 1966."[7]

Der 85. Geburtstag Holzmeisters wurde 1971 erstmals mit einer Ausstellung im Bauzentrum im Palais Liechtenstein, Wien 9, wo eine Informationsstelle der österreichischen Bauindustrie eingerichtet war, gefeiert. Die Konzeption lag in den Händen von Franz Kiener und Manfred Resch (Absolvent der Holzmeister-Schule 1962). Auf insgesamt 120 Tafeln wurde ein Überblick über das architektonische Gesamtwerk Holzmeisters präsentiert. Die Eröffnungsrede hielt Eugen Wörle (Absolvent der Holzmeister-Schule 1930). Das eigentliche Fest fand am folgenden Tag in Dürnstein statt, das mit über 500 Gästen das größte Fest überhaupt werden sollte. Unter den Ehrengästen befanden sich zahlreiche prominente Weggefährten Holzmeisters, u. a. der ehemalige Landeshauptmann Oberösterreichs, Heinrich Gleißner, der Schauspieler Luis Trenker, mit dem Holzmeister 1923 ein Architekturbüro in Bozen eröffnet hatte, und „sein Südtiroler Lieblingsschüler", Erich Pattis (Absolvent der Holzmeister-Schule 1927). Die Festrede hielt Johannes Spalt (Absolvent der Holzmeister-Schule 1951). Das Geschenk seiner Schüler, ein in Silber getriebener Pokal, gefüllt mit Wachauer Wein, wurde in der Runde gereicht. Derartige Rituale beförderten nach Ansicht Holzmeisters die Zusammengehörigkeit der Schule auch lange nach Beendigung des Studiums und entsprachen der zuweilen als überbordend und barock beschriebenen Lebensfreude des Altmeisters.

1976, anlässlich seines 90. Geburtstags, wurde die Ausstellung von 1971 im Wiener Bauzentrum wiederholt und auch das obligate Fest in erprobter Weise in Dürnstein abgehalten, dieses Mal in Anwesenheit von Bundespräsident Rudolf Kirchschläger, was erneut die Popularität und gesellschaftliche Wertschätzung Holzmeisters unterstrich. Höhepunkt war das Pflanzen

Clemens Holzmeister, 1976

der sogenannten Holzmeister-Linde (ein 18-jähriger, geschulter Baum aus dem Gartencenter in Tulln) vor dem Hotel Richard Löwenherz, wo traditionell die

---

6
Walter Schmutzer (geb. 1926) studierte ab 1946 Architektur an der Akademie der bildenden Künste Wien und arbeitete anschließend vier Jahre in Ankara bei Holzmeister, u. a. am Bau des Parlaments. 1954 kam er zurück und wurde Assistent bei Holzmeister an der Akademie.

7
Umschlag in weißem Leder, gebunden, 28 × 30 cm, im Schuber. Das Gästebuch kam 2014 als Geschenk Franz Kieners in die Sammlung des Archivs für Baukunst der Universität Innsbruck.

Biografische Skizzen

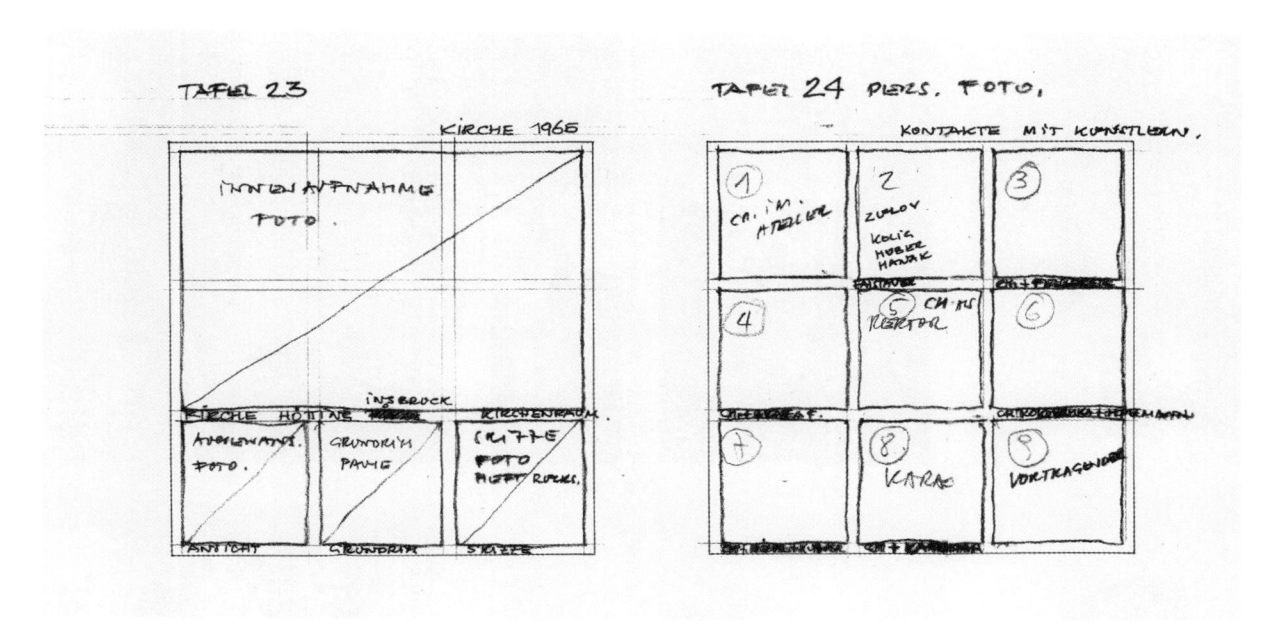

→ Franz Kiener, Ausstellung über das Werk Clemens Holzmeisters, Ausstellungspläne, 1966

→ Säulenhalle der Akademie der bildenden Künste, Ausstellungstafeln, 1966

→ Eröffnung der Ausstellung, 1966

Als sich nun 1966 der 80. Geburtstag von Clemens ankündigte, stand die Gestaltung eines Festes im Raum. Holzmeister war wieder in Österreich sesshaft geworden und so kam mein Freund Schmutzer mit dem Gedanken, eine kleine Ausstellung in der Akademie zu machen.

Christoph Hölz

Holzmeister-Feste, 1971–1981

Feiern stattfanden. Eine Gedenktafel aus Poschacher Granit erinnert bis heute an diese außergewöhnliche Reminiszenz der Schüler an ihren Lehrer.

Die Stadt Dürnstein, die Clemens Holzmeister 1971 zum Ehrenbürger ernannt hatte, ehrte ihn 1979 mit einer Sonderausstellung im Chorherrenstift. Kuratoren waren Franz Kiener und Manfred Resch, beraten durch die Kunsthistorikerin Monika Knofler. Ihr Anliegen war es dieses Mal, nicht den Architekten mit Plänen und Fotografien, sondern den bildenden Künstler mit „Skizzen, Zeichnungen und Aquarellen" ins Zentrum zu stellen. Die Ausstellung wurde in Anwesenheit von Bundespräsident Kirchschläger eröffnet. Als Begleitpublikation veröffentlichten Kiener und Resch den Katalog Clemens Holzmeister. Architekt, Maler, Zeichner mit Beiträgen des Kunsthistorikers Rupert Feuchtmüller und einem Essay, „Über das Zeichnen", von Clemens Holzmeister selbst, in dem er ein Plädoyer für die künstlerische Darstellung durch den Architekten – eine Kunst, die zunehmend verloren ging – abgab.

Zwei Jahre später, 1981, wurde der Geburtstag des inzwischen 95-jährigen Holzmeister nicht mehr in der Wachau, sondern im Schottenstift in Wien gefeiert. Dem Jubilar wurde von den Schülern ein vom Bildhauer Oskar Eberhard Höfinger gestaltetes Steinrelief als Geschenk übergeben. Fast 150 Personen, darunter erneut Bundespräsident Kirchschläger, nahmen an der Feier teil.

Am 12. Juni 1983 starb Clemens Holzmeister im Alter von 97 Jahren in Salzburg. Begraben liegt er auf dem Friedhof des Erzstifts St. Peter. Über seinen Tod hinaus hielten Franz Kiener und weitere Meisterschüler an der Tradition fest und begingen am 27. März 1986 seinen 100. Geburtstag. Zusammen mit seiner Witwe Gunda Holzmeister gedachten sie seiner in dem von ihm entworfenen Wohnhaus in der Brunnhausgasse in Nonntal bei Salzburg.[8]

2013 schließlich organisierten Franz Kiener und Manfred Resch das vorerst letzte Treffen der ehemaligen Schüler. Etwa dreißig Personen trafen sich am 14. Juni 2013 in Dürnstein und trugen sich nochmals in das 1966 begonnene Gästebuch ein: „Unter der Linde, die zu Ehren Clemens Holzmeisters vor dreißig Jahren gepflanzt wurde, versammeln wir, seine Schüler, uns, um seiner zu gedenken."

Lapidar bemerkte Kiener, der am 9. April 2016 seinen 90. Geburtstag feiert: „Damit endet meine Tätigkeit zur Organisation der Feste." Franz Kiener hat wohl wie kein anderer das Prinzip der Meisterschule gelebt, das zentrale Element der Gemeinschaft getragen und auf imponierende Weise bis ins 21. Jahrhundert transportiert.

[8] Das Salzburger Haus in der Brunnhausgasse 14b errichtete er nach eigenen Entwürfen (1. Entwurf 1952, Abschluss 1962). Er nutzte es als Wohnhaus und Atelier von 1962 bis zu seinem Tod im Jahr 1983, parallel zu seinem Wiener Atelier in der Esterházygasse 10 (1954–1972 genutzt, Umbau 1963–1972).

Franz Kiener und die Zentralvereinigung der Architekten

Franziska Leeb

→
Eugen Wörle und Hans Hollein
bei der Verleihung des
Bauherrenpreises, 1982

Biografische Skizzen

Seit über sechs Jahrzehnten ist Franz Kiener Mitglied der Zentralvereinigung der Architekten Österreichs (ZV), mehrere Jahrzehnte davon als Vorstandsmitglied und über viele Jahre als deren Kassaverwalter. Kiener ist das älteste lebende Mitglied und damit ein wichtiger Zeitzeuge für die Entwicklung des Vereins in der Nachkriegszeit und die folgenden Jahrzehnte.

Auf Initiative von Architekt Ludwig Baumann wurde die ZV, die sich den Schutz und die Wahrung der Standesinteressen und der Standesehre der Architekten zum Ziel gesetzt hat, am 8. Juni 1907 gegründet. Der von markanten und prominenten Architektenpersönlichkeiten besetzte Vorstand, dem neben Ludwig Baumann (Präsident von 1907–1915) u. a. auch Leopold Bauer, Julius Deininger, Ferdinand Fellner und Hermann Helmer angehörten, engagierte sich vehement für den Schutz des Berufstitels Architekt, eine Reform der Wiener Bauordnung und die Schaffung von Architektenkammern. Danach folgten Ferdinand Fellner (1915–1916), Emil Bressler (1916–1918), der in den 1880er-Jahren in einer Bürogemeinschaft mit Ludwig Baumann tätig war, anschließend Fellners Büropartner Hermann Helmer (1918–1919), Siegfried Theiss (1919–1931), Clemens Holzmeister (1932–1936), damals Rektor der Akademie der bildenden Künste, und Hans Jaksch, Büropartner von Siegfried Theiss, der die ZV von 1936 bis zu deren Auflösung und Überführung in die Reichskammer der bildenden Künste im Juni 1938 leitete. 1945 konstituierte sich die ZV als Architektensektion innerhalb der als Nachfolgeorganisation der nationalsozialistischen Reichskunstkammer gegründeten „Berufsvereinigung der Bildenden Künstler Österreichs" neu und erlangte schnell den vor dem Krieg erarbeiteten Ruf und Status wieder.

Eintritt in die ZV

Bis zum Inkrafttreten des Ziviltechnikergesetzes 1957 war die Mitgliedschaft, für die – bis heute – die Befürwortung durch zwei Vorstandsmitglieder erforderlich ist, auch Voraussetzung für die Teilnahme an Wettbewerben, sofern die jeweilige Person die Ziviltechnikerprüfung noch nicht absolviert hatte. Dieser Status der Vereinsmitgliedschaft als „Gütesiegel" war es schließlich auch, der Franz Kiener sehr bald nach Abschluss seines Architekturstudiums bei Clemens Holzmeister zur ZV führte. Die Architektenvereinigung war ihm schon als Schüler an der Salzburger Staatsgewerbeschule ein Begriff, da deren Direktor, Architekt Hermann Rehrl, die Schüler auf deren Existenz hinwies. Daher, so Franz Kiener, sei ihm die ZV bereits als Student als eine Vereinigung bekannt gewesen, „die Architekten einer bestimmten Qualität zusammenführt und sich darum kümmert, dass diese Qualität eine Breitenwirkung bekommt". Als Kiener sich im Jahr 1952 die Wettbewerbsunterlagen für einen Zubau am Landeskrankenhaus Salzburg abholte, legte man ihm seitens des Auslobers nahe, der ZV beizutreten, da er die Ziviltechnikerprüfung noch nicht abgelegt hatte. Den Kontakt zur ZV stellte Eugen Wachberger her, in dessen Büro an der Akademie am Schillerplatz Franz Kiener seine Praxiszeit absolvierte.[1]

1961 wurde der Holzmeister-Schüler Eugen Wörle zum Präsidenten der ZV, die seit 1959 wieder als selbstständiger Verein bestand, gewählt. In seiner Ära vollzog die Vereinigung nach und nach eine Neupositionierung, die wesentlich von jungen Mitgliedern getragen wurde, darunter vor allem Hans Hollein, der von 1958–1960 in den USA studierte und seine dort gewonnenen Erfahrungen nach Wien brachte. Um die notwendigen Praxiszeiten für die Befugnis als selbstständiger Architekt zu erlangen, war er im Büro von Franz Kiener Mitarbeiter, wurde bald ZV-Mitglied und maßgeblich mitverantwortlich für einen frischen Wind im Traditionsverein.

Neue Kräfte und Aktivitäten

So löste 1965 eine neue Zeitschrift das bisherige, seit 1946 bestehende und von Stephan Simony redigierte, Vereinsorgan „Der Bau" ab. Das neue Magazin nannte sich kurz „Bau", die erste Redaktion bestand aus Sokratis Dimitriou, Günther Feuerstein, Hans Hollein und Gustav Peichl. „Wir sind nicht Sprachrohr einer Organisation. Wir sind ein unabhängiges Redaktionsteam, das bei gleicher Grundtendenz oft verschiedene

Cover, Bau, Heft 1, 1965

Meinungen vertreten wird", hielten sie in der ersten Ausgabe fest.[2] Das Heft – seine Titelbilder gestalteten meist Walter Pichler und Hans Hollein, später auch Oswald Oberhuber – lenkte den Blick der Leserschaft weit über die Grenzen des Landes und auch über die traditionellen Themen der Architektur hinaus. Die erste Ausgabe enthielt unter dem Titel „let's make that buildings shake hands again" Überlegungen des niederländischen Architekten Jacob Berend Bakema, die auf einem Vortrag an der Harvard University basierten. Ein halbes Jahr später hielt Bakema, der im Sommer 1965 das Architekturseminar im Rahmen der Salzburger Sommerakademie leitete, im Zuge des von 25.

---

1 Franz Kiener im Gespräch mit der Autorin, 17. 9. 2015.
2 O. A., „Der neue BAU", in: Bau, Schrift für Architektur und Städtebau, H. 1, 1965, S. 1.

bis 27. August in Salzburg abgehaltenen Bundestags der Zentralvereinigung einen Vortrag, und im Oktober präsentierte die ZV in der Akademie der bildenden Künste in Wien eine Ausstellung der Arbeiten von J. H. van den Broek und J. B. Bakema. Hermann Czech übte in dieser Ausgabe heftige Kritik an der österreichischen Wettbewerbspraxis und forderte die Ausschreibung guter Wettbewerbe mit guten Preisgerichten.

Im Herbst des Jahres wurde die Österreichische Gesellschaft für Architektur (ÖGFA) gegründet, im Vorstand Friedrich Achleitner, Maria Biljan-Bilger, Sokratis Dimitriou, Wolfgang Gleissner, Viktor Hufnagl, Friedrich Kurrent und Wolfgang Windbrechtinger. Sie verstand sich nicht als exklusiver Verein von Architekten, sondern stand allen offen, die sich „zu aktiver Auseinandersetzung mit den Problemen der Architektur verpflichtet fühlen".[3] Fortan bestanden die beiden Vereine parallel, organisierten unabhängig voneinander ihre Programme, zogen aber immer wieder an einem Strang, wie zum Beispiel in den Jahren 1971/72, als der Bau eines Hochhauses anstelle des Wittgensteinhauses erfolgreich verhindert wurde. Ein weiteres Mal engagierten sich – die Initiative ging von Franz Kiener aus – Vertreter von ÖGFA und ZV auch anlässlich des Umbaus des Kassensaals der Postsparkasse von Otto Wagner im Jahr 1975. Gemeinsam mit Herbert Thurner stellte Franz Kiener eine Dokumentation zusammen, in der die Baugeschichte und gutachterlichen Stellungnahmen des Architekturkritikers Friedrich Achleitner, des Architekten Friedrich Kurrent, weiters des Direktors des Museums für angewandte Kunst, Wilhelm Mrazek, sowie des Architekten und Kunsthistorikers Eduard F. Sekler zu den Renovierungs- und Adaptierungsarbeiten zusammengefasst wurden.[4]

Die Besetzung des Vorstandes[5] im Jahr 1966 bildet die sukzessive „Hofübergabe" der Alten an die Jungen ab. Dem mit 23 Mitgliedern ungewöhnlich zahlreich besetzten Vorstandskollegium gehörten mit Eugen Wörle als Präsidenten, Eugen Wachberger als 1. Vizepräsidenten, Otto Niedermoser, Stephan Simony und Herbert Thurner zwar noch ein paar bereits in der Zwischenkriegszeit aktive Kollegen an, Vertreter der nächsten Generation – darunter Günther Feuerstein, Ernst Hiesmayr, Hans Hollein, Franz Kiener und Gustav Peichl – waren aber eindeutig in der Mehrheit.

Das Festprogramm, mit dem die ZV im Jahr 1967 ihr 60-jähriges Jubiläum beging, spiegelt den Geist der neuen Kräfte im Vorstand wider. Ein umfangreiches Vortrags- und Diskussionsprogramm wurde zusammengestellt. Als Veranstaltungsort wählte man anstatt des Vereinslokals, das sich seit den 1950er-Jahren in der zwischen 1950 und 1954 an der Ecke Fischerstiege und Salvatorgasse nach Plänen von Otto Niedermoser und Hans Petermair errichteten Wohnanlage der Gemeinde Wien befindet, einen größeren Rahmen. Die meisten Vorträge fanden im über 1.000 Besucher fassenden Forum-Kino an der Auerspergstraße (das 1974 dem Rechenzentrum der Stadt Wien weichen musste) oder im Vortragssaal des Museums für angewandte Kunst statt. Der 1938 aus Wien vertriebene Ökonom Oskar Morgenstern, Mitbegründer der Spieltheorie, sprach über Experimente in Ökonomie und Sozialwissenschaften, weitere Vortragende waren u. a. der Philosoph Theodor W. Adorno, der Verhaltensforscher Ernest Dichter sowie die Architekten Frei Otto, O. M. Ungers, Ernst May und Walter Förderer. Zum legendären dreistündigen Vortrag von Richard Buckminster Fuller kamen am 16. Juni 1967 1.500 Besucher in die Wiener Stadthalle. In Franz Kieners Erinnerung zählen diese Vorträge heute noch zu den eindrücklichsten Erlebnissen seiner aktiven Zeit in der Zentralvereinigung.

Preise für den begabten Nachwuchs und verdienstvolle Bauherren

Zusätzlich wurde im Jubiläumsjahr 1967 ein mit 20.000 Schilling dotierter Förderungspreis für junge Architekten ausgelobt, der zum Ziel hatte, junge Absolventen der Architekturabteilungen österreichischer Hochschulen, die noch keine Ziviltechnikerbefugnis hatten, öffentlich vorzustellen und so den begabten Nachwuchs anzuregen.[6] Erster Preisträger war Klaus Hosp, Absolvent der Technischen Hochschule Graz für eine (auf Anregung Professor Bakemas an der Sommerakademie Salzburg ausgeführte) Neubearbeitung des Wettbewerbes „Höhere Technische Lehranstalt Krems". Würdigungen gingen an Klaus Gartler und Heidulf Gerngross.

Schließlich wurde 1967 auch die „Bauherrenwürdigung" ins Leben gerufen, die sich bald zum wichtigsten Architekturpreis des Landes entwickelte und bis heute als „ZV-Bauherrenpreis" jährlich ausgelobt wird. Bemerkenswert ist der hohe Anteil an kirchlichen Bauten und Schulgebäuden, worin sich sowohl die damals wichtige Rolle der (katholischen) Kirche und einzelner Orden als Auftraggeber widerspiegelt, als auch die Bedeutung, die neuen Konzepten im Schulbau beigemessen wurde. Pater Sigmund Kripp erhielt den Preis für das Kennedy-Freizeitheim der Mittelschülerkongregation Innsbruck von Architekt Josef Lackner, Diözesanbischof Josef Schoiswohl und Ordinariatskanzler Johann Reinisch für die Katholisch-pädagogische Akademie in Graz von Günther Domenig und Eilfried Huth, Pater German Koch, Provinzial des Ordens der Missionare vom Kostbaren Blut, für das Kolleg St. Josef in Salzburg-Aigen der arbeitsgruppe 4 (Wilhelm Holzbauer, Friedrich Kurrent, Johannes Spalt), die Gemeinde Nüziders in Vorarlberg für die Volksschule der Architektengruppe C4 (Max Fohn, Karl Sillaber, Friedrich Wengler), die Gemeinde Wien für die Volksschule in der Krim von Gustav Peichl. Weitere Preise gingen an das Clima Villenhotel in Wien-Nussdorf, das Ernst Hiesmayr für seinen Bruder Hans Hiesmayr geplant hat, an Vizekanzler Fritz Bock, dem Regierungskommissär für die Weltausstellung 1967, Wirtschaftskammerpräsident Rudolf Sallinger und Manfred Mautner-Markhof für den Weltausstellungspavillon in Montreal von Karl Schwanzer,

---

[3] Gründungsmanifest der ÖGFA, www.oegfa.at/page.php?id= 32&item=888 (14. 2. 2016).

[4] Zentralvereinigung der Architekten Österreichs (Hrsg.), Franz Kiener, Herbert Thurner (Red.), Otto Wagners Postsparkasse (ZV-Dokumentation), Wien 1975.

[5] O. A., „ZV-Nachrichten", in: Bau, H. 3, 1966, S. 64: „In der kürzlich stattgefundenen Generalversammlung wurde Professor Eugen Wörle wieder zum Präsidenten des Landesverbandes für Wien, Niederösterreich und Burgenland gewählt. Der neue Vorstand besteht aus: Armin Bauernfeind, Günther Friedrich Feuerstein, Fred Freyler, Felix Hasenöhrl, Ernst Hiesmayr, Hans Karl Högler, Hans Hollein, Franz Kiener, Ferdinand Kitt, Fritz Gerhard Mayr, Otto Niedermoser, Gustav Peichl, Thomas Reinthaller, Friedrich Schlossberg, Erich Schlöss, Franz Simlinger, Stephan Simony, Herbert Thurner, Eugen Wachberger, Rudolf F. Weber, Robert Weinlich, Rudolf Wurzer."

[6] O. A., „Förderungspreis 1967 der ZV der Architekten Österreichs", in: Bau, H. 4/5, 1967, S. 119–120.

an Marius Retti für Hans Holleins Kerzengeschäft Retti am Wiener Kohlmarkt, an Unterrichtsminister Theodor Piffl-Perčević, Landeshauptmann Theodor Kery und den Bildhauer Karl Prantl für die Bildhauer-Unterkünfte in St. Margarethen im Burgenland.

In den 1970er-Jahren wurde die „Bauherrenehrung" in „Preis der ZV" umbenannt, ehe er schließlich in den 1990er-Jahren als „ZV-Bauherrenpreis" betitelt wurde. Die Preistrophäe – den „Bauherrenwürfel" – hat Franz Kiener entworfen. Zunächst gestaltete er Prototypen aus Mooreiche und Birnenholz, bis er sich schließlich für eine Version aus Plexiglas ent-

Folder mit Bauherrenwürfel, 1986

schied, in der auch der mittig eingefügte Münzrohling mit oben aufgeklebter 1-Schilling-Münze (jetzt ist es 1 Euro) und ZV-Prägung am Boden sichtbar ist.

Später ermöglichten eine Erbschaft und eine Stiftung über mehrere Jahre hinweg weitere Aktivitäten und Preisvergaben, die jungen Architektinnen und Architekten zugutekamen. Im Jahr 1974 kam die ZV in den Besitz von Sparguthaben und eines Hauses in Mödling, nachdem die Witwe des Architekten Karl Scheffel (1883–1946) die Zentralvereinigung als Universalerbin eingesetzt hatte.[7] Die Erblasserin verfügte, dass die ZV den Erlös aus dem Haus oder den Verkaufserlös „in geeigneter Weise für Stipendien an nicht über 35 Jahre alte Architekten nach ihrem Gutdünken zu verwenden" habe. Bis in die 1990er-Jahre wurde aus diesem Vermögen der „Karl-Scheffel-Gedächtnispreis" ausgelobt und Ausstellungen junger Architektinnen und Architekten in den Räumen in der Salvatorgasse – der Vortrags- und Ausstellungssaal erhielt den Namen „Scheffelsaal" – ermöglicht.

In den 1970er-Jahren wurde der „Friedrich-Zotter-Gedächtnispreis" für Studierende an österreichischen Architekturhochschulen ins Leben gerufen. Friedrich Zotter (1894–1961), von 1925–1961 Professor für Baukunst an der Technischen Hochschule Graz, 1936–1938 deren Rektor und ab 1949 Vizepräsident der Zentralvereinigung, gilt als wichtiger Lehrer – unter seinen Schülern waren zum Beispiel Anna Lülja Praun und Herbert Eichholzer – und engagierter Wegbereiter des „Neuen Bauens". Angeregt hat den Preis sein Sohn Michael Zotter. Er war Partner im Düsseldorfer Architekturbüro Hentrich-Petschnigg und Partner, das jährlich das Preisgeld in der Höhe von 50.000 Schilling stiftete und ein ehrenamtlich tätiges Jurymitglied stellte. Die darüber hinaus entstehenden Kosten waren von der ZV zu tragen. Preisträger waren u. a. Volker Giencke (1975), Christoph Kapeller (1978), Heinrich Hermann (1978), Wolfram H. Pardatscher und Carlo Baumschlager (1980), Herwig Illmaier (1982), Renate Benedikter-Fuchs (1982), Robert Felber (1983), Peter Weber (1984), Michael Homann mit Ernst Gfrerer (1985), Jakob Fuchs (1987) und Wolfgang Koelbl (1994).

Der „Friedrich-Zotter-Gedächtnispreis" stand jeweils unter einem bestimmten Motto, zu dem es Entwürfe auszuarbeiten galt. Die Organisation des Preises für das Jahr 1984 übernahm Franz Kiener, der im Jänner 1984 zum Kassaverwalter des Vereins bestellt wurde, nachdem zuvor Utz Purr aufgrund der schwierigen finanziellen Situation des Vereins von dieser Funktion zurückgetreten war.[8] Das Thema des Preises ergab sich im Laufe einer Diskussion über das bereits stark veränderte und vom Verfall bedrohte Sanatorium Purkersdorf. Nur eine sinnvolle Nutzung könne den Bau retten, meinte Hans Hollein, womit das Thema „Realistische Nutzungsvorschläge für das Sanatorium Purkersdorf" feststand.[9] Kiener nahm Kontakt zum damaligen Eigentümer des Sanatoriums, dem „Evangelischen Verein für Innere Mission", auf und erfuhr, dass das Sanatorium veräußert werden sollte, woraufhin man das Ausschreibungsthema auf diese Umstände hin adaptierte und neben Ideen für eine Nutzbarmachung des historischen Gebäudes auch Bebauungsvorschläge für das Grundstück zu erarbeiten waren. Aus den elf Einreichungen wählte die Jury, bestehend aus Hans Hollein, damals Vizepräsident der ZV, Franz Kiener, Eduard F. Sekler und Michael Zotter, das Projekt von Peter Weber als Preisträger aus. Zugleich formulierten die Juroren, dass die ZV erwarte, „dass die durch diesen Wettbewerb gegebene Initiative von den zuständigen Stellen aufgegriffen und weitergeführt wird".[10] Auch nach Abschluss des Wettbewerbes unternahm man im Lauf des Jahres 1985 große Anstrengungen und warb in Gesprächen mit dem Bürgermeister von Purkersdorf, Franz Matzka, und dem niederösterreichischen Landeshauptmann Siegfried Ludwig und dem Denkmalamt für eine denkmalgerechte Instandsetzung und Nutzung des Sanatoriums, man konnte aber keine konkreten Erfolge erzielen.[11]

Über Architektur sprechen

Zu den Höhepunkten der an Aktivitäten reichen 1980er-Jahre zählte auch die Ausstellung samt Katalog, „Herbert Thurner – Ein Beitrag zum individuellen Wohnen", die 1985 von Franz Kiener und Siegbert Langner konzipiert wurde. In seiner „nicht gehaltenen Rede" bedankte sich der 80-jährige Herbert Thurner,

[7] Archiv der ZV, Testament Emma Scheffel, 24. 8. 1967.
[8] Archiv der ZV, Protokoll der 542. Vorstandssitzung, 22. 11. 1983.
[9] Ebd., Protokoll der 543. Vorstandssitzung, 30. 1. 1984.
[10] Ebd., Juryprotokoll, 24. 11. 1984.
[11] 1994 wurde Architekt Sepp Müller mit der Außenrestaurierung beauftragt, und schließlich wurde das Areal nach mehreren Nutzungsüberlegungen vom Bauträger BUWOG, der es im Jahr 2000 erwarb, zu einer Seniorenresidenz ausgebaut.

Franziska Leeb

Cover, Ausstellungskatalog Herbert Thurner, 1985

der ab 1945 ZV-Mitglied und über viele Jahre im Vorstand war, bei der ZV und seinem Freund Kiener und schlug noch einmal eine Brücke in die Vor- und Nachkriegszeit. Er habe lange überlegt, ob man diese Ausstellung überhaupt machen solle, weil es seiner Meinung nach zu wenig und auch zu wenig interessant sei, was da in langen Jahren zusammengekommen war, schrieb Thurner. Den Ausschlag zur Zusage habe dann die Erkenntnis gegeben, dass „wir – ich meine damit meine Generation – wertvolles und wesentliches Gedankengut in die heutige Zeit herübergerettet haben, das ohne uns durch die verhängnisvolle Kulturpolitik des Dritten Reiches und die Kriegswirren von 1939 bis 1945 restlos verlorengegangen wäre. Wir haben nach 1945 mit kleinen Schritten Durchbrüche erzielen können. Denken wir nur an den, durch kleinliches wirtschaftliches Denken völlig erstarrten sozialen Wohnbau. Es war nicht leicht, mit amtlichen Stellen auch nur kleinste Konzessionen auszuhandeln. […] Aber das mußte einfach getan werden, und ich glaube, daß das unser Beitrag zu den jetzt möglichen, oft großartigen Leistungen der heute tätigen Architektengeneration war".[12]

In den 1980er-Jahren wurde die Vortragsserie „Architekten sprechen über ihre Arbeit" etabliert, die mit einem Plakat, das jeweils das Programm von November bis Juni vorankündigte, beworben wurde. Publikumsträchtigere Vorträge fanden im Kinosaal des Museums des 20. Jahrhunderts im Schweizergarten (dem heutigen 21er Haus) statt, andere in der Salvatorgasse. Schon Mitte der 1980er-Jahre zeichnete sich ab, dass die Vereinsräumlichkeiten für den Vortragsbetrieb nicht mehr ausreichten und letztendlich bewogen zunehmende Beschwerden seitens der Hausverwaltung dazu, sich nach einem anderen ständigen Vortragsraum umzusehen, der schließlich bei der Firma Bene in der Renngasse gefunden wurde, wo schon im Vortragszyklus 1988/89 einzelne Vorträge abgehalten wurden.[13] 1991 war es schließlich soweit, dass die Vorträge ausschließlich bei Bene stattfinden konnten. Die nun unter dem neuen Titel „Sprechen über Architektur" abgehaltenen Vorträge fanden – bis auf Unterbrechungen aufgrund eines Umbaus, wo man wieder im Museum des 20. Jahrhunderts veranstaltete – fortan mit Unterstützung der Firma Bene in deren Vortragssaal statt. Erich Monitzer entwarf Plakat und Einladungskarten, die bis heute in der gleichen Form – weiße Versalien auf jährlich wechselndem monochromem Untergrund – bestehen.

Zwei präsente Präsidenten

Eugen Wörle blieb bis zu seinem Tod im Dezember 1996 Präsident der Zentralvereinigung und war somit 35 Jahre in dieser Funktion, die er – wie Franz Kiener erzählt – stets mit viel Energie ausfüllte. In der Öffentlichkeit „war Wörle die ZV", so Franz Kiener, er habe aber immer den Verein, nicht sich selbst, in den Vordergrund gestellt. Zum engen Freundeskreis von Eugen Wörle gehörte auch der Publizist Milan Dubrović, Kulturredakteur und späterer Chefredakteur der Tageszeitung „Die Presse", in den 1960er-Jahren Presseattaché in Bonn und nach seiner Rückkehr von 1970–1977 Herausgeber der „Wochenpresse". Seine Frau, die Kunsthistorikerin Erika Kriechbaum, war langjährige Sekretärin der ZV. Eine Herrenrunde um Eugen Wörle, Herbert Thurner und Milan Dubrović traf sich wöchentlich zum Jour fixe im Café Arabia zum Gedankenaustausch, der auch in der ZV Niederschlag gefunden hat. Diese Treffen dienten Wörle, so Kiener, ebenso zur Entscheidungsfindung wie die mehrmals im Jahr abgehaltenen eleganten samstäglichen Essen in der Wörle-Wohnung in der Reisnerstraße. Für Franz Kiener – die „Landpomeranze", wie er sagt –, der selbst einmal zu einem dieser Essen bei Wörle geladen wurde, war diese Welt der „Inbegriff des kulturellen Wien".

Unter Wörles Nachfolger Hans Hollein, der zuvor bereits geschäftsführender Vizepräsident war, blieb die Kontinuität insofern gewahrt, als die ZV mit Hollein wiederum eine gut vernetzte und prominente Führungspersönlichkeit hatte. Auch er „war die ZV" – wie Wörle. Der Unterschied zwischen den beiden Präsidenten sei gewesen, so Kiener, dass Wörle viel mehr ein „unsriger" gewesen sei, dem man freundschaftlich verbunden war,[14] während Hans Hollein als „stärkster Mann" der ZV weniger zugänglich war. Die ZV blieb unter Hollein schon allein durch die Person des Präsidenten öffentlich präsent. Die anderen Vorstandsmitglieder haben allerdings viel seltener die Initiative ergriffen als zuvor, da jede öffentliche Äußerung mit Hollein abzustimmen war.

Ihr hundertjähriges Jubiläum feierte die Zentralvereinigung der Architekten 2007, nachdem zuvor im Architekturzentrum Wien zum 40. Mal die Bauherrenpreise vergeben wurden, mit einem großen Festakt im Semperdepot. Die Feierlichkeit, zu der Hollein Jean Nouvel als Festredner gewinnen konnte, markierte zugleich das Ende der Ära Hollein in der ZV und auch Franz Kiener hat nach rund vierzig aktiven Jahren im ZV-Vorstand befunden, dass es „angebracht wäre, sich zurückzuziehen".

Mit Marta Schreieck als Präsidentin und Maria Auböck als geschäftsführende Vizepräsidentin liegt seitdem die Führung der ZV in weiblichen Händen, was sich nicht nur auf die neue Bezeichnung als

12
Herbert Thurner, „Eine nicht gehaltene Rede", in: Zentralvereinigung der Architekten (Hrsg.), Herbert Thurner. Ein Beitrag zum individuellen Wohnen, Wien 1985, S. 83.
13
Antonia Raneburger, Generalsekretärin der ZV seit 1988, erinnert sich an den Vortrag von Paul Katzberger am 30. 3. 1989, bei dem die Räume in der Salvatorgasse dermaßen überfüllt waren – und zudem die Hausmeisterin ständig das Haustor absperrte und später ankommende Besucher extra hereingeholt werden mussten –, dass die Notwendigkeit eines neuen ständigen Vortragsraumes klar wurde. Antonia Raneburger im Gespräch mit der Autorin, 30. 11. 2015.
14
„Man kann ja nicht behaupten, dass er sich nicht öffentlich eingemischt, dass er in Sachen Architektur nicht aufgetreten ist, aber sein Auftreten war ein kollegiales, es war stellvertretend für andere oder eben für die ZV", schrieb Friedrich Achleitner in seinem Nachruf „Eugen Wörle – Ein Mentor der Jungen" vom 6. 1. 1997, veröffentlicht in: ders., Eva Guttmann, Gabriele Kaiser, Claudia Mazanek (Hrsg.), Wie entwirft man einen Architekten? Porträts von Aalto bis Zumthor, Graz: Diachron, 2015, S. 269.

„Zentralvereinigung der ArchitektInnen Österreichs" auswirkte, sondern auch in deutlich häufigeren weiblichen Vortragenden bei „Sprechen über Architektur" als zuvor. Die Funktion des Kassiers wurde Kieners

Maria Auböck, Franz Kiener und Hans Hollein, 2009

Sohn, dem Architekten Martin Kiener, übertragen. Franz Kiener ist nach wie vor regelmäßiger und gern gesehener Gast bei den Veranstaltungen. Er verkörpert ZV-Geschichte und viele der jüngeren Mitglieder sind dankbar für alles, was er noch an „oral history" aus der Geschichte der ZV weitergeben kann. Zum 90. Geburtstag wünscht ihm der Vorstand der ZV[15] alles Gute und dankt für alle seine – zu oft wenig bedankt im Hintergrund gebliebenen – Leistungen für die ZV.

15
Marta Schreieck (Präsidentin), Maria Auböck (Vizepräsidentin), Markus Geiswinkler, Martin Kiener, Martin Kohlbauer, Franziska Leeb, Werner Neuwirth.

2 Einfamilienhäuser

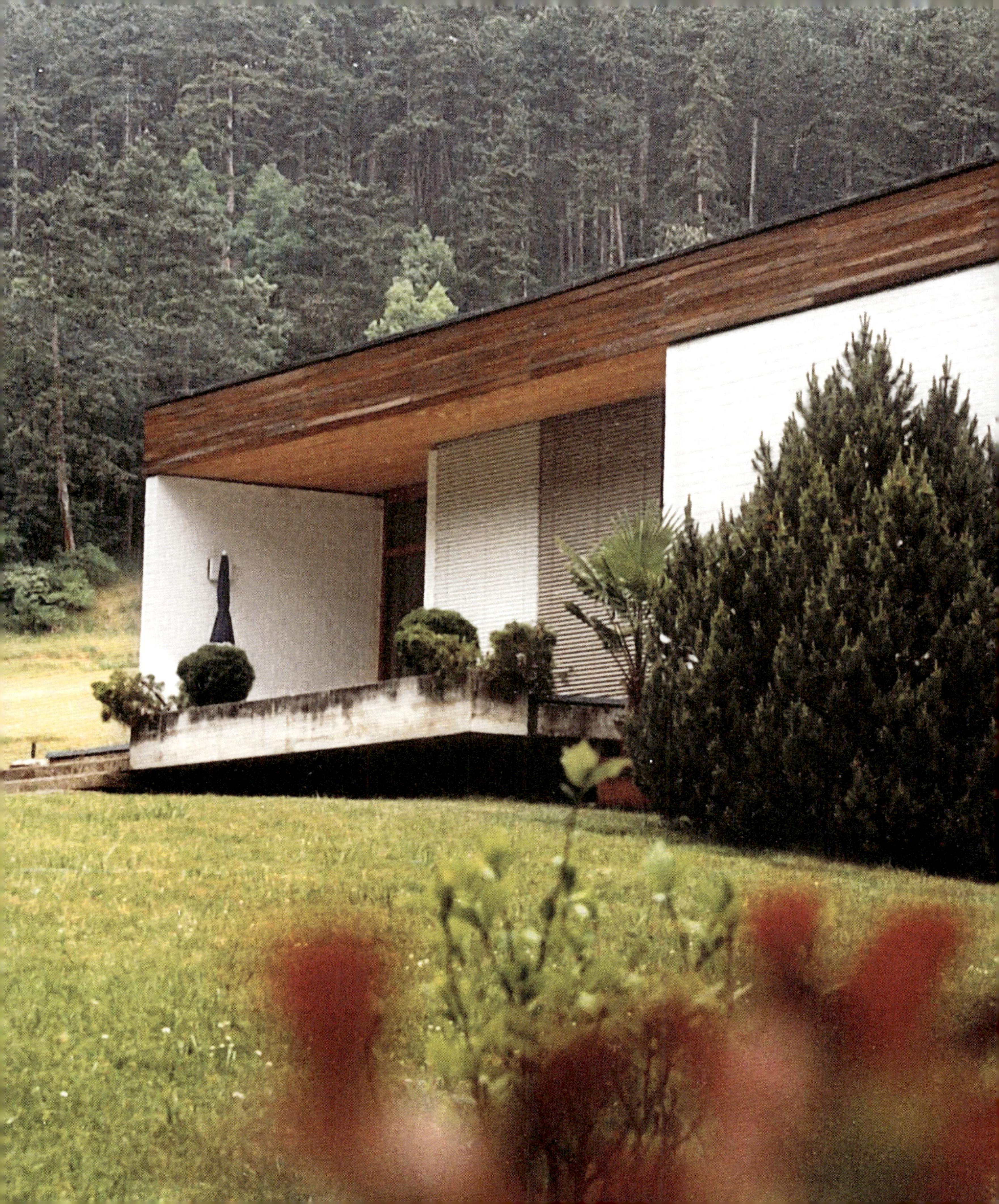

Private Räume.
Modern, aber nicht modernistisch

Monika Platzer

← Haus Subal, 1966

→ Haus Graf, 1965

Zu Beginn des 20. Jahrhunderts waren die Architekten zuversichtlich, unter Zuhilfenahme von Ästhetik einen gesellschaftlichen Wandel herbeiführen zu können. Die Wohnmanifeste der Avantgarde der 1920er- und 1930er-Jahre sind Ausdruck dieser Bestrebungen, sie sind programmatische Leitbilder einer Zeitgenossenschaft, welche auf der Suche war, „Formen zu erfinden und zu gestalten, die diese Welt symbolisieren".[1] Ganze Entwurfssammlungen zum Thema Einfamilienhaus entstanden, im Zentrum des Interesses lag die Zurverfügungstellung von zweckmäßigem, funktionalem und erschwinglichem Wohnraum für die breite Masse.[2] In Wien waren es vor allem die Vertreter der „Wiener Schule", wie Josef Frank, Oskar Strnad und Margarete Schütte-Lihotzky, die sich mit dem Thema intensiv auseinandersetzten. In den von Oswald Haerdtl gestalteten Leistungsschauen der Kunstgewerbeschule von 1924 und 1929 finden sich unzählige Vorschläge für Wohnhäuser und Siedlungstypen.[3] Allen gemeinsam ist die Grundrissökonomie, die kubische Formensprache sowie der Einsatz des Flachdaches. Mit dem Bau der Werkbundsiedlung 1932 fanden die Bemühungen gleichzeitig ihren Höhe- und Endpunkt. Die politischen Rahmenbedingungen veränderten sich ab 1934 radikal und nach zwei autoritären Herrschaftssystemen ist den Architekten die moderne aufgeschlossene Klientel durch Vertreibung bzw. Ermordung „abhandengekommen". Viele der zum Großteil jüdischen Architekten, die den Holocaust überlebt hatten, wurden nach Beendigung des Zweiten Weltkrieges nicht zur Remigration nach Österreich eingeladen.

Nach 1945 verlagerte sich das Interesse auf große öffentliche Bauaufgaben bzw. war das Baugeschehen mit der Instandsetzung von Identitätsträgern beschäftigt. Der massiven Wohnungsnot begegnete Wien mit dem Schnellbauprogramm, bei dem die Typenbildung, Standardisierung und Rationalisierung im Mehrgeschossbau, insbesondere in Wien, im Vordergrund standen. Einer der ersten Überblicke über die zeitgemäße Szene nach 1945 findet sich 1969 im Katalog *Österreichische Architektur 1960 bis 1970*.[4] Die in der Publikation präsentierten 15 Architektinnen und Architekten[5] werden dabei fast ausnahmslos mit Großprojekten vorgestellt und bestimmten in weiterer Folge das prononcierte Baugeschehen im Land, gleichzeitig postuliert die nächste Generation durch einen theoretischen Beitrag von Prader & Fehringer[6] das Ende der „modernen Architektur" und propagiert – ganz in der Diktion der Vertreter des „Austrian Phenomenon" – „Alles ist Architektur". Man wollte das konkrete Bauen überwinden und das Medium Architektur, im Sinne eines Kommunikationsmittels, für prozesshafte Lebenskonzepte und im Hinblick auf die neuen technischen Errungenschaften erweitern. Dem überlieferten klassischen Formenkanon und dem damit einhergehenden bürgerlichen Lebensmodell, wie es das Einfamilienhaus u. a. repräsentiert, wurden nomadische, temporäre, visionäre und skulpturale Entwürfe entgegengestellt.

Die Nomenklatur der heutigen Rezeptionsgeschichte über österreichische Architektur beruht auf Werken wie diesen. Jetzt soll der Versuch unternommen werden, den Blick auf einen Architekten zu richten, dessen Name aus dem heutigen Blickfeld verschwunden ist, Franz Kiener. Ein Schicksal, das dieser mit vielen Weggefährten teilt, wie u. a. Ferdinand Kitt, Hugo Potyka, Lukas Lang, Heinz Karbus, Wilhelm Cermak und Rudolf Vorderegger. Weitgehend unbekannte Architektennamen, die es für die österreichische Architekturgeschichte noch zu entdecken gibt.

Prolog

1946 gehörte Franz Kiener mit dem fünf Jahre älteren Viktor Hufnagl zum ersten Maturajahrgang der Staatsgewerbeschule in Salzburg nach dem Krieg. Die Absolventen der Kaderschmiede mit der charismatischen Lehrerfigur Hermann Rehrl, einem Holzmeister-Schüler, prägten mit ihrer Architektur die Nachkriegsmoderne in Wien. In diesem Zusammenhang ist auf die legendäre 1949 maturierende Klassengemeinschaft, bestehend u. a. aus Friedrich Achleitner, Johann Georg Gsteu, Friedrich Kurrent, Wilhelm Holzbauer und Hans Puchhammer, zu verweisen, auf die Kiener, der sich aus finanziellen Überlegungen erst im Herbst 1949 zum Studium an der Wiener Akademie bei Clemens Holzmeister entschloss, zum Teil in Wien wieder traf. Davor arbeitete er von 1946–1948 in Salzburg im Büro des Holzmeister-Absolventen Ferdinand Klinger. Kiener war dort hauptsächlich mit Planungen für Einfamilienhäuser sowie mit Inneneinrichtungen, wie u. a. für eine Bar für das 1888 von Josef Wessicken erbaute Hotel Weismayr in Bad Gastein, beschäftigt.[7]

Haus Mosbacher, Skizze, 1948

Im Archiv Kiener hat sich auch ein Plansatz für ein Einfamilienhaus für Ernst Mosbacher in Salzburg-Parsch, welches noch unter der Ägide von Klinger entstand, vom Herbst 1948 erhalten. Ganz im Sinne einer harmonischen Eingliederung, wie es der Landschaftsarchitekt Alwin Seifert forderte, schließt der Neubau an die regionale Bauweise an und fügt sich unauffällig in die Landschaft ein. Typische bäuerliche Elemente, wie Stube und Laube, wurden beibehalten, konstruktive Bauteile, wie u. a. Türen, Fenster und Treppen, sollen den Zusammenhang zwischen Form, Material und

---

[1] Walter Gropius, in: Reyner Banham, Die Revolution der Architektur. Theorie und Gestaltung im Ersten Maschinenzeitalter, Reinbek bei Hamburg: Rowohlt, 1964, S. 269.

[2] H. A. Vetter, Kleine Einfamilienhäuser mit 50 bis 100 Quadratmeter Wohnfläche, Wien: Schroll, 1932.

[3] Otto Kapfinger, Matthias Boeckl, „Vom Interieur zum Städtebau. Architektur am Stubenring 1918–1990", in: Erika Patka (Red.), Wilhelm Holzbauer, Hochschule für Angewandte Kunst Wien (Hrsg.), Kunst: Anspruch und Gegenstand. Von der Kunstgewerbeschule zur Hochschule für Angewandte Kunst in Wien 1918–1991, Salzburg-Wien: Residenz-Verlag, 1991, S. 98.

[4] Viktor Hufnagl (Red.), Österreichische Gesellschaft für Architektur (Hrsg.), Österreichische Architektur 1960 bis 1970 (Ausstellung La-Chaux-de-Fond, 3.–23. 5. 1969), Wien, 1969.

[5] In: ebd.: arbeitsgruppe 4 (Friedrich Kurrent, Johannes Spalt, Wilhelm Holzbauer), Günther Domenig, Eilfried Huth, Johann Georg Gsteu, Ernst Hiesmayr, Hans Hollein, Wilhelm Holzbauer, Viktor Hufnagl, Josef Lackner, Gustav Peichl, Hans Puchhammer, Gunther Wawrik, Roland Rainer, Ferdinand Schuster, Karl Schwanzer, Ottokar Uhl, Traude Windbrechtinger, Wolfgang Windbrechtinger.

[6] Herbert Prader, Franz Fehringer, „Die nächste Generation – Konturen – Tendenzen", in: ebd., o. S.

[7] Laut Franz Kiener hat Gerhard Garstenauer (geb. 1925) in den Sommerferien als Ferialpraktikant am Projekt Weismayr mitgearbeitet.

Konstruktion sichtbar machen. Hier werden Reminiszenzen der „Stuttgarter Schule" sichtbar, an die sich die Ausbildung in Salzburg anlehnte.

Haus Lechner, Ansicht, 1949

Haus Weissenbacher, Ansicht, 1949

Bereits in Wien, entstanden im Herbst 1949 zwei „freie" Entwürfe für Einfamilienhäuser für Wilhelm Lechner und für Walter Weissenbacher. Das vordergründige Anpassen an volkstümliche Bautraditionen weicht hier dem Versuch, im Sinne einer Anlehnung an die Entwurfstugenden von Paul Schmitthenner, einen zeitlosen regionalen Haustypus zu schaffen. Das 1932 erstmals erschienene und bis 1950 aufgelegte Buch Schmitthenners, *Das deutsche Wohnhaus,* gehört zu den populärsten und meistverbreiteten Publikationen der damaligen Zeit.[8] Beide Entwürfe Kieners zeichnen sich durch klare kubische Formen aus, die von einem Satteldach eingedeckt werden. Die Fassaden sind puristisch und schmucklos und nur von einem Wechselspiel der Fenster- und Türformate akzentuiert, die Grundrisse wohlproportioniert.

Einfache Häuser

In der ersten Nummer der Zeitschrift *Der Bau* vom Juli 1946 findet sich auf der Titelseite der Entwurf für ein „kleines, gemütliches Einfamilienhaus"[9] und trägt damit dem vorherrschenden Wohnideal der österreichischen Bevölkerung nach einfachen und erschwinglichen Einfamilienhäusern bereits Rechnung. In weiterer Folge wurde das Thema Eigenheim in fast jeder Nummer der Zeitschrift auf unterschiedliche Weise aufgegriffen. 1949 initiierte die Zentralvereinigung der Architekten in Wien die Ausstellung „Das Einfamilienhaus", in einer Sondernummer der Zeitschrift *Der Bau* wurden 24 Entwürfe samt Baubeschreibung und Kostenaufstellung abgedruckt.[10] Man wollte den an den Stadträndern während und nach dem Krieg entstandenen wilden Siedlungen sowie den An-, Zu- und Umbauten von Kleingarten- und Wochenendhäusern etwas Zeitgemäßes entgegensetzen, bei dem es neben den formalen Kriterien gleichzeitig auch um eine optimale Nutzung von Grund- und Wohnfläche ging. Das Hauptaugenmerk lag bei einer klaren Formgebung und dem landschaftsgebundenen Bauen. Keine Wohnmanifeste sollten entstehen, sondern Orte der Kontemplation. „Das Wohnhaus ist Selbstzweck und hat durch sein Dasein die Menschen zu beglücken und in jedem Teile zu deren Vergnügen beizutragen."[11]

Vierfamilienhaus, Studienprojekt, Ansicht, 1949

Der Entwurf für ein Wohnhaus, wenn auch als Typus eines Mehrfamilienhauses, war Franz Kieners erste Entwurfsaufgabe am Beginn seines Studiums an der Meisterklasse von Clemens Holzmeister im Jahr 1948/49 an der Akademie der bildenden Künste in Wien. Kiener platzierte sein Vierfamilienhaus als Reihenhaus an einem Hang, in der Raumverteilung (Obergeschoss: Schlafräume und Badezimmer, Untergeschoss: Küche, Esszimmer) sowie im äußeren Erscheinungsbild orientierte er sich an dem 1949 fertiggestellten Doppelwohnhaus Bablik von Oswald Haerdtl in Wien Pötzleinsdorf.[12] In der klaren reduzierten Fassadengestaltung und Anmutung schließt der Bau unmittelbar an die Tradition der Wiener Moderne der Zwischenkriegszeit an, die sich gegen jegliche Art von Experimentiersucht und Exaltiertheit verwehrte. Kieners prägendste Lehrerpersönlichkeit an der Akademie war ein ausgewiesener Vertreter dieser gemäßigten Moderne. Der Assistent Holzmeisters, Eugen Wachberger, war ausgebildeter Tischler, architektonisch sozialisiert wurde er an der Kunstgewerbeschule (1922–1925, bei Carl Witzmann) und an der Akademie (1931–1934, bei Clemens Holzmeister). Kiener war während seines gesamten Studiums an der Akademie (1948–1951) in Wachbergers Büro tätig.

Zeitgenössisches Bauen

Die beiden einflussreichsten Architekturzeitschriften im Nachkriegsösterreich, *Der Aufbau* und *Der Bau*, begannen ab 1946 mit einer zaghaften Berichterstattung über das internationale Baugeschehen. Der Leserschaft sollte es ermöglicht werden, zeitgenössische Tendenzen außerhalb des eigenen Landes mitzuverfolgen. „Bevor wir bauen wollen, müssen wir unseren Blick in alle Welt richten."[13]

War die Berichterstattung anfänglich noch etwas skeptisch gegenüber den „einmal etwas anderen" ebenerdigen Einfamilienhäusern aus den USA,[14]

8
Wolfgang Voigt, „Vom Ur-Haus zum Typ. Paul Schmitthenners ‚deutsches Wohnhaus' und seine Vorbilder", in: Vittorio Magnago Lampugnani, Romana Schneider (Hrsg.), Moderne Architektur in Deutschland 1900 bis 1950, 3 Bde., Bd. 1, Reform und Tradition (Ausstellungskatalog, Deutsches Architekturmuseum Frankfurt am Main, 15. 8.–29. 11. 1992), München: Prestel, 1992, S. 245–266.

9
Der Entwurf des Grazer Architekten Gerald Ludwig wird als Siegerprojekt eines Wettbewerbs vorgestellt, in: Der Bau, H. 1, 1946, o. S.

10
24 Einfamilienhäuser, Der Bau, 1. Sonderheft, 4. Jg., 1949.

11
Friedrich Zotter, Vizepräsident der Zentralvereinigung der Architekten, in: ebd., S. 3.

12
O. A., „Ein Zweifamilienhaus", in: Der Bau, H. 3/4, 1951, S. 54–55.

13
O. A., „Einfamilienhaus in USA", in: Der Bau, H. 6, 1946, S. 5.

14
„Was diese Form betrifft, wird sie bei uns weniger Anklang finden." George Fred Keck, „Entwurf für das ‚House of Tomorrow'", in: ebd., Titelblatt und S. 5.

wurde der amerikanische Typus des Bungalows von Roland Rainer im *Aufbau* vom Jänner 1949 wiederholt als Legitimationsvorbild für sein Wohnideal, den verdichteten Flachbau, herangezogen.[15] Im Februar 1955 erschien die von Eduard F. Sekler redaktionell betreute Sondernummer, die den transatlantischen Dialog Amerika und Europa im *Aufbau* in den Mittelpunkt stellte.[16]

Haus Kiener, 1959

Das Haus für seinen Bruder (Thumegger Straße, Salzburg, 1956–1959) war der erste selbstständig realisierte Neubau Kieners, in dem sich seine architektonische Haltung manifestierte und der Typus des Bungalows zur Anwendung kam. Neben den Räumen für die Familie seines Bruders sollte das Haus auch einen Raum für die Mutter sowie ein Gästezimmer beinhalten. Kiener setzte die 13 × 8 m lange ebenerdige Schachtel so nahe als möglich an die straßenseitige Grundstücksgrenze. Der Ausbau der zu Beginn mitgeplanten Garage erfolgte aus baurechtlichen Gründen erst nach Fertigstellung des Hauses, sie war jedoch von Anfang an ein wesentlicher Bestandteil des Entwurfes, da sie in einen überdachten Sitzplatz im Freien ausläuft. Die zur Straße hin eher geschlossen gehaltene Fassade öffnet sich gegen Süden mit einer großzügig gestalteten Glasfront. Die Raumaufteilung erfüllt die Familienanforderungen, der mittig angeordnete durchgesteckte Wohnraum mit integrierter Küche dient als Bindeglied zwischen dem Familien- und Gästebereich und erinnert an die Grundrisslösung der Beamtensiedlung der Österreichischen Nationalbank in Pötzleinsdorf von Erich Boltenstern und Eugen Wachberger (1950–1952), an deren Planung Kiener als Mitarbeiter Wachbergers beteiligt war.[17] Das Haus wurde in konventioneller Ziegelbauweise großteils im Eigenbau errichtet. Das Flachdach stieß bei der Baubehörde auf massiven Widerstand, als Kompromiss wurde ein Pultdach vereinbart, welches die Kubatur des Baukörpers nicht überragte.

Architekt und Bauherr im Dialog

Die im Haus für den Bruder erstmals artikulierte Entwurfspraxis Kieners wurde in den 1960er-Jahren konsequent weitergeführt. 1964–1965 entstanden zeitgleich die Zweitwohnhäuser für Franz Graf in Maria Anzbach und für Anton Subal in Markt Piesting, beide in Niederösterreich. Erscheinen sie auf den ersten Blick fast ident, tragen sie bei genauerer Betrachtung

Haus Franz Graf, 1965

Haus Subal, 1965

dem Anforderungsprofil der Bauherren Rechnung. Die extrovertierte Hanglage des Hauses Graf entspricht dem Naturell des Auftraggebers. Der Zahnarzt ließ dem Architekten weitgehend freie Hand beim Entwurf. Kiener platzierte das horizontal gestreckte Haus am äußeren rechten Rand des 4.000 m² großen Grundstücks, von der Terrassenseite öffnet sich so der Blick in die weite hügelige Landschaft. Zur Straßenseite wirkt das Haus hermetisch geschlossen, nur ein Band von Oberlichten und die Eingangstür durchbrechen die Wandfläche. Die horizontale Ausrichtung des Wohnriegels wird von der auf beiden Seiten angedockten Schutzmauer und Garage noch verstärkt. Der großzügig nach Süden hin orientierte Wohnraum mit vorgelagerter Loggia ist das bestimmende Zentrum des Hauses. Sichtachsen längs durch das Haus auf die beiden außen liegenden Terrassen sind vom Essplatz möglich und wurden von Kiener gezielt mitgeplant.

Entscheidendes Element der Kiener'schen Architekturauffassung – und gleichzeitig das Charakteristikum der Moderne – ist die Struktur der Begrenzung. Kiener konstruiert seine Wohnhäuser nach dem mehrschichtigen System. Auf ein sichtbetoniertes Sockelgeschoss folgt ein Ziegelaufbau, der mit einer Decke in Holzkonstruktion geschlossen wird. Die nahtlosen Übergänge zwischen den unterschiedlichen Materialien folgen dem „organischen Ordnungsprinzip", wie es von Mies van der Rohe zur Perfektion gebracht

15
Roland Rainer, „Das erreichbare Wohnideal", in: Der Aufbau, H. 1, 1949, S. 14–22.
16
USA – Europa, Der Aufbau, Sondernummer, 10. Jg., H. 2/3, 1955.
17
O. A., „Wohnhausanlage der Nationalbank in Wien", in: Der Bau, H. 5/6, 1953, S. 111–113.

wurde. Dabei geht es um die Beziehung der Konstruktionselemente zueinander, jedem Teil wird der richtige Platz zugeordnet und entsprechend seiner Materialität eingesetzt. Das Zusammentreffen der verschiedenen Werkstoffe wird anhand einer Fuge akzentuiert, die dabei erforderliche präzise handwerkliche Ausführung ist beim Kiener'schen Œuvre Grundvoraussetzung.

Der Bauauftrag für das Haus Subal kam über Umwege zustande. Den Bauherrn lernte der Architekt über die Vermittlung des Direktors der NEWAG kennen. Anton Subal war Geschäftsführer der Firma Asta in Oed im Piestingtal und beauftragte Kiener vorerst mit der Errichtung einer Kantine und eines Betriebsgebäudes, beides wurde jedoch nie realisiert. Stattdessen fanden über das Jahr hinweg begleitend intensive Gespräche zum Thema Architektur statt, in denen Herr Subal seinen Wunsch nach einem eigenen Haus zum Ausdruck brachte. War die erste von ihm selbst beigebrachte, etwas unbeholfene Skizze noch weit von der Architekturauffassung Kieners entfernt, so öffnete eine Reise des Bauherrn nach Schweden und Finnland seine Augen für die moderne Architektur. Gemeinsam fasste man den Entschluss für ein Atriumhaus und erwarb im Hinblick darauf das Grundstück, auf dem das in sich ruhende und nach außen abgeschlossene Gebäude errichtet wurde. Aus Kostengründen wurde das Haus verkleinert und das Atrium immer mehr zusammengeschoben, bis die Stiege in der Mitte als Raumverteiler übrig blieb.

Haus Pfeiffer, 1972

Fünf Jahre später entstand 1970 das Wochenendhaus für das Schauspielerehepaar Luise Prasser und Gottfried Pfeiffer in Wenigzell in der Steiermark und noch immer wurde ein Flachdach im ländlichen Umfeld von den Behörden als störend empfunden. Kiener setzte sich schlussendlich mit seinem Entwurf durch. Im Unterschied zu den vorangegangenen Häusern ist das Dach auskragend und die Konstruktionselemente sind hier am radikalsten von außen sicht- und ablesbar. Der offene Grundriss wird durch eine unterbrochene Kreisfigur in der Mitte, eine Referenz an die Villa Tugendhat in Brünn, die den Essplatz umfasst und an die rückwärtige Küche, Bad und WC andockt, unterbrochen. Der Außenraum wird durch den Einsatz einer Lichtkuppel über dem Esstisch und die an den Breitseiten durchgehend angebrachten Oberlichten noch stärker in den Innenbereich hereingeholt.

Haus Ploch, 1980

Im Haus Ploch in Puch bei Hallein von 1979 ist der Paradigmenwechsel zur Postmoderne, der sich bei Kiener ab den 1980er-Jahren angekündigt hat, vollzogen. Ein Grundstück mit Altbestand sollte von Kiener, nach Abbruch des vorhandenen Wohngebäudes, um Werkstätten sowie ein neues Wohnhaus vergrößert werden. Aufgrund der schmalen Bebauungsfläche, die Kiener zur Verfügung stand, wählte er eine unterirdische Lösung, die es ihm ermöglichte, Betriebs- und Nebenräume des Wohnhauses bis an die Grundstücksgrenze zu ziehen. Gleichzeitig kann das dadurch entstandene Plateau als Terrasse für die Wohnebene genutzt werden. Formal folgt der Bau weder dem ortsüblichen Klischee eines regionaltypischen Hauses noch orientiert es sich an den Vorbildern der klassischen Moderne. Dem Wunsch des Bauherrn, eines Tischlers, so viel als möglich in Holzbauweise zu errichten, wurde Rechnung getragen. Die waagrechte Ausrichtung wird durch Fensterreihen strukturiert und rhythmisiert und verhilft dem Haus zu seiner sprechenden Physiognomie. Immer wieder verselbstständigen sich die modularen Fensteröffnungen zu offenen Wandelementen. Die Staffelung der Baumassen in den Hang und deren Vor- und Rücksprünge lassen eine Raumfigur mit großer Diversität entstehen. Die Vorgabe der Gemeinde, dass ein Steildach zur Anwendung kommen muss, wurde von Kiener geschickt konterkariert. Anstatt eines homogenen Daches spannte Kiener Schirme über die einzelnen Bauvolumen, eine variantenreiche Dachlandschaft entstand, die je nach Standort ständig wechselnde Einblicke zulässt.

Autobiografisches Wohnen

Bei der Betrachtung von Wohnorten, die Architekten für den eigenen Gebrauch entwerfen, zeigt sich fast immer, dass in den Wohnwelten eine intensive Auseinandersetzung mit dem Thema Wohnen zum Ausdruck kommt. Die Orte des Wohnens sind Probebühnen, formale Experimentierfelder und Inszenierungen, in denen eine Wechselbeziehung zwischen Öffentlichem und Privatem praktiziert wird.

Wohnung Kiener, 1966

Wohnung Kiener, 2013

Kiener fand in einem Dachausbau, in einem typischen Gründerzeithaus in Wien 7, ab 1966 sein Wohnideal, ein Haus im Haus entstand. Verlässt man das gediegene Stiegenhaus und betritt den Wohnraum, ändert sich die Atmosphäre schlagartig, keine Spuren der Vergangenheit und Raumwahrnehmungen vom aufgebrochenen Dachstuhl sind spürbar. Ein schmaler Gang führt in den Vorraum, von dem sich rechter Hand die Schlafräume auffädeln und sich links der Zugang zu den Nutzräumen, wie Küche und Nassräume, befindet. Quer dazu ist ein offener Riegel mit Galerie, Wohn- und Essraum und Terrasse gestellt. Eine durchgehende Holzdecke und -boden homogenisieren die Räume zu einer Einheit. Eingebaute Möbel dienen als Raumteiler, der Einsatz von Materialien ist reduziert und raffiniert zugleich, in der minimierten fensterlosen Küche spendet ein Streifen aus Drahtglas zwischen und oberhalb der Oberkästen indirektes Licht aus der angrenzenden Waschküche. Eine Scheibe aus dem selben Material findet sich wiederum als Duschtrennwand im Bad. Der opake Werkstoff Polyester wurde als Türblatt zu den Schlafzimmern eingesetzt, die Grenzen zwischen innen und außen sind fließend. Die Lichtführung ist Kiener ein ganz besonderes Anliegen. Eine vertikale Öffnung in der Feuermauer des Wohnraumes wird zur direkten Lichtquelle für den sonst nur indirekt durch Oberlichten versorgten Vorraum. Fast alle Türen werden bis an die Decke geführt, im geschlossenen Zustand verschmelzen sie mit der Wandfläche.

In weiterer Folge realisierte Kiener noch eine Vielzahl von Neu- und Umbauten von Einfamilienhäusern, allen zugrunde liegen der Dialog mit den Bauherren und eine räumlich adäquate Umsetzung in einer zeitgemäßen Architektursprache. Kiener baut keine Wohnmanifeste, sondern die Einfühlung in die persönlichen Bedürfnisse seiner Bewohnerinnen und Bewohner steht für ihn im Vordergrund.

Eine Zusammenschau der besten Beispiele von Einfamilienhäusern der Nachkriegsmoderne in Österreich wäre eine lohnende Aufgabe, handelt es sich doch gerade dabei um baukünstlerische Kleinode, die allzu oft aus dem heutigen architektonischen Gedächtnis verschwunden sind, und die es wiederzuentdecken gilt.

Haus Kiener

1956–1959
Salzburg-Gneis

Die Dachform war ein Entgegenkommen gegenüber der Behörde, die ein Flachdach unbedingt verhindern wollte. Die Art des Hauses hat bei der Baupolizei wenig Anklang gefunden.

→
Gartenfassade

Einfamilienhäuser

Zufriedenheit und das Erkennen der Wohnqualität nach 50 Jahren zeigen, dass die Entscheidung, den Entwurf umzusetzen, richtig war.

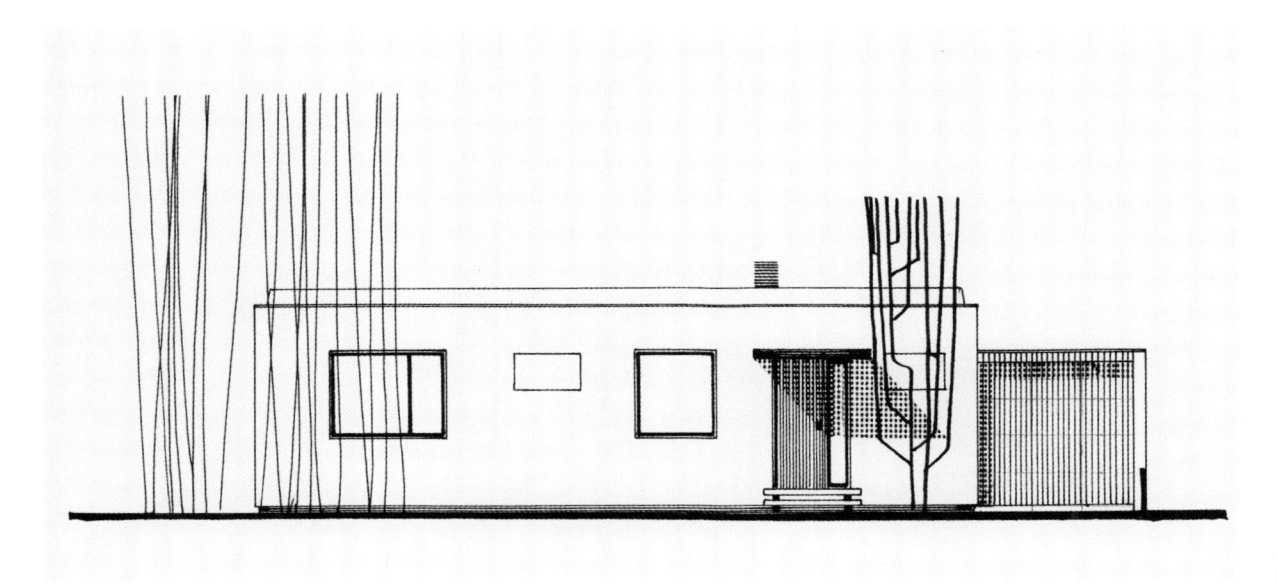

← Straßenansicht

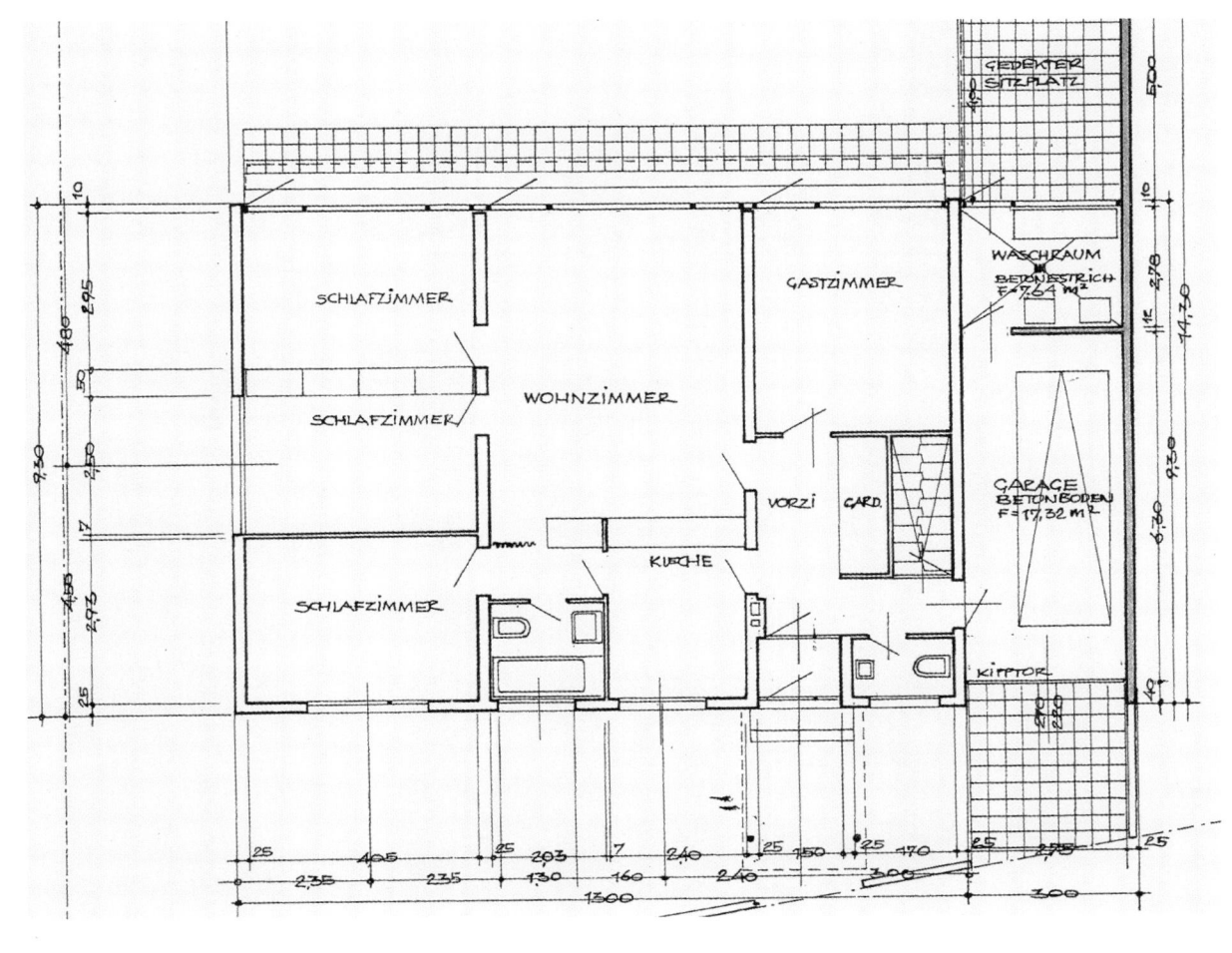

Für meine Familie. Raum für meine Mutter, im Zentrum die Familie meines Bruders, Gästezimmer – Raum für mich. Unter diesen Aspekten entstand der Grundriss, eine Programmerfüllung. Rationelle Entwicklung und sachlich korrekte Fassaden in harmonischen Proportionen.

← Grundriss

Haus Neuhauser

1963
Gunskirchen, Oberösterreich

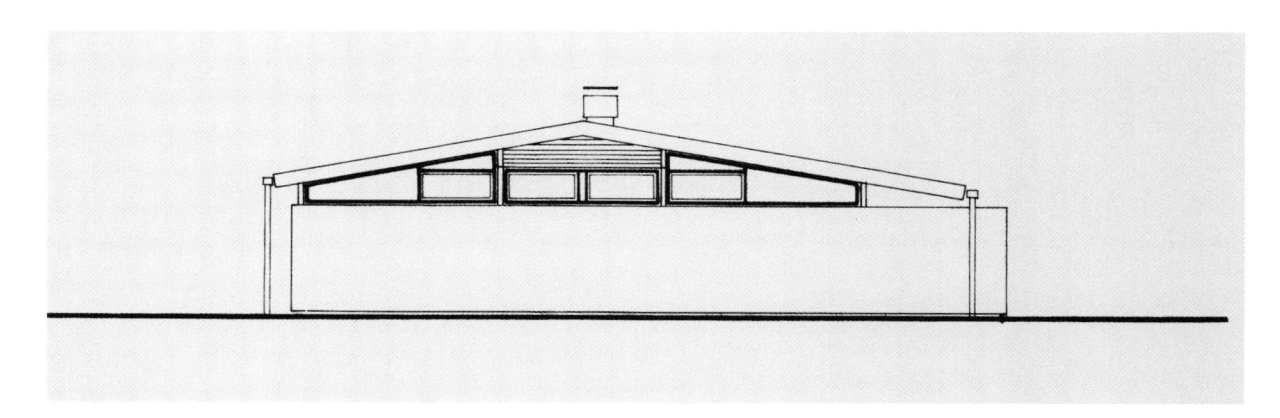

→
Ansicht West

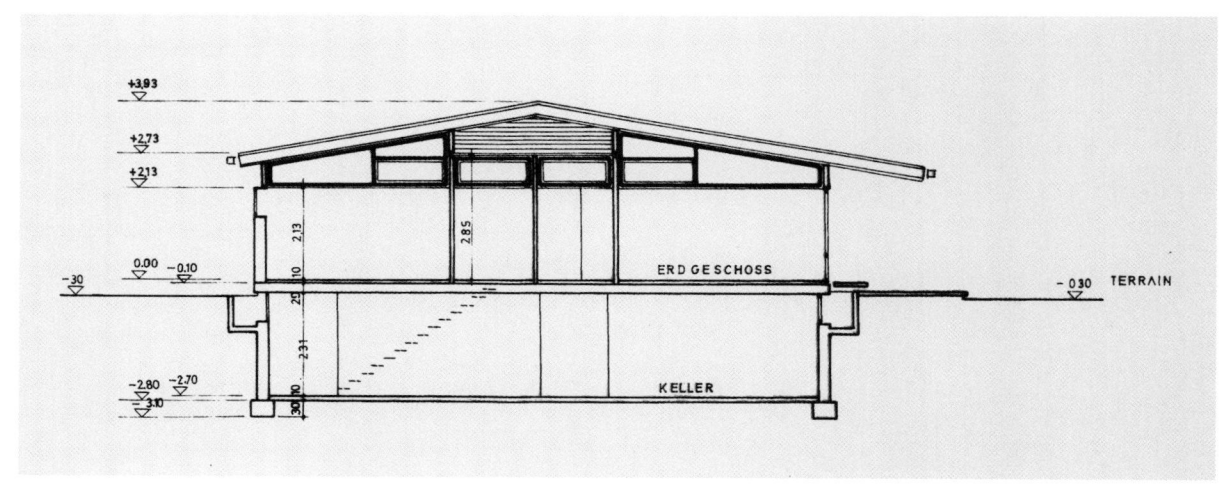

→
Schnitt

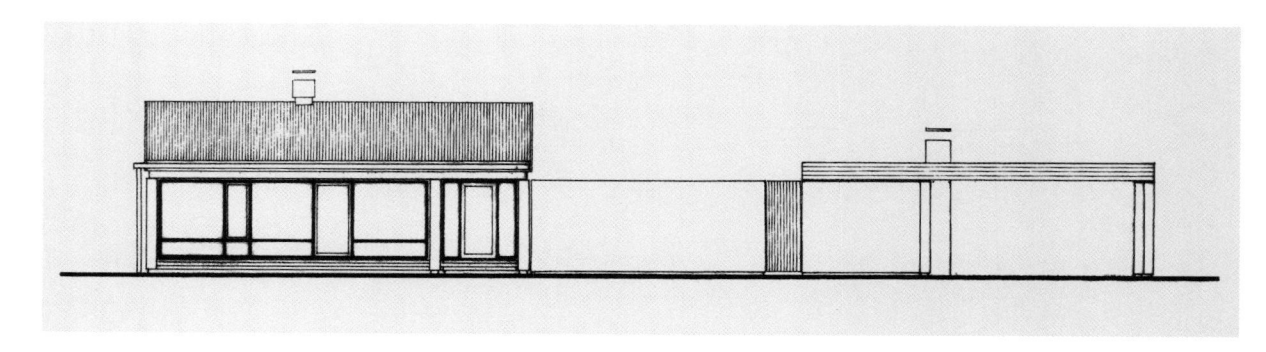

→
Ansicht Süd

Einfamilienhäuser

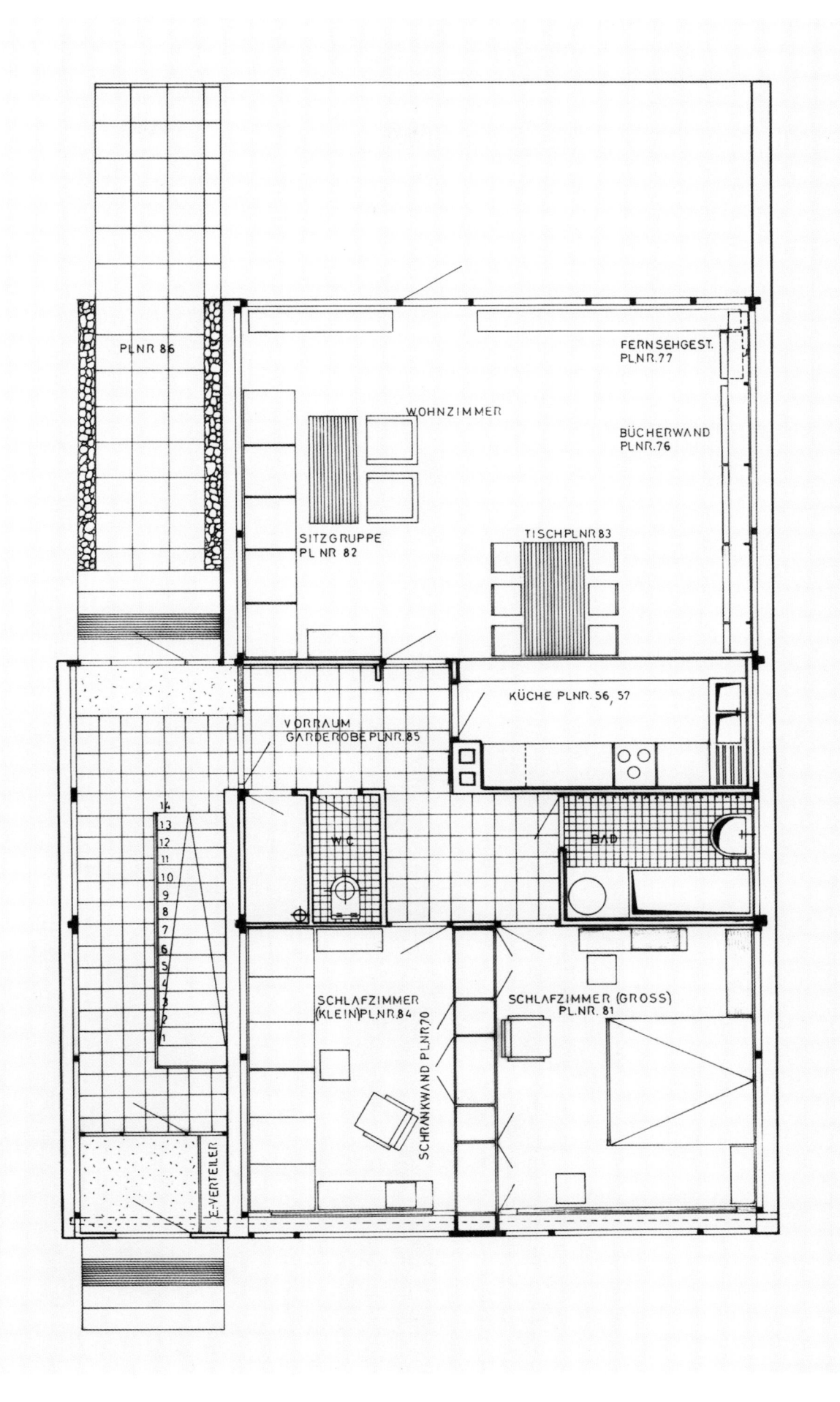

PL.NR.86

FERNSEHGEST. PL.NR.77

WOHNZIMMER

BÜCHERWAND PL.NR.76

SITZGRUPPE PL.NR.82

TISCH PL.NR.83

KÜCHE PL.NR.56, 57

VORRAUM GARDEROBE PL.NR.85

WC

BAD

E-VERTEILER

SCHLAFZIMMER (KLEIN) PL.NR.84

SCHRANKWAND PL.NR.70

SCHLAFZIMMER (GROSS) PL.NR.81

→ Grundriss

Haus Subal

1964
Markt Piesting, Niederösterreich

Über die Vermittlung eines Direktors der NEWAG lernte ich Herrn Kommerzialrat Subal kennen. Für die Firma Asta im Piestingtal sollte ein Sozialbau errichtet werden. Der Bau wurde begonnen, jedoch nicht fertiggestellt. Herr Subal lud mich in ein Café ein, um über Architektur zu sprechen. So verging ein ganzes Jahr mit Diskussionen, ohne Konkretes zu behandeln. Erst nach dieser Zeit kam sein eigentliches Ansinnen, ein Haus zu bauen, zum Vorschein. Es entwickelte sich ein Vertrauensverhältnis, eine gute Grundlage für eine gemeinsame Arbeit.

→
Gartenfassade

Einfamilienhäuser

Die erste Vorstellung von einem Haus war eine barocke Stiegenanlage zum Eingang. Im Lauf der Gespräche wurde der Wunsch, ein Atriumhaus, formuliert. Ein richtiger Gedanke – bezogen auf das vorhandene Grundstück. In sich ruhend und nach außen abgeschlossen. Das Atrium war zu groß (teuer) und so blieb die Stiege in der Mitte übrig als Verteiler zu den Räumen.

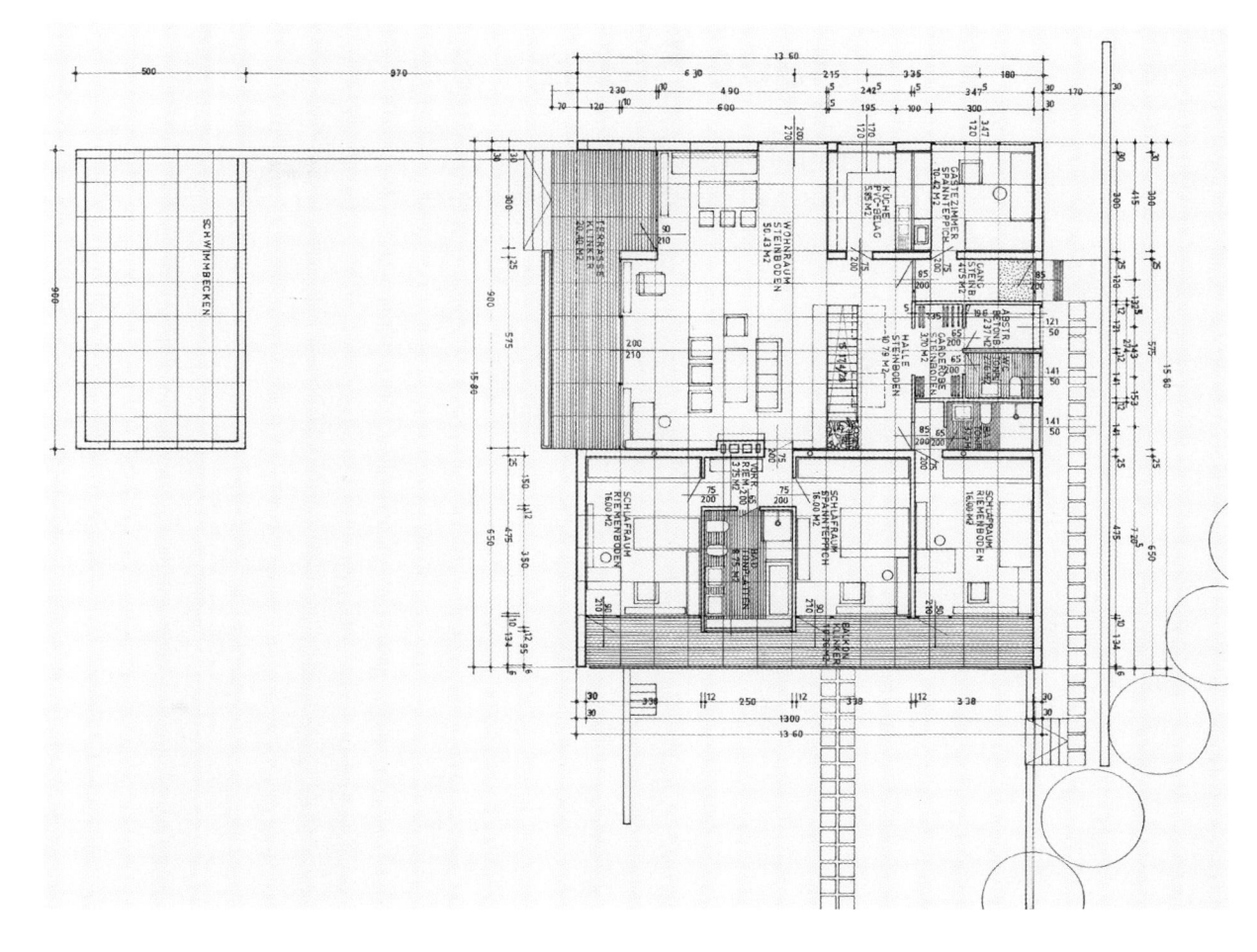

→
Grundriss

Jede Aufgabe ist nach Inhalt, Material, entstehender Form zu lösen. Wesentlich sind die Vermittlung von Wärme und Geborgenheit und die Berücksichtigung von Lebensweise und Charakter des Bauherrn.

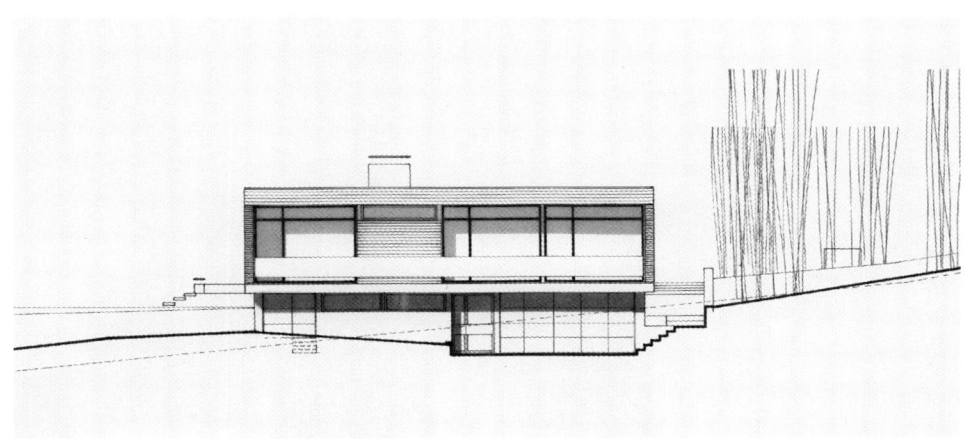

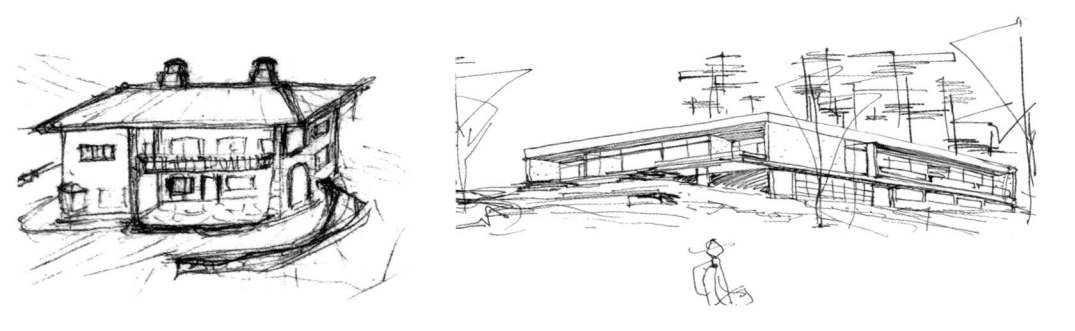

→
Ansicht Ost

→
Skizze des Bauherrn und Architektenskizze

Haus Franz Graf

1964–1965
Maria Anzbach, Niederösterreich

Ein Grundstück am Hang bei Maria Anzbach. Am oberen Rand eines großen Feldes eingerahmt von Wald und Randbepflanzung.

Das Haus lang gestreckt und offen zum Feld mit weiter Sicht über die Hügel.

Bei einem Essen im Haus wurde mir der Platz am Kopfende des Tisches angeboten. Die offene Zimmertüre bot eine Aussicht auf die Terrasse mit Brunnen und der Hecke, der Abgrenzung zum Hang. Ein Zeichen, wie die Hausbesitzer mit ihrem Objekt umgehen können.

→ Gartenfassade

Einfamilienhäuser

Die gleichzeitige Erstellung der Häuser Graf und Subal gab mir die Möglichkeit, jedem das andere Haus zu zeigen. Jeder hatte das Haus seines Charakters erhalten und ihn eindeutig zum Ausdruck gebracht.

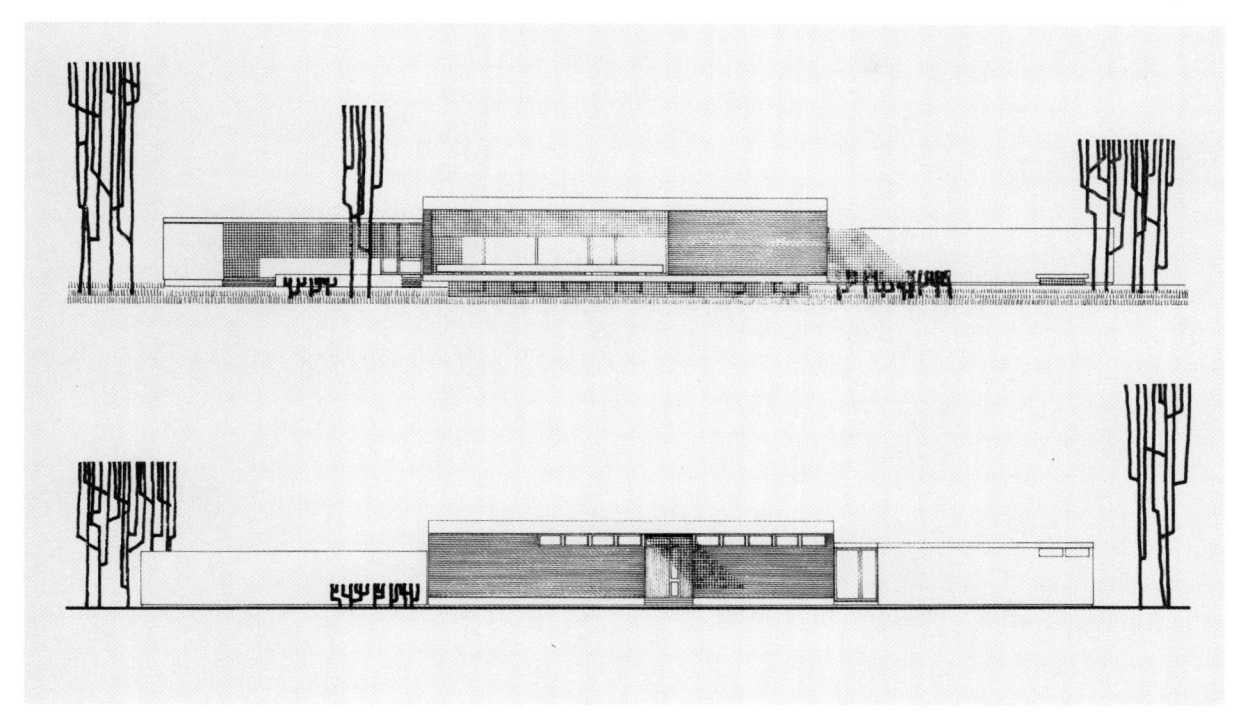

← Ansichten Süd und Nord

Viele der Entwürfe nach einem Ordnungsprinzip: 1 m Achsabstand. Möglichst offene Grundrisse mit großem Wohnraum – Küche stets mit Bezug zum Wohnraum. Verwendung von Ziegelmauer, Holzdecke, Dach und Holz- oder Metallfenstern. Der formale Ausdruck aller Häuser ist ähnlich.

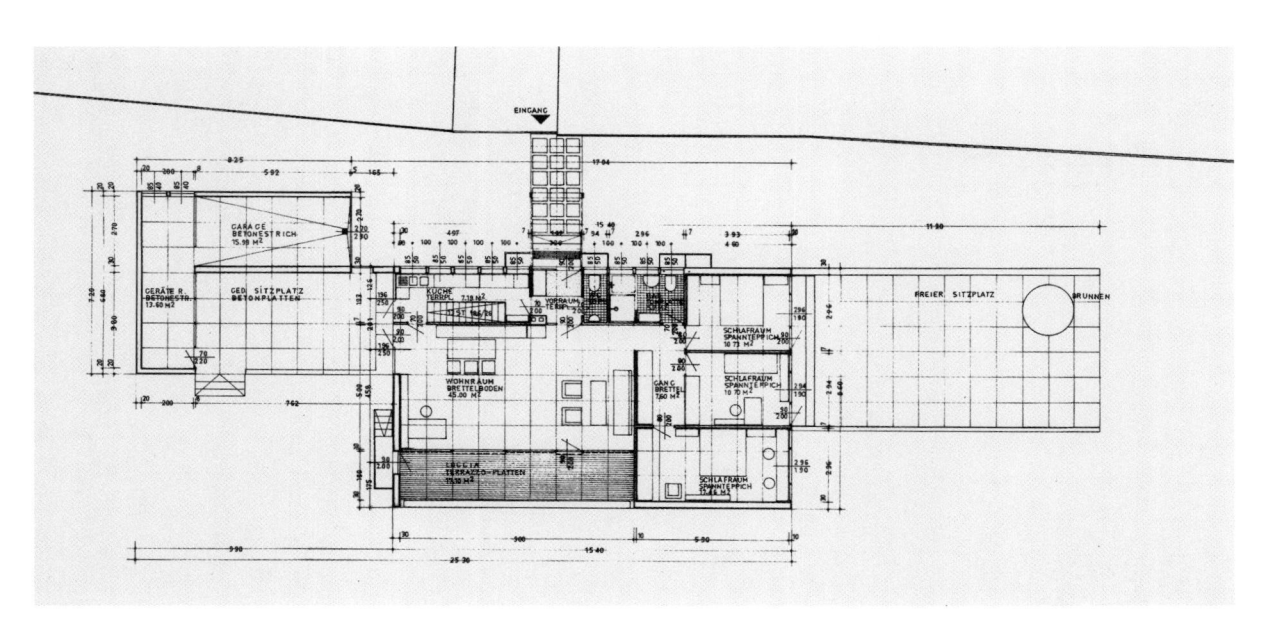

← Grundriss

Haus Pfeiffer

1970–1972
Wenigzell, Steiermark

Für ein Schauspieler-Ehepaar ein Strich am Rande des Waldes in der Hügellandschaft der Steiermark.

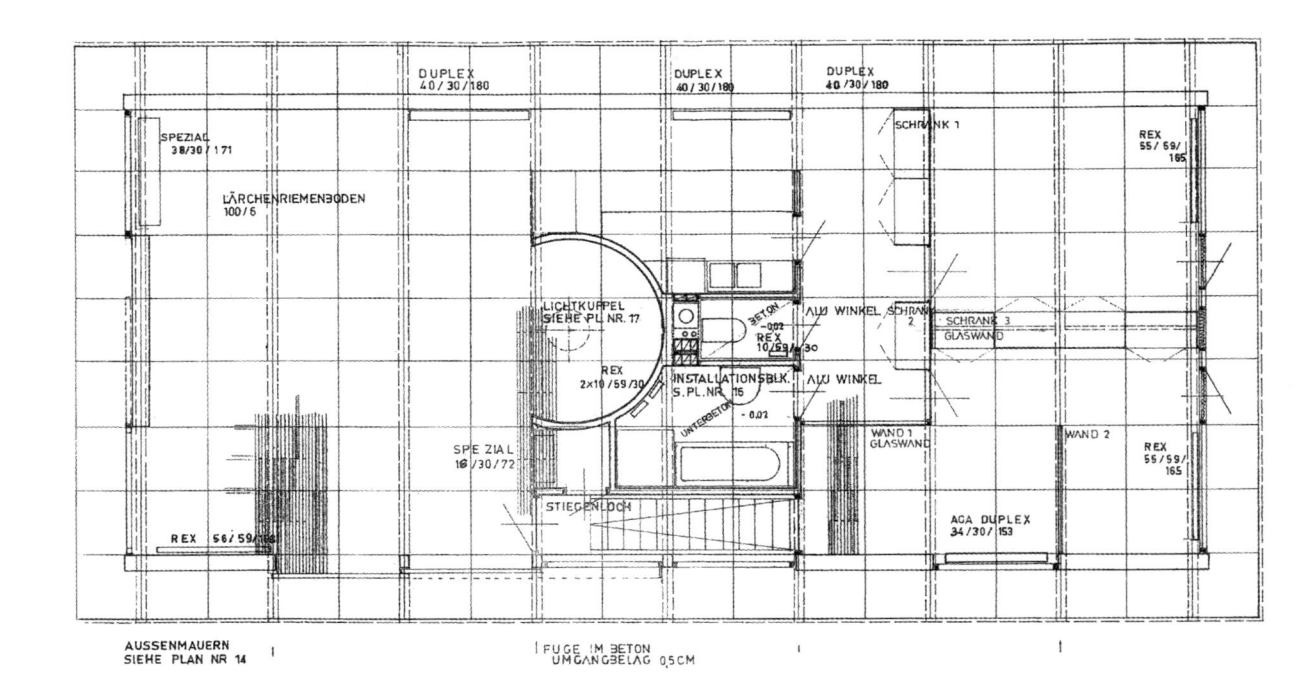

→
Grundriss

Einfamilienhäuser

Von der Behörde war ein Dach vorgegeben, wurde aber letztendlich nicht durchgeführt. Denn dieses Haus verträgt kein Dach, es wurde mit sehr bescheidenen Mitteln gebaut. In der Mitte des Hauses ein Essplatz von oben belichtet, alle weiteren Räume um diesen Fixpunkt orientiert. Drei Seiten verglast, nur die Nordseite mit hoch liegenden Fenstern ausgestattet. Der Umgang ermöglicht eine großzügige fixe Verglasung. Im Erdgeschoss ist eine Anliegerwohnung untergebracht.

→
Ansicht vom Garten

→
Zentraler Essplatz

Haus Ploch

1979
Puch, Salzburg

Sachlich mit Bedingungen, aus Funktion und Material eine Form und Gestalt entwickeln, keine Formen dem Zufall überlassen bzw. der jeweiligen Stimmung anpassen.

Handwerksräume sowie eine Lackiereinrichtung waren erforderlich, damit gab es die Möglichkeit, ein Plateau zu schaffen. Eine Verbauung bis zur Grundgrenze war nur unterirdisch möglich. Eine gute Gelegenheit, die Nebenräume in diesem Bereich zu situieren unter dem Zwang des schmalen Grundstücks. Außerdem musste nach den Bauvorschriften der Gemeinde das Gebäude ein Steildach aufweisen.

→
Werkstatt und Wohngeschoss

Einfamilienhäuser

←
Blick über die Dachlandschaft

←
Wohngeschoss mit Dachgarten über der Werkstatt

Während der Entwurfsphase ergab sich ein längerer Gang, der für eine Bibliothek geeignet gewesen wäre. Eine schöne Lösung, doch der Bauherr hat wenig Zeit zum Lesen und so musste der Grundriss weiter entwickelt werden. So ist ohne viel Worte ein Bauherr wirksam bei dem Entwurf seines Hauses. Abgesehen von seinen Wünschen.

Der Bauherr war ein Tischler und daher sollte so viel wie möglich in Holz errichtet werden. Alle außerhalb der Erdüberdeckung liegenden Räume wurden in Holzkonstruktionen gebaut.

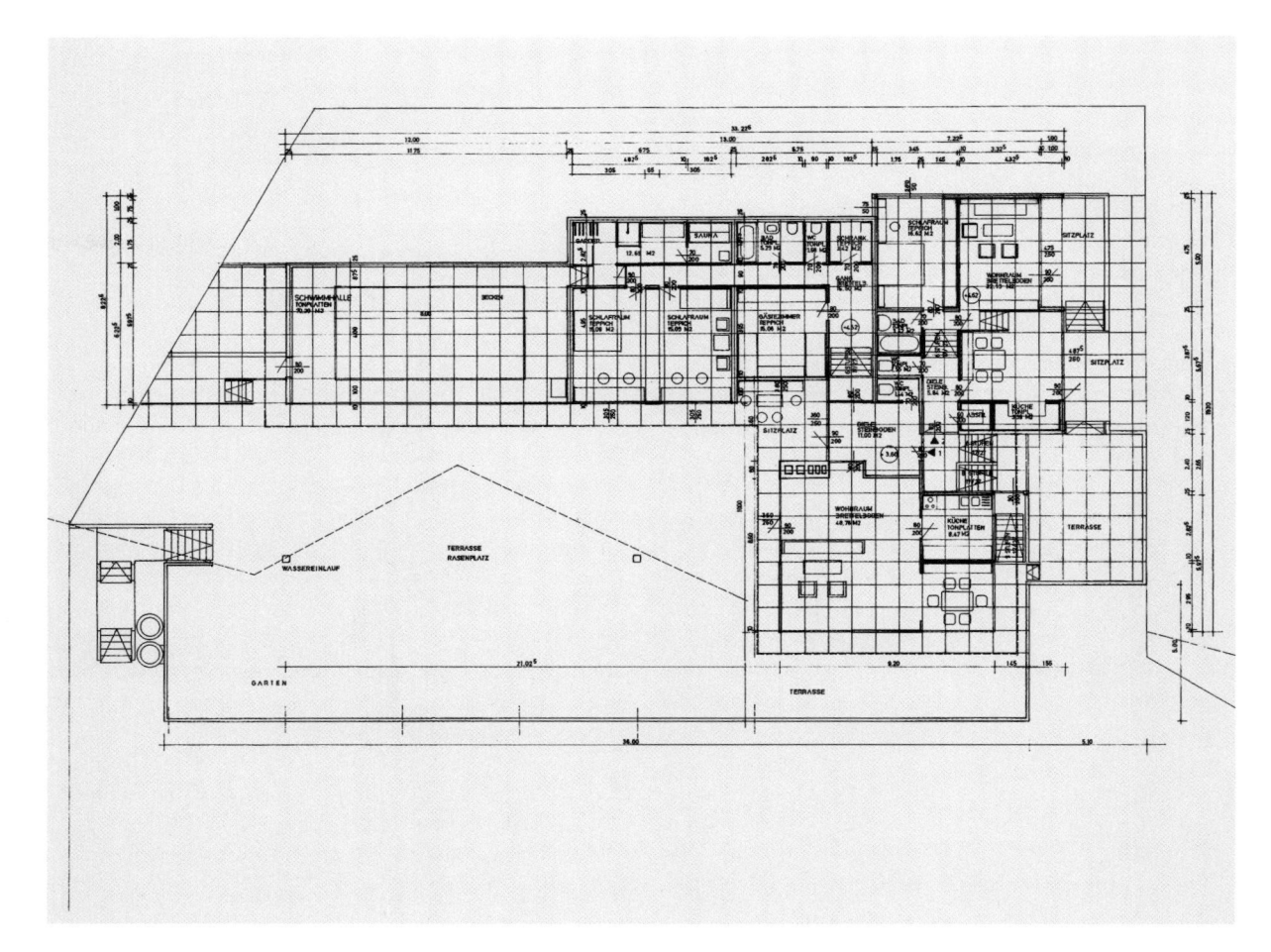

← Grundriss

→ Dachlandschaft

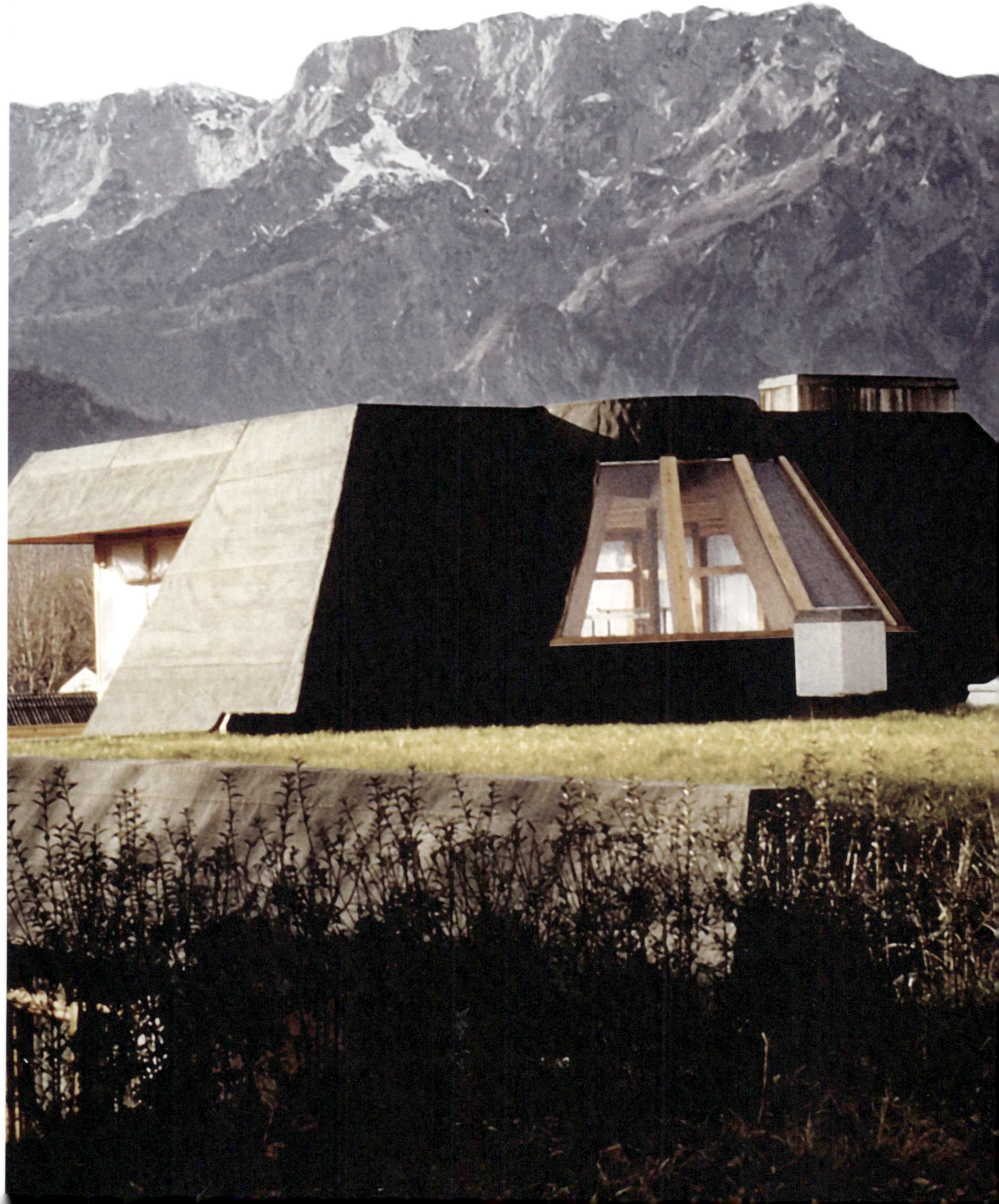

Haus Neuhauser

1980
Mühlbach am Hochkönig, Salzburg

Vom Erkerzimmer hat man einen
schönen Blick auf die Südwand des
Hochkönigs.

→
Ansicht mit Erkerfenster

Einfamilienhäuser

Ansicht vom Hang

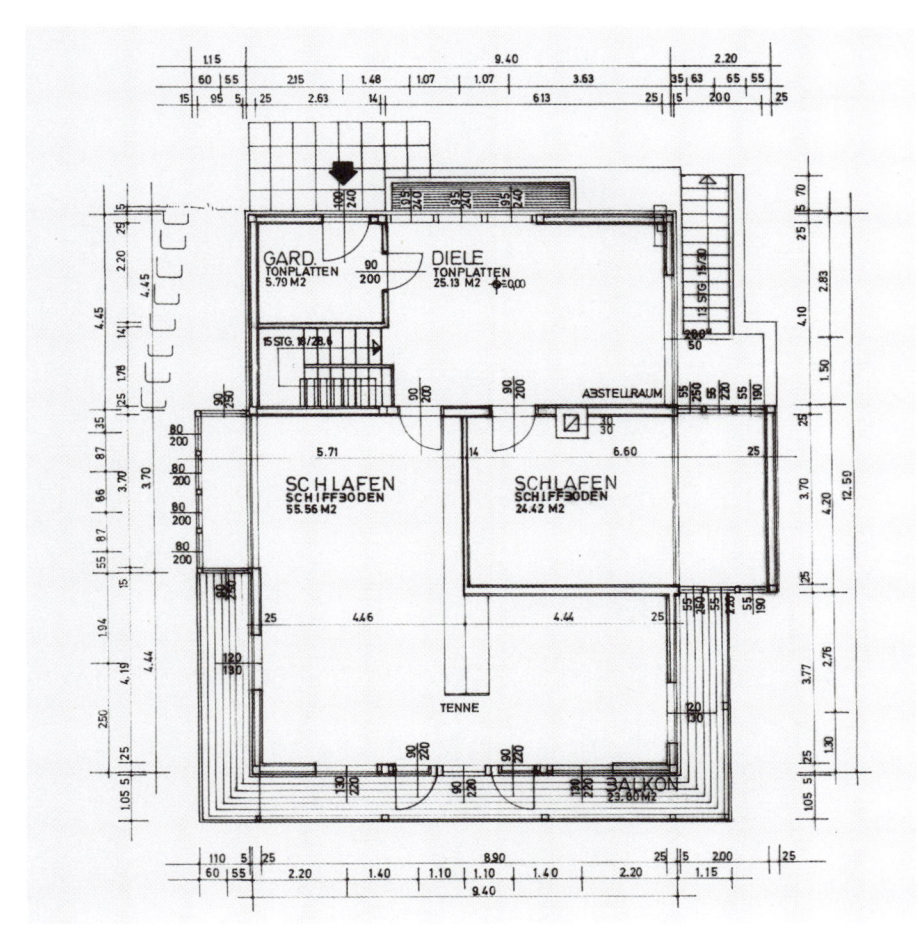

Das Haus ist in Mühlbach am Hochkönig neben einem Bauernhaus an einem Hang über Saalbach gelegen. Ein Stall mit Heuboden, umgestaltet zu einem Ferienhaus.

Grundriss

Haus Komlanz

1983
Linz, Oberösterreich

Das bestehende Wohnhaus meines verstorbenen Freundes Architekt Heribert Komlanz wurde an die Familie der Tochter weitergegeben. Für die inzwischen alleinstehende Ehefrau sollte nun ein kleineres Objekt angrenzend errichtet werden mit einer inneren Verbindung der beiden Objekte. Das neue Stiegenhaus stellt als Gelenk ausgebildet die Verbindung beider Objekte dar.

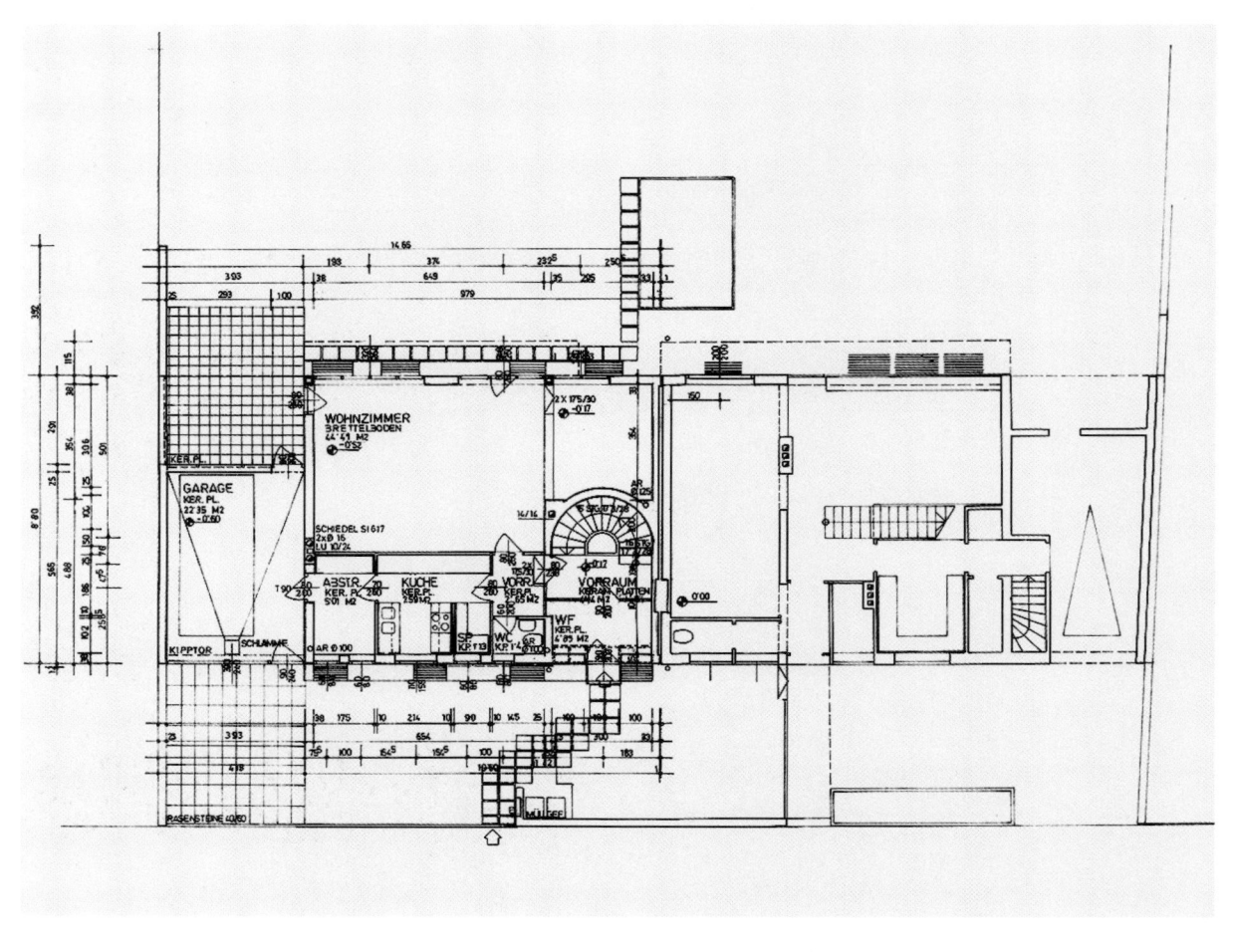

→
Grundriss

Einfamilienhäuser

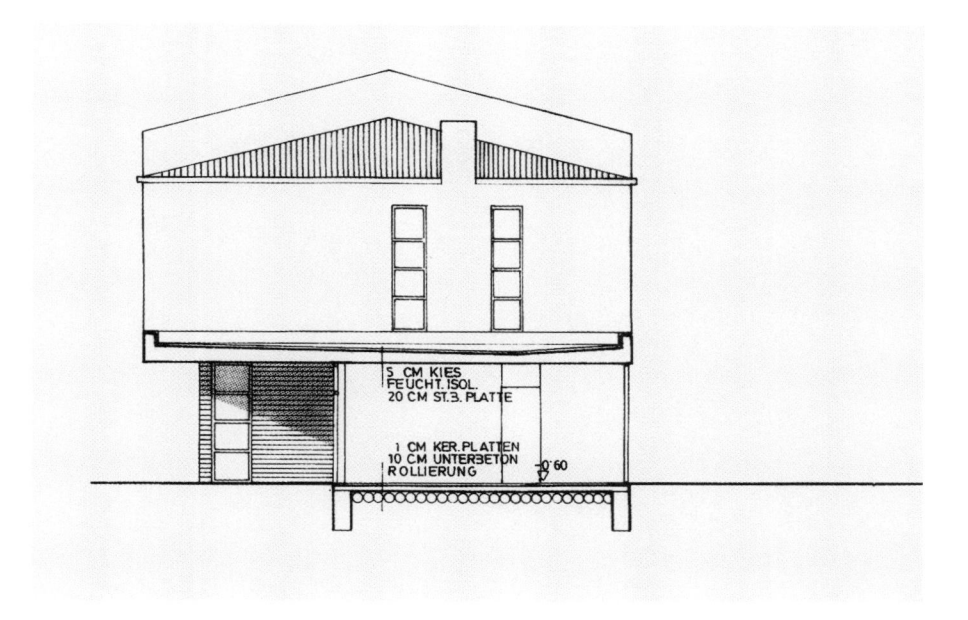

→
Ansicht Ost

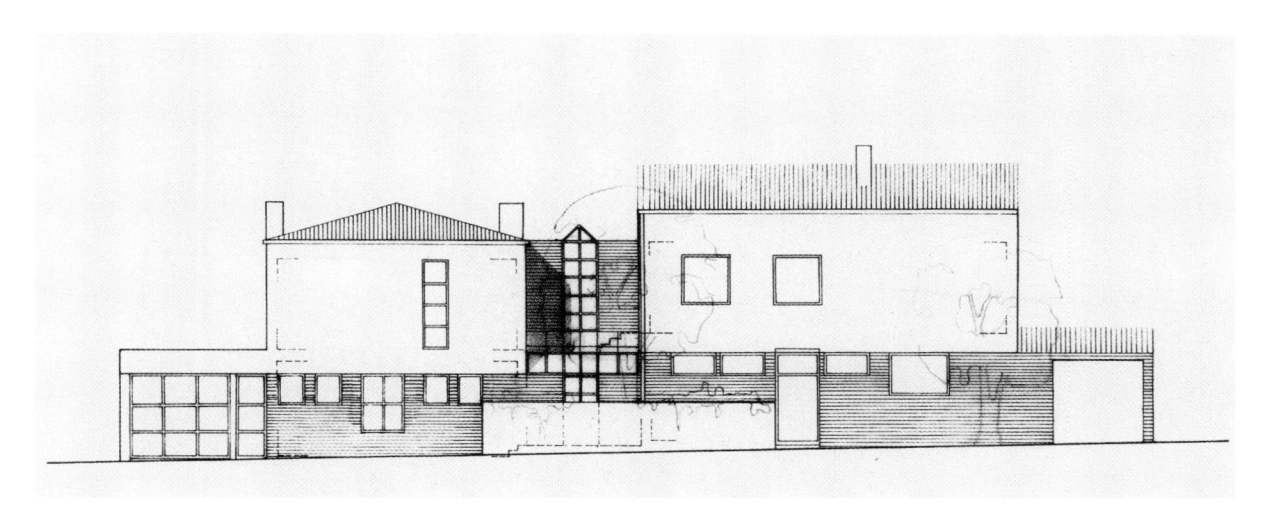

→
Ansicht Nord

Teichhaus

1992
Lainzer Tiergarten, Wien-Hietzing

In diesem Försterhaus neben einem Teich wohnte einst der Kaiser, als er im Lainzer Tiergarten zur Jagd ging. Aufgrund dieser historischen Begebenheit wurde das Objekt unter Denkmalschutz gestellt. Ein Schreiben an die Kanzlei des kaiserlichen Hofes belegt die Geschichte des Hauses.

→
Ansicht Zubau mit Wintergarten

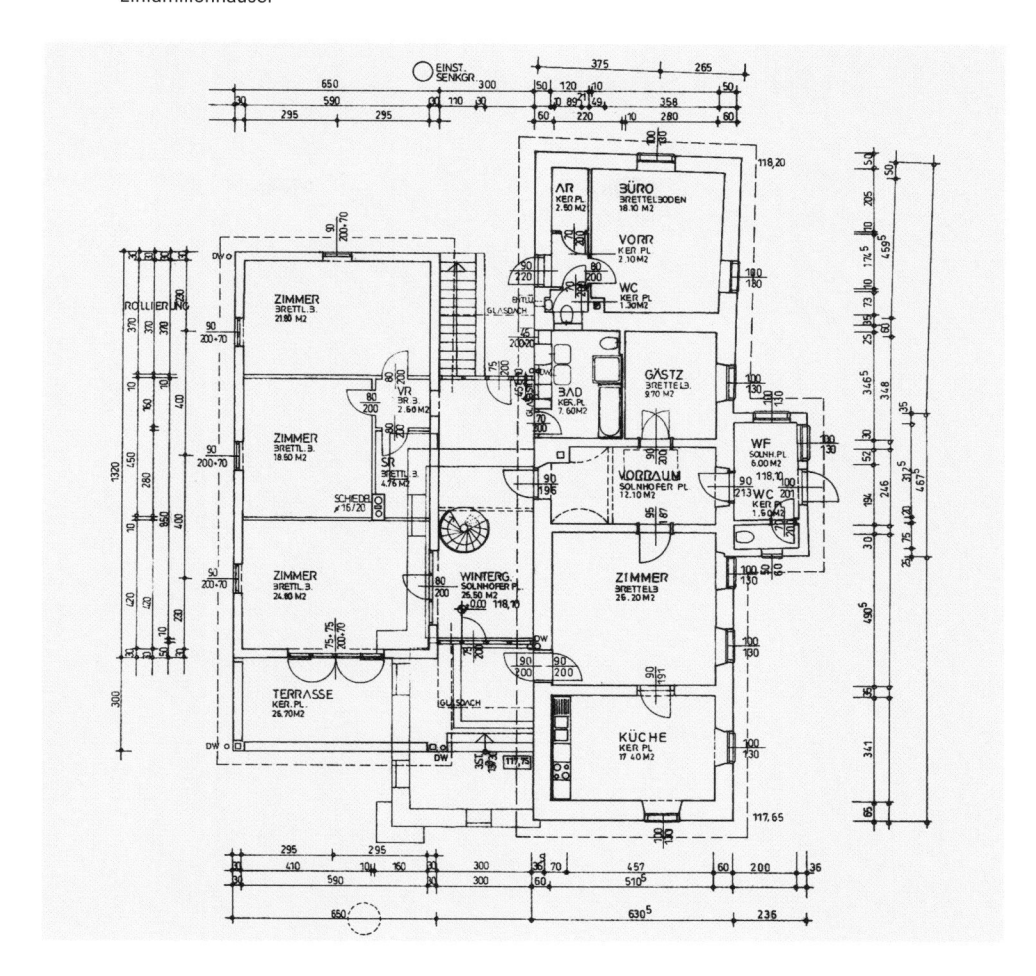

Einfamilienhäuser

→ Grundriss

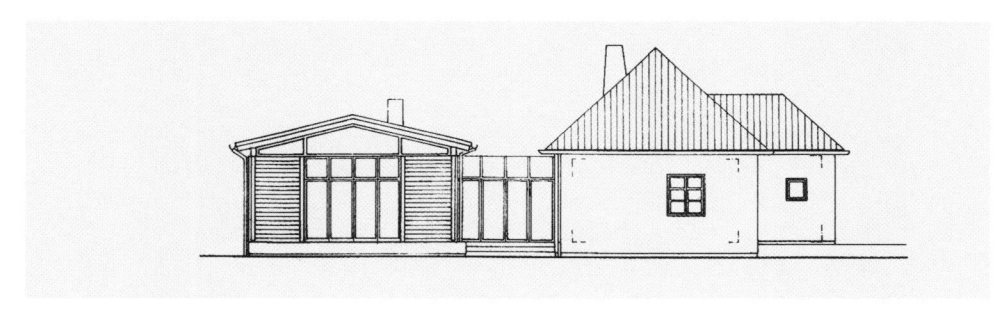

→ Ansicht Süd

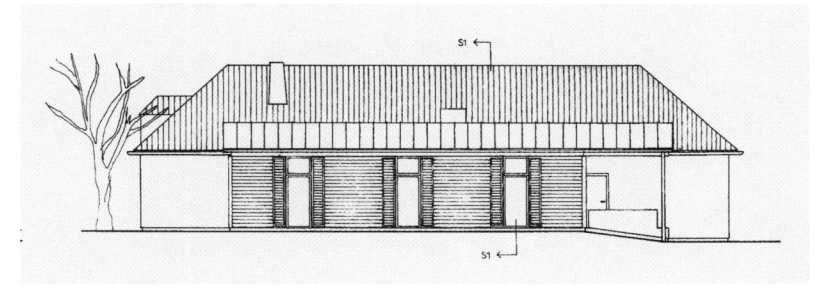

→ Ansicht West

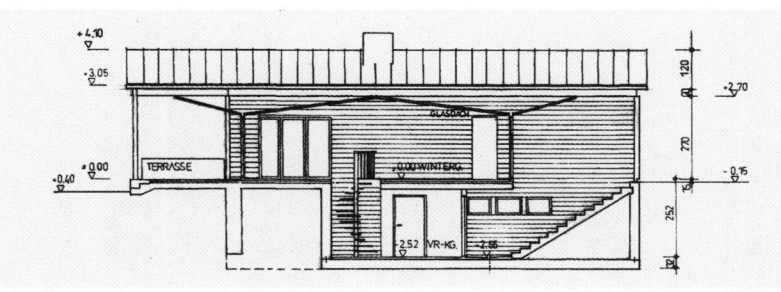

→ Schnitt

Der Grundwasserspiegel dieser Gegend ist ca. 30 cm unter Niveau. Die Steinmauern sind feucht, der Keller ist voll mit Wasser. Die Mauern wurden durchgeschnitten und somit in einen trockenen Zustand gebracht. Die Kanzlei und ein Wohnraum blieben in diesem Objekt, für die Familie wurde jedoch ein Nebengebäude errichtet. Als Verbindung beider Gebäude dient ein verglaster Wintergarten. Der größere Abstand erlaubte eine Unterkellerung.

Haus Weiß

2002
Velm, Niederösterreich

Die neuen Bebauungsbestimmungen erlaubten auch die Verbauung der Seitenabstände. Der Wunsch war, einen Raum innerhalb des Seitenabstandes auf einem Keller zu errichten. Die Grundverhältnisse verhinderten eine rationelle Bauführung, so wurde das Badehaus abgetragen. Der Neubau ist so konzipiert, dass das Objekt in zwei Einheiten geteilt werden kann. Eine Auflage der Gemeinde.

Ausgangspunkt war ein Wochenendhaus aus dem Jahr 1970 auf einer Doppelparzelle am Kienersee.

→
Ansicht vom See

Einfamilienhäuser

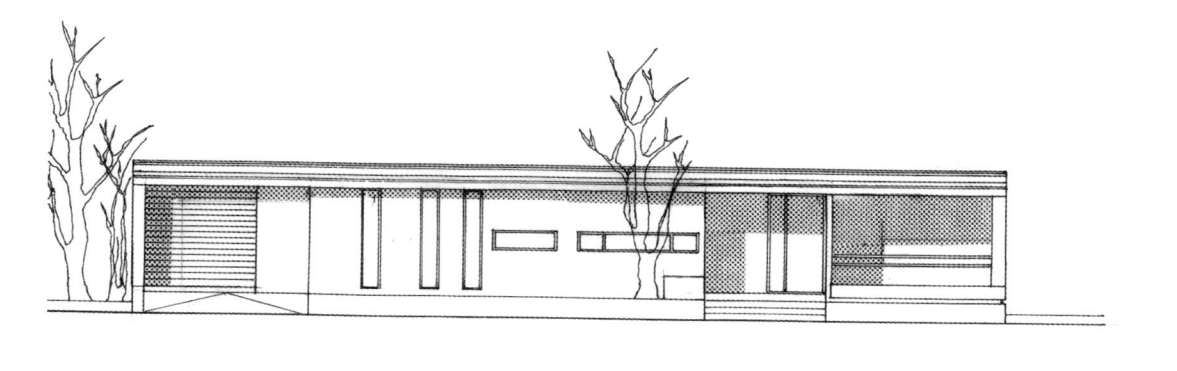

← Straßenansicht

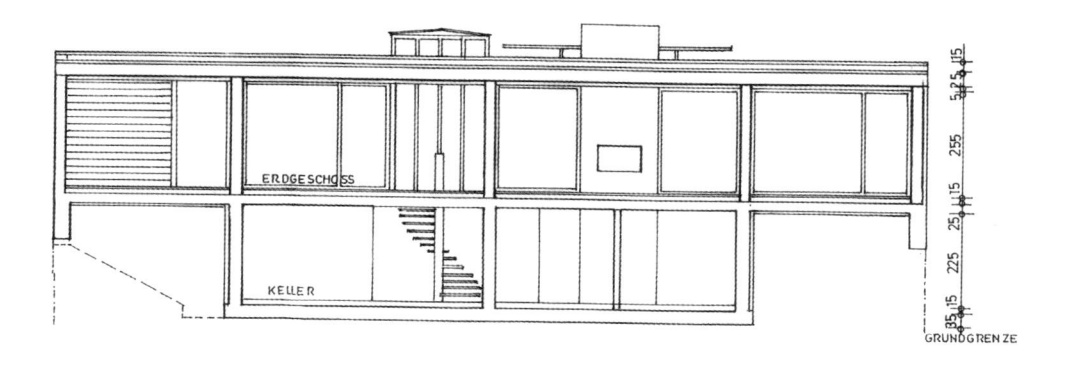

← Schnitt

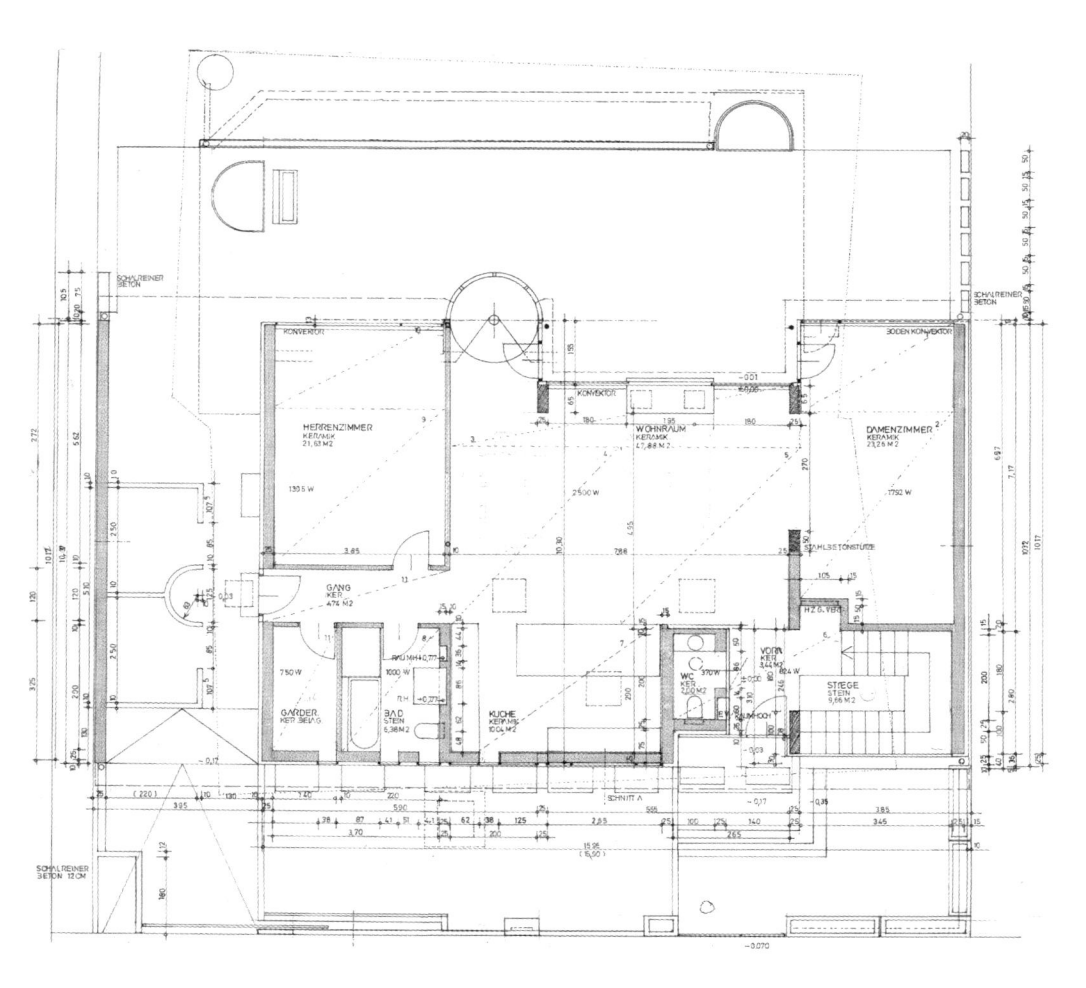

Das Gebäude steht im Wasser. Wasserdichter Beton und eine stärkere Betonplatte, um dem Auftrieb entgegenzuwirken. Außerdem wurde parallel zum See eine Kellerwand errichtet, damit die Fenster größer ausgeführt werden konnten. Das war notwendig, um der Hochwassergefahr entgegenzuwirken. Der Zwischenraum ist entwässert und pumpt das Regenwasser zum höher gelegenen Kanal. Gemauerte Wände, außen mit Wärmedämmung versehen, und ein Dach in Holzkonstruktion.

← Grundriss

Haus Lindner

2006
Urgersbach, Niederösterreich

→
Schlafzimmer

72

Einfamilienhäuser

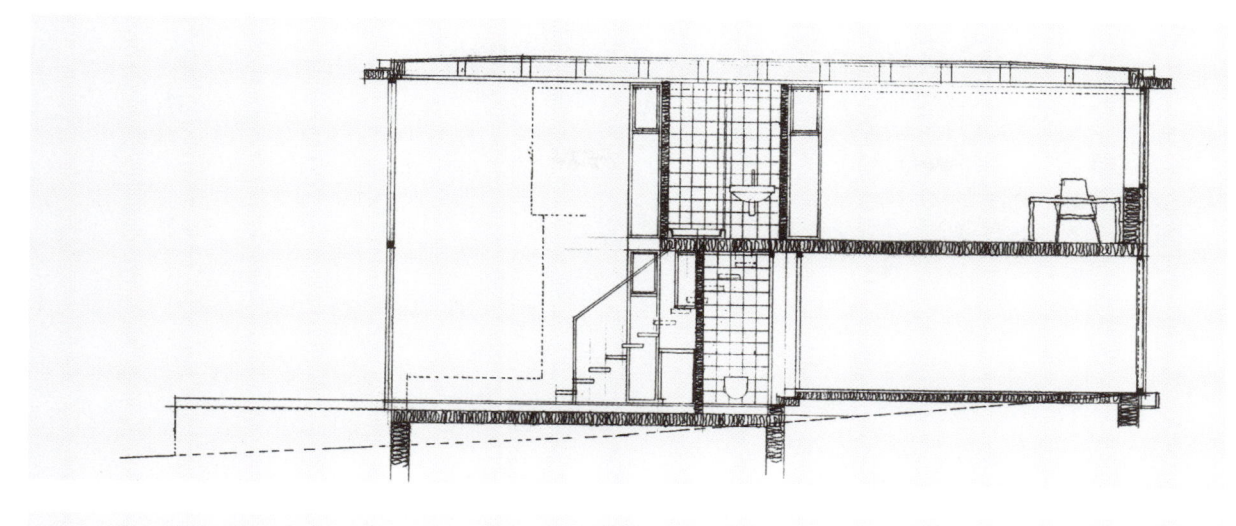

← Schnitt

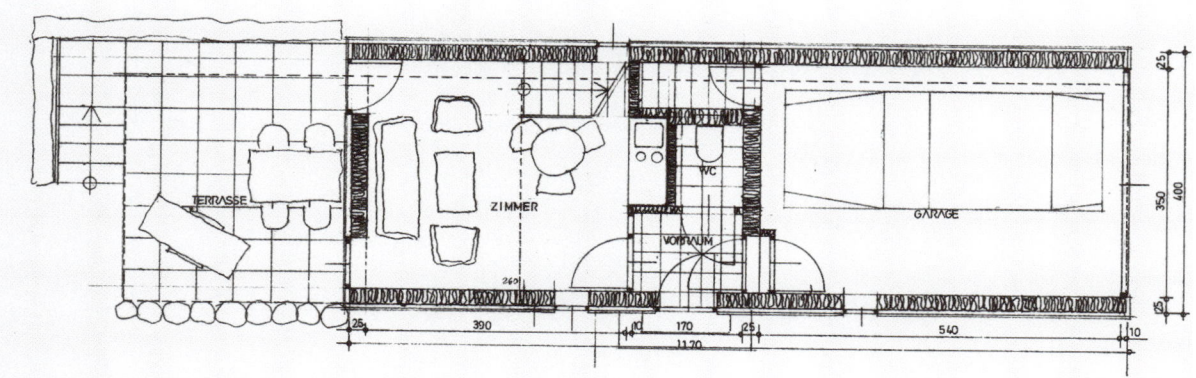

← Grundriss

← Außenansicht

Haus Roman Kokoschka

2014
Laaben, Niederösterreich

Herr Dr. Kokoschka ist in Pension gegangen und wollte in Laaben seinen Lebensmittelpunkt neu einrichten. Das bestehende Sommerhaus war mit einem Wohnraum zu erweitern und auf den heutigen technischen Stand zu bringen.

→
Ansicht Zubau mit Altbestand

Einfamilienhäuser

Die Erweiterung liegt auf der Nordseite des Bestands und erhält durch eine Lichtkuppel über dem Durchgang eine direkte Besonnung. Der Zu- und Durchgang zur Terrasse dient als Puffer von alt zu neu, aber auch für die zusätzliche Belichtung und Besonnung des Wohnraums. Dem Haus entsprechend ist der Wohnraum um drei Stufen erhöht mit einem Ausgang auf die Westterrasse. Die Küche ist in den Wohnraum integriert.

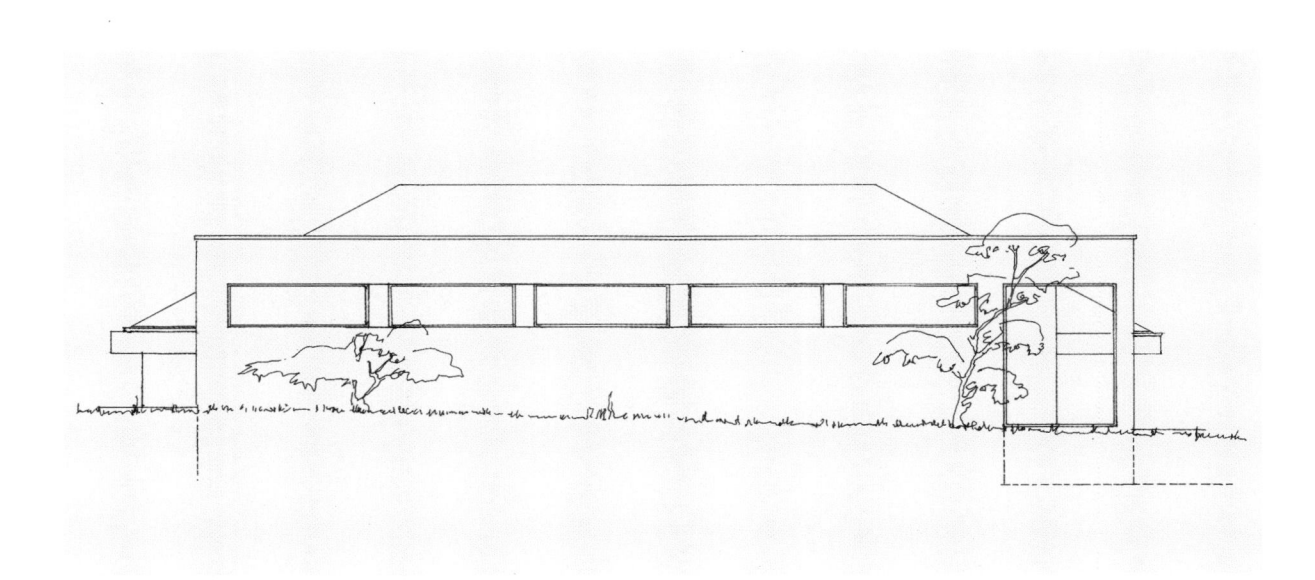

→
Ansicht Nord

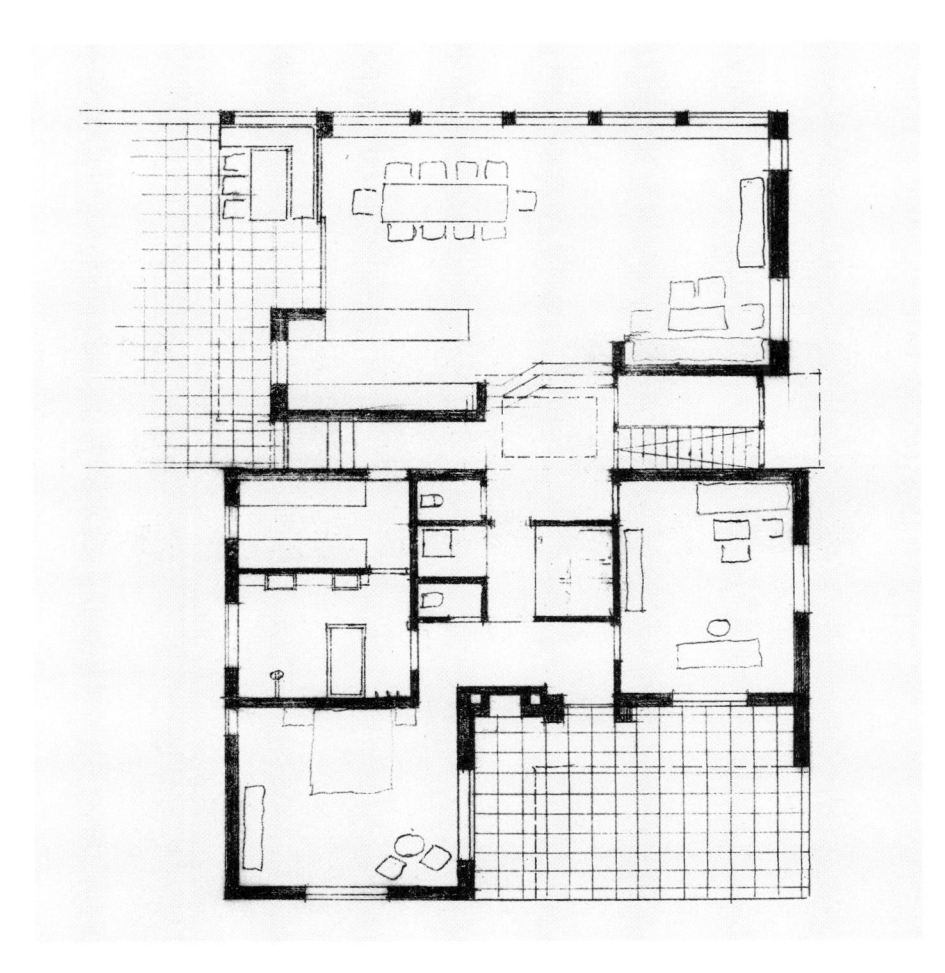

Der Altbau wird nur durch Fenstertüren umgestaltet, bleibt aber grundsätzlich im gegebenen Charakter bestehen. Der Zubau bietet eine klare, einfache Lösung mit ost-west-orientierten Glasflächen.

→
Grundriss

Dachwohnung Neuhauser

2015
Salzburg-Maxglan
mit Martin Kiener

Das 1988 geplante und errichtete Speditionsgebäude wurde damals schon für eine eventuelle Aufstockung vorbereitet. 2013 entstand schließlich der Wunsch, sowohl ein Lager für großformatige Bilder als auch eine Dienstwohnung zu errichten.

→
Speditionsgebäude mit aufgestockter Dachwohnung

Einfamilienhäuser

← Grundriss

← Schnitt

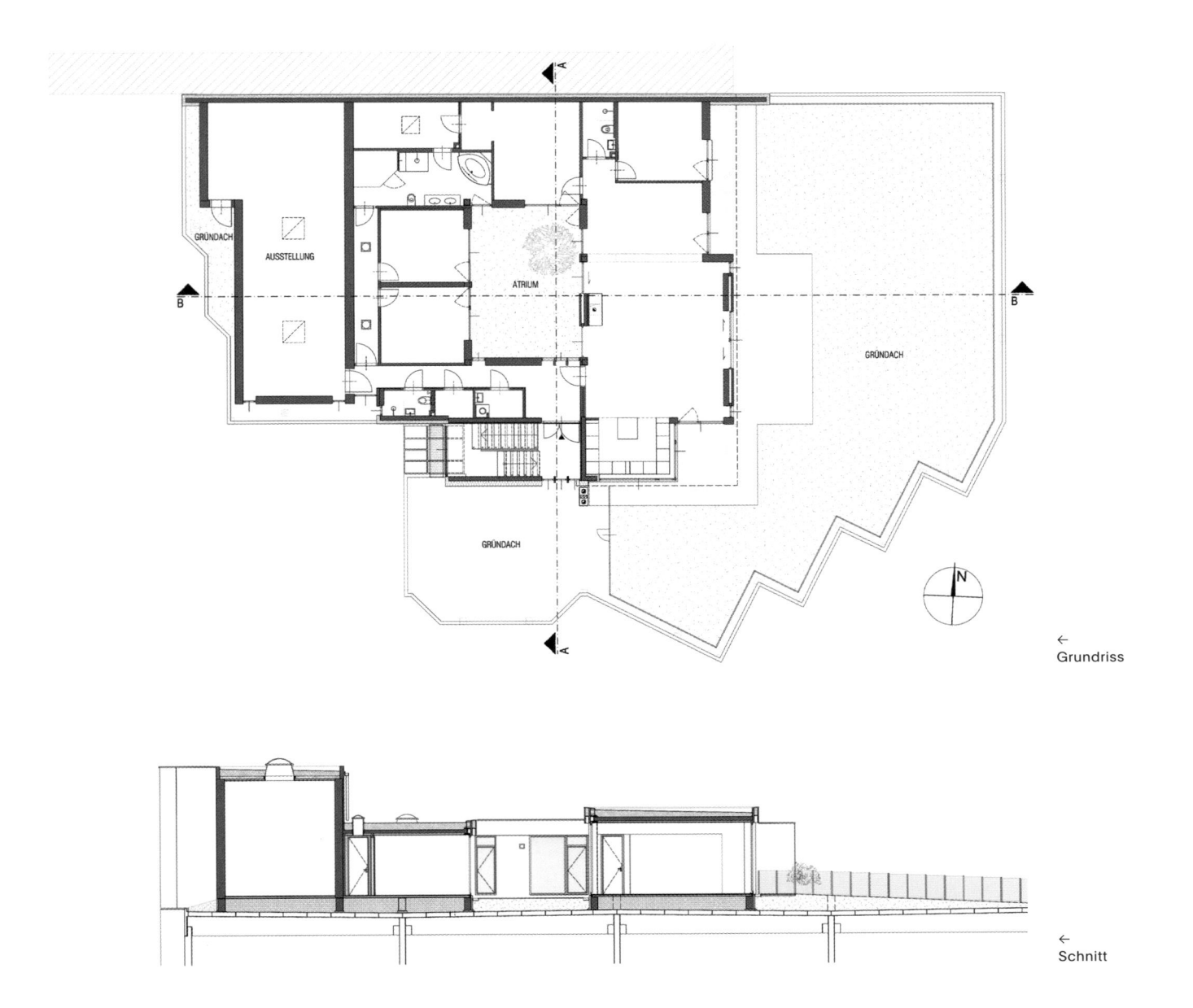

Der hohe Ausstellungs- und Archivraum dient als Lärmschutz gegen das als Atrium gebaute Wohngebäude. Der erhöhte Wohnraum ist ein Gegengewicht zum Archivgebäude und umschließt das Atrium und die weiteren niederen Wohnräume. Die restlichen Dachflächen des Speditionsgebäudes ergeben eine großzügige Grünfläche vor dem Haus.

Einfamilienhäuser / Entwürfe

Haus Schudawa

1959
Baden, Niederösterreich

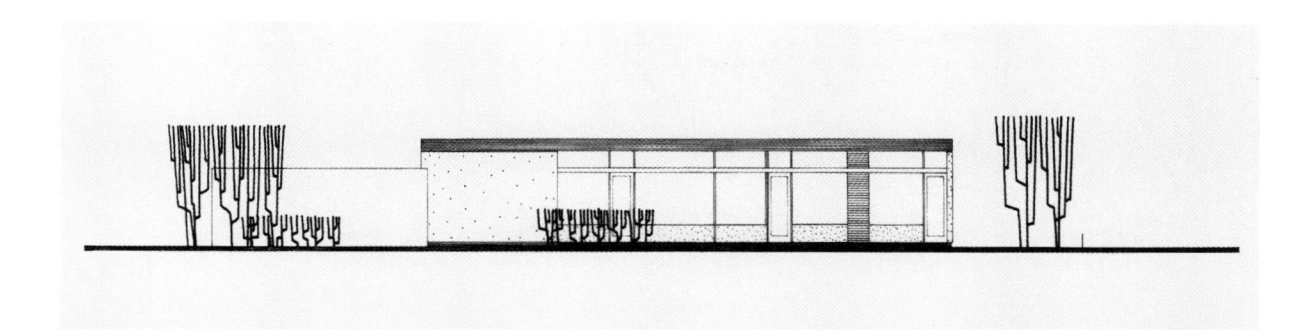

→ Gartenansicht

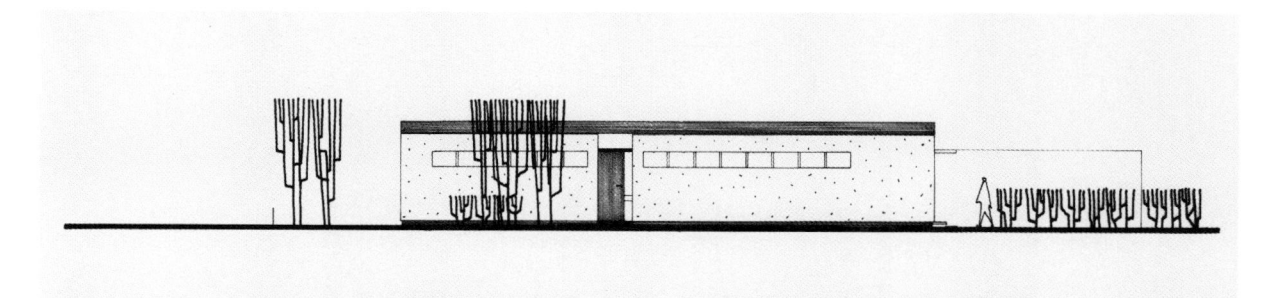

→ Straßenansicht

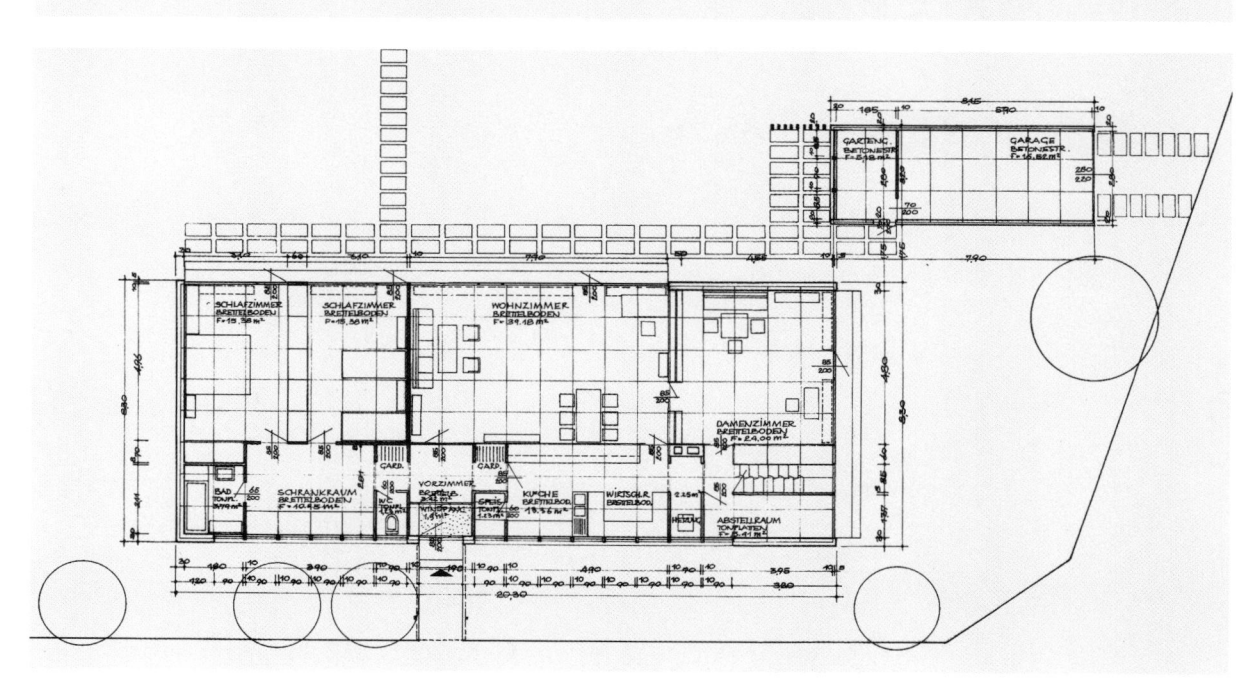

→ Grundriss

Einfamilienhäuser / Entwürfe

Haus Pircher

1962
Gloggnitz, Niederösterreich

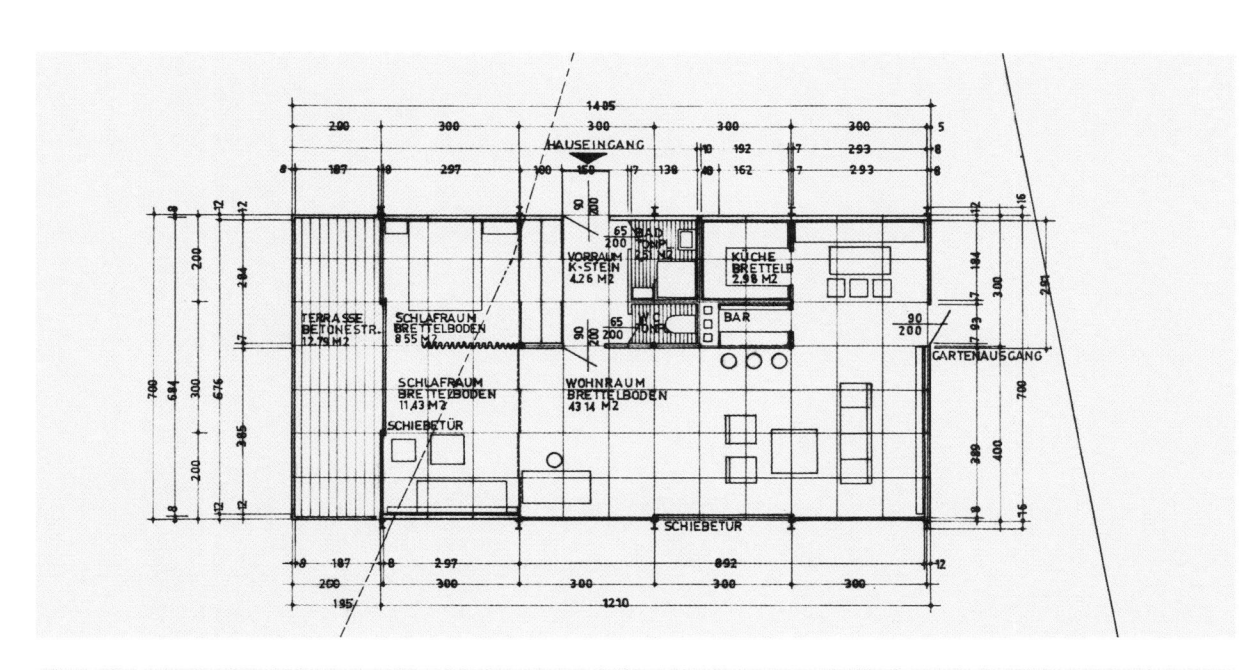

→ Grundriss

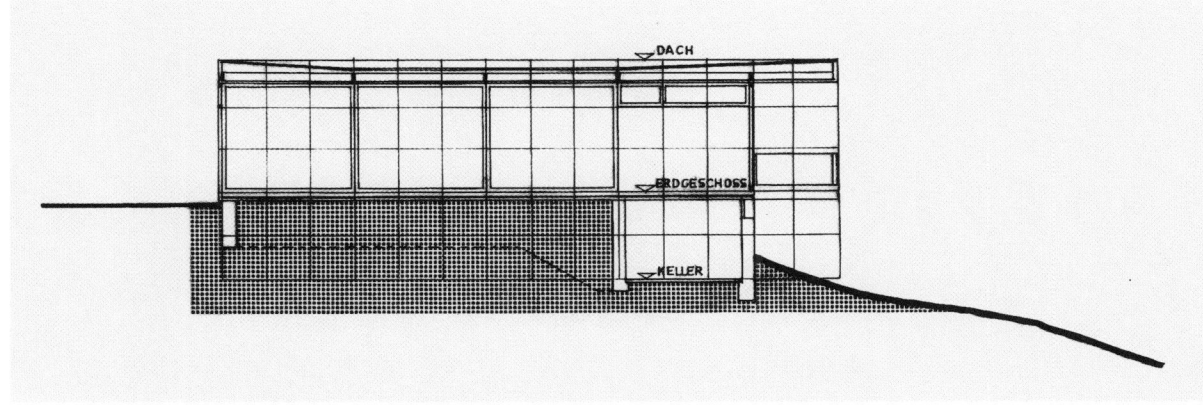

→ Schnitt

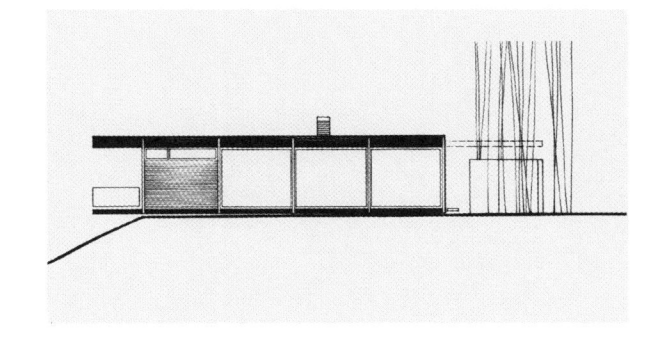

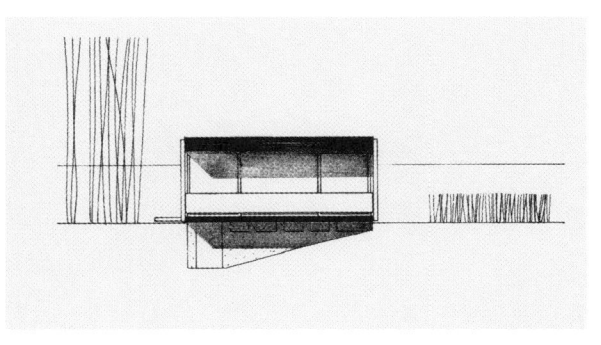

→ Ansicht Süd

→ Ansicht West

Einfamilienhäuser / Entwürfe

Haus Svoboda

1964
St. Pölten, Niederösterreich

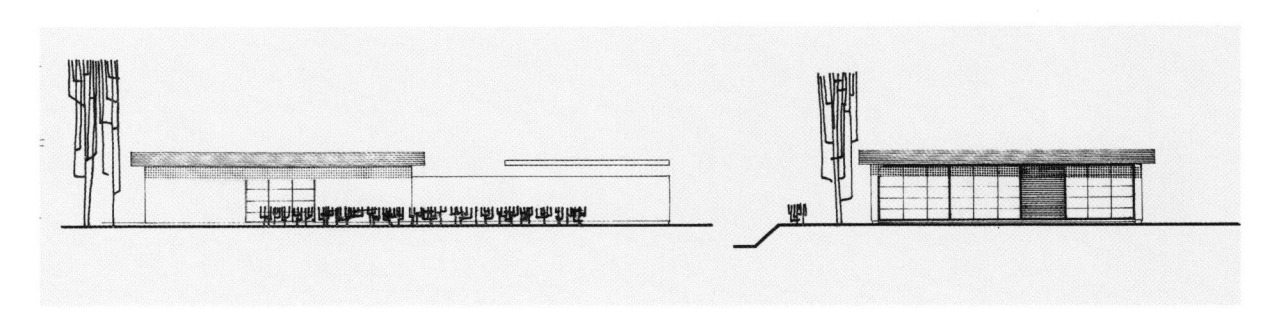

→
Ansichten Variante 1

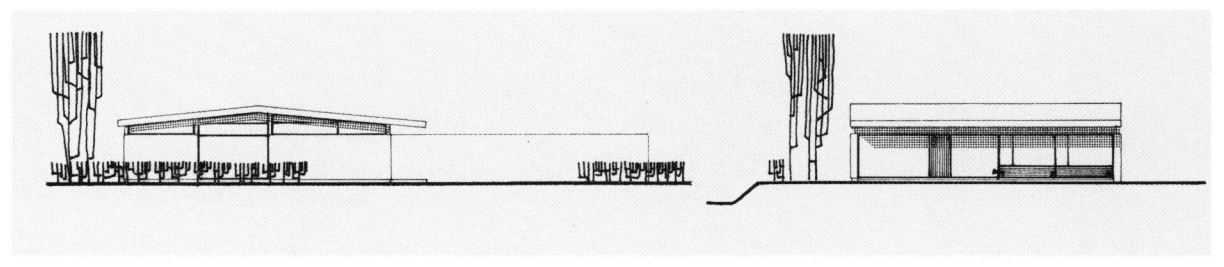

→
Ansichten Variante 2

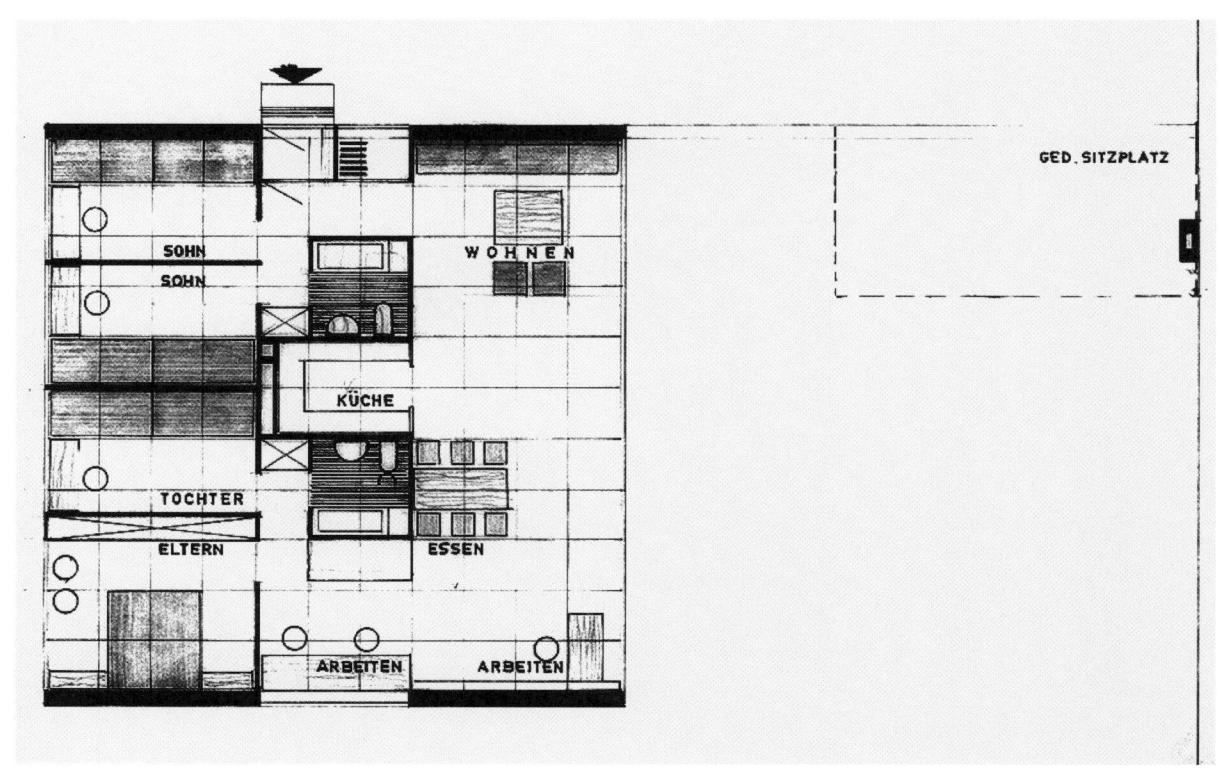

→
Grundriss

Einfamilienhäuser / Entwürfe

Haus Moritz

2000
Köttmannsdorf, Kärnten

→ Ansicht Süd

→ Ansicht West

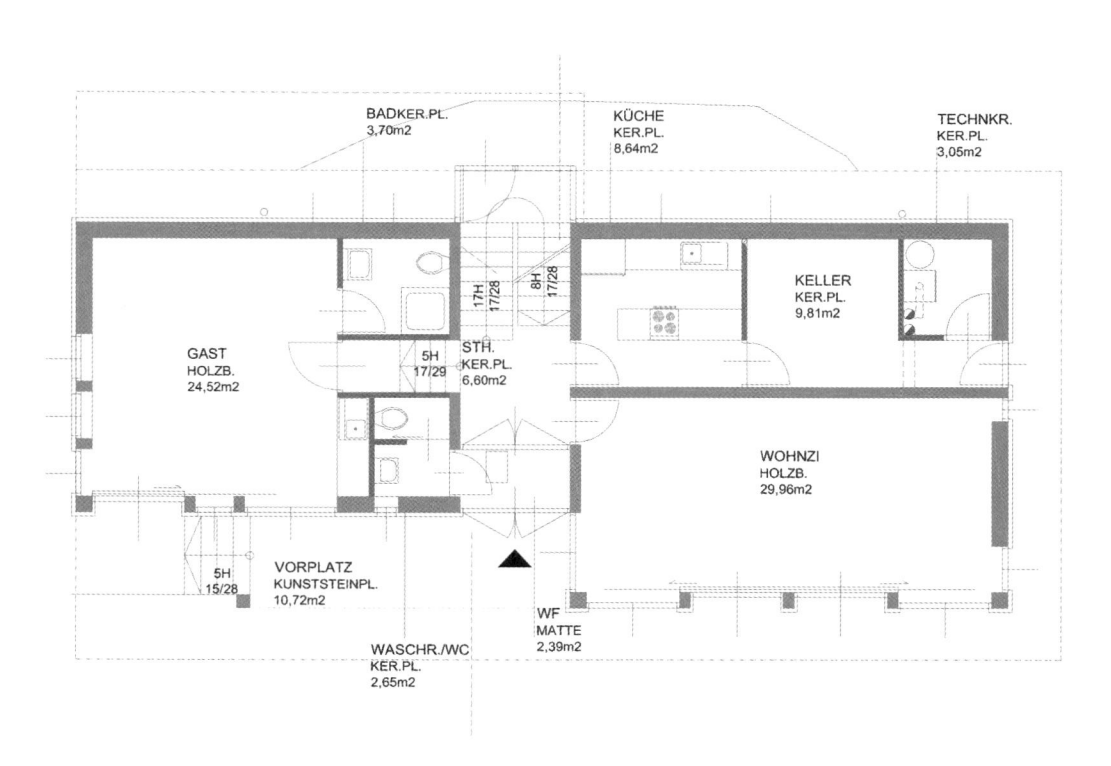

→ Grundriss

Wohnungen Dostal

1957
Wien-Alsergrund

1963
Bern, Schweiz

1975
Wien-Alsergrund

1957 wurde geheiratet – also war eine Wohnung einzurichten. Eine bescheidene Zweizimmerwohnung stand zur Verfügung. Der Gang innerhalb der Wohnung wurde zum Schrankraum umfunktioniert. Das Schlafzimmer und der Wohnraum wurden mit teilweise maßgefertigten Möbeln ausgestattet und trotzdem gab es viele Diskussionen, um Ordnung in das Ganze zu bringen.

→ Wohnung, 1957

→ Wohnung, 1975

Wohnungen

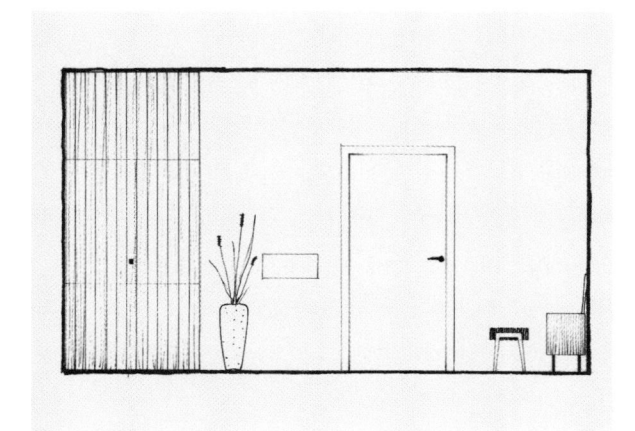

← Wohnung, Ansichten, 1957

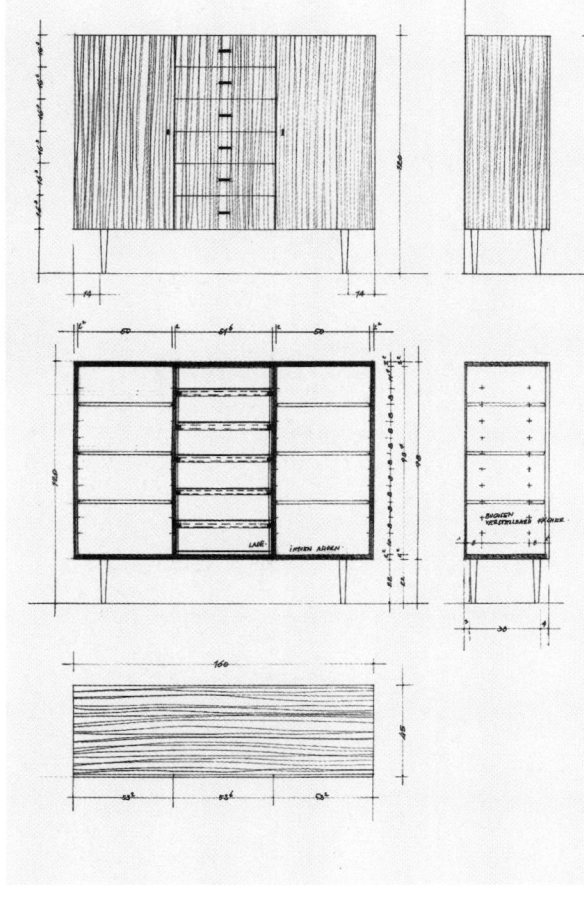

← Schlafzimmer, 1957

← Wäscheschrank, Plan, 1957

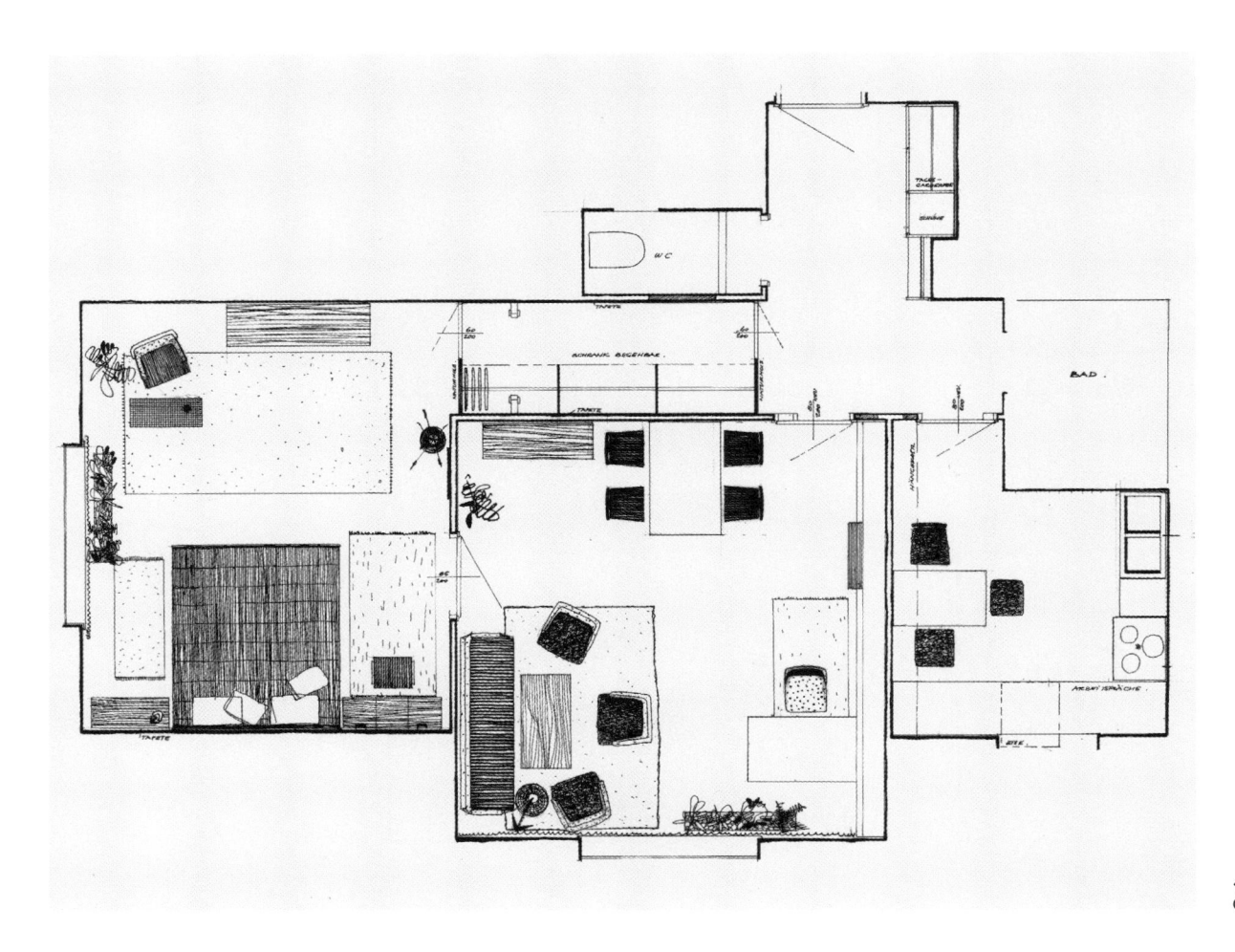

← Grundriss, 1957

← Wohnraum, 1957

← Vorraum, 1957

Wohnungen

Wohnung, Grundriss, 1963

1963 wurde Dr. Dostal an die Universität Bern berufen, somit gab es eine neue Wohnung einzurichten. Die Schlafzimmermöbel wurden von Wien mitgenommen, Wohnraum und Arbeitszimmer neu gestaltet und dem Grundriss angepasst.

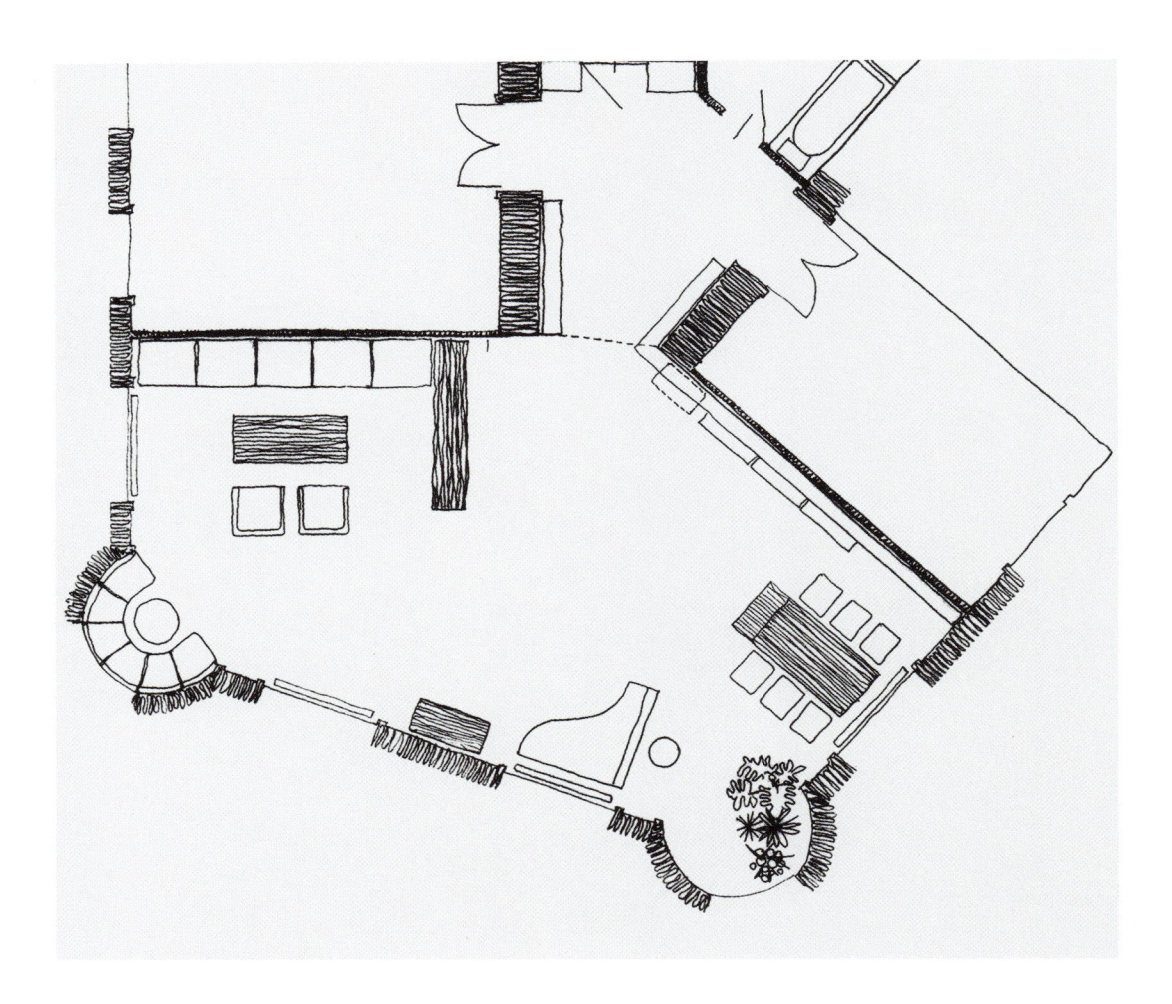

← Wohnung, Grundriss, 1975

← Wohnraum, 1975

Nach zehn Jahren Schweiz übersiedelte die Familie nach Wien und eine größere Wohnung war zu renovieren. Mit Möbeln aus der Schweiz und einigen Ergänzungen wurde die Wiener Wohnung ausgestattet. Das Endergebnis war eigentlich eine sehr gute Freundschaft.

← Sitznische im Erker, 1975

Wohnungen

Wohnraum mit Esstisch, 1975

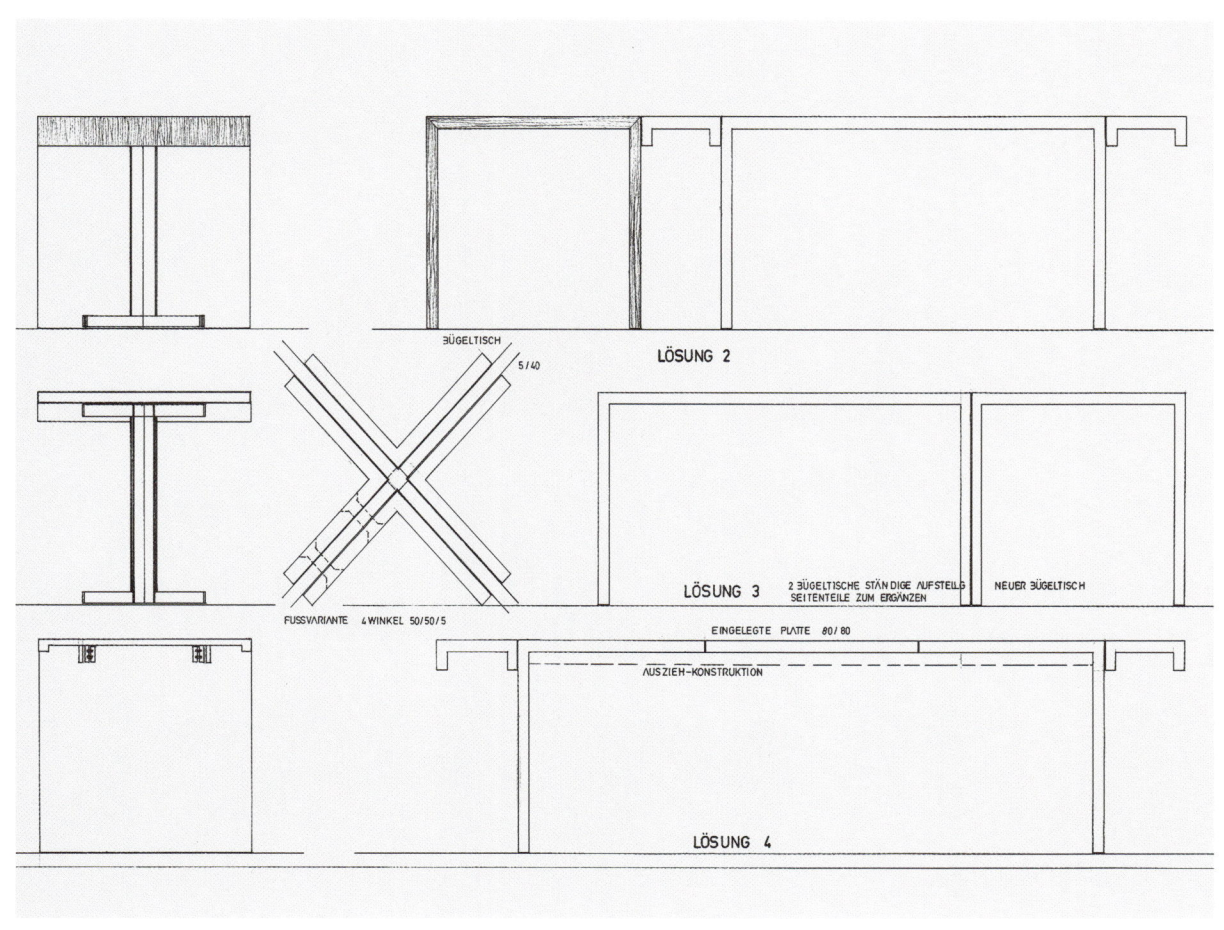

Esstisch, Plan, 1975

Wohnung Kiener

1966
Wien-Neubau

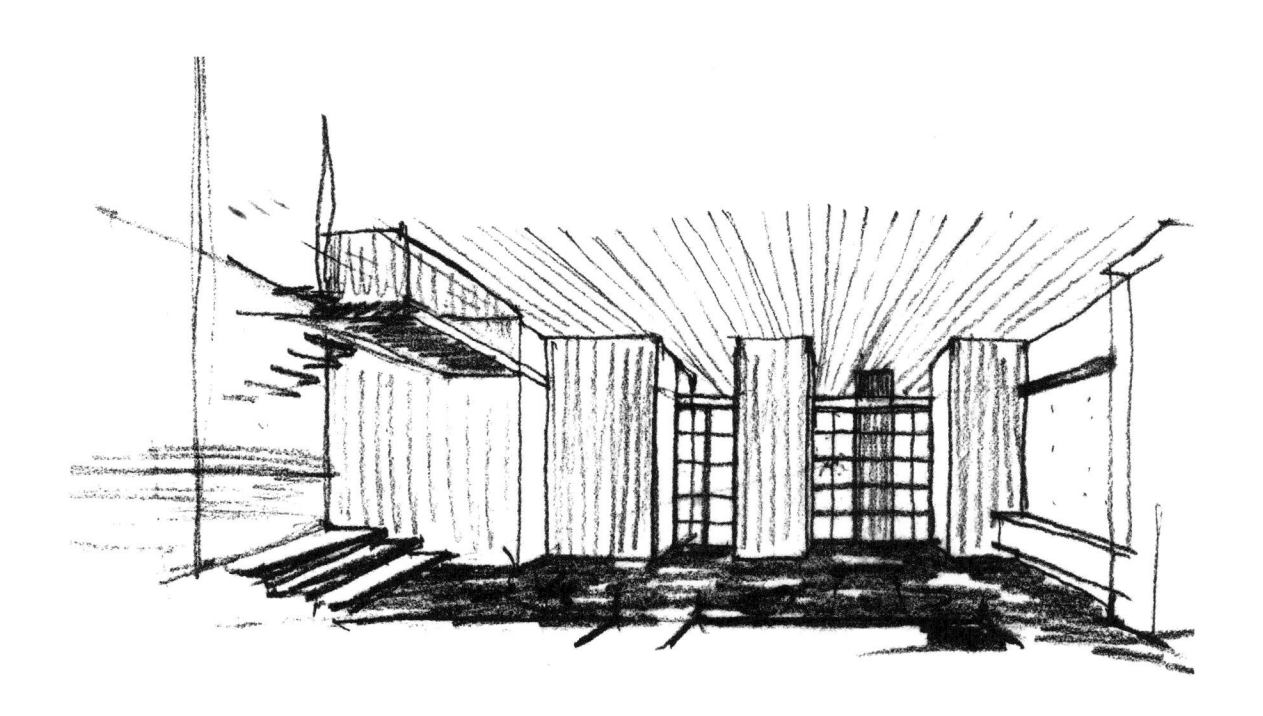

→
Skizze Vorraum

Wohnungen

← Wohnraum

← Essraum

← Vorraum

Die Flucht einer Querwand muss direkt ins Freie führen, damit der Innenraum mit dem Außenraum eine Beziehung aufnehmen kann. Der Raum weitet sich und durch das Licht wird die Wand erhellt. Diese Lichtführung hat mich immer begleitet und ist zum System entwickelt worden.

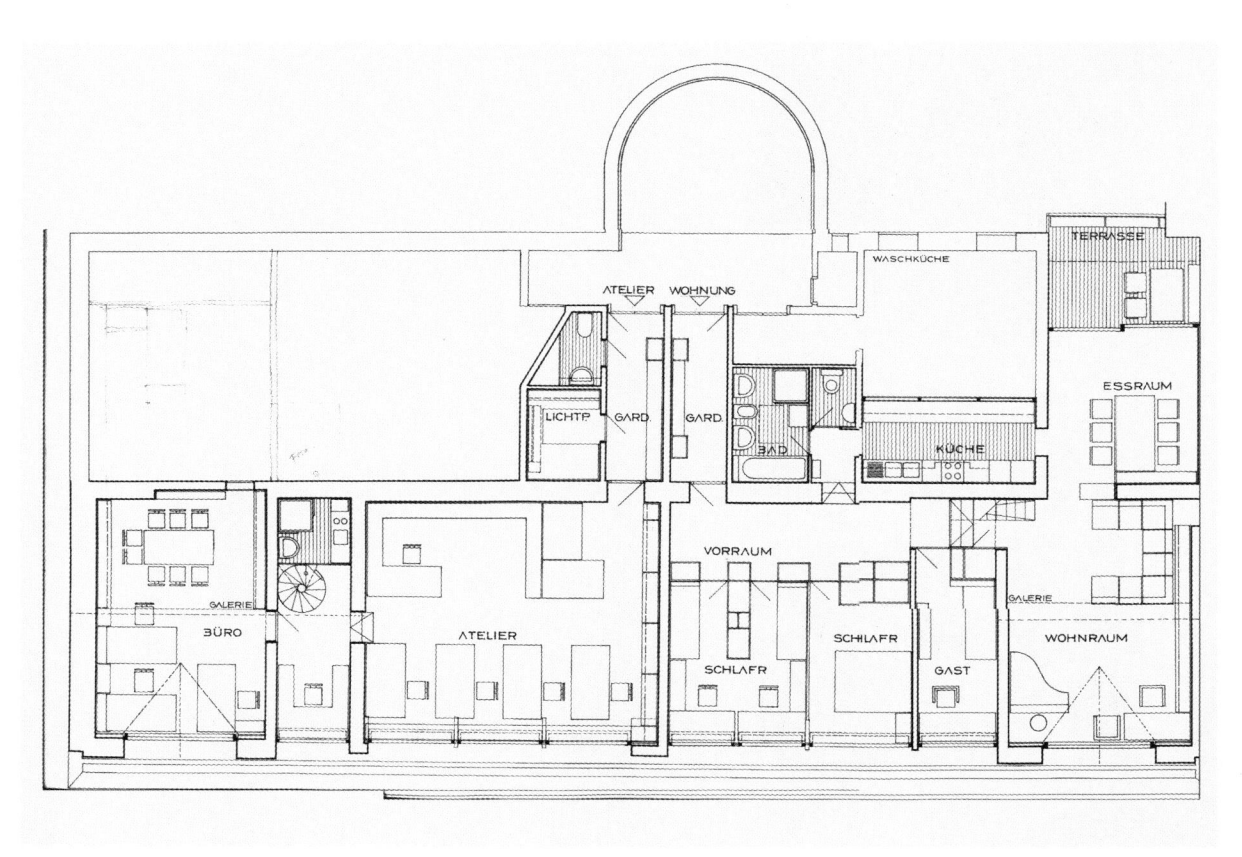

←
Grundriss Atelier und Wohnung

← Schnitt Wohnraum/
Essraum/Terrasse

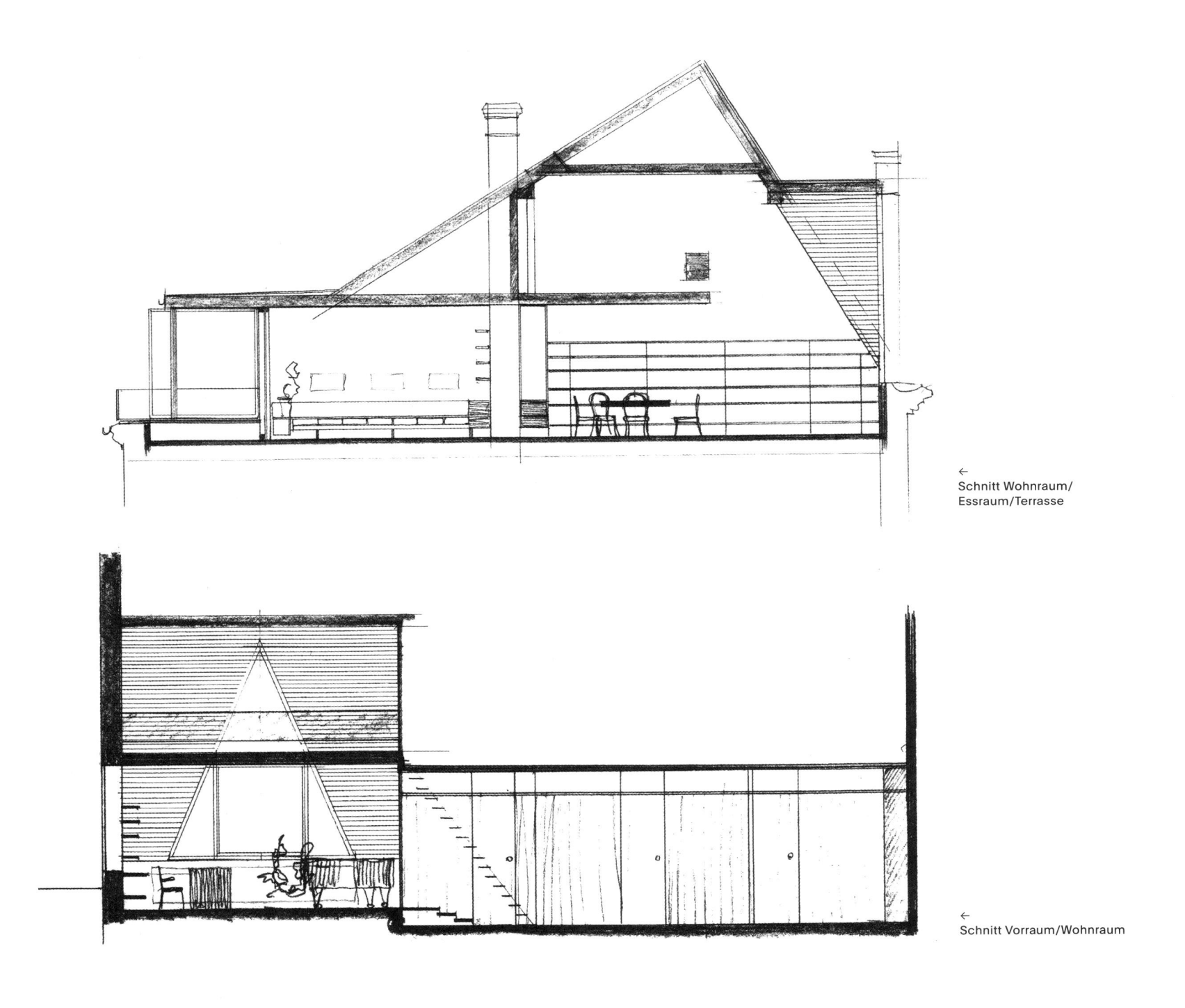

← Schnitt Vorraum/Wohnraum

Möbel Eva Maria Kokoschka

1979–2013
Wien-Ottakring

Das alte Haus der Familie Kokoschka wurde von einem Kollegen umgebaut und aufgestockt. Kurz vor der Fertigstellung übernahm ich die Baustelle. Meine wesentliche Aufgabe lag in der Möblierung einzelner Räume.

Im Wohnraum Bücherregale aus Blankstahlträgern mit weißen Fächern, mittig ein Steintisch aus Carrara-Marmor, eine Sitzgruppe aus mit weißem Leder bezogenen Hoffmann-Stühlen. Im Speisezimmer ein Glastisch mit Holzgestell und originalen Hoffmann-Stühlen.

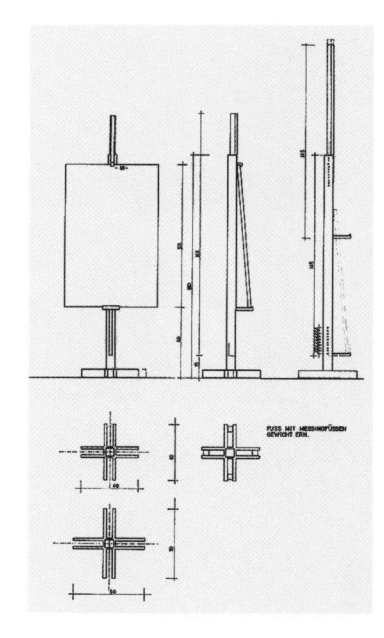

→
Staffelei aus Acryl, Plan

→
Marmortisch

Wohnungen

Über dem Tisch ein Otto-Wagner-Luster aus Messing mit Glaskörpern.
Für die Büste von Oskar Kokoschka habe ich einen Ständer aus
Acrylglas entworfen.

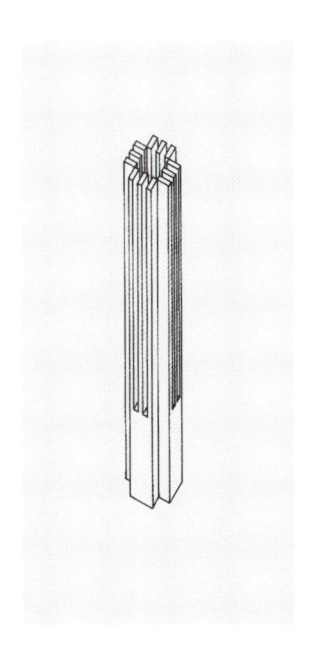

← Lampe

← Acrylständer

← Acrylständer, Plan

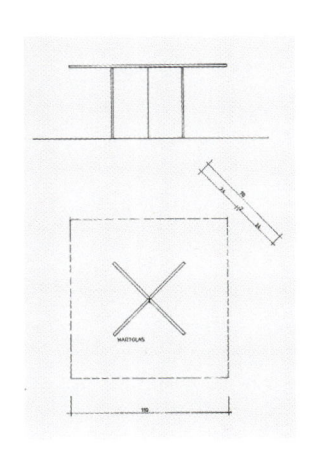

← Glastisch

← Glastisch, Plan

Wohnung Kührer

2007
Fischamend, Niederösterreich

Bei jeder Gelegenheit habe ich versucht, auch die Materialien und die daraus folgende Form zu finden, Details aus dem Ganzen zu entwickeln und einen formalen Ausdruck zu prägen. Eine Holzverbindung wie auch eine feine fachliche Verarbeitung sollen dem Betrachter Freude bringen.

→
Essbereich

Wohnungen

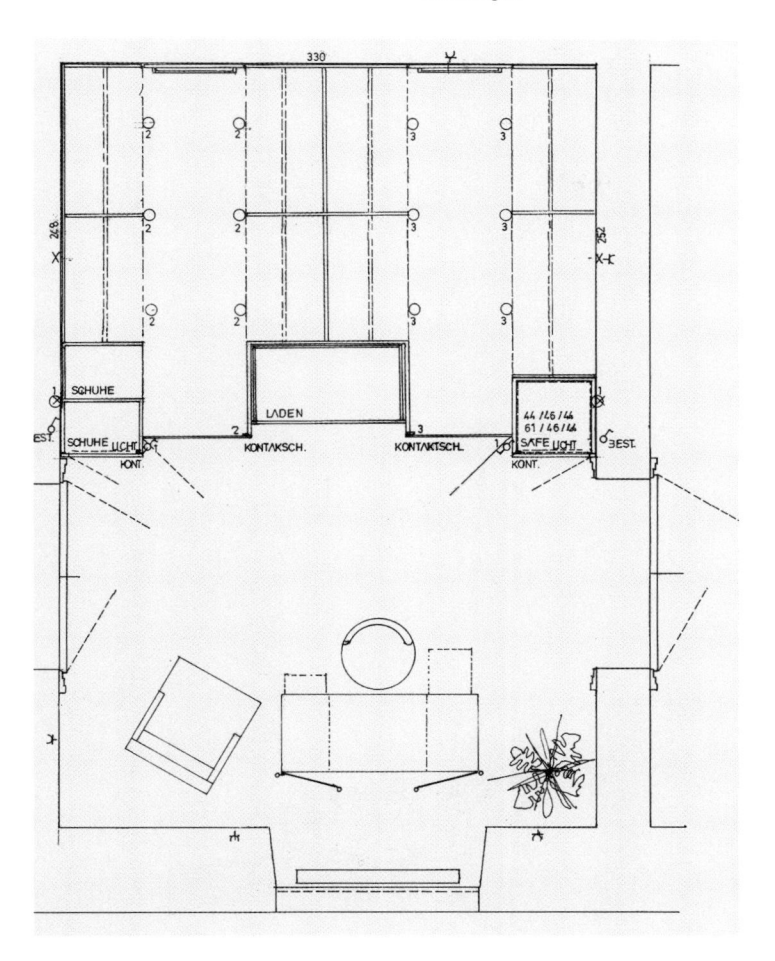

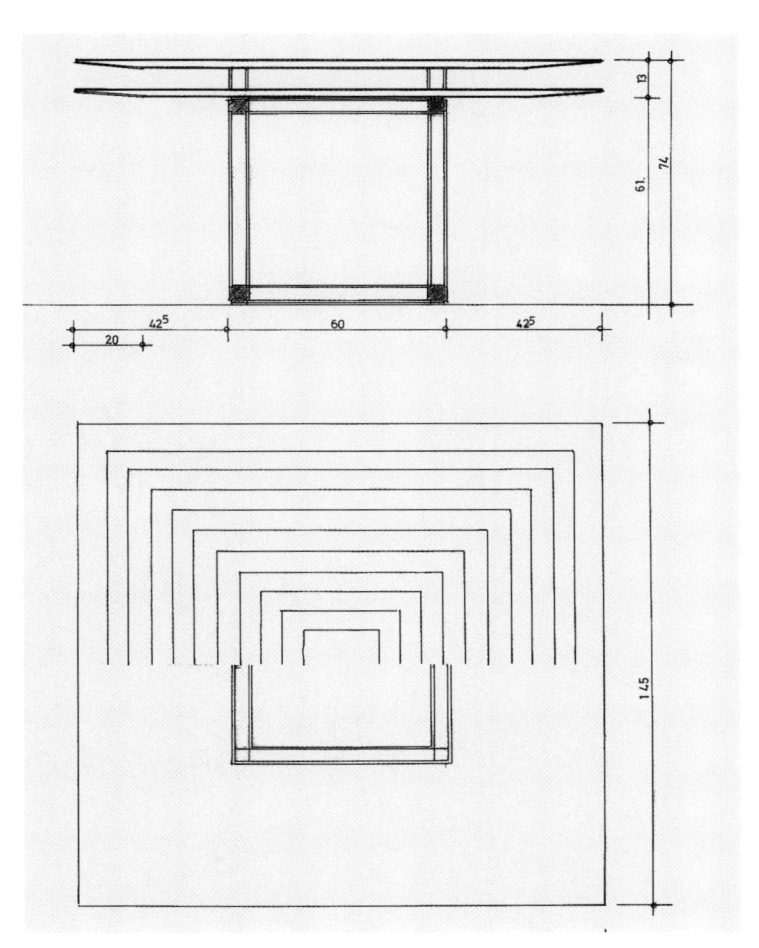

←
Damenzimmer mit
Schminkplatz, Grundriss

←
Tisch, Detail

Das Betrachten eines Kunstwerkes, ob Malerei oder Figur, kann ein Glücksgefühl auslösen, sagte der Philosoph Konrad Paul Liessmann bei einer Diskussion. In diesem Sinn gilt dies auch für die Architektur beim Erleben eines Raumes mit angenehmer Atmosphäre wie auch beim Erkennen eines Details.

→
Kamin im Wohnzimmer

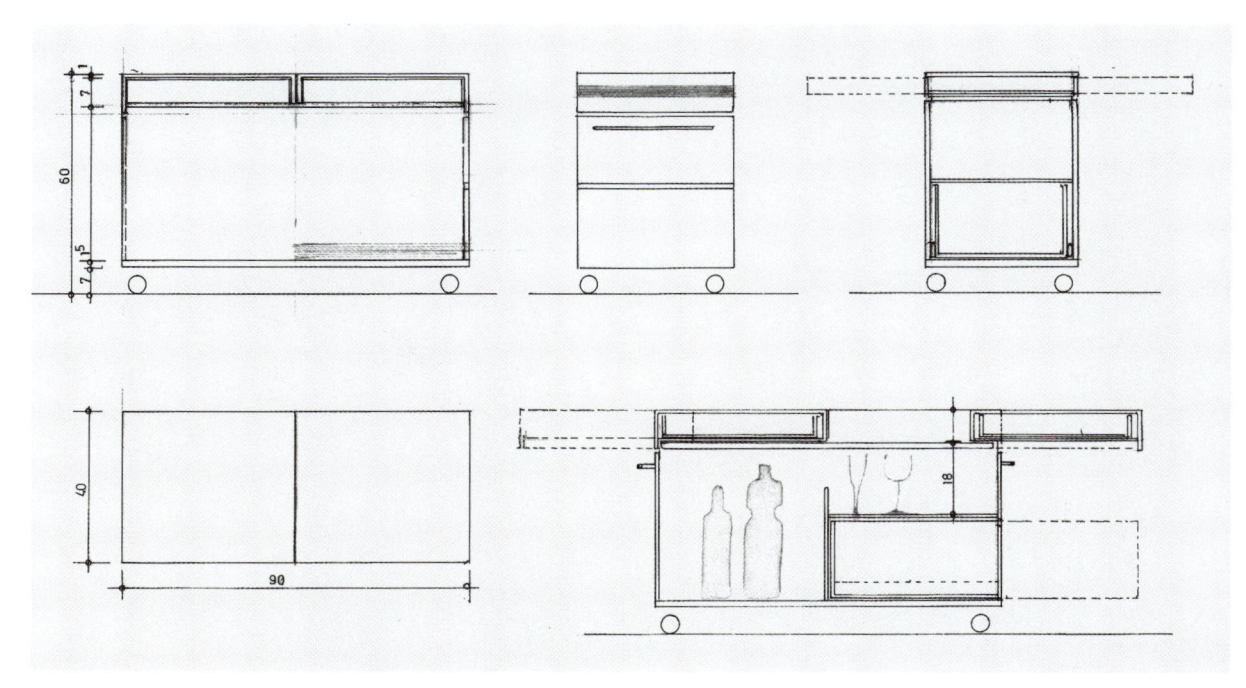

→
Servierwagen aus Glas, Plan

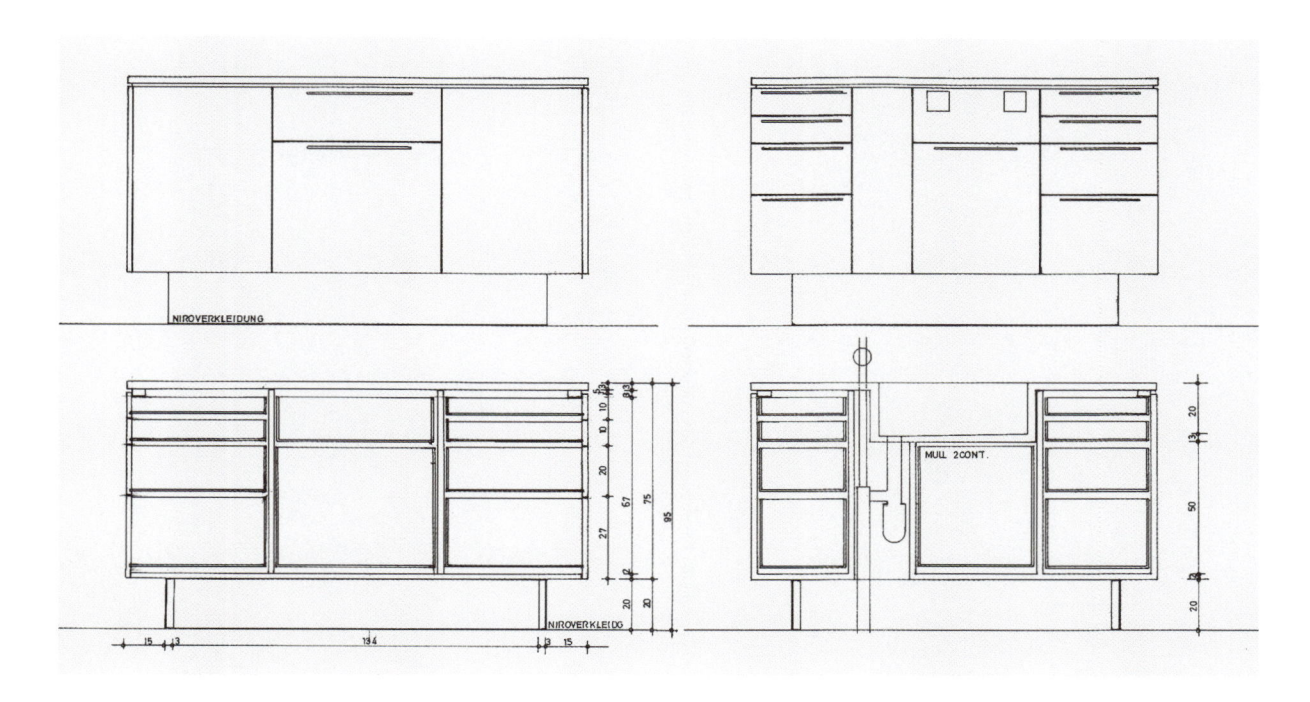

Wohnungen

→
Küchenblock, Plan

→
Küchenblock mit Steinplatte

Wohnungen Weiß

2009–2012
Wien-Josefstadt
mit Martin Kiener, KEG

→
Neue Dachlandschaft

Wohnungen

→
Badezimmer

→
Ansicht Hof

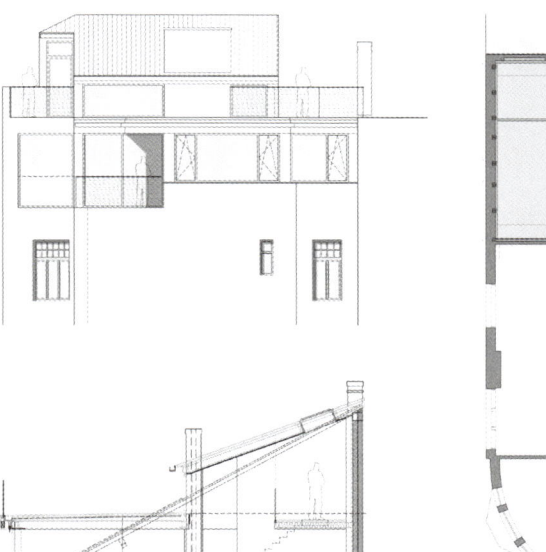

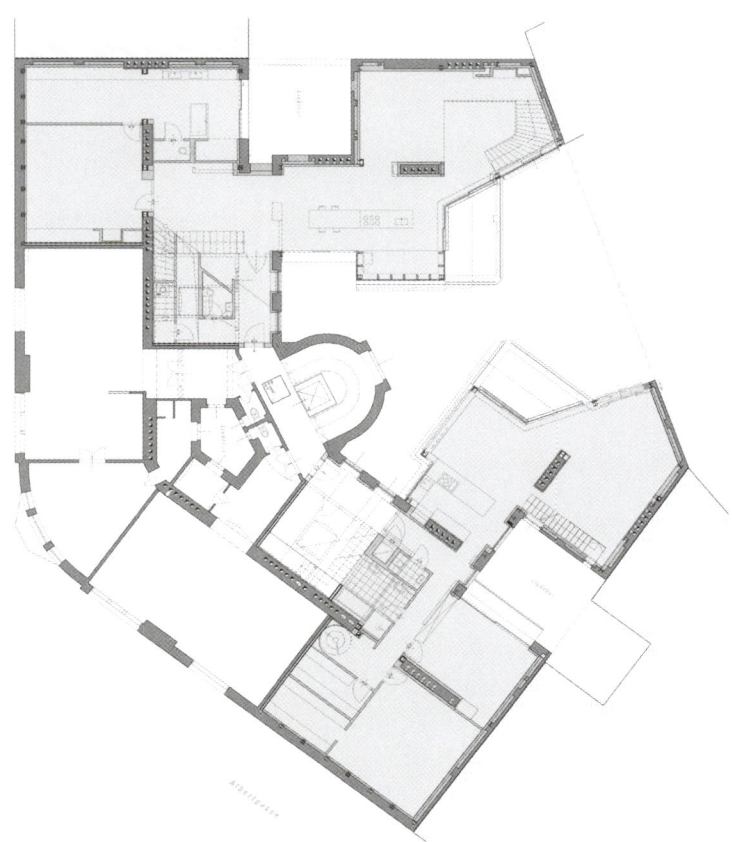

→
Schnitt

→
Grundriss mit zwei Wohnungen

99

3 Moderne Vorstellungen im Städtebau

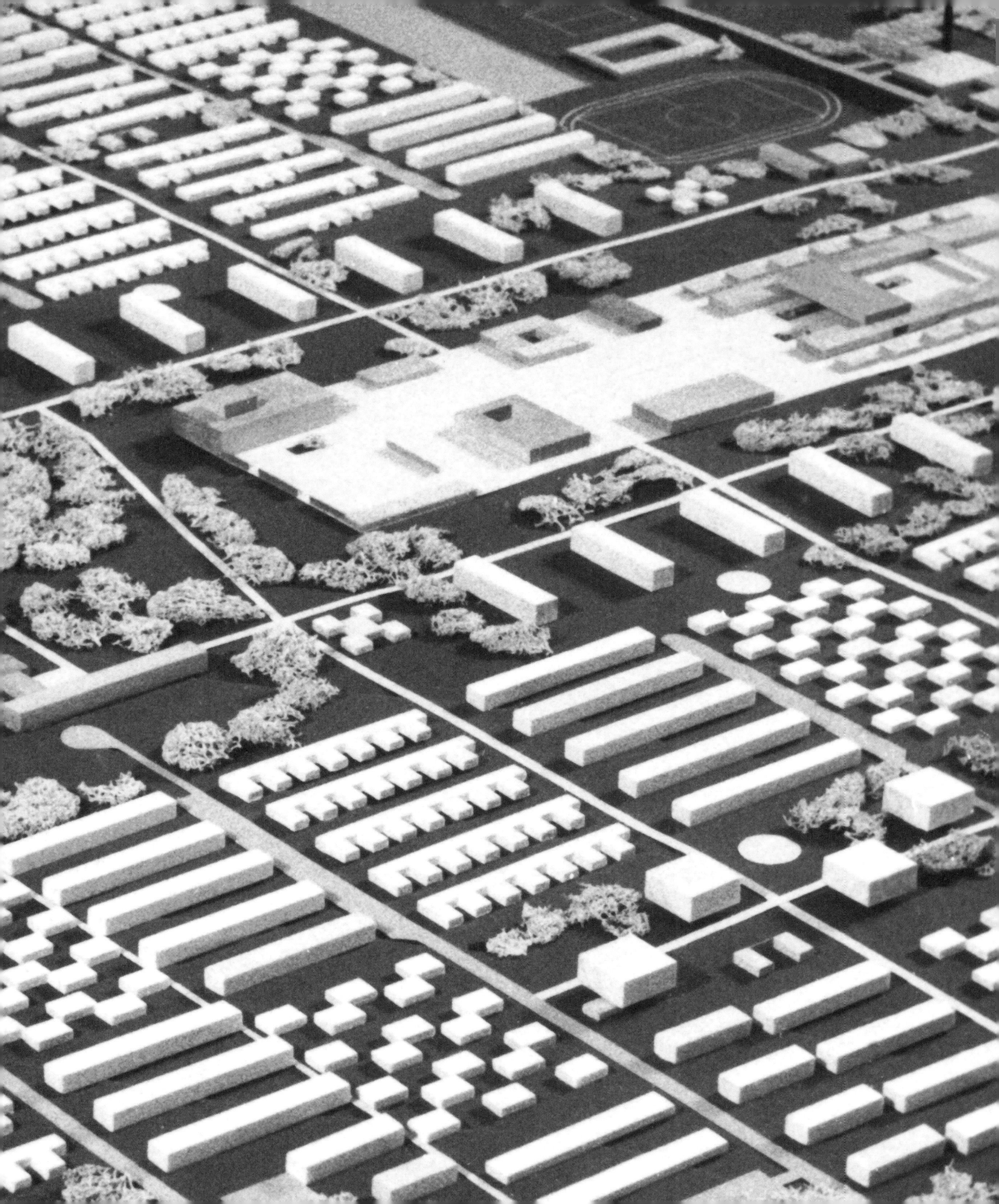

50+ Die „Gartenstadt Süd" und das EVN-Verwaltungszentrum

Georg Rigele

←
Wettbewerb Masterplan
Gartenstadt Süd, 1959

→
Folder NEWAG, um 1965

Vom Rand in die Mitte.
Pilotprojekt „Gartenstadt Süd"

Franz Kiener legte 1959 gemeinsam mit Gustav Peichl und Wilhelm Hubatsch das städtebauliche Projekt für die „Gartenstadt Süd" vor, den Masterplan für die Südstadt. Das Projekt für die Garten- und Parkstadt[1] im südlichen Wiener Umland beruhte auf der Weltoffenheit, dem Kenntnisreichtum und der gestalterischen Freiheit der drei Architekten in einer Zeit des Aufbruchs und großer Möglichkeiten. Die Südstadt ist ein städtebaulicher Geniestreich. Ihre Einmaligkeit verdankt sie der überaus großzügigen Gesamtplanung und der Qualität der einzelnen Bauobjekte. Der Grundriss der Südstadt erinnert an einen Schmetterling, dessen Kopf das EVN Gelände mit dem siebenstöckigen Direktionsgebäude und seinen Nebengebäuden bildet. Im Norden flankieren Sportanlagen

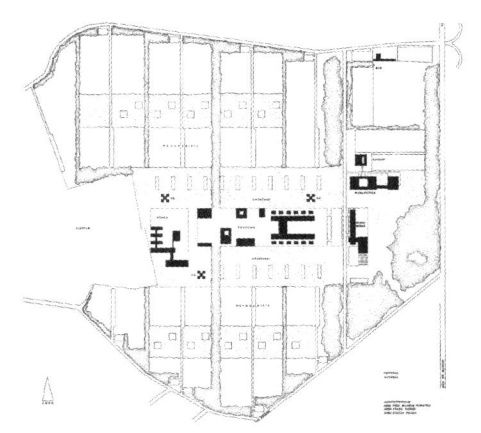

Überarbeitetes städtebauliches Projekt, Lageplan, 1960

mit dem Südstadt-Stadion und dem heutigen Bundessportzentrum das Firmengelände. Gebaut wurde die EVN Direktion als Verwaltungszentrum der niederösterreichischen Landesgesellschaften NEWAG und NIOGAS, die die Südstadt gemeinsam mit dem Land Niederösterreich initiiert hatten. Zwei Planungsteams wurden jeweils vom Land und den Landesgesellschaften beauftragt, einen städtebaulichen Entwurf für eine funktional gegliederte Siedlung für 7.500 Einwohner auszuarbeiten. Für das Land Niederösterreich erarbeiteten die Mitarbeiter der Abteilung für Raum- und Regionalplanung, Walter Blaha, Karl Pelnöcker und Wilhelm Körner, einen Masterplan. Die Entscheidung für das Projekt Hubatsch/Kiener/Peichl, das im Auftrag der Landesgesellschaften entstanden war, fiel am 8. Juni 1959 auf Grundlage eines Gutachtens von Architekt Hermann Kutschera.[2] Das Direktionsgebäude und drei Nebengebäude waren die Bauten der Südstadt, die Hubatsch, Kiener und Peichl auch im Detail planten und ausführten. Für die Wohnsiedlung, gewissermaßen die Schmetterlingsflügel, waren verschiedene Architekten im Auftrag von Bauträgern verantwortlich, darunter einige junge, die bald bekannt werden sollten, wie Anton Schweighofer gemeinsam mit Rupert Falkner (Atriumhäuser, Stelzenhäuser) und Hans Puchhammer mit Gunther Wawrik und dem Fertigteilspezialisten Wilhelm Haßlinger (Reihenhäuser).[3] Mehrere Haustypen plante Architekt Erich Majores, weitere Wilhelm Haßlinger ohne Partner. Den überwiegenden Teil der Wohnbauten errichtete die gemeinnützige Wohnungsgesellschaft Austria AG. Den Schmetterlingskörper bilden die öffentlichen Einrichtungen mit dem Einkaufszentrum, der Kirche, der Schule und dem Kindergarten. Es gibt drei- und viergeschossige Wohnblöcke mit je 18 bis 40 Wohnungen, Einfamilienhäuser in Gruppen von 20 bis 48 Einheiten und Stelzenhäuser mit je 8 bis 12 Wohnungen sowie Sonderbautypen. Insgesamt wurden 1.936 Wohneinheiten errichtet, davon 478 Einfamilienhäuser (Bungalows bzw. Atriumhäuser und Reihenhäuser). Südwestlich an die Südstadt anschließend liegt ein weitläufiger Spielplatz, der ursprünglich nicht eingeplant war, die Südstadt aber kongenial ergänzt. Die Gesamtfläche der Südstadt beträgt rund 200 Hektar (2 km²).

Die Bauzeit der Südstadt von 1960 bis 1975 war geprägt von der industriellen Fertigteilbauweise. Gebaut wurde nicht für die Ewigkeit, sondern für ein bis zwei Generationen. Danach, so war die verbreitete Überlegung, hätten der technische Fortschritt und geänderte Wohnbedürfnisse die Häuser obsolet gemacht und sie hätten für neue Lösungen Platz machen müssen. Dies sollte sich nicht bewahrheiten. 2015, zwei Generationen nach dem Beginn der Besiedlung, ist das Wohnen in der Südstadt beliebter denn je. Es trifft zwar zu, dass Käufer, die Einfamilienhäuser von den Erstbesitzern übernehmen, die Häuser von Grund auf renovieren müssen, aber sie nehmen diesen Aufwand gerne auf sich, weil das Wohnkonzept nach wie vor funktioniert und eine sehr hohe Lebensqualität verspricht. Die kompakten Bungalows sind um kleine geschützte Gartenhöfe erweitert. Für Hausgaragen und Zufahrten wird kein Platz verschwendet. Geparkt wird am Rand der Siedlung und auf wenigen Erschließungsstraßen. Die erste Generation der Bewohnerinnen und Bewohner war überwiegend der aufstrebenden Mittelschicht zuzuzählen, mit einem hohen Akademikeranteil. Großteils handelte es sich

Verwaltungszentrum, 1963

um junge Familien mit Kindern, die die durchgrünte menschenfreundliche Oase, deren Gartenplanung von Franz Bódi stammt, sehr zu schätzen wussten. Im Gegensatz zu einer Oase in der Wüste, die einen

---

[1] Oliver Elser, „EVN und Südstadt, eine Melange der internationalen Nachkriegsmoderne", in: Heike Maier-Rieper (Red.), EVN AG (Hrsg.), Südstadt, Maria Enzersdorf, Österreich. Wohnbau und Bürokultur, Wien: Sonderzahl-Verl., 2013, S. 106–117, zum Thema „Parkstadt" siehe S. 110.

[2] Georg Rigele, „Die Südstadt. Planungspolitik und Raumentwicklung", in: ebd., S. 52–75.

[3] Eine detaillierte Auflistung der verschiedenen Haustypen und öffentlichen Bauten enthält das Kapitel: Georg Rigele, „Facts & Figures", in: ebd., S. 90–105.

Georg Rigele

weithin sichtbaren Kontrast zur Umgebung bildet, ist die Südstadt eine diskrete, beinahe unsichtbare Oase. Als Landmark sticht lediglich das EVN Direktionsgebäude heraus, während sich die Wohnsiedlung hinter reichlich Grün verbirgt.

Physisch hat sich die Südstadt natürlich immer auf demselben Platz befunden, aber geografisch und urbanistisch hat sie eine lange Reise vom Rand in die Mitte hinter sich. Ursprünglich lag sie in einem unattraktiven Niemandsland im ausgedehnten Lehmabbaugebiet der Ziegelindustrie, das vom Wienerberg weit ins südliche Wiener Becken reichte. Ein Siedlungskontinuum mit der Mödlinger Schöffelvorstadt stellte erst der entsprechende Baufortschritt der Südstadt Mitte der Sechzigerjahre her, allerdings zeigt sich die Südstadt durch Autoabstellplätze und Garagen Richtung Mödling abweisend. Die Verbindung zu Wiener Neudorf im Süden stellte später die Siedlung am Reisenbauer-Ring her, und in Brunn am Gebirge im Norden gibt es zwar ein Wohngebiet, dieses nimmt aber keinen Bezug auf die Südstadt. Zur Gemeinde Maria Enzersdorf, der die Südstadt angehört, besteht bis heute, 2015, kein Siedlungskontinuum. Ein Acker und die Obstgärten des Klosters St. Gabriel liegen dazwischen. Im Inneren ist die Südstadt eine Fußgängerstadt, wie überhaupt ihre Vorzüge nach innen gewandt sind. Nach außen wagt sich kaum jemand zu Fuß, während sich in den Flügeln der Wohngebiete Kinder bereits im Kindergartenalter frei bewegen können.

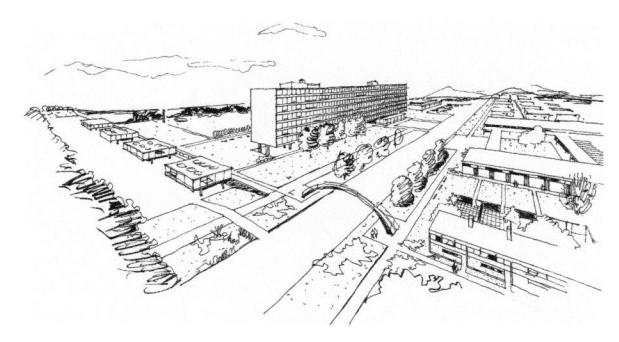

Verwaltungszentrum, Perspektive, 1960

Am Anfang, als die ersten Familien 1962 und 1963 einzogen, war die Südstadt räumlich und klimatisch exponiert. Die Herausbildung der oasenhaften Geborgenheit durch Bebauung und Bepflanzung dauerte rund zehn Jahre. Es entstand ein soziales Gefüge, das sich vom eher industriell geprägten Wiener Neudorf, vom altbürgerlichen und vom Weinbau geprägten Maria Enzersdorf und vom kleinstädtischen Mödling abgrenzte. Als Retorten- oder Satellitenstadt, als niederösterreichisches Klein-Brasilia, wie Spötter im Hinblick auf die baulichen Ambitionen des Landeshauptmann-Stellvertreters Viktor Müllner meinten, wirkte die Südstadt auf ihre Bewohner und Besucher deshalb, weil der große Umbruch im Süden Wiens erst am Anfang stand, die Südstadt ein Pilotprojekt war und zumal zu Baubeginn Brachen und unbebaute Flächen vorherrschten. Die Ziegelindustrie hatte Teiche zurückgelassen und manche Industriebetriebe wurden stillgelegt, z. B. die Vösendorfer Erdölraffinerie nach dem Ausbau der Raffinerie Schwechat. Außerdem war die wirtschaftliche Hemmung durch die erst wenige Jahre zurückliegende sowjetische Besatzung noch zu spüren.

Die rhythmische Gestaltung der Wohnsiedlung, die abwechslungsreiche Anordnung von Wohnblocks, Stelzenhäusern und Bungalows, zeichnete sich 1963 bereits ab. Es fehlten aber noch die Bepflanzung der Zwischenräume und die Wiederholungen der Bautypen mit den charakteristischen Abweichungen im Detail. Im südlichen Flügel gibt es zusätzlich zu den als Flachbauten und Atriumhäusern ausgeführten Einfamilienhäusern auch zwei Gruppen zweigeschossiger Einfamilien-Reihenhäuser, während im Nordflügel der Wohnsiedlung nur zwei Stelzenhäuser gebaut wurden. Am nördlichen Rand steht eine weitere Reihe Wohnblocks und in die Nordostecke wurden zwei zwölfstöckige Hochhäuser (Architekt Hans Podivin) platziert, die im städtebaulichen Konzept nicht enthalten waren. Die Südstadt ist reich an Flächen zwischen den Häusergruppen, die vordergründig nutzlos scheinen mögen. Tatsächlich haben sie eine elementare Aufgabe, nämlich den Menschen in der Südstadt Luft und Raum zu geben, Platz für Wiesen, Sträucher und Bäume zu schaffen, Räume für Erholung und Spiel bereitzustellen. Aufgrund der stetig steigenden Bodenpreise war eine derart großzügige Durchgrünung bei späteren Siedlungsprojekten nicht mehr möglich. Selbst während des Baus der Südstadt wurden die Wohnblöcke allmählich größer und rückten näher zusammen. Die Südstadt konnte deshalb nicht die Modellwirkung entfalten, die ihr ursprünglich zugedacht war.

Die Südstadtbewohnerinnen und -bewohner übersiedelten überwiegend aus Wien heraus. Auch ein großer Teil der Angestellten der NEWAG und NIOGAS kam aus Wien zur Arbeit in die Südstadt. Architekt Kiener war drei Jahre lang zu unzähligen Baubesprechungen und Baustellenbesuchen aus der Stadt über die Bundesstraße 17 nach Maria Enzersdorf gefahren. 1962 wurde das erste Teilstück der Südautobahn von Vösendorf nach Leobersdorf eröffnet. Weil die Abfahrt Mödling noch nicht existierte, erleichterte die Autobahn die Fahrt zur Südstadt vorläufig nicht. Doch Schritt für Schritt änderten sich die räumlichen Verbindungen. Auf eine neuartige Weise verstädterte das südliche Umland Wiens. Ab 1964 hielten die Züge der Badner Bahn, der elektrischen Lokalbahn von Wien-Oper nach Baden, an der neuen Station Maria Enzersdorf-Südstadt. Am stärksten frequentiert war sie dann, wenn die Admira, ein Fußballklub, der ebenfalls aus Wien in die Südstadt übersiedelt war, im Südstadt-Stadion spielte.

Der Schnellbahnverkehr auf der Südbahn wurde sukzessive verdichtet. Die Südstadt profitierte davon nur am Rande, weil der Fußweg zum Bahnhof Mödling von 20–30 Minuten den meisten Südstädterinnen und Südstädtern zu lang erschien, zumal pro Haushalt in der Regel mindestens ein Auto vorhanden war.

Das Straßennetz wurde ausgebaut und verbessert, wodurch sich die Geografie des südlichen Umlandes grundlegend veränderte. Aus einer städtischen Randlage mit ländlichen Zwischenräumen wurde ein wirtschaftlicher Schwerpunkt des Großraums, der sich laufend erweiterte und verdichtete. Schlüsselereignisse waren die Eröffnung der Shopping City Süd (SCS), die Fertigstellung der Wiener Südosttangente und der Ausbau des Industriezentrums NÖ-Süd – alles noch in den Siebzigerjahren. Die Wiener Außenring Autobahn folgte Anfang der Achtzigerjahre. Sie folgte ungefähr der Trasse der Reichsautobahn, deren Bau kriegsbedingt eingestellt worden war, und lenkte den Großteil des von der Westautobahn kommenden Verkehrs in den Süden Wiens um. Der Wiener Stadtraum wuchs und tut es immer noch. 2015 reicht der Großraum Wien im Süden bis Wiener Neustadt, im Norden bis Stockerau und Wolkersdorf, mit Exklaven noch weiter draußen. Die Südstadt ist dadurch genau in die Mitte gewandert. Ihre ersten Bewohnerinnen und Bewohner zogen aus der Stadt hinaus, nun leben die Südstädterinnen und Südstädter in der Mitte des Großraums. Das Wohngebiet Südstadt ist ungebrochen beliebt und gepflegt. Sowohl Wohnungen als auch Bungalows stehen selten leer. Das hohe Preisniveau korrespondiert mit den architektonischen Ansprüchen der neuen Käufer und Bewohner. Renovierungen werden zunehmend unter Bedacht auf die ursprüngliche gestalterische Qualität der Häuser ausgeführt. Die Südstadt hat bereits über mehrere städtebauliche Paradigmenwechsel hinweg Bestand und kann als geglückte Stadtplanung bzw. Planstadt aus der Zeit um 1960 gesehen werden.

Ein Meilenstein der Nachkriegsmoderne: Das Verwaltungszentrum der NÖ Landesgesellschaften NEWAG und NIOGAS [4]

Die Auftragsvergabe für das städtebauliche Projekt Südstadt und das Verwaltungszentrum der Landesgesellschaften steuerte der einflussreiche ÖVP-Politiker und geschäftsführende Präsident der NEWAG, Viktor Müllner. Gustav Peichl bezeichnete Müllner als fanatischen Parteimenschen. Kiener und Peichl kamen über ihre Bekanntschaft mit dem Unternehmer und ehemaligen VdU-Politiker Herbert Kraus mit Müllner in Kontakt. Peichls Schwiegervater war der ÖVP-Bürgermeister von Klosterneuburg, Leopold Weinmayer, ein Freund Müllners. Der Maria Enzersdorfer Wilhelm Hubatsch war auf Vorschlag Peichls als etablierter Senior ins Team geholt worden, während Kiener Eugen Wachberger den Vorzug gegeben hätte. Wachberger und Kiener waren Oberösterreicher und im niederösterreichischen ÖVP-Machtgefüge nicht verankert. Für Kiener bürgte aber Kraus. Hubatsch unterrichtete das Fach Schulbau an der Akademie und hatte wie Müllner und Holzmeister bereits in der österreichischen Ständestaatsdiktatur 1934–1938 politische Funktionen ausgeübt. In diesem Beziehungsgeflecht waren also mehrfache Absicherungen eingebaut. Kiener und Peichl waren 1959 jung, brachten aber die richtigen Erfahrungen mit. Kiener war bereits ein sattelfester Bauausführender, Peichl hatte durch seine Arbeit im Büro Roland Rainer Erfahrung beim damals führenden Städtebauer Österreichs gesammelt. Die Herkunft beider Architekten aus der Holzmeister-Schule und die politische Rückendeckung des Südstadt-Projekts gaben Kiener und Peichl offensichtlich die Freiheit, einen radikal modernen Ansatz zu verwirklichen.

Verwaltungszentrum, 1963

Von den drei Architekten hat Kiener den Bau am intensivsten begleitet und seine Ausführung überwacht. Gustav Peichl erinnert sich, nur an etwa jeder 10. Baubesprechung teilgenommen zu haben. Die Aus- und Durcharbeitung des Projekts vollzog Kiener. Wenn Hubatsch, Kiener und Peichl etwas zu besprechen hatten, trafen sie sich meistens im Wiener Café Tirolerhof.

Im Sommer 2013 feierten die EVN und die Gemeinde Maria Enzersdorf das 50. Jubiläum der Südstadt. Im selben Jahr wurde der frühere Leiter der EVN Bauabteilung, Friedrich Jordan, hundert Jahre alt. Jordan war Franz Kieners wichtigster Gesprächspartner beim Bau des Verwaltungszentrums gewesen. Zu Jordans 101. Geburtstag kam es zu einem Zusammentreffen in Jordans Wohnung. Die Gäste der Geburtstagsrunde waren neben Kiener weitere, aus der Sicht Jordans, junge Männer aus seinem Berufsleben bei der NEWAG. Es wurden Erinnerungen an die intensive Zusammenarbeit ausgetauscht. Man besprach, wie das Großprojekt eines Bürogebäudes für rund 600 Mitarbeitende in nur drei Jahren verwirklicht werden konnte. Baubeginn war im September 1960, die Eröffnung im Juli 1963. Die Detailplanungen der Architekten mussten sehr schnell vorangehen, weil die NEWAG bereits auf der Grundlage des generellen Projekts zu bauen begonnen hatte. Kiener hatte bei mehreren Bauten für die Österreichische Nationalbank, die er im Büro von Erich Boltenstern und Eugen Wachberger weitgehend selbstständig ausgeführt hatte, die nötige Routine gewonnen, um durch beschleunigte Detailplanung im bereits laufenden Baugeschehen Fuß zu fassen und den zupackenden Ingenieuren

[4] Der Text beruht hauptsächlich auf Gesprächen des Autors mit Architekt Franz Kiener ab 10.4.2014 (in Begleitung von Andreas Kloger) bis 22.9.2015, Architekt Franz Kiener und dem Leiter der EVN Bauabteilung Gerhard Möslinger, 7.10.2015, Architekt Gustav Peichl, 12.10.2015, Architekt Paul Katzberger, 26.6.2015, sowie mehreren Gesprächen mit dem früheren Leiter der NEWAG Bauabteilung, Friedrich Jordan, in den Jahren 2013 und 2014, darunter dessen Geburtstagsfeier mit Franz Kiener als Gast am 10.6.2014.

des Auftraggebers die Ausführungsplanung wieder zu entreißen. Um den großen Arbeitsanfall bewältigen zu können, stellte Kiener zusätzliche Mitarbeiter ein, darunter Alfred Pointner und den gerade aus den USA zurückgekehrten Hans Hollein. Hollein entwarf die Einrichtung für das Büro des Präsidenten des Aufsichtsrats.[5] Die von Kiener und Jordan zweimal pro Woche geführten Baubesprechungen begannen meistens mit einer offenen Diskussion über Architekturthemen. In den eigentlichen Baubesprechungen wurden kurzfristige Entscheidungen über die Bauausführung getroffen, z. B. im Garagengebäude die Zwischenwände in Sichtziegelmauerung auszuführen. Technisches Neuland wurde beim Betonieren beschritten. Höchste Betonqualitäten waren aus statischen und ästhetischen Gründen erforderlich. Das vom Staumauerbau herrührende Know-how Jordans und das Betonlabor der NEWAG waren eine große Unterstützung. Ein signifikantes Detail sind die Kanten der 14 Pfeilerpaare, auf denen die sieben Bürogeschosse und die beiden Dachaufbauten stehen. Diese sind tatsächlich als scharfe Kanten ausgeführt und nicht durch kleine Schrägen abgeschwächt, was der übliche Weg gewesen wäre. Beim Betonieren der

Treppenanlage, 1963

mit einem ebenen Absatz verbundenen Treppenhälften war die Berechnung des Schwindens des Betons beim Trocknen kritisch. Der Statiker der ausführenden Baufirma errechnete 4 cm Schwund, was genau eintrat. Deshalb konnten die Treppen in der gewünschten Form rissfrei aushärten. Eine Frage, die Kiener und Peichl diskutierten und bei der sich Peichl durchsetzte, war die der stirnseitigen Fassaden. Kiener wollte den Curtainwall um das Gebäude herum führen und auch die Stirnseiten verkleiden. Peichl, der besonderen Wert auf eine klare Geometrie legte, war für Sichtbeton und setzte sich durch. Die Grundstruktur des Entwurfs war klar und flexibel. Die Architekten schlugen Großraumbüros vor, der Bauherr wünschte aber Zellenbüros, die von einem Mittelgang erschlossen wurden. Der Mittelgang lag zwischen den Rückseiten von Wandkästen. Kiener hatte vorgeschlagen, die Wändkästen nicht bis zur Decke hochzuziehen und etwa 30 cm als Oberlicht freizuhalten. Auch dieser Vorschlag wurde vom Bauherrn abgelehnt, der vollständig geschlossene Büros vorzog. Die ursprüngliche Raumaufteilung war trotzdem sehr flexibel, weil die modularen Zwischenwände von Gebäudeachse zu Gebäudeachse versetzt werden konnten. Büroräume mit ein, zwei oder mehreren Fensterachsen konnten beliebig eingerichtet und verändert werden.

Das Verwaltungsgebäude und die Nebengebäude bewährten sich bis in die frühen 1990er-Jahre ohne wesentliche Änderungen. Das Verwaltungsgebäude steht äußerlich weitgehend unverändert da. Die Längsfassaden in glatter modernistischer Curtainwall-Ausführung sind sorgsam erhalten. Eine neue Verglasung wurde in die originalen Fensterprofile eingesetzt und ist als solche ebenso wenig erkennbar wie die Folien der Firma 3M, die auf die Parapetplatten aufgebracht wurden. Eine Welle von Umbauten, die die innere Raumorganisation der Zellenbüros mit Mittelgang auflöste, war eine Folge radikaler Umwälzungen in der europäischen Elektrizitäts- und Gaswirtschaft, der die Teilprivatisierung der EVN vorausgegangen war. NEWAG und NIOGAS wurden 1986 fusioniert, 1988 wurde die Marke EVN eingeführt. Der Börsengang folgte in zwei Schritten 1989 und 1990. Die vollständige Öffnung des österreichischen Strommarktes im Jahr 2001 und des Gasmarktes 2002 hatte weitreichende Konsequenzen auf die innere Organisation des Unternehmens. 1995 wurde im bis dahin offenen Foyer eine geschlossene Portierloge und ein abgetrenntes Besucherfoyer nach Plänen von Architekt Paul Katzberger eingerichtet. Das von Katzberger geplante „Raumkonzept 2000" löste in vier Stockwerken die Zellenbüros zugunsten von Großraumbüros ab. Dadurch entstanden erstmals Räume über die ganze Gebäudebreite. Der Aufbau neuer Geschäftsfelder und die Gründung von Tochterunternehmen erforderten eine flexible Nutzung der Büroflächen mit weiteren Umbauten. Die Zahl der Mitarbeiterinnen und Mitarbeiter ist in den vergangenen Jahren um hundert gestiegen. Das mittlerweile über 50 Jahre alte Gebäude verkraftet die damit verbundenen Umbauten, weil die tragende Struktur große Freiheiten zulässt. Offene Grundrisse sind eine Voraussetzung für langfristige Nutzung. Die Digitalisierung und die vollständige Erneuerung der Datenkabel konnte in den vorhandenen Schächten und Kabelkanälen durchgeführt werden. Die verwendeten Oberflächen zeichnen sich durch problemlose Austauschbarkeit oder besondere Langlebigkeit aus. Die Blockgranitstufen in den Stiegenhäusern aus Herschenberger Granit zeigen keine sichtbare Abnützung. Auch die Mahagoniverkleidungen der Stiegengeländer sind original erhalten. Die Hauptstärke des Gebäudes liegt in der Grundkonzeption und dem 2,5-m-Raster, der auch heutigen Büromaßstäben entspricht. Die EVN bekennt sich zu ihrem Unternehmensstandort und ihrem Headquarter, das selbst zu einem Markenzeichen geworden ist.

[5]
Die Kunsthistorikerin Heike Maier-Rieper schreibt: „Dass ausgerechnet Gustav Peichl und Hans Hollein als spätere Hauptvertreter der Postmoderne gemeinsam an diesem strengen Gebäude der Moderne im Geiste des International Style mitwirkten, erweist sich als Pointe in der österreichischen Architekturgeschichte." Heike Maier-Rieper, „Zwischen den Räumen. Wahrnehmungen zu Schreibtischen und anderen Oberflächen aus fünf Jahrzehnten – eine kommentierte Bildstrecke", in: dies. (Red.), EVN AG (Hrsg.) 2013, S. 138–184, hier S. 176–178.

Moderne Vorstellungen im Städtebau

← Verwaltungszentrum, 1963

Wettbewerb Gartenstadt Süd

1959
Maria Enzersdorf, Niederösterreich
mit Wilhelm Hubatsch, Gustav Peichl
1. Preis

Gartenstadt Süd[1]
Text: Sokratis Dimitriou

I. Planungsstufe Architekten
Professor Wilhelm Hubatsch,
Franz Kiener, Gustav Peichl

Im österreichischen Städtebau waren bisher nur geringe Möglichkeiten gegeben, große Planungen in einem zu verwirklichen. Es hat nicht an schöpferischer Kraft gefehlt, doch die landesübliche Skepsis hat solche Konzepte, besonders wenn sie von idealen Vorstellungen getragen waren, immer wieder als utopisch abgetan. Der uralte Siedlungsboden Österreichs mit seiner dichten Siedlungsstruktur gestaltet eben nur begrenzte Planungsziele und zwingt zur ständigen Rücksichtnahme auf Bestehendes. Ein gewisses Maß an Freiheit ist dem Planenden nur bei Stadterweiterungen gegeben, und auf diese konzentrieren sich, schon seit dem Bau der Wiener Ringstraße, immer wieder die Bemühungen der österreichischen Städtebauer.

Als neuartige Form der Stadterweiterung bietet sich die Bildung „randlicher Schwerpunkte" an. Werden diese im Vorfeld der Städte geschaffen und enthalten sie die für eine Entfaltung städtischen Lebens erforderlichen Gemeinschaftseinrichtungen, so spricht man gern, wenn auch nicht ganz zutreffend, von „Stadttrabanten". Im Gegensatz zu der allmählichen Schwerpunktbildung in Siedlungsgebieten am Stadtrand gestatten solche „Trabanten" eine großzügigere Planung und eventuell auch die Verwirklichung theoretischer Überlegungen.

Die Diskussion um „Trabanten- und Satellitenstädte" hat in Österreich bald nach dem Ende des zweiten Weltkrieges eingesetzt. Mit großem propagandistischen Aufwand durchgeführte Wettbewerbe halfen das Terrain lockern und verbreiteten wertvolles Gedankengut. Zu einer Realisierung der neuen Ideen ist es nirgends gekommen, zögernd wird die eine oder andere der Forderungen bei Planungen berücksichtigt.

Die „Gartenstadt Süd" ist ein „Stadttrabant" in dem oben angeführten Sinne. Es ist der erste großangelegte Versuch, in Österreich moderne Vorstellungen vom Städtebau in einer Planung zu realisieren. Ein gegliedertes und aufgelockertes städtisches Gebilde soll entstehen, in dem die Funktionen räumlich und baulich streng gesondert sind, in dem der Fußgänger- und der Fahrverkehr sich fast nirgends

[1]
Aus: Sokratis Dimitriou,
„Gartenstadt Süd",
in: Der Aufbau, H. 3/4, 1963,
S. 104–109.

schneiden, und ein Kultur- und Einkaufszentrum städtisches Leben zu wecken vermag. Die Bevölkerung soll vorwiegend in Einfamilienhäusern wohnen, meist Flachbauten, die zu Wohngruppen zusammengefaßt sind. Hausgärten und ausgedehnte Grünflächen sollen dem „Trabanten" das Gepräge einer modernen Gartenstadt geben. [...]

Auf Wunsch der Auftraggeber sollte nicht nur ein Verwaltungszentrum entstehen, sondern eine Gartenstadt mit einem Ladenzentrum und den erforderlichen Gemeinschaftseinrichtungen und Schulen. Außerdem waren Sportanlagen für die Betriebsangehörigen vorzusehen. Der „Trabant" sollte in einem Zug gebaut werden und Wohnmöglichkeiten für zirka 7800 Einwohner bieten. Da die Hoheitsrechte weiterhin der Gemeinde Maria Enzersdorf verbleiben, wird der „Trabant" keine Selbstverwaltungsorgane aufweisen. Er ist daher eher als Werksiedlung mit zentralen Einrichtungen zu bezeichnen.

Mit der Ausarbeitung dieser umfangreichen und in Österreich bisher noch nicht bewältigten Aufgabe wurden drei Architektengruppen beauftragt. Ein Wettbewerb fand nicht statt. Die Arbeit der Architektengruppe Hubatsch, Kiener und Peichl sagte den Auftraggebern am meisten zu, und sie erhielten den Auftrag. Sie arbeiteten ein zweites Projekt aus, in dem gewisse Einwände der Landesplanung berücksichtigt waren, aber von diesem Projekt wurde vorerst das Verwaltungszentrum zur Ausführung bestimmt, die Planung der Wohngebiete wurde anderen Architekten übertragen, wobei es zu einer starken Reduzierung der ursprünglichen Planung kam. Die Bauherrschaft übernahmen dort Wohnbaugenossenschaften.

Entscheidend für die Wahl dürfte die klare und übersichtliche Anordnung der zentralen Einrichtungen in dem bevorzugten Projekt gewesen sein. Ein an der Bundesstraße 17 gelegener schmaler Streifen nimmt die Arbeitsstätten auf. Ein zweiter, senkrecht zu ihm angeordneter Geländestreifen enthält die von Grünanlagen umgebenen zentralen Einrichtungen der Siedlung, die auf einer geometrisch strukturierten „Plaza" vereint sind. In einem anderen Projekt wurde die bestehende Siedlungsstruktur der umliegenden Gebiete stärker berücksichtigt, das kulturelle und das Einkaufszentrum waren daher an den Südrand des Areals gelegt, das Verwaltungszentrum hingegen an die Bundesstraße 17.

Der Situierung der zentralen Einrichtungen entsprechend werden im Projekt Hubatsch, Kiener, Peichl die Wohngebiete von Osten her verkehrsmäßig erschlossen, in dem anderen Projekt hingegen vom Süden. Das bevorzugte Projekt berücksichtigt den Verkehr nach Wien stärker, das andere ordnete den „Trabanten" der Stadt Mödling zu.

Diese divergierenden Auffassungen zwischen „randlichem Schwerpunkt" und „Stadttrabant" haben zu gewissen Spannungen geführt. Die Gruppe Hubatsch, Kiener, Peichl vertrat den Standpunkt, die Größe des Siedlungsvorhabens rechtfertige eine selbständige Behandlung. Eine organische Einordnung in die bestehenden Verhältnisse sei nur in einem begrenzten Ausmaß notwendig; das Siedlungszentrum werde auch auf die weitere Umgebung eine starke Anziehungskraft ausüben. Diese Auffassung hat anscheinend dem Auftraggeber zugesagt. Er wurde sicher auch durch die zentrale und beherrschende Stellung und die Eleganz des Verwaltungsbaues in seiner Überzeugung bestärkt, daß der „Stadttrabant" der monumentale Ausdruck seines Bauwillens sei. [...]

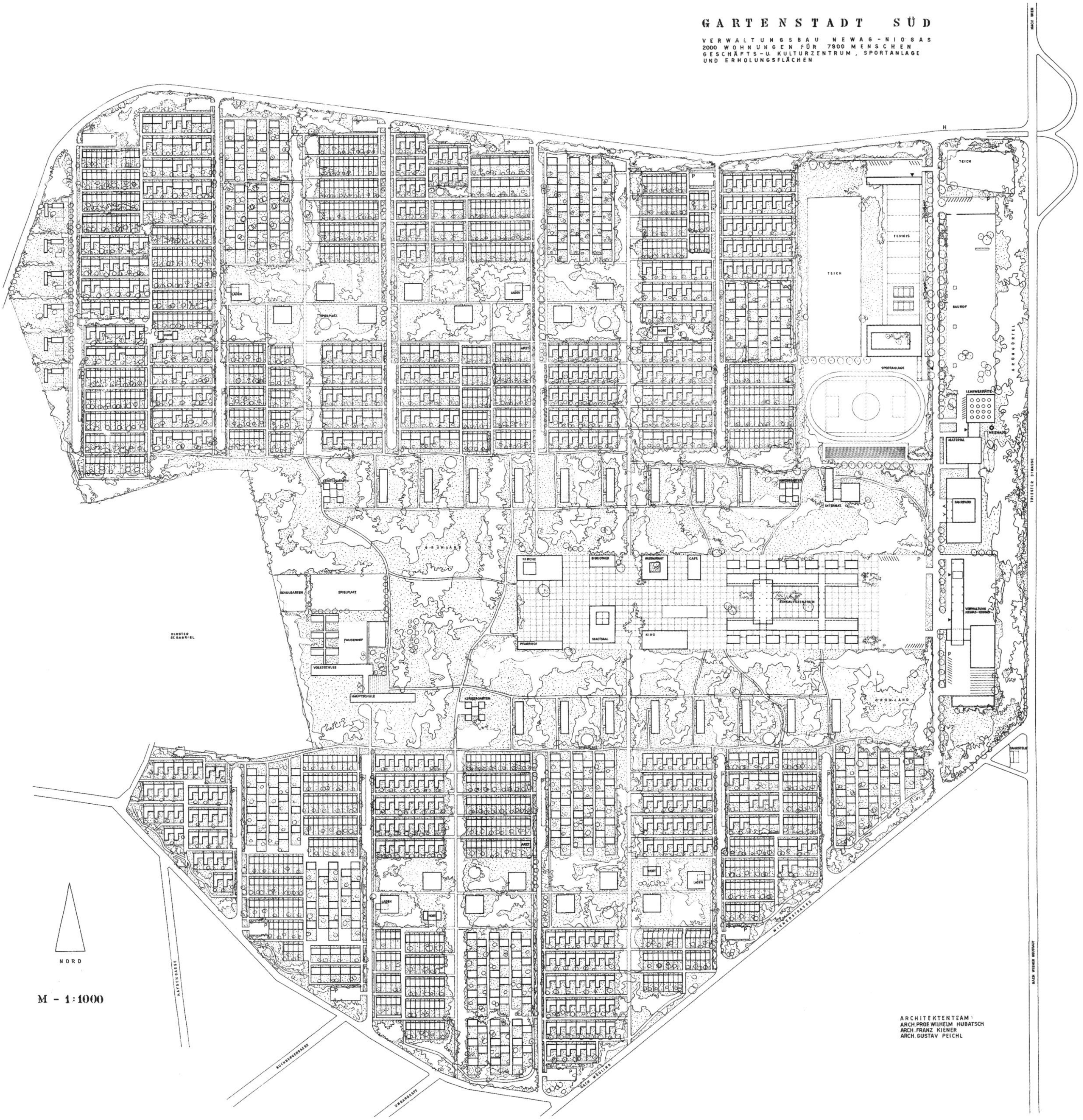
GARTENSTADT SÜD
VERWALTUNGSBAU NEWAG-NIOGAS
2000 WOHNUNGEN FÜR 7800 MENSCHEN
GESCHÄFTS-U. KULTURZENTRUM, SPORTANLAGE
UND ERHOLUNGSFLÄCHEN
TEICH
TENNIS
SPORTANLAGE
BAUHOF
MATERIAL
FAHRPARK
KIRCHE
BIBLIOTHEK
CAFE
KINO
STADTSAAL
PFARRHOF
SCHULGARTEN
SPIELPLATZ
PAUSENHOF
VOLKSSCHULE
HAUPTSCHULE
KINDERGARTEN
KLOSTER ST. GABRIEL
NORD
M - 1:1000
ARCHITEKTENTEAM:
ARCH. PROF. WILHELM HUBATSCH
ARCH. FRANZ KIENER
ARCH. GUSTAV PEICHL

Moderne Vorstellungen im Städtebau

← (links)
Wettbewerb Masterplan
Gartenstadt Süd, Lageplan,
1959

←
Wettbewerb Masterplan
Gartenstadt Süd, Modell, 1959

Verwaltungszentrum NEWAG und NIOGAS

1959–1963
Maria Enzersdorf, Niederösterreich
mit Wilhelm Hubatsch, Gustav Peichl

Die Frage, ein 140 oder 160 m langes Gebäude in die Landschaft zu stellen, hat mich schon immer beschäftigt. Wie wirkt diese Dimension? Die Form wurde gemeinsam mit Gustav Peichl vom Städtebau her entwickelt. Schon in der Studie war es ein Riegel, aber 300 m näher an der Triester Straße.

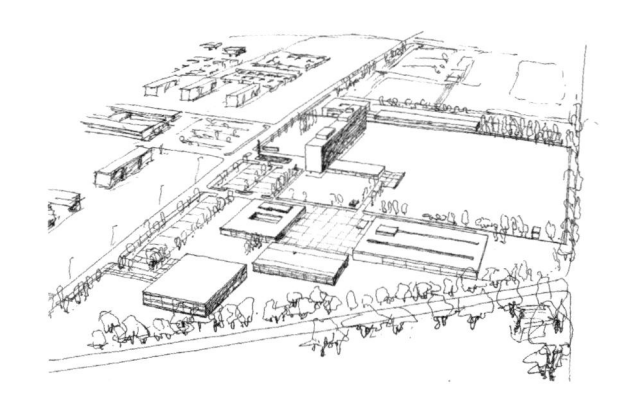

→
Verwaltungszentrum mit
Nebengebäuden, Skizze

→
Verwaltungszentrum

Moderne Vorstellungen im Städtebau

Nach der Auftragserteilung für die Ausführungspläne lag das Geschehen in unserer Hand. Die Lösung vieler Probleme, wie z. B. die Herstellung von schalreinem Beton oder die Entwicklung eines Fassadenprofils zur Aufnahme der Materialdehnungen, musste in enger Absprache mit Firmen und Planern erarbeitet werden. Damit verbunden war die Entwicklung von Details, in der sich die Handschrift des Architekten abzeichnet. In weiterer Folge wurde auch die Möblierung von uns konzipiert und gezeichnet, deren Anfertigung anschließend durch das Handwerk und die Industrie erfolgte.

→ Aufzüge

→ Eingangshalle

←
Büro

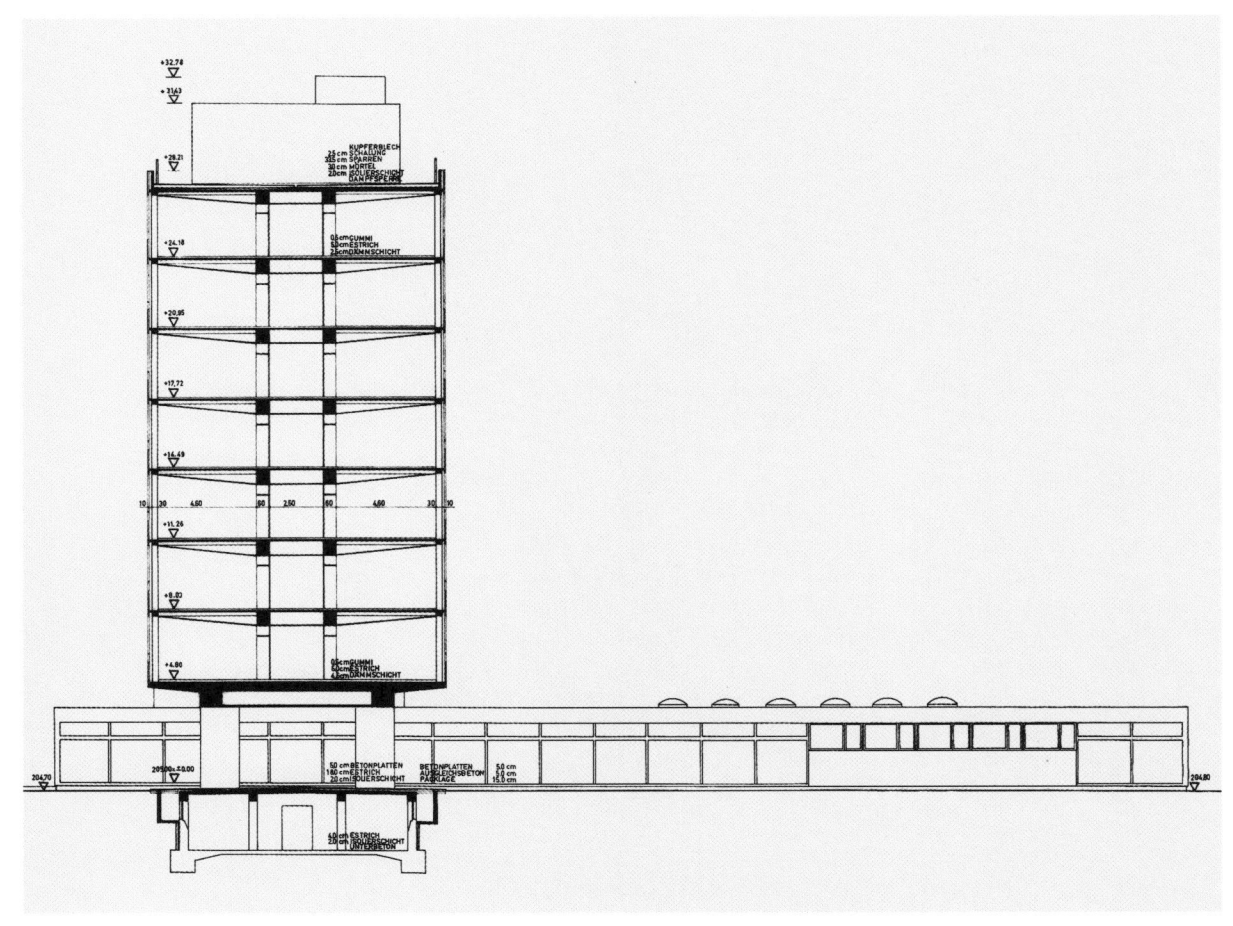

Die Südstadt ist eben und niedrig gehalten, und daher habe ich das Gebäude auf Stützen gestellt, damit die Leute im Erdgeschoss durchschauen können. Ich hatte nur diese Masse, der ich nichts entgegenzustellen hatte.

←
Schnitt

→
Treppenanlage

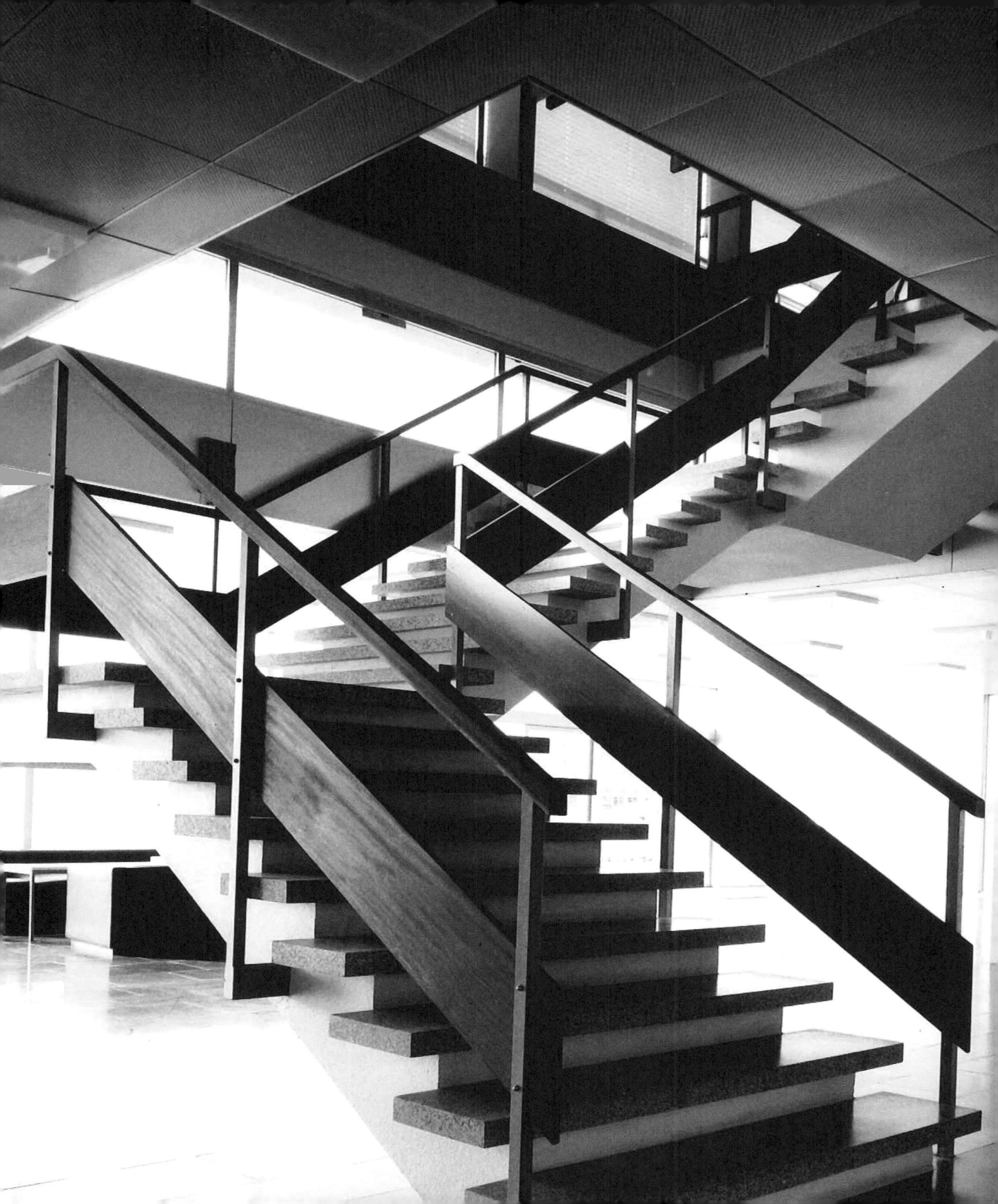

← Lagerhalle

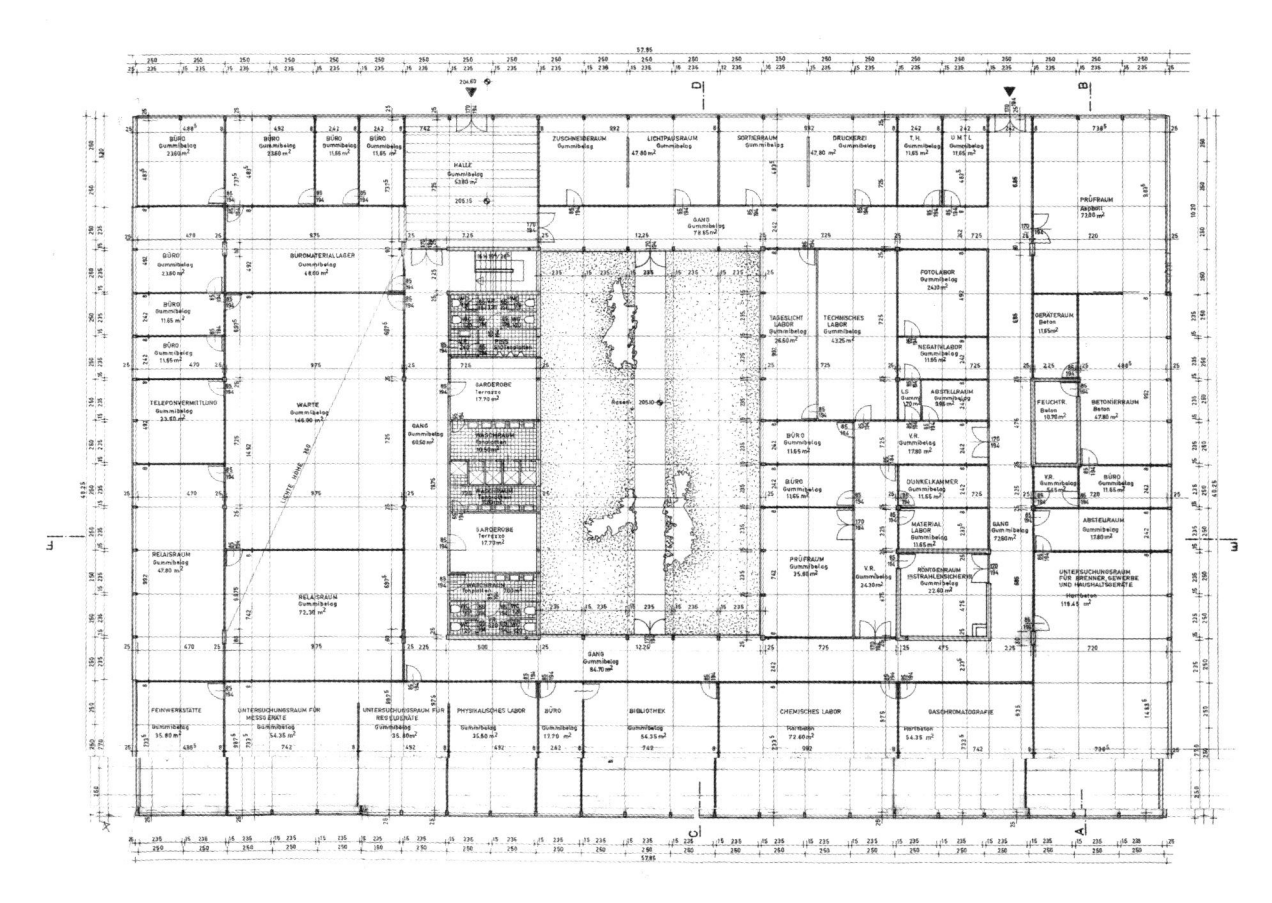

← Labor, Grundriss

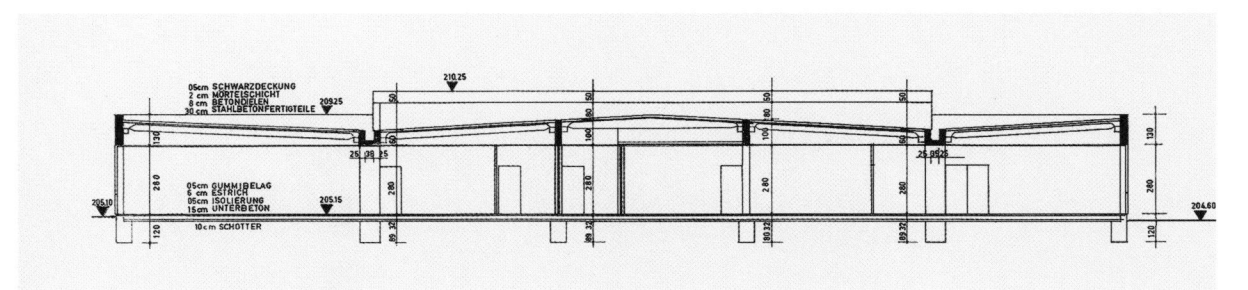

← Labor, Schnitt

Moderne Vorstellungen im Städtebau

← Vorstandszimmer

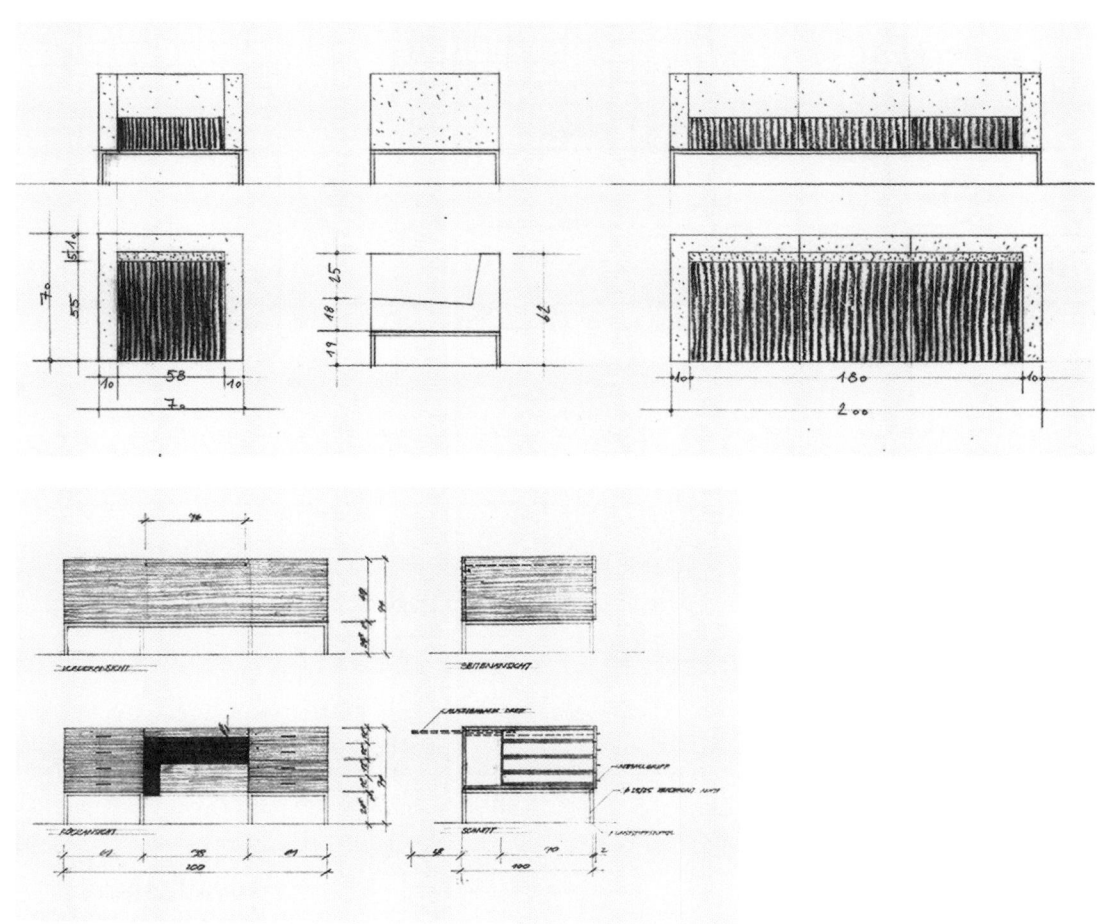

← Möbel Direktionsräume, Pläne

Städtebauliche Entwürfe

Siedlung Wagram

1955
St. Pölten, Niederösterreich

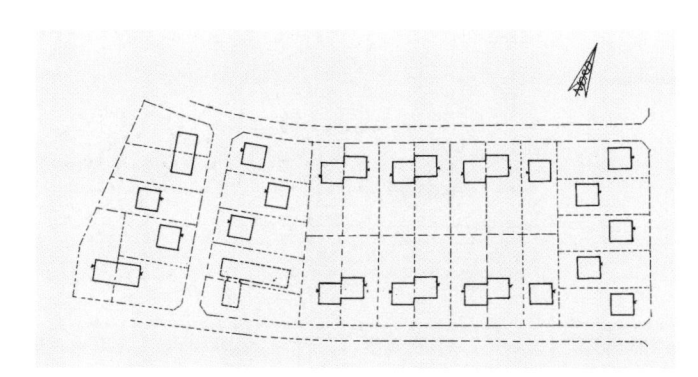

→ Lageplan

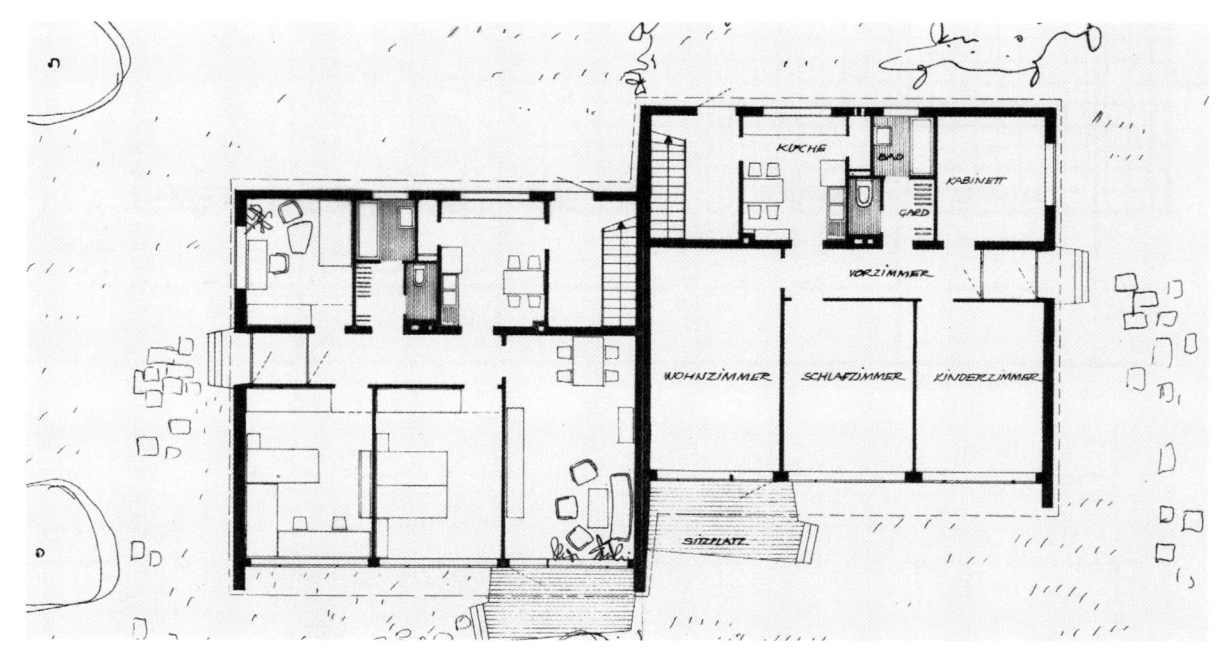

→ Grundriss

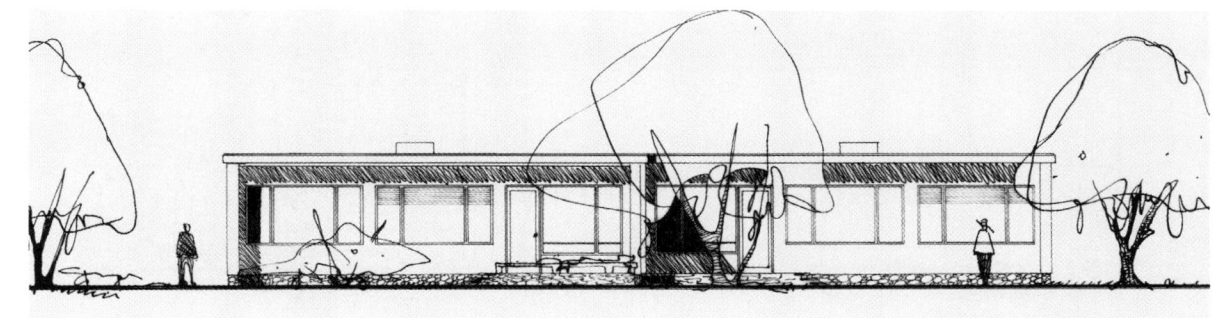

→ Ansicht Straße

Städtebauliche Entwürfe

Siedlung Dornbach

1958
Wien-Hernals

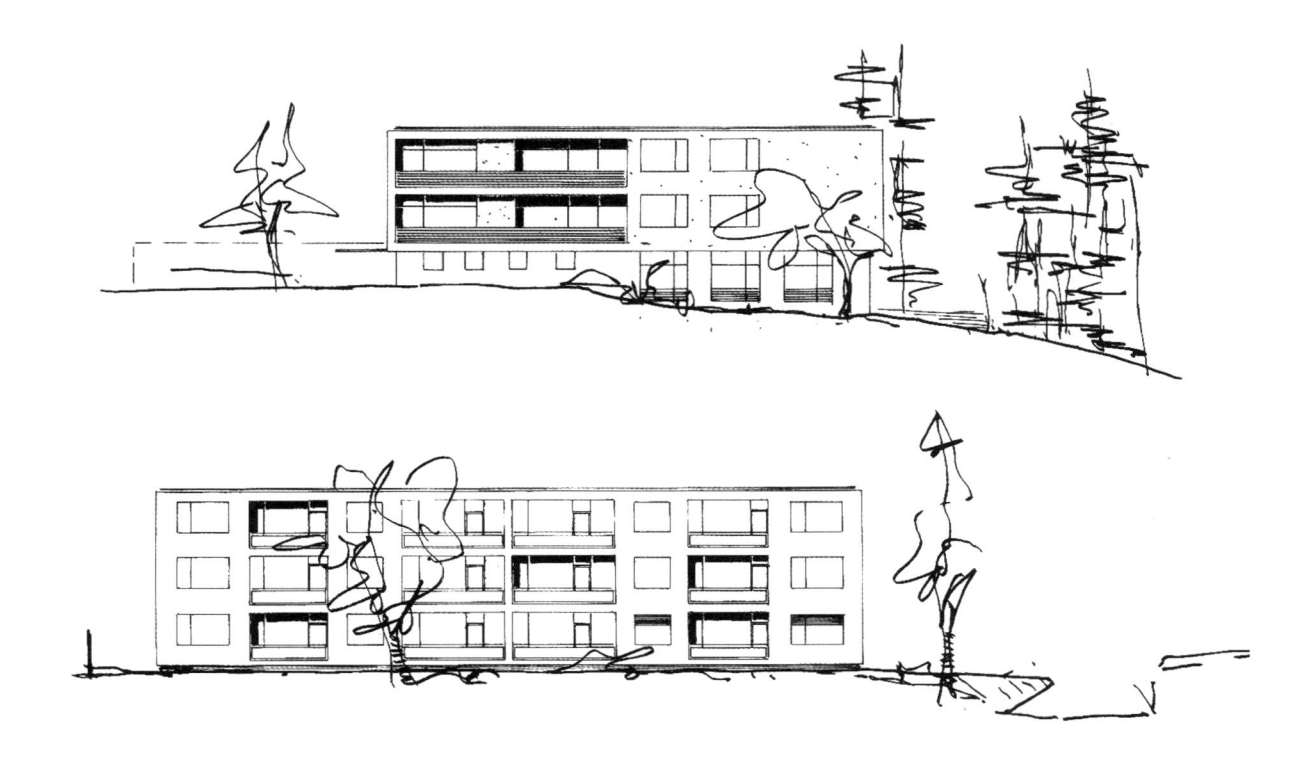

→ Ansicht Garten

→ Ansicht Straße

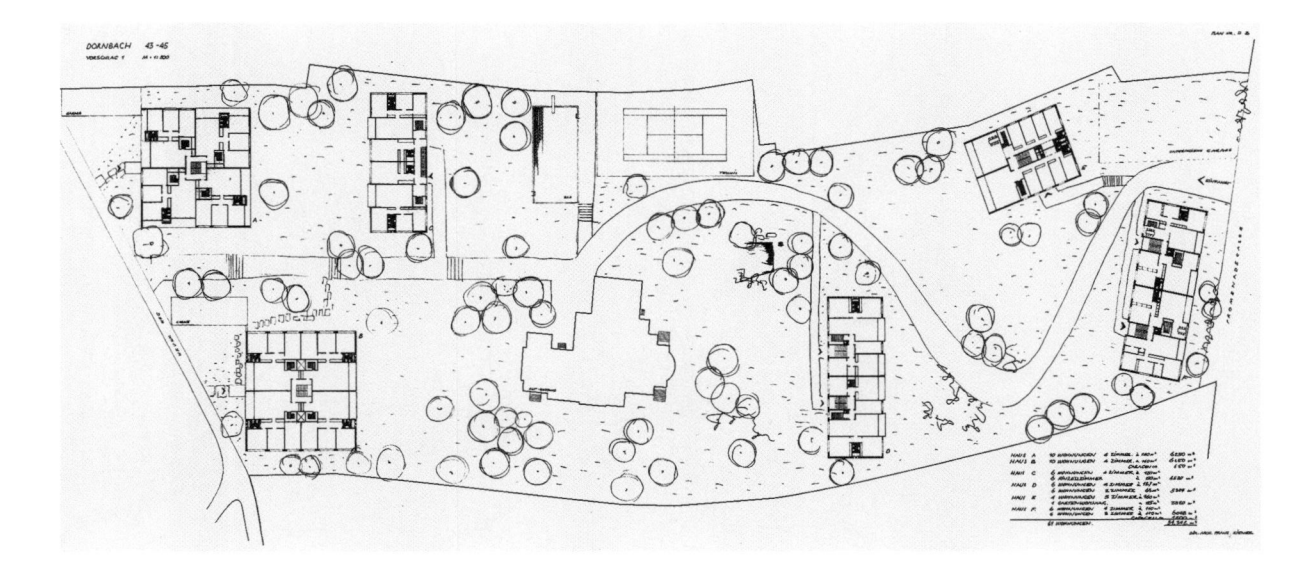

→ Übersichtsplan

Wettbewerb Wohnquartier und Bundesamtsgebäude Rennweg

1977
Wien-Landstraße
mit Gerhard Kleindienst

→ Skizze

→ Perspektive

Städtebauliche Entwürfe

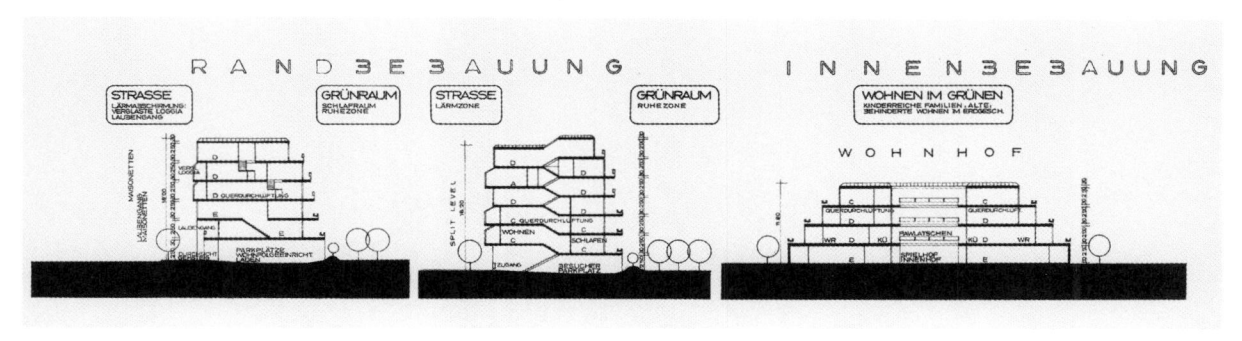

← Schnitte

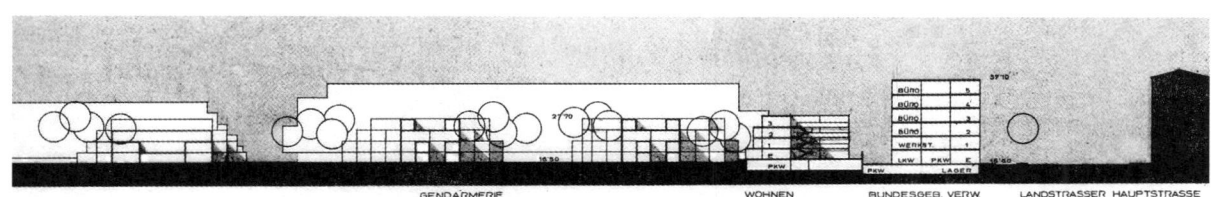

← Längsschnitt

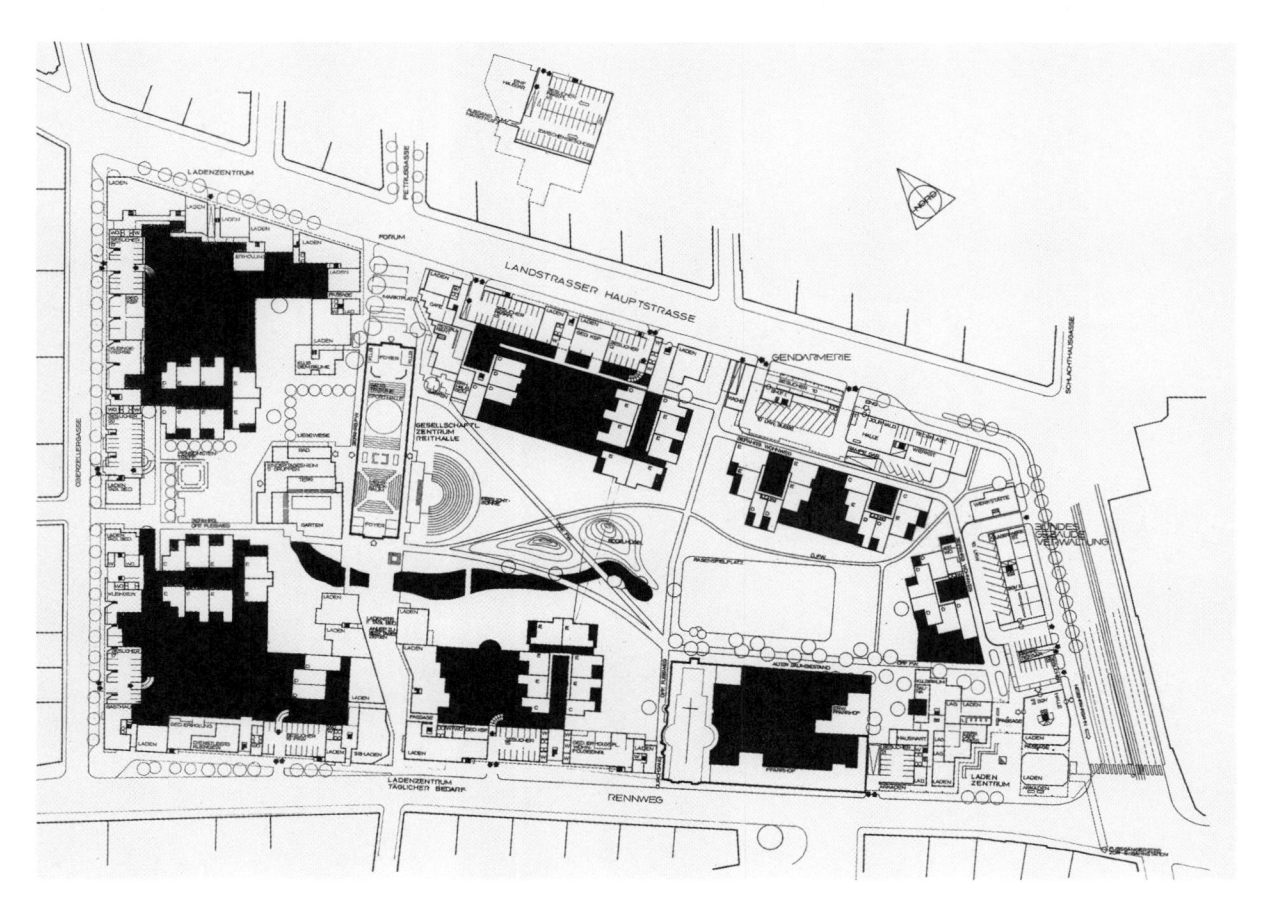

← Lageplan

123

Wettbewerb
Wohnverbauung Gräf & Stift-Gründe

1981
Wien-Döbling
mit Gerhard Kleindienst

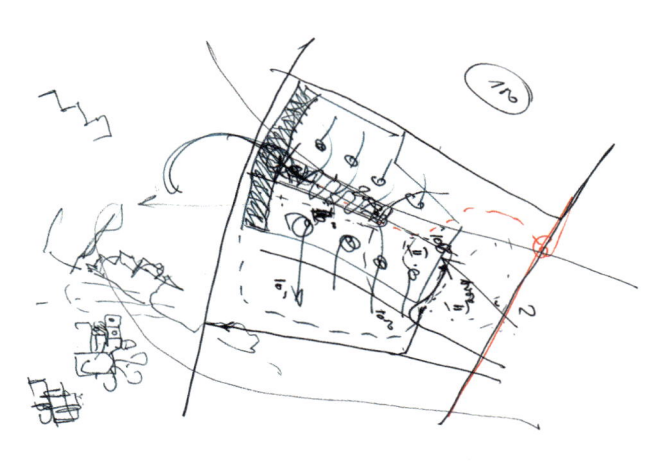

→ Skizze

→ Modell

Städtebauliche Entwürfe

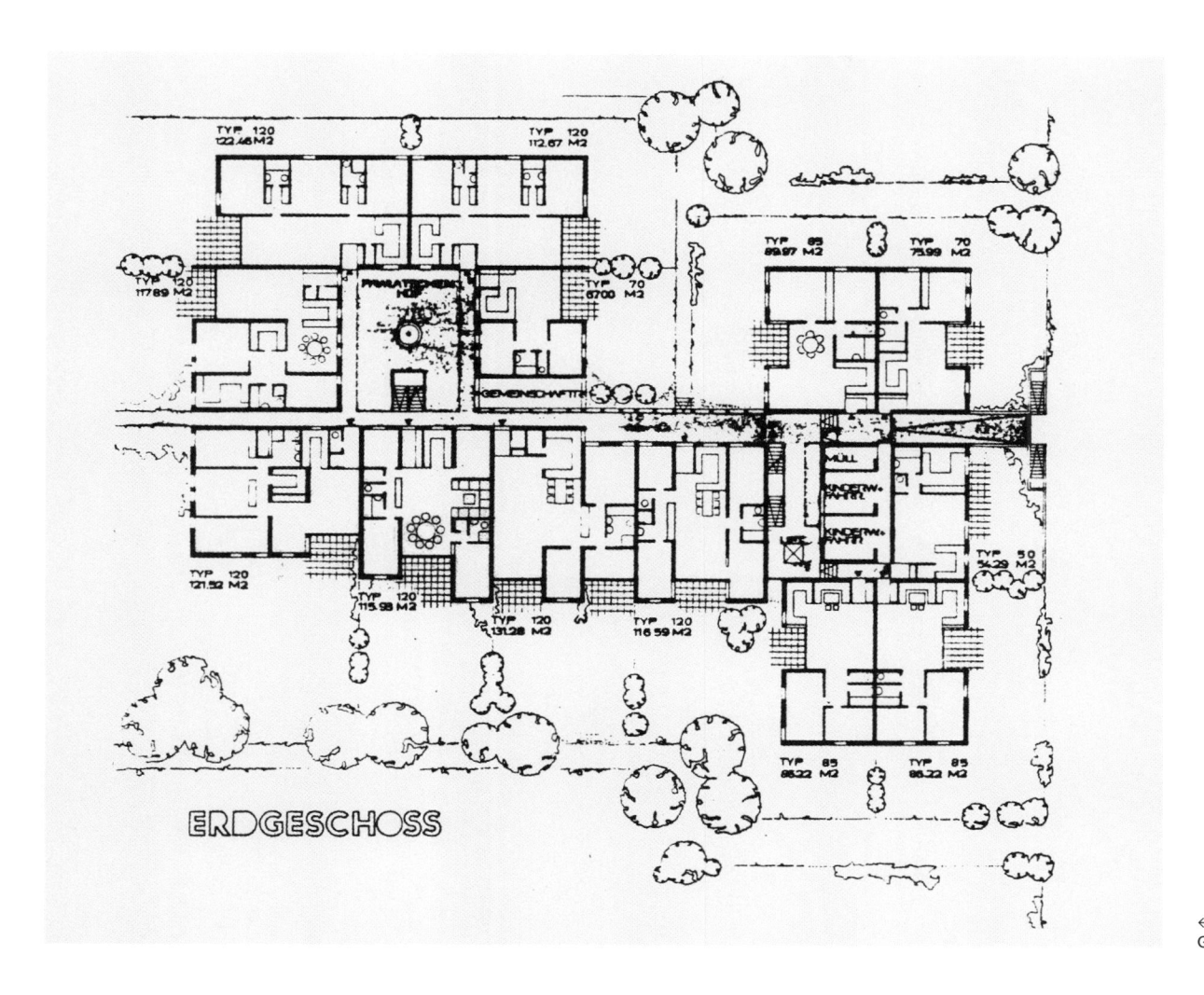

← Grundriss

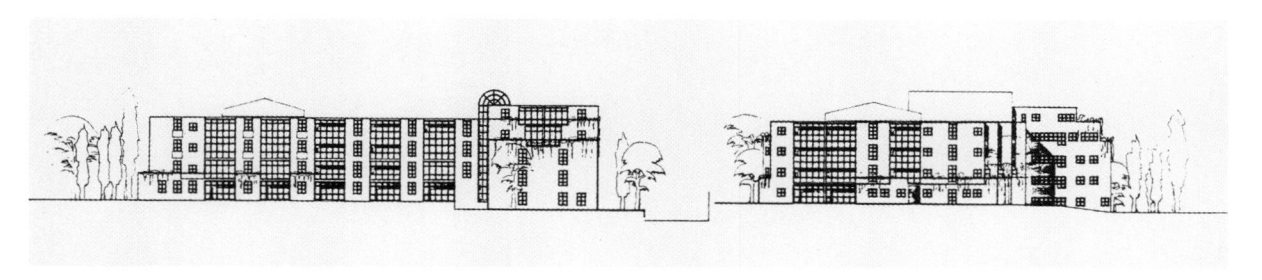

← Ansichten

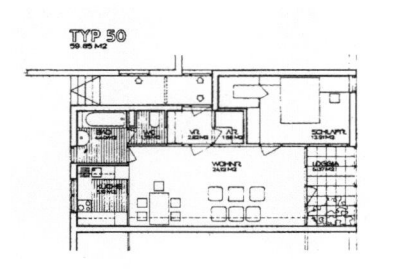

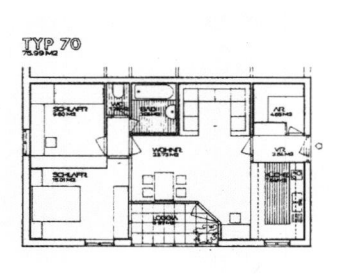

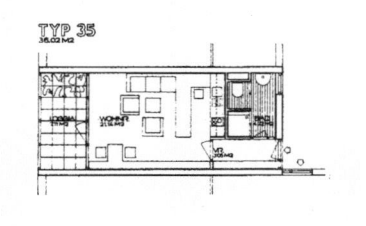

← Typen-Wohnungsgrundrisse

4 Ideen und Bauten im Wiener Gemeindebau

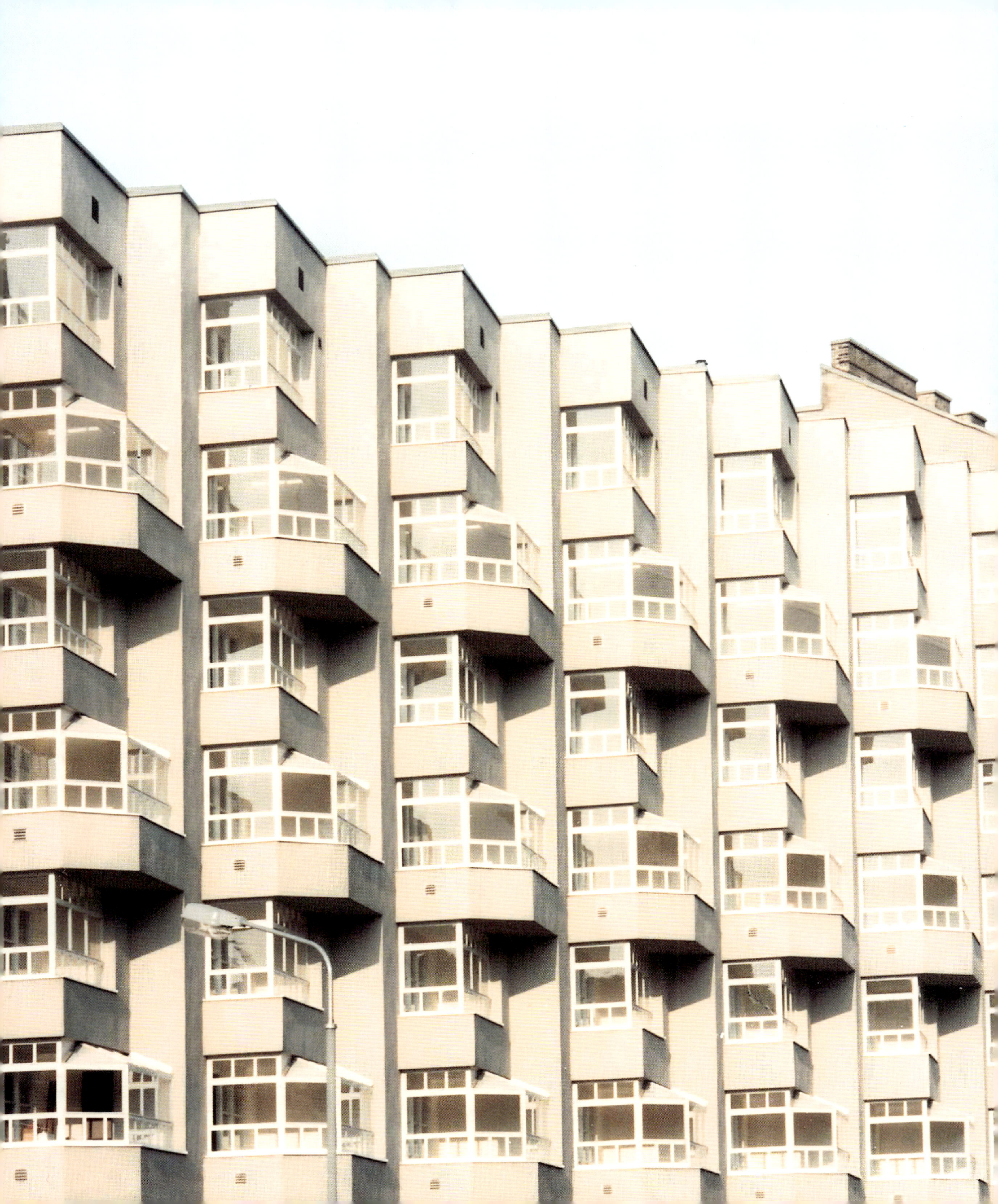

Wettbewerb
Per-Albin-Hansson-Siedlung Nord

1959
Wien-Favoriten
mit Heinz Dieter Kajaba
Preisträger

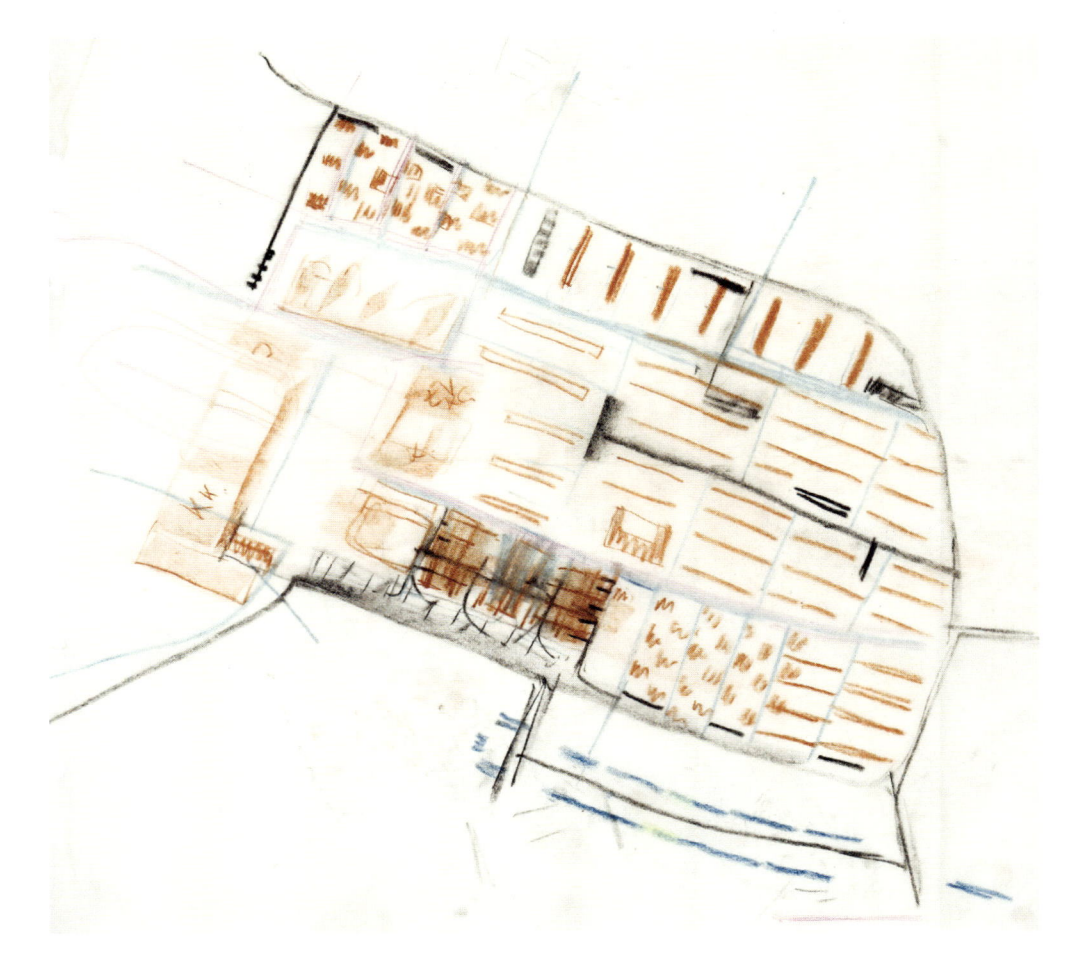

← Rudolf-Krammer-Hof, 1983
→ Skizze

128

„Emmentaler" wurde abserviert[1]
Text: Roman Schliesser

Man sollte dieses Datum im städtebaulichen Kalender Wiens – falls es einen solchen überhaupt gibt – rot ankreuzeln. Gestern, Freitag, gewann die moderne Architektur in Wien eine große Schlacht: Alle der zwölf Projekte, die gestern beim städtebaulichen Ideenwettbewerb für die neue Per Albin Hansson-Siedlung-Nord mit Preisen ausgezeichnet wurden, stellen einen absoluten Bruch zur alten, vielgeschmähten und angefeindeten „Emmentaler"-Architektur des Wiener Rathauses dar. Baustadtrat Kurt Heller und Stadtplaner Prof. Roland Rainer demonstrierten zum erstenmale, was sie von dem Slogan „Wien soll heller und reiner", den Witzbolde mit Anspielung auf das neue städteplanerische Zweigespann im Rathaus prägten, halten.

Schon bei der Ausschreibung des Wettbewerbes im September 1958 war man neue Wege gegangen: Man verzichtete darauf, sogenannte prominente Architekten gegen ein fixes Honorar zur Mitarbeit einzuladen, sondern man gab allen Architekten Wiens die gleiche Chance zur Teilnahme. [...]

Ganz entscheidend rückte man aber bei der Planung von der bisherigen Praxis ab: Grundrisslösung und architektonische Gestaltung wurden den Architekten überlassen. Die Norm-Knute – praktisch das Universalrezept für die „Emmentaler"-Architektur der Gemeinde – wurde nicht geschwungen. [...] „Grosse Kämpfe fanden nicht statt", versicherte der junge, robuste Stadtrat Heller gestern bei der Verkündung der Preisträger, „die Jury entschied sich für moderne, architektonisch klare Lösungen, die nicht nur unserer Zeit entsprechen, sondern auch für die Zukunft wegweisend sind. Bezeichnend ist, dass die ausgezeichneten Architekten durchwegs junge Leute sind, die gerade am Beginn ihrer Laufbahn stehen.

In die gleiche Kerbe schlug Stadtplaner Prof. Roland Rainer: „Die Entwürfe beweisen, dass unsere Architektur den Vergleich mit der italienischen oder der dänischen nicht zu scheuen braucht. Wir können modern bauen, unsere Architekten verstehen etwas von modernen Fassaden, wenn man ihnen keine Fesseln anlegt." [...]

Die Per Albin Hansson-Siedlung-Nord soll so etwas wie ein Schmuckkasterl werden. Ein Paradestück für Städtebau.

Man liess den Architekten deshalb auch freie Hand. Sie hatten nur zu beachten, dass der Wohncharakter der Siedlung nicht durch Fahrstrassen gestört würde. Die meisten Entwürfe lösten dieses Problem durch Umfahrungen und Zufahrten zu Parkplätzen in der Siedlung. Zu den Wohnungen selbst führen nur Fusswege. Dadurch wird die neue Siedlung wirklich ruhig sein.

Ausserdem musste ein Kultur- und Geschäftszentrum eingeplant werden. Mit zwei Kirchen (katholisch und evangelisch), einem Kaffeehaus, einem Kino, Kindergarten, Schulen, Jugendheim und Läden. Insgesamt sollen rund 400 Wohnungen in 250 Ein- und 150 Mehrfamilienhäusern gebaut werden. [...]

Das höchste Haus in der Siedlung soll nicht mehr als drei Geschosse haben. Gerade diese Bauentwürfe variieren stark. Reihenhäuser, Atriumtypen und Winkelbauten, die den Sonneneinfall berücksichtigen, wurden für die Einfamilienhäuser vorgeschlagen. Bei den dreigeschossigen Häusern gab es sogar welche mit Laubengängen.

Aber überall dominieren grosse Fenster, Balkone und moderne Fassaden, Licht, Luft und Sonne werden Zutritt finden. Am meisten spielte die Phantasie der jungen Preisträger – ihr Durchschnittsalter liegt bei 30 Jahren, drei Teilnehmer studieren sogar noch – bei den Wohnungsgrundrissen. Manch einer installierte im Wohnzimmer eine Bar-Küche. [...]

Jetzt wird vorerst unter der Leitung von Stadtplaner Prof. Rainer ein Verkehrsplan für die Siedlung entworfen werden. Dann wird man die besten Lösungen zu einem Entwurf verschmelzen und die Aufträge vergeben.

Um auf den leichtgeneigten Südhang neben der alten Per Albin Hansson-Siedlung mit der weiten Aussicht auf die Stadt Wien moderne Architektur in der Praxis zu dozieren. Sozusagen als lebendiger Beweis dafür, dass in Wien der „Emmentaler" – in der Architektur – abserviert wurde.

[1] „Express Chefreporter Roman Schliesser fand beim Wettbewerb um Wiens modernste Wohnbausiedlung: ‚Emmentaler' wurde abserviert. ‚EXPRESS' Wien, Samstag, 10. Jänner 1959." Archiv Akademie der bildenden Künste, Typoskript aus dem Studienakt Franz Kiener.

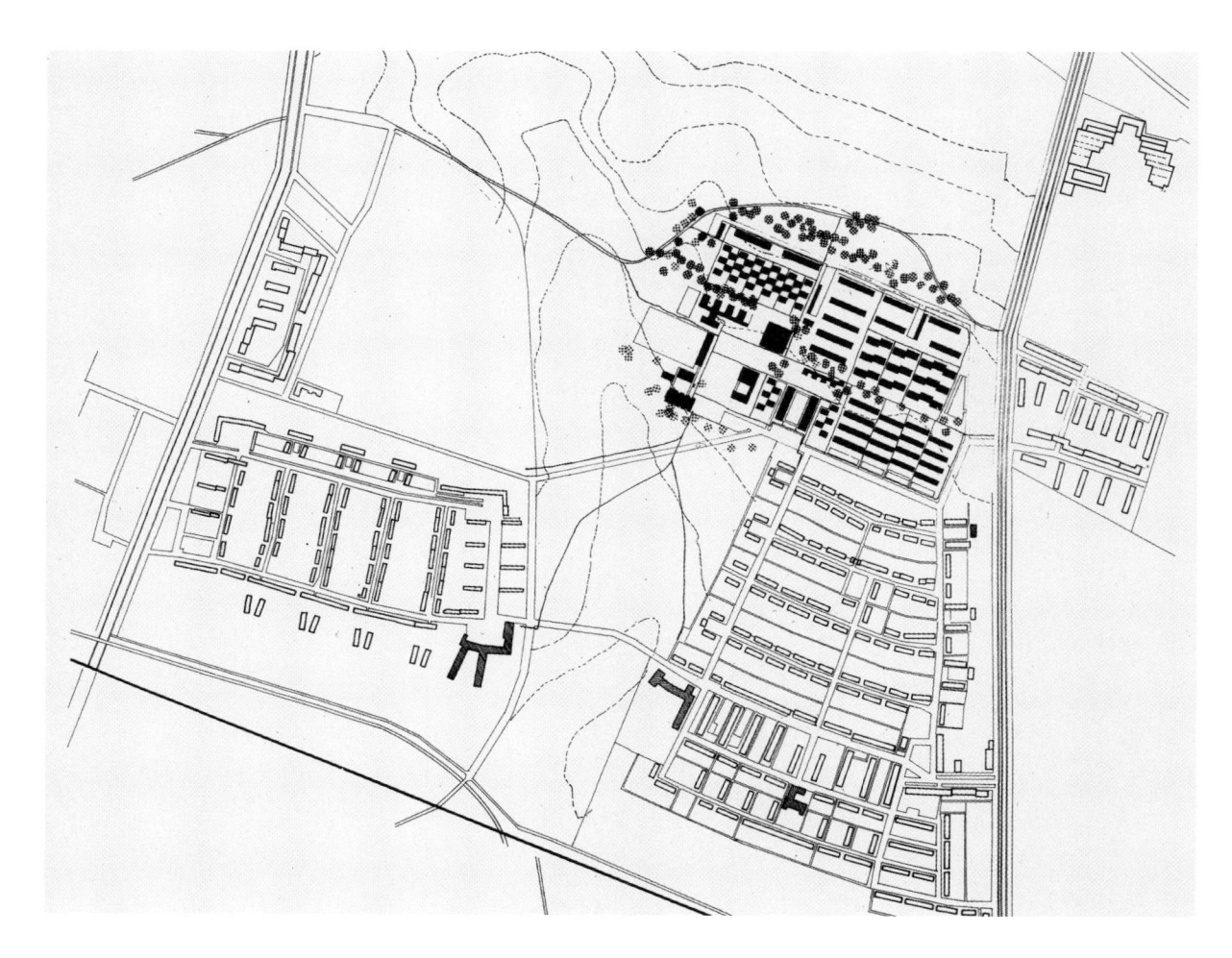

← Lageplan mit Umgebung

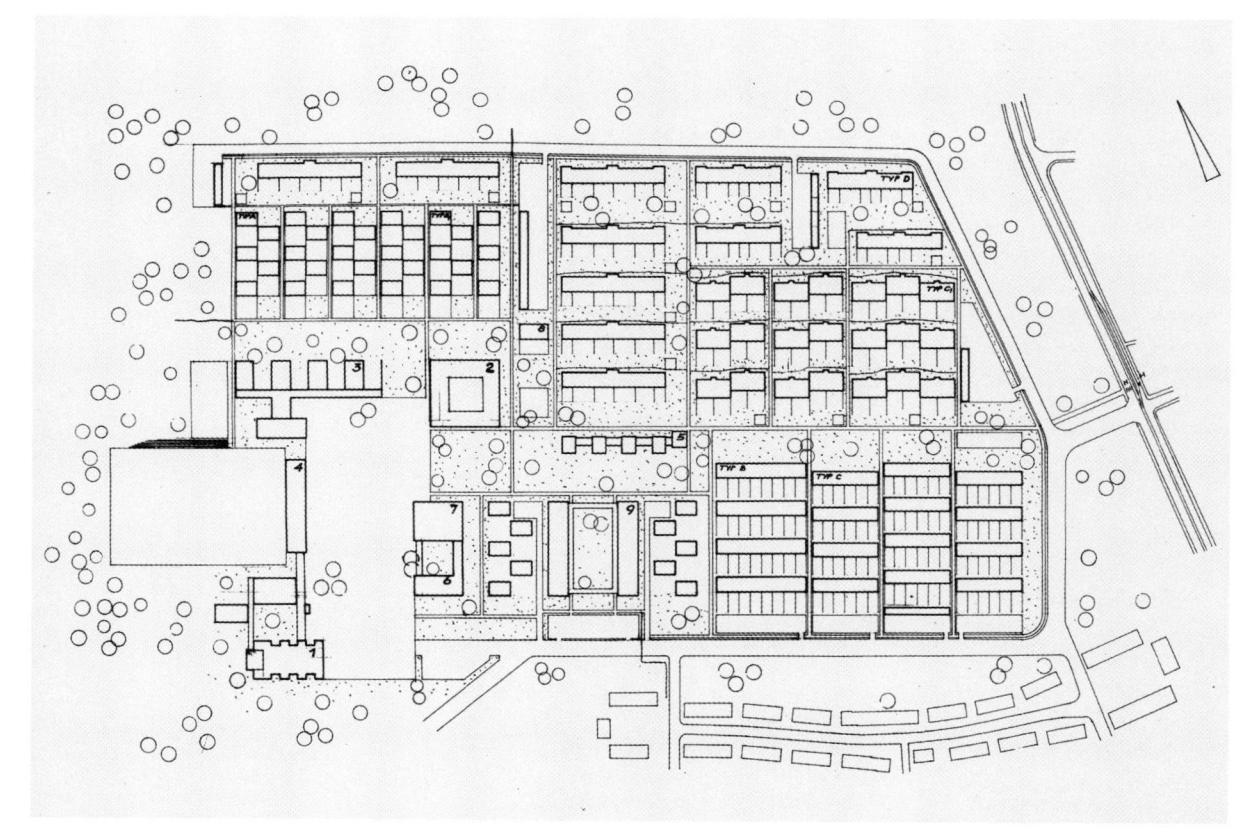

← Lageplan

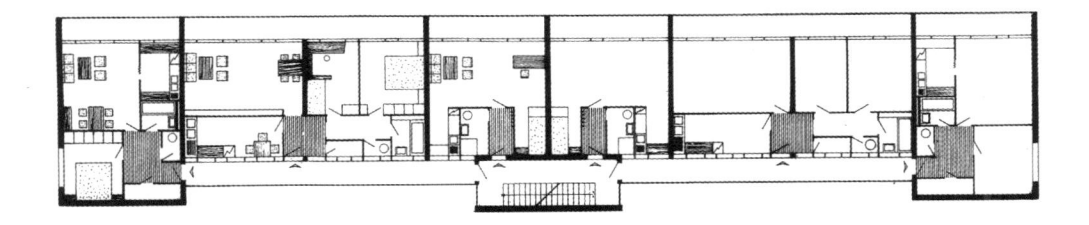

← Grundriss

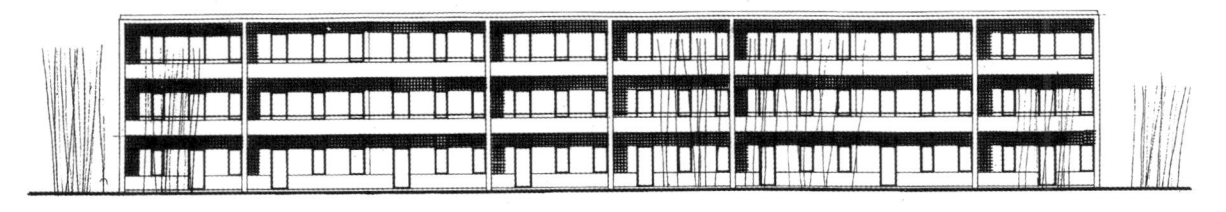

← Ansicht Süd

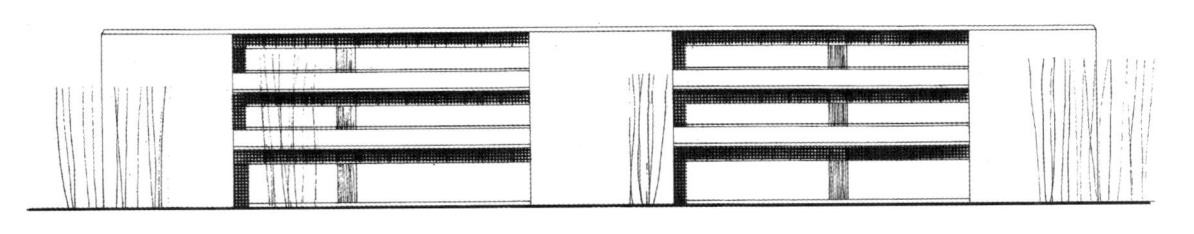

← Ansicht Nord

Wohnbauten Roda-Roda-Gasse

1964
Wien-Floridsdorf
mit Heinz Dieter Kajaba

Der Wettbewerb „Per-Albin-Hansson-Siedlung Nord", gemeinsam mit Heinz Dieter Kajaba, wurde mit einem Preis ausgezeichnet. Zur Umsetzung sollten die Preisträger mit je einem Teil beauftragt werden. Wir wurden übersehen, und um diesen Umstand auszubessern, sind wir zu einem Bauvorhaben in der Roda-Roda-Gasse einer Gruppe von Architekten zugeteilt worden. Die Aufteilung unter den Kollegen ergab für mich drei Baukörper, die mit größeren Wohnungen zu planen waren.

Ein Ausbrechen aus der Norm durch Flachdach, große Fenster und durchgehende Loggien führte in weiterer Folge zu einer Pause von 20 Jahren gegenüber der Gemeinde Wien als Bauherrin.

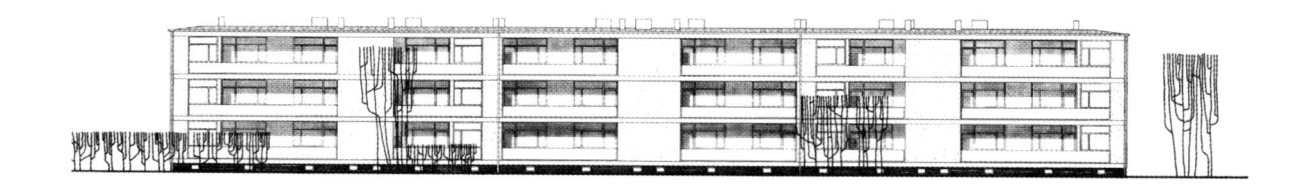

→ Ansicht Süd

→ Ansicht Nord

Ideen und Bauten im Wiener Gemeindebau

Mit vollem Einsatz war es möglich, durchgesteckte Wohnungen mit vorgesetzter Loggia und Glasfronten vom Fußboden bis zur Decke durchzusetzen. Natürlich mit flachem Dach. Die Anordnung der Gebäude war von der Stadtplanung, Herrn Prof. Dr. Rainer, vorgegeben.

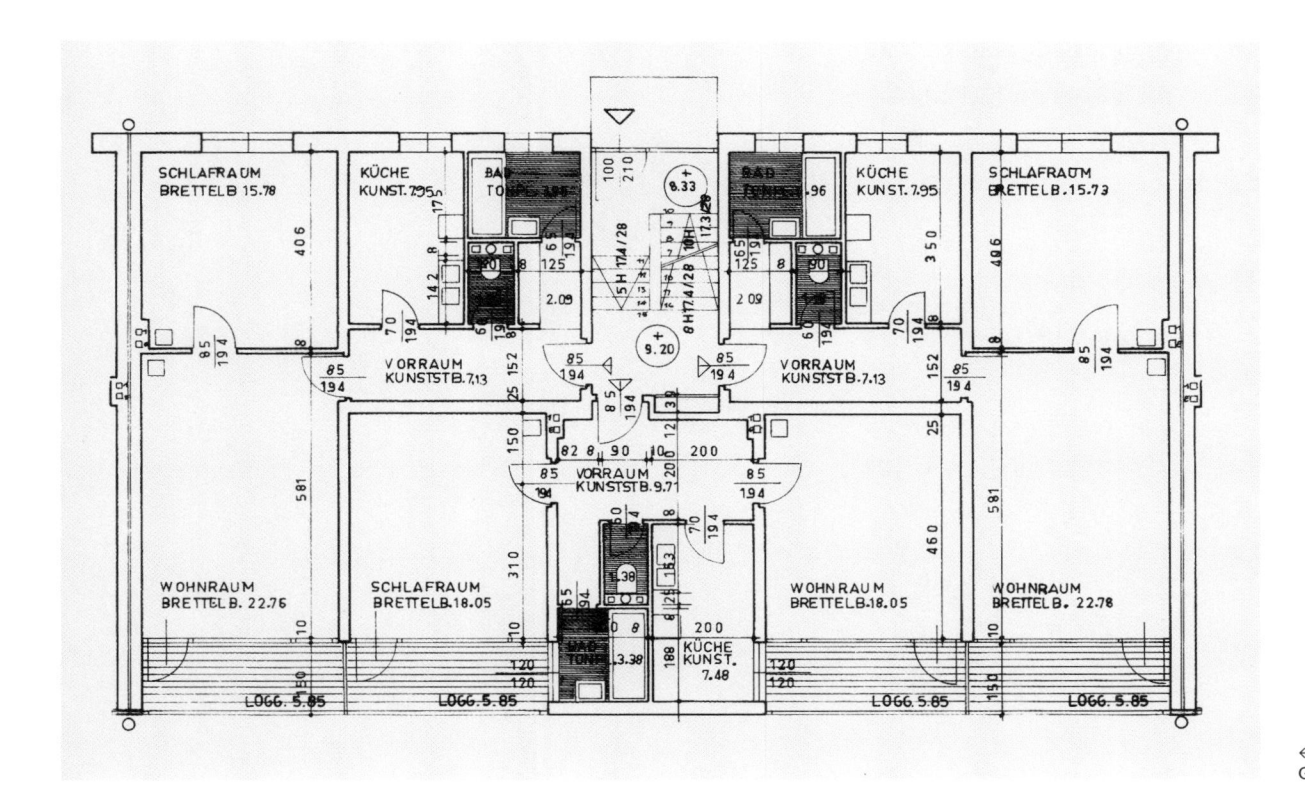

← Grundriss

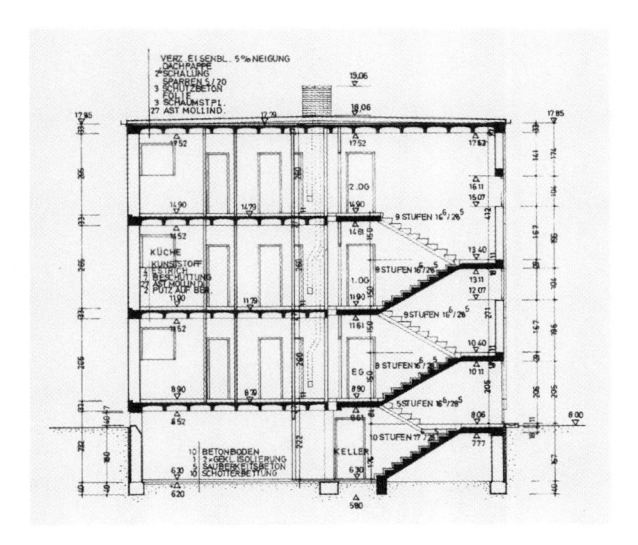

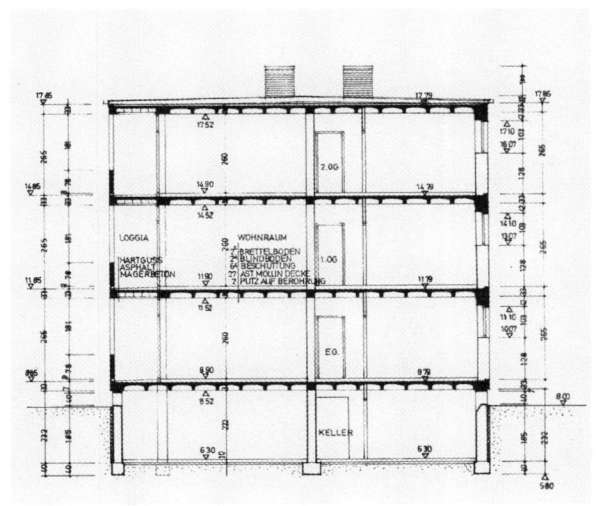

← Schnitte

Nach der Fertigplanung mit zwei Geschossen wurde ein drittes Geschoss gefordert, um etwas Platz für eine Schule in diesem Siedlungsgebiet zu schaffen. Die freundliche Atmosphäre ging dadurch etwas verloren.

Rudolf-Krammer-Hof

1981–1983
Wien-Mariahilf
mit Manfred Schuster

Nach 20-jähriger Auftragspause vonseiten der Gemeinde Wien wurde mir gemeinsam mit Arch. Manfred Schuster die Planung eines Wohngebäudes mit zusätzlichen Garagenplätzen an der Wienzeile/Mollardgasse übertragen.

→

Fassade Linke Wienzeile

Im neuen Gebäude sind das Erdgeschoss und zwei Kellergeschosse den Autos vorbehalten. Der 1. Stock mit einer begrünten Hofebene ist zum Wohnen nicht geeignet und daher wurden die Räume einer allgemeinen Nutzung zugeführt.

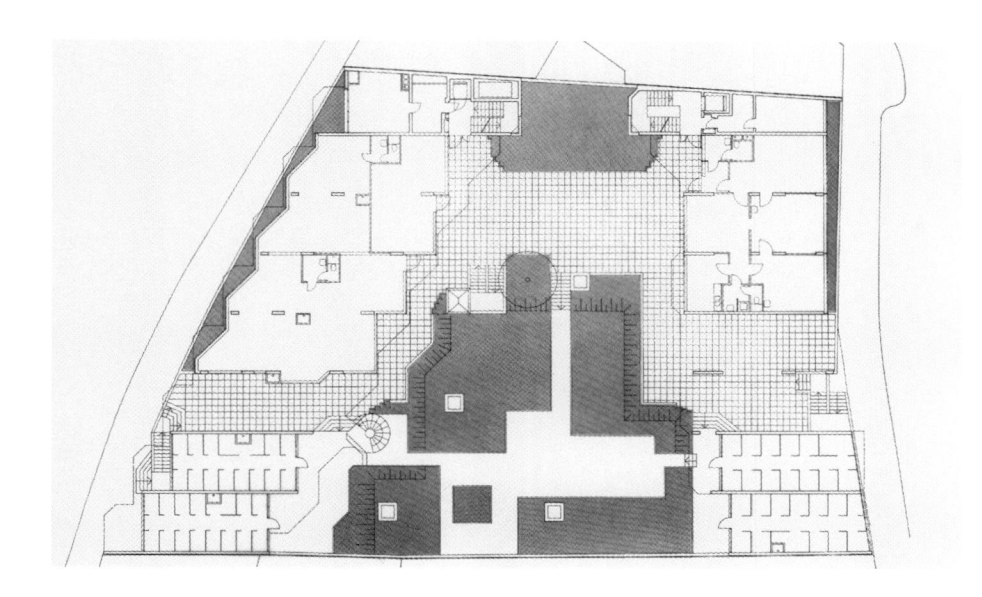

← Grundriss Hofebene

Der Trakt Mollardgasse ist mit Wohnungen auf einer Ebene entwickelt. Jedoch hat jede Wohnung Fenster bis zum Boden, um die Sicht auf die Straße zu ermöglichen.

← Fassade Mollardgasse

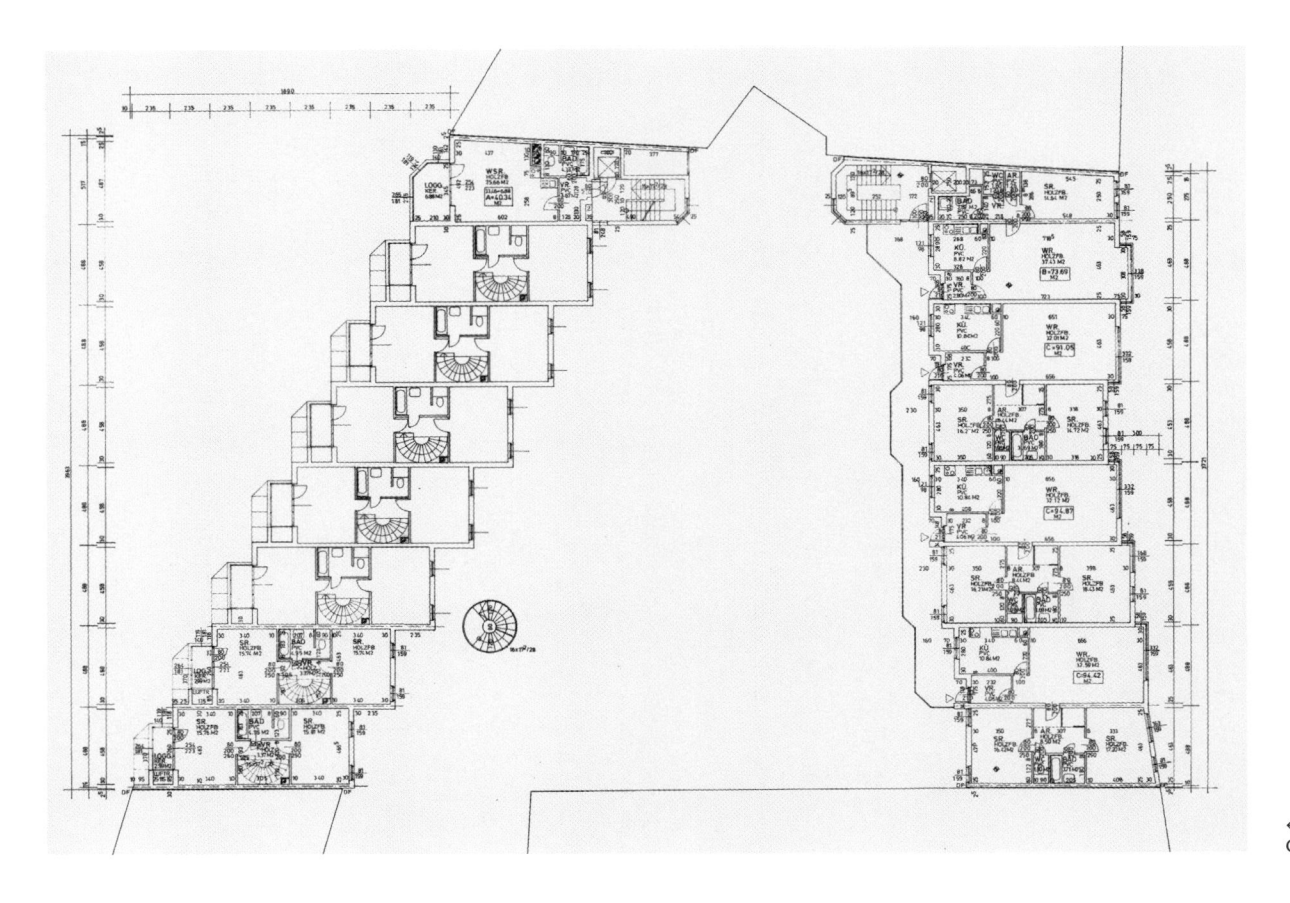

← Grundriss Wohngeschoss

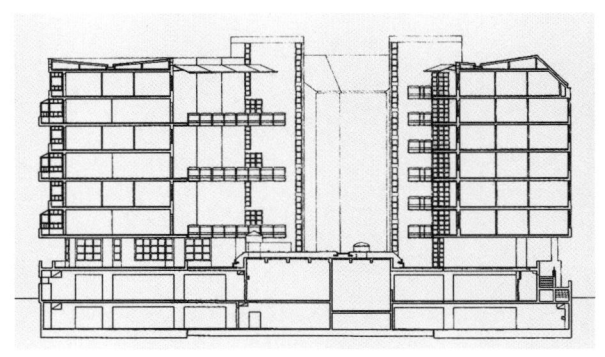

← Schnitt

← Stiege im Hof

Ideen und Bauten im Wiener Gemeindebau

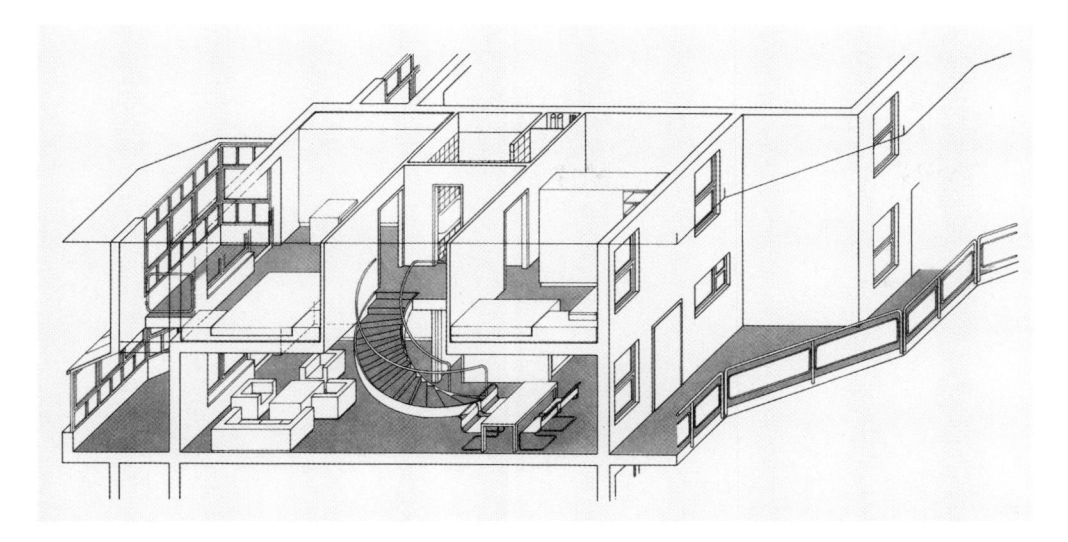

Ein wesentliches Thema war der Verkehrslärm durch die Wienzeile. Um auch beim Schlafen einen Luftaustausch zu erreichen, hat die schallschluckend ausgekleidete Loggia auf der Wohnebene ein Fenster. Eine Öffnung in der Decke verbindet das Wohn- mit dem Schlafgeschoss. Bei geöffnetem Fenster zum Hof ergibt sich dadurch ein Durchzug mit kühler Nachtluft.

←
Zweigeschossige Wohneinheit, Schaubild

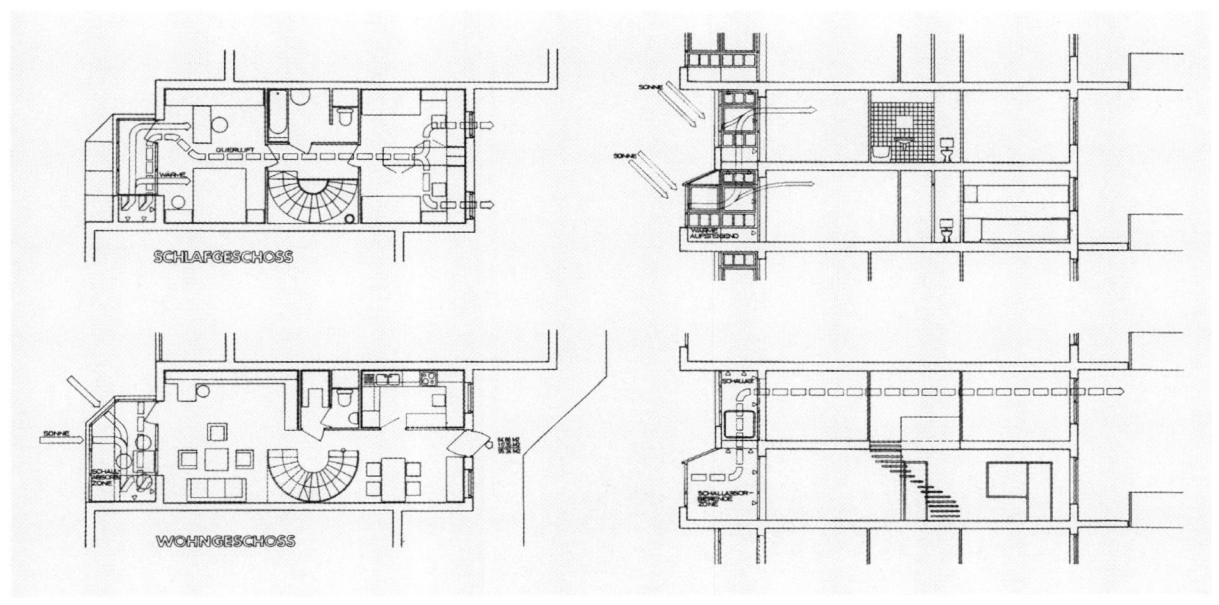

←
Zweigeschossige Wohneinheit, Grundrisse und Schnitte

Der Trakt entlang der Wienzeile wurde abgetreppt mit zweigeschossigen Wohnungen entwickelt, unten Wohnraum mit Eingang und Küche sowie verglaste Loggia, oben Schlafraum.

An sonnigen Wintertagen wird auch die in der Loggia erwärmte Luft in die Schlafräume geführt und somit ist die Sonnenwärme nutzbar.

←
Verglaste Loggia, Fassade Linke Wienzeile

Wohnhaus Corneliusgasse/Esterházygasse

1985
Wien-Mariahilf

Das Objekt Corneliusgasse hat im Erdgeschoss Geschäftsflächen und in allen weiteren Geschossen Wohnungen. Die Garage für beide Häuser befindet sich im Hof mit der Einfahrt Corneliusgasse.

→ Fassade Ecke Corneliusgasse/Magdalenenstraße

Ideen und Bauten im Wiener Gemeindebau

Das Grundstück ist von der Ecke Corneliusgasse/ Magdalenenstraße durchgesteckt bis zur Esterházygasse. Der zwischen beiden Häusern gelegene Hof ist mit Sitzplätzen, Kinderspielplatz und Grünflächen ausgestaltet.

→ Hoffassade Gebäude Corneliusgasse/ Magdalenenstraße

Im Bereich Esterházygasse wurde gegenüber der Widmung niedriger gebaut, um an den Bestand besser anzuschließen. Neben dem Biedermeierhaus Esterházygasse 10 ist ein Haus mit fünf Geschossen nicht möglich. Das Stadtbild ist wichtiger als die ökonomische Ausnutzung.

→ Fassade Esterházygasse

→
Hoffassade Gebäude
Esterházygasse

→
Stiegenhaus

Die Entwicklung von Grundrissen mit quer durchlüfteten Wohnungen ist selbstverständlich. Am Schnittpunkt der Straßen erfolgt die Betonung der Ecke durch einen Erker – entsprechend der Wiener Tradition.

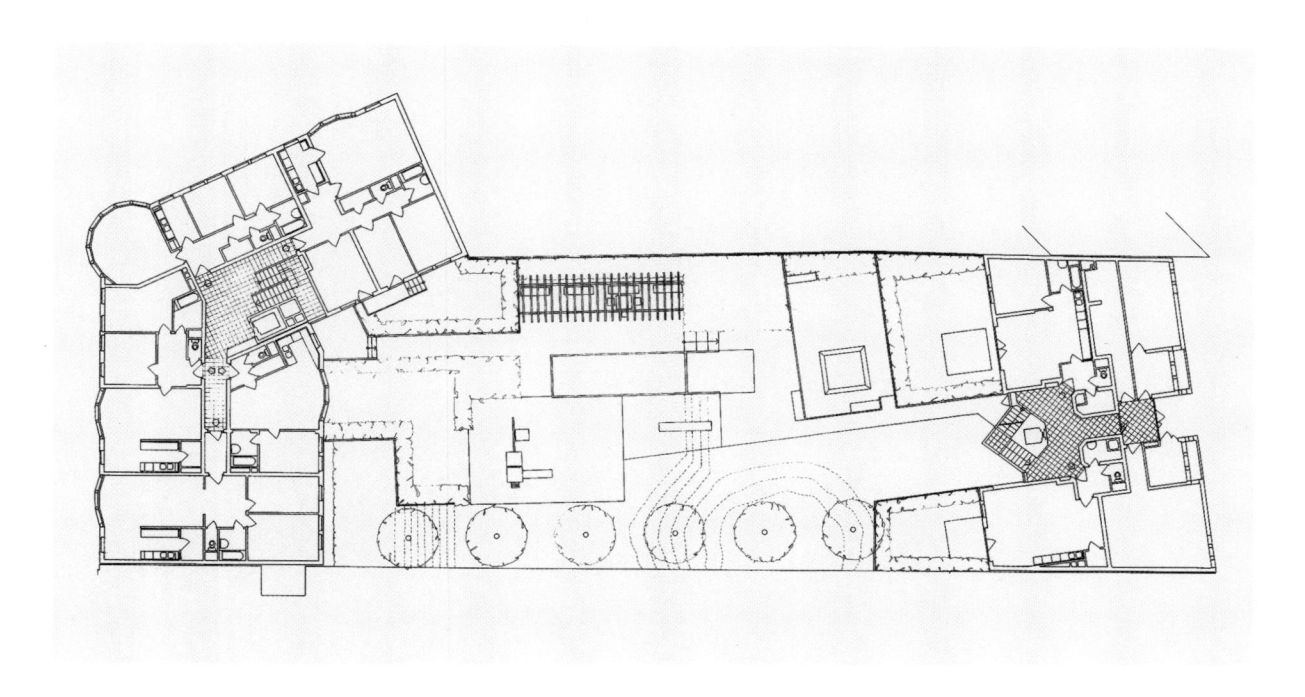

→
Grundriss

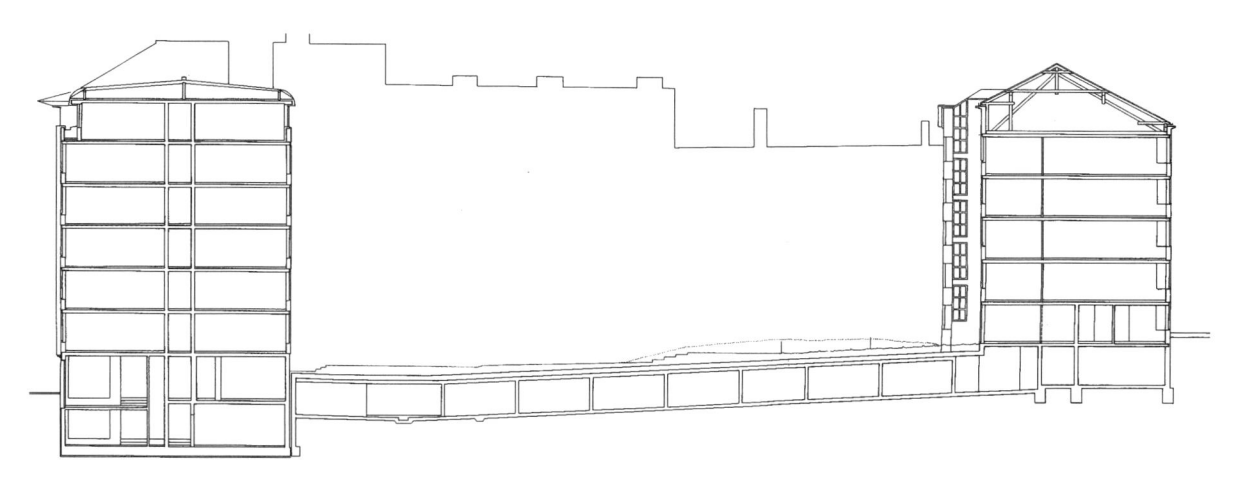

→
Schnitt

5 Neue Wege im Schulbau

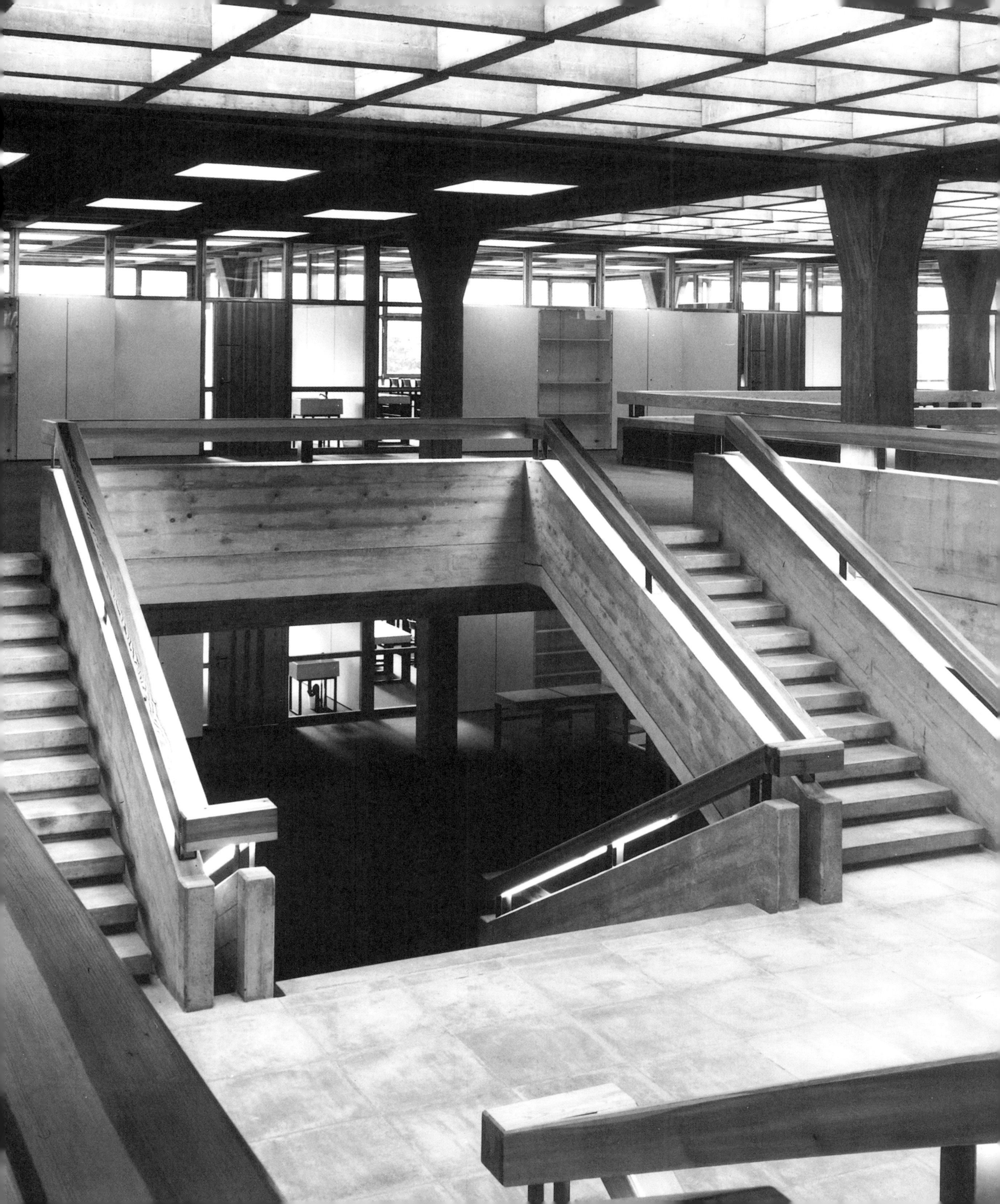

Modulare Ordnung & flexibles Raumsystem: Die Modellschule Imst, 1970–1973

Sabine Plakolm-Forsthuber

←
Bundesrealgymnasium Imst,
1973

"Die Aufgabe des Architekten ist es, die heutigen Bauten mit solcher Variabilität und Flexibilität auszustatten, daß den kommenden Formulierungen neuer didaktischer Intentionen keinerlei Schranken auferlegt werden."[1]

Das 1970–1973 von Franz Kiener, Ferdinand Kitt und unter der Mitarbeit von Gerhard Kleindienst errichtete Bundesrealgymnasium (BRG) Imst ist eine von drei Modellschulen, die nach einem mehrjährigen Forschungsauftrag zum Thema „Vorfertigung im Schulbau" im Auftrag des Bundesministeriums für Bauten und Technik realisiert wurden. Der Bau des BRG Imst war damals in vielerlei Hinsicht zukunftsweisend: Unter der Prämisse, Vorfabrikationsmethoden einzusetzen, erfolgte die Ausführung der Hallenschule in modularer Bauweise als Stahlskelettbau. Die flexible Innenraumgestaltung in Leichtbauweise sollte offenere und experimentellere Unterrichtsmodelle ermöglichen. Dem Vorhaben zugrunde lag die in den Sechzigerjahren aufkommende Kritik an der Bildungspolitik, die zu Reformen der Schulgesetzgebung und eben auch des Schulbaus führte.

Reformen im Schulbau der Sechzigerjahre

Ausgehend vom Schulorganisationsgesetz von 1962 und der Verlängerung der Schulpflicht auf neun Jahre wurde 1964 das Ziel formuliert, in jedem politischen Bezirk eine zur Matura führende Schule zu errichten, was eine deutliche Aufwertung von regional vernachlässigten Schulstandorten zur Folge hatte.[2] Die aufgrund der demografischen Entwicklung sich abzeichnende sogenannte Bildungsexplosion zwang die verantwortlichen Ministerien zum raschen Handeln, weshalb facheinschlägige Institutionen gegründet sowie strategische Überlegungen angestellt wurden. Mit dem ab 1963 von Wilhelm Hubatsch an der Akademie der bildenden Künste geleiteten Schulbauinstitut[3] entstand eine deutschen Instituten (Aachen, Karlsruhe) vergleichbare Forschungsstelle in Österreich, der 1964 das Österreichische Institut für Schul- und Sportstättenbau (ÖISS) als Stiftung des Bundes und aller Bundesländer folgte; als zentrales Fachinstitut erstellt es bis heute Richtlinien für den Schulbau und agiert national und international als Plattform. Den zu erwartenden Boom an Schulbauten sowie die finanzielle Belastung für den Bund versuchte man seitens des Bundeskanzleramtes ab 1967 auf verschiedenen Ebenen abzufedern bzw. zu strukturieren. Das Bundesministerium für Unterricht befasste sich mit Überlegungen zur Einsparung von Schulräumen zugunsten neuer Unterrichtsmethoden, das Bundesministerium für Bauten und Technik vergab Forschungsaufträge zur „Klärung grundsätzlicher Fragen der klimatischen, technischen und wirtschaftlichen Besonderheiten im Zusammenhang mit dem österreichischen Schulbau", wobei insbesondere die „industrielle Vorfabrikation"

und die „Möglichkeiten des Fertigteilbaus" berücksichtigt werden sollten.[4] Ziel dieser Maßnahmen war es, neue moderne Schulbauten zu errichten, aber die Kosten zu minimieren und die Bauzeiten zu verkürzen, wobei festzuhalten ist, dass das Thema Vorfertigung ab 1960 bei verschiedenen Bauaufgaben, vorrangig jedoch im Wohnbau, untersucht wurde.[5] Der Forschungsauftrag erging zuerst an das Schulbauinstitut[6] und dann, auf Vorschlag der Zentralvereinigung der Architekten unter Präsident Eugen Wörle, an ein Team ihrer Mitglieder, die als Experten und Anhänger der Industrialisierung im Bauwesen galten. 1968 hatten

Außenansicht

sich Kitt, Kiener, Fritz Gerhard Mayr, Herbert Thurner und Ottokar Uhl unter Beiziehung des „externen" Schulbauexperten Viktor Hufnagl zur „Studiengemeinschaft Vorfertigung im Schulbau" zusammengetan. Neben Kiener, der ab 1954 bis 1968 an zahlreichen Schulbauwettbewerben teilgenommen hatte, konnten auch Thurner oder der Hubatsch-Mitarbeiter Mayr auf Erfahrungen im Bildungsbau zurückgreifen. Hufnagl kam insofern eine Sonderstellung im österreichischen Schulbau zu, als man ihm die Einführung der in den Zwanzigerjahren in Deutschland entwickelten Typologie der Hallenschule[7] im Nachkriegsösterreich verdankt. Mit seinen ab 1955 errichteten, vorbildlichen Schulen in Strobl (1957–1959), Bad Ischl (1959–1963) oder Altmünster (1963–1969) etc. löste er den seit der Monarchie üblichen Gangschultypus ab. Die Architekten der Studiengemeinschaft sahen sich aber auch durch andere Neuerungen und Strömungen herausgefordert.

Konrad Wachsmann und das industrialisierte Bauen

Ein 1953 im Amerika Haus gehaltener Vortrag Konrad Wachsmanns war für eine ganze Architektengeneration von prägendem Einfluss. Angeregt von seinen Ausführungen über das industrialisierte Bauen, modulare Konstruktionsprinzipien und Bausysteme, besuchten einige Absolventen der Meisterklasse von Clemens Holzmeister der frühen 1950er-Jahre die von Wachsmann zwischen 1956 und 1960 an der Internationalen Sommerakademie in Salzburg abgehaltenen Seminare. Wachsmanns Erfahrungen basierten auf

---

[1] Wilhelm Schöbl, „Vorfertigung im Schulbau", in: Architektur aktuell, H. 37, 1973, S. 44.
[2] Franz Loicht, Peter Leinwather, „Schulentwicklung in Österreich", in: Manfred Nehrer, Michael Wachberger u. a. (Hrsg.), Schulbau in Österreich von 1945 bis heute, Horn-Wien: Berger, 1982, S. 9–11.
[3] Wilhelm Hubatsch, Probleme des Schulbaus, Wien-München: Wedl, 1965.
[4] Schöbl 1973, S. 43.
[5] Wilhelm Wimmer, „Die Vorfabrikation im sozialen Wohnbau der Stadt Wien", in: Der Aufbau, H. 6/7, 1962, S. 227–233; Heiner Fürst, „Baukastensysteme im Wohnungsbau", in: Der Bau, H. 3, 1970, S. 31–36. 1966 gab es einen weiteren Studienauftrag an die arbeitsgruppe 4 zur Entwicklung individueller Wohnformen mit vorfabrizierten Elementen. Ute Waditschatka, „Im Vordergrund das Bauen", in: Sonja Pisarik (Red.), Architekturzentrum Wien (Hrsg.), arbeitsgruppe 4. Wilhelm Holzbauer, Friedrich Kurrent, Johannes Spalt, 1950–1970 (Ausstellungskatalog, Architekturzentrum Wien, 4. 3.–31. 5. 2010), Salzburg-Wien: Müry Salzmann, 2010, S. 70.
[6] Wilhelm Hubatsch, Neue Planungsaspekte im Schulbau unter Berücksichtigung der voraussehbaren Erfordernisse auf der Grundlage künftiger Organisations- und Funktionsprogramme. Forschungsarbeit im Auftrag des Bundesministeriums für Bauten und Technik, Wien: Architekturforum, 1973.
[7] Otto Haesler, Glasschule in Celle, Deutschland, 1927; Franz Schuster, Schule in Niederursel, Deutschland, 1929.

den in den Zwanzigerjahren in Deutschland erprobten Vorfertigungsmethoden im Holzbau, die er in der Emigration in den USA zusammen mit Walter Gropius 1942 zum „General-Panel-System" weiterentwickelte und die 1944/45 in das berühmte Modell des nie gebauten transportablen Flugzeughangars („mobilar structure") mündeten. Er plädierte für die Massenproduktion präzise gefertigter Bauelemente, die vor Ort nur mehr montiert zu werden brauchten; die Baustelle als wetterabhängiger Fabrikationsplatz hätte somit ausgedient. Wachsmanns wissenschaftlicher Ansatz sowie die Konzeption architektonischer Entwürfe auf Basis modularer Systeme begeisterte die Seminarteilnehmer. Die Auswirkungen seiner Methoden zeigten sich im österreichischen Baugeschehen unmittelbar, besonders an den Bauten der arbeitsgruppe 4 (Projekt Kirche St. Florian, Wien, 1957; Kolleg St. Josef, Salzburg, 1961–1964) sowie jenen von Johann Georg Gsteu (Seelsorgezentrum Baumgartner Spitz, Wien, 1963–1965), Ottokar Uhl (demontable Kirche Siemensstraße, Wien, 1960–1964) und anderen.

Eckausbildung, Fassade

Der Modul als Grundlage für Normung und Vorfabrikation war eines der Schlag- und Modeworte der 1950er- und 1960er-Jahre. Was verstand man darunter? „Der Modul ist die abstrakte Grundeinheit, die durch Multiplikation, Subtraktion oder Division einer gedachten modularen Ordnung zahlenmäßig bestimmt"[8] wird, so Wachsmann, wobei zuerst ein Grundmodul und dann horizontale und vertikale Multimodule festgelegt wurden. Das Planen im Raster war jedoch keineswegs eine Errungenschaft des 20. Jahrhunderts. Architekturhistorisch betrachtet, kannten die Architekten der italienischen Renaissance (Donato Bramante, 1444–1514) den Modul als Planungsinstrument ebenso wie etwa der französische Architekt und Theoretiker Jean-Nicolas-Louis Durand (1760–1843), der das Rastersystem auf das ganze Gebäude, also vom Grundriss auf den Aufriss projizierte und, so Hanno-Walter Kruft, zumindest „theoretisch den Punkt der Standardisierung" erreicht hatte, „an dem die Fertigbauweise mit präfabrizierten Einzelelementen einsetzen konnte". Umgesetzt wurde dies erstmals 1851 mit Joseph Paxtons Crystal Palace auf der Londoner Weltausstellung.[9]

Die Studiengemeinschaft, die Grundlagenforschungen zu diversen Einzelproblemen durchführte, empirische Untersuchungen vorlegte sowie Studienreisen ins Ausland unternahm, publizierte ihre Erkenntnisse in neun Heften,[10] ehe sie an die praktische Realisierung der drei 1969 geplanten Modellschulen ging. Obwohl die drei Teams die Typologie der Hallenschule aufgriffen und sich der modularen Bauweise bedienten, interpretierten sie diese sehr unterschiedlich: Das von Viktor Hufnagl und Fritz Gerhard Mayr 1970–1973 erbaute Bundesschulzentrum in Wörgl zeigt sich als monumentale Hallen- und Atriumschule in der Form einer kreuzförmigen Stufenpyramide inklusive Schwimmbad. Der experimentellste und radikalste Bau ist das BG/BRG in Völkermarkt von Ottokar Uhl und Herbert Thurner, das 1970–1974 als ebenerdige containerartige Halle, weitgehend ohne feste Klassenstruktur und möglichst offenem Innenraum, umgesetzt wurde;[11] die Möblierung übernahm Franz Kiener. Das BRG Imst von Franz Kiener und Ferdinand Kitt ist ein kompakter übersichtlicher Baukörper mit zentraler Halle und zentral liegender Stiegenanlage.[12] Alle drei Schulen operierten mit einem flexiblen, vorgefertigten Innenwandsystem, das neue Unterrichtsformen, wie differenzierte Gruppenbildungen beim Unterricht und die Auflösung der Jahrgangsklassen, ermöglichen sollte.

Kiener war Teilnehmer am ersten Seminar von Wachsmann 1956;[13] Kitt, in dessen Büro die Wachsmann-Anhänger Friedrich Achleitner, Friedrich Kurrent und Gunther Wawrik arbeiteten, hatte mit seinem damaligen Büropartner Carl Auböck 1953 die Wiener Galerie Würthle umgebaut, in der 1958 die Ergebnisse der Salzburger Seminare von 1956 und 1957 präsentiert wurden. Beide waren also mit der Industrialisierung im Bauwesen, die von den Mitgliedern der Studiengemeinschaft der Vorfabrikation als zukunftsweisend vorgezogen wurde, bestens vertraut. Sie bezifferten die durch die Vorfabrikation zu erzielende Einsparung der Baukosten, die ja nur die Produktionsweise veränderte und verlagerte, auf 15 % statt der erhofften 50 %; von der Industrialisierung versprachen sie sich eine größere Annäherung an die Einsparvorgabe und vor allem eine Innovation im Schulbau selbst. Voraussetzung wären jedoch bundeseinheitliche Bauordnungen und Schulbaurichtlinien, auf deren Basis die Bauelemente und Bauteile für Schulbauten en masse entwickelt werden könnten; allerdings kam bei den drei Schulen die industrielle Vorfertigung nur partiell zum Einsatz. Obwohl, wie in Imst, die Ausschreibung in Form eines Bauteilkatalogs erfolgt war und an verschiedene Firmen ging, entschied sich das Ministerium für die Ausführung in Mischbauweise, d. h. es wurde vor Ort nicht nur montiert, sondern auch betoniert.

8
Konrad Wachsmann, Wendepunkt im Bauen, Stuttgart: Dt. Verl.-Anst., 1971, S. 54.

9
Hanno-Walter Kruft, Geschichte der Architekturtheorie, München: Beck, 1991, 3. Aufl., S. 312.

10
Die von der Studiengemeinschaft unter Mitwirkung von Heiner Fürst und Helmut Eisenmenger (Hrsg. Viktor Hufnagl) zwischen 1969 und 1971 im Eigenverlag erschienenen neun Hefte befassten sich mit: 1. Literatur; 2. Systeme Österreich; 3. Turnhallen; 4. Systeme Ausland; 5. Modularkoordination; 6. Gesetzliche Grundlagen; 7. Pädagogische Aspekte – bauliche Konsequenzen; 8. Vorfertigung, Industrialisierung, Architektur; 9. Schlußbericht.

11
Bernhard Steger, Vom Bauen. Zu Leben und Werk von Ottokar Uhl, Wien: Löcker, 2007, S. 77–84; Günther Litzlbauer, Flexibler Schulbau – Umbau Gymnasium Völkermarkt, Wien, Techn. Univ., Dipl.-Arb., 2011.

12
Viktor Hufnagl, „Internationale Tendenzen im Schulbau – ihre Auswirkungen in Österreich", in: Der Aufbau, Sonderheft Schulbau, H. 11/12, 1973, S. 418–436, hier S. 432.

13
Waditschatka 2010, S. 58.

Konstruktion und Organisation des BRG Imst

Die Zuteilung des Bauplatzes in einer Talsenke östlich des Stadtkerns von Imst war nicht von städtebaulichen, sondern eher von raum- und verkehrsplanerischen Überlegungen geleitet.[14] Der für eine regional bedeutende, weiterführende höhere Schule für 600–780 Schüler vorgesehene Bauplatz lag damals schon zwischen einer Fern- und Umfahrungsstraße, aber nahe dem fußläufig zu erreichenden Busbahnhof, was den Standort auch für Fahrschüler attraktiv machte. Um den Verkehrslärm einigermaßen einzudämmen, gelang es Kiener, die Aufschüttung eines nachträglich bepflanzten Dammes östlich des Grundstückes durchzusetzen. Die Gartengestaltung des Areals übernahm er selbst.

Dem aus einem Quadratraster von 8,40 × 8,40 m Seitenlänge (Grundmodul ist das Maß von 1,20 m) entwickelten, 42 × 42 m großen dreigeschossigen kompakten Baukörper mit zentraler Stiege sind im Süden zwei Turnhallen vorgelagert, die teilweise im ansteigenden Terrain eingebettet sind; davor liegt eine Freisportanlage. Sportplatzseitig besitzen die Turnhallen in Betonraster aufgelöste Fassaden und sind über eine zentrale Eingangszone mit dem Erd- und Erschließungsgeschoss verbunden. Der Keller verfügt über die geforderten Luftschutzräume.

Stiege und Deckenuntersicht

Eine kreuzförmige Durchdringung des Baukörpers im 1. und 2. Obergeschoss erzeugt eine leichte Auflockerung dieses strengen modularen Systems, wodurch die jeweils drei mittleren Klassen erkerartig aus der Fassadenflucht vortreten und über dem Sockelgeschoss zu schweben scheinen. Die durch die Verschiebung der quadratischen Räume nach außen erweiterte Mittelzone konnte bei Bedarf den Klassen zugeschlagen werden bzw. sind dadurch die Eckzimmer an zwei Seiten begehbar. Die Belichtung des Treppenhauses wie der Gangbereiche erfolgt durch vier große Innendeckenöffnungen im 1. Obergeschoss und fünf flache Lichtkuppelfelder im 2. Obergeschoss. Die tragenden Elemente des Baukörpers sind in Stahlbeton ausgeführt, und zwar in Mischbauweise mit schalreiner Oberfläche und mit vorgefertigten Naturholzrahmen mit Kunststoff und Glas ausgefacht.[15] Vor die komplett verglasten Klassen sind an den Fassaden in Parapethöhe niedrige, lang gezogene Betonspangen auf den vorkragenden horizontalen Deckenbalken aufgesetzt, die das Fensterputzen erleichtern sollten, aber zugleich die Fassaden rhythmisieren. Einen farbigen Akzent erzeugten die roten Jalousienkästen, die die Außenjalousien aufnahmen. Sie waren in circa 8–10 cm Abstand vor den Fenstern montiert und ermöglichten das Entweichen der erwärmten Luft. Ein Öffnen der Lichtkuppeln während der Nacht unterstützte den Luftaustausch. Im Zuge einer Sanierung der Schule wurden die roten Jalousienkästen durch weiße und die bald vermorschten Fichtenholzrahmen der beiden Obergeschosse – das von Kiener gewünschte Mahagoni wurde aus Kostengründen nicht genehmigt – durch leuchtend blaue Aluminiumfenster ersetzt.

Blick über die Dachlandschaft

Die Treppenanlage im Westen führt auf eine Terrasse in Höhe der Turnsaaldecken, wo sich der zentrale Haupteingang sowie der Aufenthaltsbereich befinden. Betonbänke, die die Lichtkuppeln der Turnsaalnebenräume umgeben, laden zum Verweilen ein; eine kleinere Terrasse, überragt von zwei ehemals rot gestrichenen Kaminschloten, liegt im Osten, wo auch die Rampe zur Freisportanlage hinab führt. Neben der Treppe, dem früher einzigen Zugang, gibt es mittlerweile einen weiteren glasüberdachten auf Straßenniveau. Über den zentralen Eingang gelangt man ins Erdgeschoss, wo die Zentralgarderoben, das Konferenzzimmer, Sonderunterrichtsräume sowie das Tagesschulheim situiert sind. Die mittig positionierten gegenläufigen Treppen mit verbindendem Mittelpodest erschließen das 1. Geschoss, das einst für die Stammklassen der Unterstufe vorgesehen war; das 2. Geschoss sollte der Oberstufe vorbehalten sein. Entlang der WC-Gruppe im Norden verläuft ein vertikaler Installationsschacht, von dem die Leitungen in einem Doppelboden horizontal weiterverteilt werden.

14
Der äußerst ungünstige Bauplatz wurde von Franz Kiener als „Loch" bezeichnet; außerdem verunmöglichte er die Orientierung der Sporthallen nach Norden.

15
O. A., „Modellschule Imst/Tirol", in: Vorfertigung im Schulbau, Pädagogische Aspekte – Bauliche Konsequenzen, H. 7, Wien 1971, S. 86a – 86f.

Der flexible Innenraum

Der Innenraum besitzt an den Kreuzungspunkten der Module in Ortbeton gefertigte Stützen mit markanten Vouten, die als Auflager der vorgefertigten Kassettendecken und als Fixpunkte für die Montage der leichten Innenwände dienen. Wie die Außenhaut sind sie aus Naturholzrahmen, Schichtplatten mit Isoliermaterial und Dreifachverglasung ausgeführt und funktionieren als Falt- und Schiebewände, die mit minimalem Aufwand bewegt werden können. Schrankeinheiten, durchlaufende Teppichböden sowie Kassettenfüllungen sollten etwaige akustische Probleme minimieren. Die Architekten wollten damit flexible und variable Raumkonzepte ermöglichen, ja, sie wollten den „Pädagogen ein Instrument in die Hand geben, das in vielfacher Weise, entsprechend den neuen Anforderungen, und zu vielfachen Experimenten benutzt werden kann".[16] Anregungen dafür lieferten zahlreiche Skizzen für die variable Raumnutzung und Platzierung der Schulmöbel, die in Zusammenarbeit mit einer lokalen Schulmöbelfirma angefertigt wurden. Die Pädagogen nutzten diese Möglichkeiten nicht, zu sehr waren sie in ihren traditionellen Mustern und Unterrichtsformen, wie dem Frontalunterricht, verfangen.

Außenansicht

Ähnliche Erfahrungen machte man an den anderen Modellschulen, aber auch international. Fast in allen „Open-plan"-Schulen, von denen viele nach speziellen modularen Konzepten und offenen Bausystem in den USA, Schweden oder England in den 1960er- und 1970er-Jahren erbaut wurden, sind mittlerweile fixe Zwischenwände eingezogen worden.[17] In Imst verschwand die Transparenz der Klassenräume, die den Architekten zum Abbau hierarchischer Strukturen so wichtig war, indem man die Glaswände großteils durch Kunststoffpaneele ersetzte. Die Forderungen nach offenen Raumstrukturen und einer variablen Nutzung sind geblieben und Grundlagen des heutigen Schulbaus, dem Wiener Campusmodell, das nach dem Prinzip des Clusters aufgebaut ist; selbstverständlich sind sie keineswegs.

Hierin zeigt sich zweierlei: Einerseits das vorausschauende Planen der Architekten der Studiengemeinschaft, die mit ihren Gebäuden die experimentellen Unterrichtsmethoden der modernen Pädagogik befördern oder anregen wollten, zum anderen aber die Langlebigkeit traditioneller Strukturen, Bildungs- und Ausbildungssysteme, die jegliche fortschrittliche Schularchitektur und Pädagogik nachhaltig bremsten. Obwohl sich die Studiengemeinschaft intensiv mit pädagogischen Aspekten und neuen didaktischen Modellen auseinandersetzte und viele Experten befragt hatte, vergaßen sie die Nutzer, also die Lehrer und Schüler, miteinzubeziehen: Heutige Planungsprozesse, die zu optimalen Ergebnissen führen, basieren auf der Partizipation aller Beteiligten.

Die drei Modellschulen hatten also weder didaktisch noch hinsichtlich der Verwendung von Vorfertigungsmethoden einen nachhaltigen Einfluss auf künftige Schulbauten. Erwähnt sei ein damals neu aufgekommenes, nahezu unschlagbares Argument, das gegen offene Raumstrukturen und große verglaste Hallenbauten (wie z. B. das BSZ Wörgl mit der unzureichend gedämmten Außenhaut) vorgebracht wurde: Die hohen Energiekosten, die infolge des Ölschocks 1973 nach energetisch nachhaltigen Lösungen verlangten.[18]

Dessen unbeschadet ist das BRG Imst der Inbegriff einer konzentrierten, rationalen Architektur, die der knappest möglichen Form huldigt; es ist variantenreich in der Gestaltung, präzis in der Detailausführung und energetisch dem damaligen Standard entsprechend ausgeführt. Dass der mittlerweile denkmalgeschützte Schulbau (Denkmalschutz nach § 3) bis heute weitgehend unverändert erhalten und von den Nutzerinnen und Nutzern nach wie vor geschätzt wird, spricht für seine architektonische Qualität. Oder, wie unlängst der mitbeteiligte Architekt Gerhard Kleindienst resümiert hat: „Was bleibt, ist, insbesondere mit dem Gymnasium Imst, ein Bau von wahrhaft großer Poesie."[19]

16
Ebd., S. 86b.

17
Christian Kühn, „Vom Haus des Lehrers zum Raum für Teams", in: Caroline Jäger-Klein, Sabine Plakolm-Forsthuber, ÖISS (Hrsg.), Schulbau in Österreich 1996–2011. Wege in die Zukunft, Wien-Graz: NWV, 2012, S. 82–83; Michael Zinner, „Das Bundesschulzentrum Traun", in: www.schulraumkultur.at/perch/resources/140220-blogzinner.michael-20110405anlyse-bsz.traun-seite1bis28.pdf, Linz 2011 (2.10.2015).

18
Diether S. Hoppe (Hrsg.), Schulbau in Österreich. Eine qualitative Bestandsaufnahme 1996, Wien: Verl. Österreich, 1996, S. 72.

19
Gerhard Kleindienst, Bundesrealgymnasium Imst in Tirol, E-Mail an die Autorin, 1.10.2015.

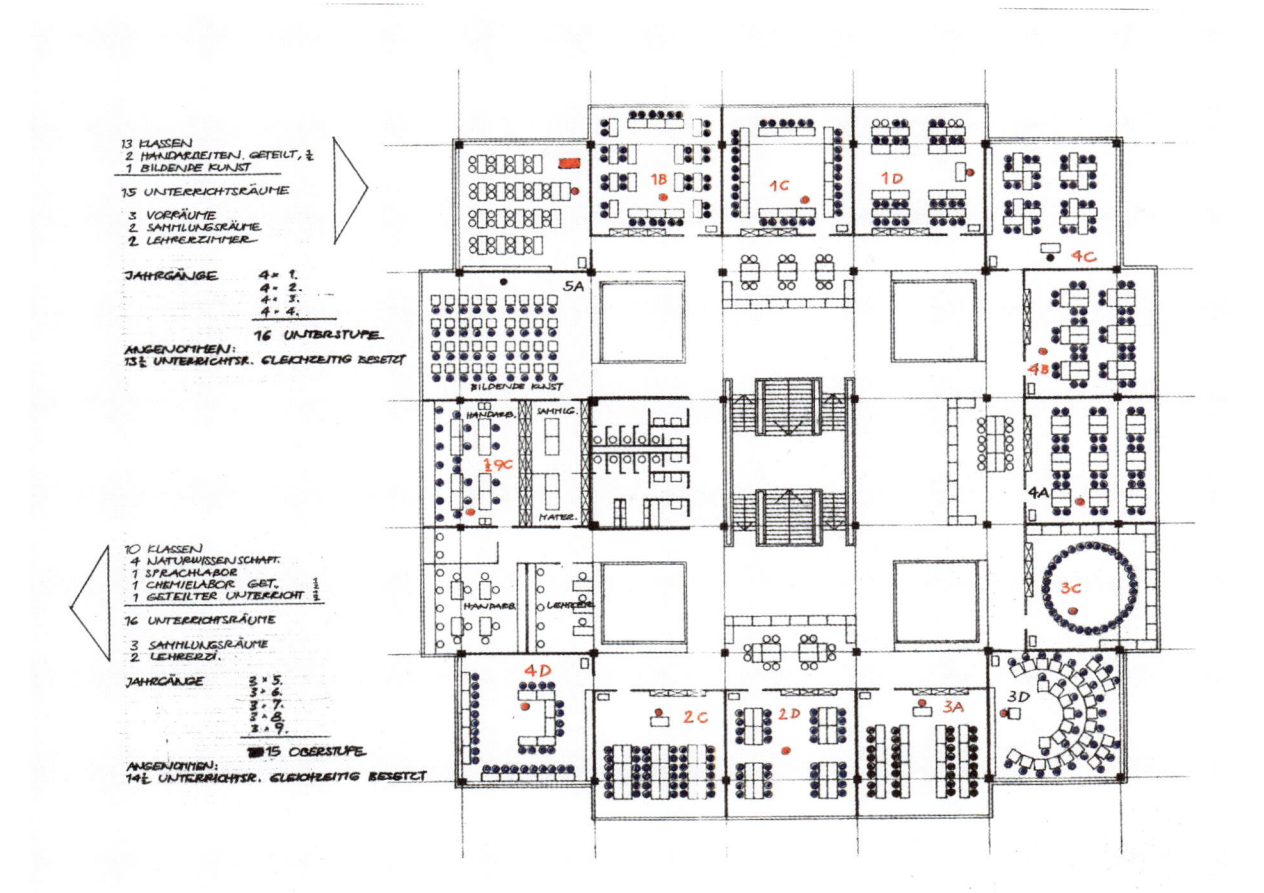

Besetzung einer Schule nach Stundenplan, z. B. 10.00 Uhr Vormittag.

← Klassen-Belegungsplan, 1. Obergeschoss

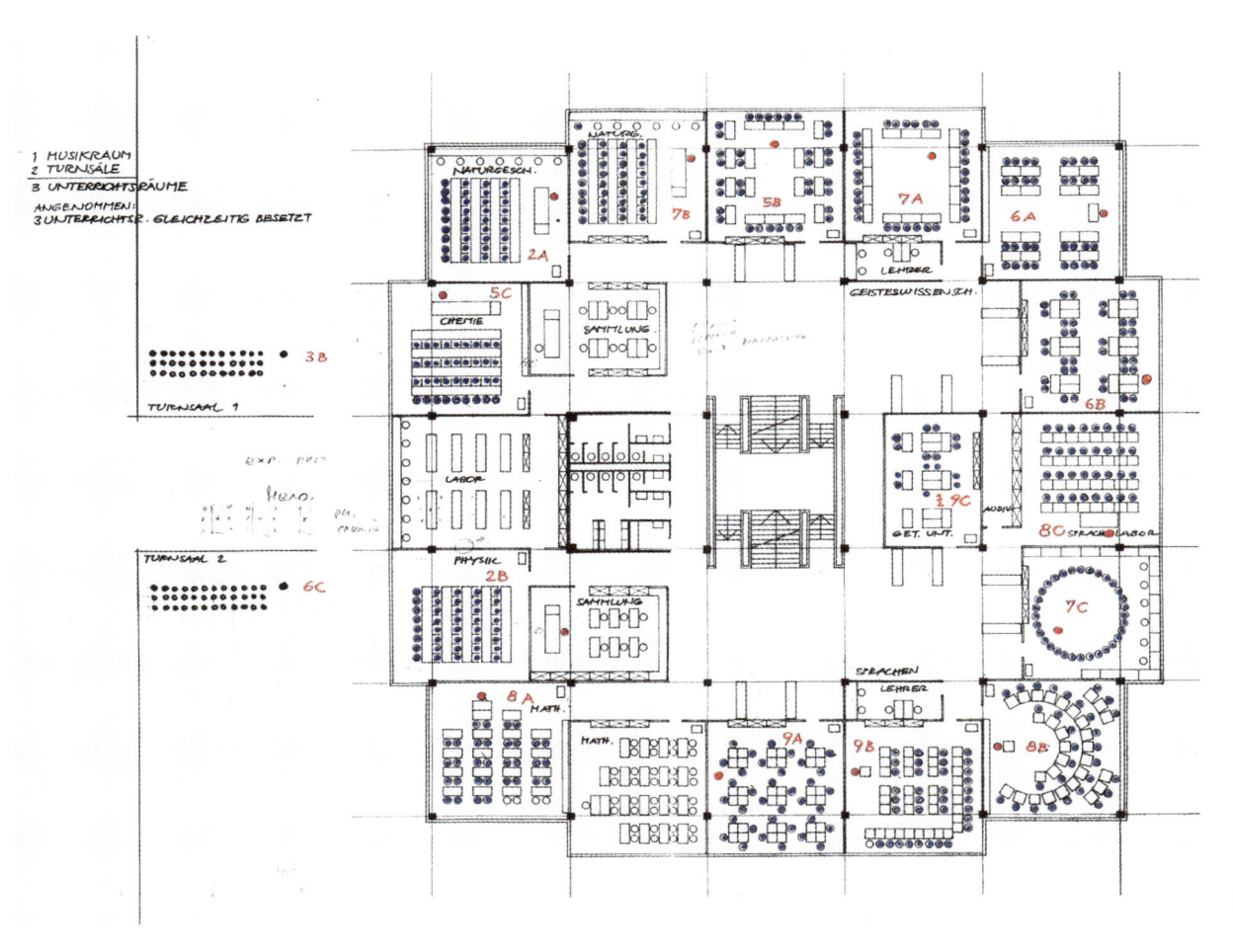

← Klassen-Belegungsplan, 2. Obergeschoss

Neue Wege im Schulbau

Wettbewerb Schule Liezen

1954
Steiermark
mit Heinz Dieter Kajaba
Ankauf

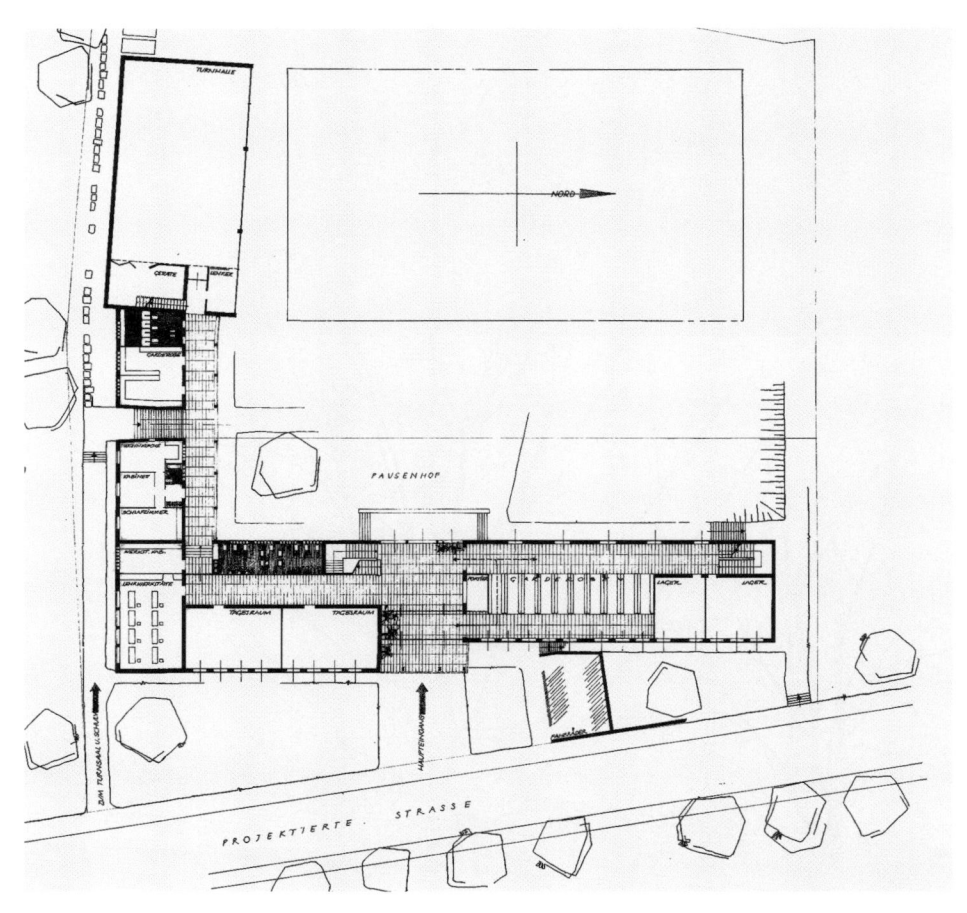

→ Grundriss Erdgeschoss

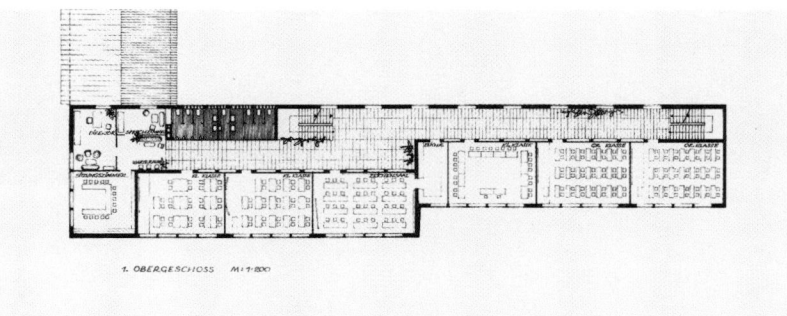

→ Grundriss Obergeschoss

Neue Wege im Schulbau

Wettbewerb
Volks- und Hauptschule Ranshofen

1954
Oberösterreich
mit Heinz Dieter Kajaba

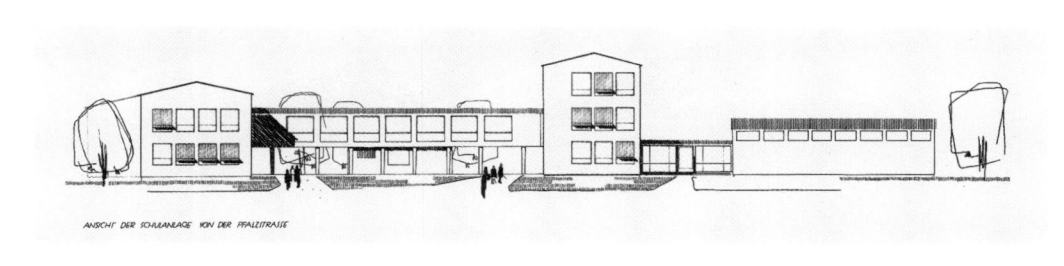

→ Ansicht Pfalzstraße

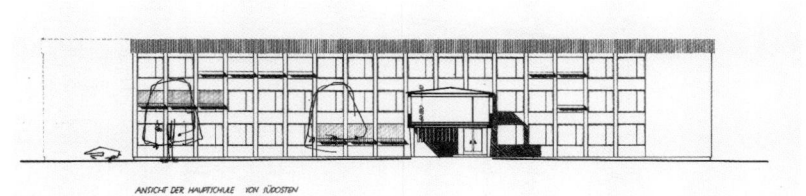

→ Hauptschule, Ansicht Südost

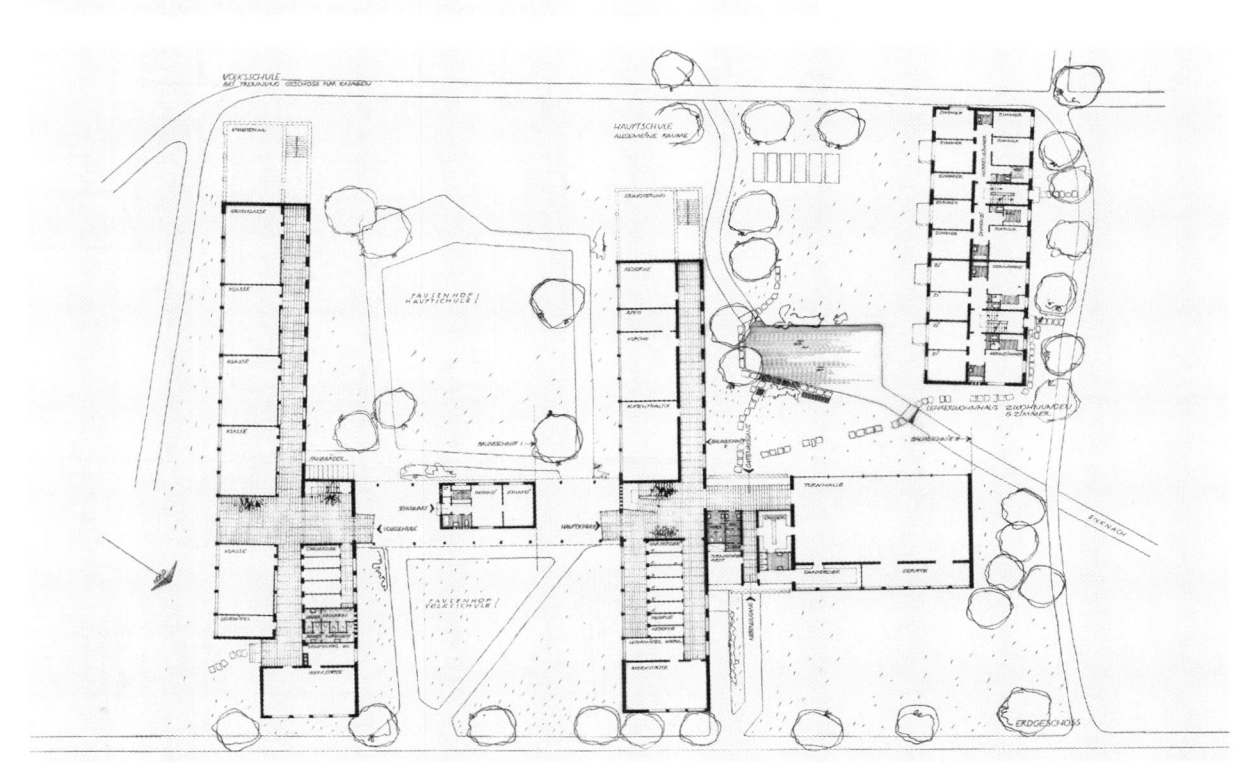

→ Grundriss

Studiengemeinschaft „Vorfertigung im Schulbau" 1965–1969

mit Viktor Hufnagl, Ferdinand Kitt, Fritz Gerhard Mayr, Herbert Thurner und Ottokar Uhl

Cover, Studie

Aspekte der Vorfertigung und Industrialisierung[1]
Text: Viktor Hufnagl

Zu Beginn des Jahres 1968 erhielt das Architektenteam V. Hufnagl, F. Kiener, F. Kitt, F. Mayr, H. Thurner und O. Uhl als die „Studiengemeinschaft Vorfertigung im Schulbau" vom Bundesministerium für Bauten und Technik den Forschungsauftrag: „Rationalisierung im Schulbau", das heißt, die Möglichkeiten und Voraussetzungen für die Anwendung von Methoden und Systemen der Vorfertigung im österreichischen Schulbau zu studieren. Es sollten die funktionelle, wirtschaftliche und technische Eignung in Österreich derzeit greifbarer Bausysteme im Hinblick auf den beabsichtigten Verwendungszweck untersucht, unter Berücksichtigung der ausländischen Erfahrungen auf diesem Gebiet Gesichtspunkte aufgezeigt und Wege einer Weiterentwicklung in technischer und organisatorischer Hinsicht gefunden werden.

Ich zitiere aus dem Schlußbericht Auszüge der Ergebnisse: „Die zum Thema vorliegende Literatur wurde ausgewertet und in einer umfassenden Literaturzusammenstellung gegliedert. Dabei wurden angrenzende Sachgebiete (Planung, Pädagogische Grundlagen, Gesetze, Bauphysik) berücksichtigt. Studienreisen nach mehreren europäischen Ländern (Dänemark, Bundesrepublik Deutschland, Deutsche Demokratische Republik, England, Finnland, Frankreich, Italien, Schweden, Schweiz) gaben wertvollen Aufschluß über den Stand und die Probleme des Schulbaues, der Vorfertigung und der Pädagogik außerhalb Österreichs, ermöglichten Kontakte mit einschlägigen Behörden, Instituten und Bauunternehmern und die Beschaffung weiterer Literatur. Eine Befragung österreichischer Firmen nach Fertigteilbausystemen für den Schulbau gab Aufschluß über die derzeitige Marktlage und ermöglichte die vergleichbare Darstellung von 19 in Österreich greifbaren Systemen. Weiters wurde im Rahmen einer gesonderten Studie die Eignung verschiedener österreichischer und in Österreich verfügbarer Systeme für den Turn- und Schwimmhallenbau geprüft, wurden Möglichkeiten einer Weiterentwicklung aufgezeigt und die Bedingungen dafür definiert.

Das anläßlich der Studienreisen gesammelte Material über ausländische Schulbausysteme fand seinen Niederschlag in einer Zusammenstellung von 31 ausgewählten, für die österreichische Situation relevanten Systemen und anschließenden Überlegungen über den Stand der Entwicklung im Ausland hinsichtlich Planung, Gestaltungsmöglichkeiten, Industrialisierungsgrad, Variabilität und Flexibilität, Lebensdauer und Ausführungsstandard."

Ausländische Erfahrungen bestätigten die Notwendigkeit eines überregionalen Marktes als Voraussetzung für die erfolgreiche Anwendung industrieller Fertigungsmethoden, so daß es sich als notwendig erwies, die österreichischen gesetzlichen Grundlagen des Schulbaues auf Bundes- und Landesebene hinsichtlich der Möglichkeit einer bundeseinheitlichen Standardisierung von Schulbausystemen zu untersuchen. [...]

Im weiteren Verlauf der Forschungsarbeit wurden diejenigen technischen und organisatorischen Maßnahmen aufgezeigt, die als Voraussetzung für eine wirksame

---

[1] Aus: Viktor Hufnagl, „Internationale Tendenzen im Schulbau – ihre Auswirkungen in Österreich", in: Der Aufbau, H. 11/12, 1973, Sonderheft Schulbau, S. 418–436.

Rationalisierung des Schulbaues durch Vorfabrikation gelten müssen: Erweiterung der Planungsziele (Normierung, Typisierung, Modularkoordination), Planungsmethoden (Teamarbeit, Planung innerhalb gegebener Systeme), Planungsinhalte (Entwicklungsarbeit, Systemforschung, Termin- und Kostenplanung) sowie Ziele und Grundsätze der Produktion, Auftragsabwicklung und Bauorganisation. [...]

Eine Bestandsaufnahme der bildungspolitischen, pädagogischen und didaktischen Tendenzen bedingt Überlegungen bezüglich Mobilität, Flexibilität und Variabilität im Schulbau. Daraus können Kriterien abgeleitet werden, die eine Beurteilung vorliegender Schulbausysteme ermöglichen und Grundsätze für Weiter- und Neuentwicklungen aufzeigen.

Nach Befragung österreichischer Firmen wurden 19 Bausysteme, die in Österreich bereits im Schulbau verwendet wurden oder für eine solche Verwendung vorgesehen sind, ausgewertet und in Systemblättern vergleichbar dargestellt. Die Auswertung beinhaltet neben technischen, bauphysikalischen und konstruktiven Angaben auch Daten über Firmenmobilität, bisherige Erfahrungen im Bau von Fertigteilschulen, Kapazität und vorhandene Betriebseinrichtungen sowie Zeichnungen der wesentlichen Konstruktionsmerkmale. [...]

Einem Wunsch des Auftraggebers entsprechend, wurden in Österreich produzierte und greifbare Bausysteme für den Turnhallen- und Schwimmhallenbau zusammengestellt. Nach funktionellen und konstruktiven Forderungen wurden Bewertungskriterien aufgestellt und die vorliegenden Systeme auf ihre Brauchbarkeit und Normgerechtigkeit untersucht, Möglichkeiten einer Weiterentwicklung aufgezeigt und die Bedingungen dafür definiert. Dabei wurde festgestellt, daß die untersuchte Bauaufgabe aufgrund ihrer spezifischen Eigenschaften (konstante Größe der Funktionseinheiten, genau definierte Anforderungen) zwar gute Voraussetzungen zur Typisierung und Serienfertigung bietet, der Einfluß solcher Maßnahmen auf die Baukosten aber nicht überbewertet werden darf: Bei Turn- und Schwimmhallen handelt es sich in der Regel um relativ kleine Bauvorhaben, häufig in kleinen Gemeinden mit ungünstigen Standortbedingungen. [...]

Das Resultat der Planung sind Bausysteme, die in verschiedensten Grundrißvarianten zur Anwendung kommen können (Variabilität); die vielfache Umsetzbarkeit von Elementen oder ganzen Bauteilen macht es möglich, die Lebensdauer der Gebäude bei voller Funktionsfähigkeit zu erhöhen und durch den Austausch von Elementen den Gebäudestandard den jeweiligen Anforderungen anzupassen (Flexibilität). Nicht nur der Vorfertigungsgrad der Systeme steigt, sondern auch der Industrialisierungsgrad. Ist dieser hoch, das heißt, wird das betreffende System (oder auch Element) in Großserien erzeugt, dann ist es exportierbar. Dadurch und durch den Export von Know-how (Wissen) üben Firmen (in Form von Lizenzen) starken Einfluß auf ausländische Märkte aus. Die betroffenen Länder (wie Österreich) werden gezwungen, den technologischen Vorsprung durch Koordination ihrer Bauforschung aufzuholen.

Für das industrialisierte Bauwesen sind Typung und Normung wichtige Rationalisierungshilfen. Im Unterbereich Maßnormung hat sich die Modularkoordination zu einem wesentlichen Planungsinstrument entwickelt. Nach internationalen Empfehlungen wird die Bemessung von Bauteilen nach einem System von Maßstufen durchgeführt, die in arithmetischen und geometrischen Beziehungen zueinander stehen. Der kleinste Maßsprung – der Grundmodul – beträgt 10 cm. Auf diesem Grundmodul wird ein räumliches System von Rastern aufgebaut, das dem Planenden die Koordination der Anschlußdetails (Grundmodulraster), des Ausbaues (Planungsraster) und der Tragstruktur (Strukturraster) weitgehend erleichtert. Für die Produzenten bedeutet die Maßordnung eine Verringerung der Zahl der Elementarten und damit die Möglichkeit der Fertigung großer Stückzahlen. Die Baufirmen stellen in Katalogen den Architekten verschiedene Möglichkeiten zur Auswahl. [...]

Die Schulbausysteme entwickelten sich mit Hilfe der Modularkoordination von Typenbauten zu geschlossenen und offenen Bausystemen, von denen besonders die letztgenannten dem Architekten größere Planungsfreiheit geben. Die von den Pädagogen verlangte Variabilität und Flexibilität werden durch modulare, umsetzbare Bauelemente (zum Beispiel Trennwände) ermöglicht. Qualitätsangleichungen an steigende Standards können durch den Austausch demontierbarer Elemente erreicht werden.

Die industrielle Fertigung kann sich, im Gegensatz zum Handwerk, nur auf großen Aktionsgebieten sinnvoll auswirken, und es ist daher notwendig, für Planung und Bau bundeseinheitliche Voraussetzungen und Möglichkeiten, in erster Linie also gesetzliche Grundlagen zu schaffen, die für ganz Österreich gleich sind oder einander zumindest nicht widersprechen. [...]

Wettbewerb
Pädagogische Akademie Baden

1968
Niederösterreich
mit Manfred Resch

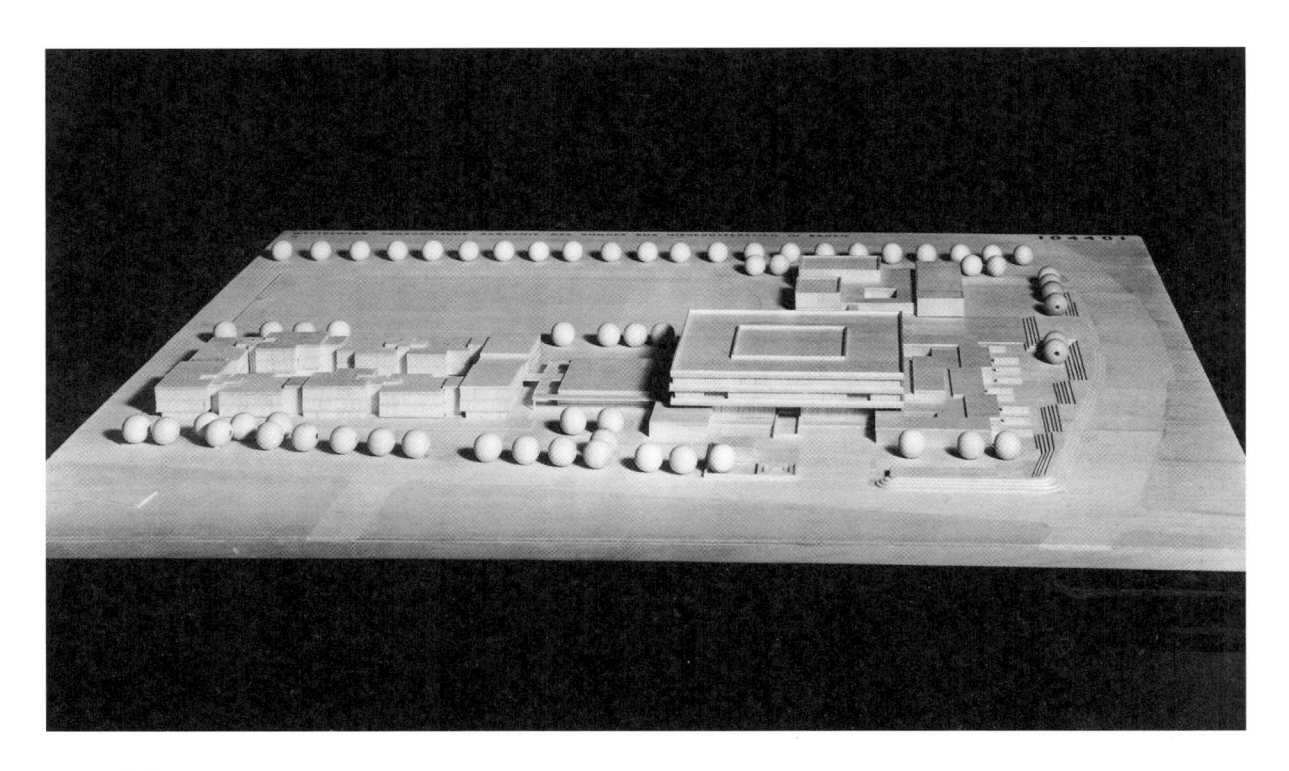

→
Modell

→ (rechte Seite)
Axonometrie

Neue Wege im Schulbau

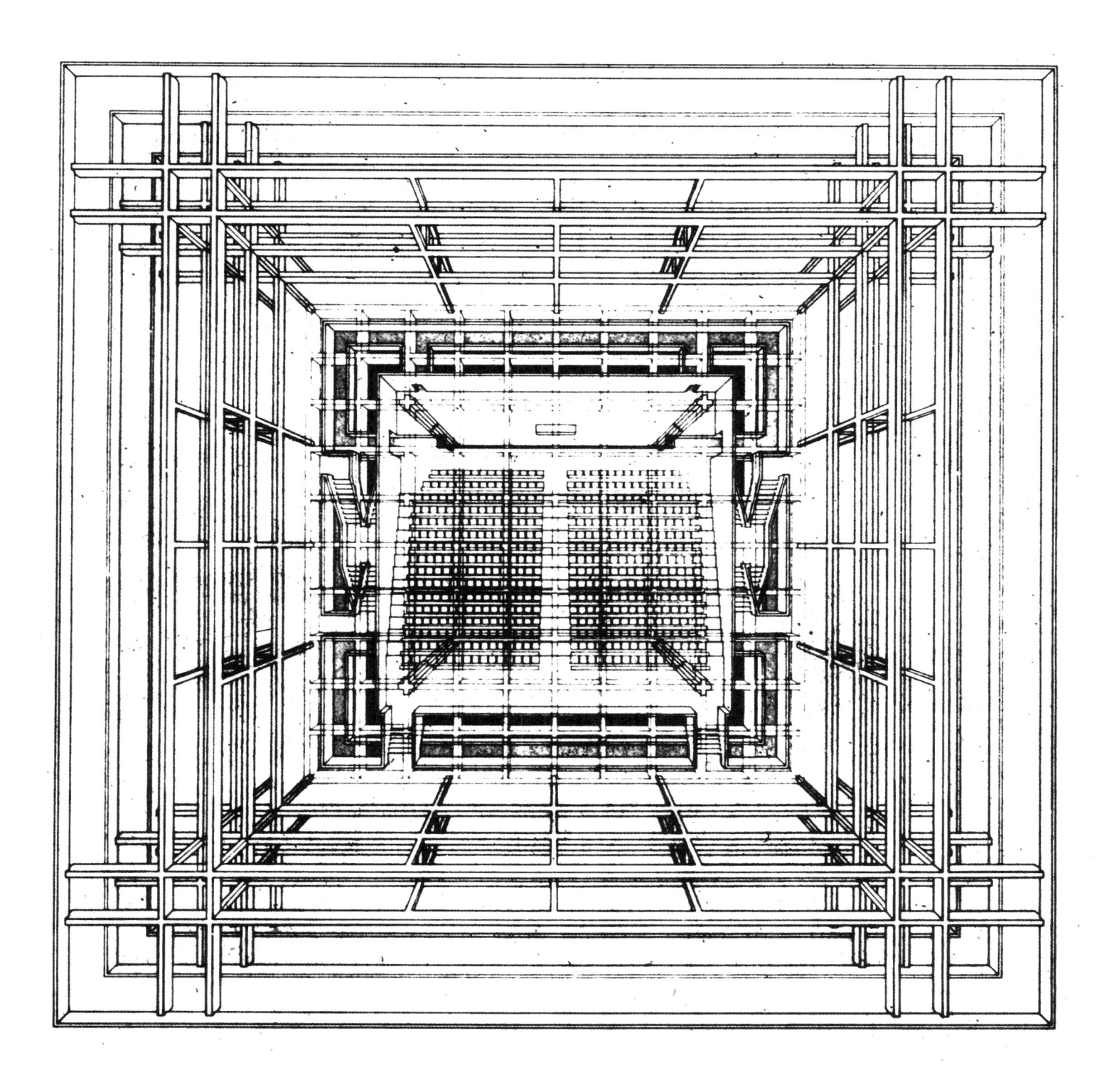

Wettbewerb
Bundesgymnasium Steyr

1968
Oberösterreich
mit Manfred Resch

→
Modell

158

Neue Wege im Schulbau

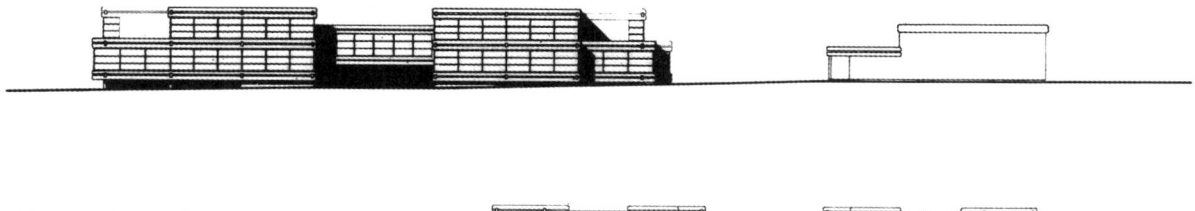

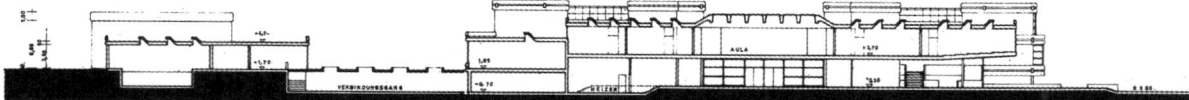

← Ansicht, Schnitt

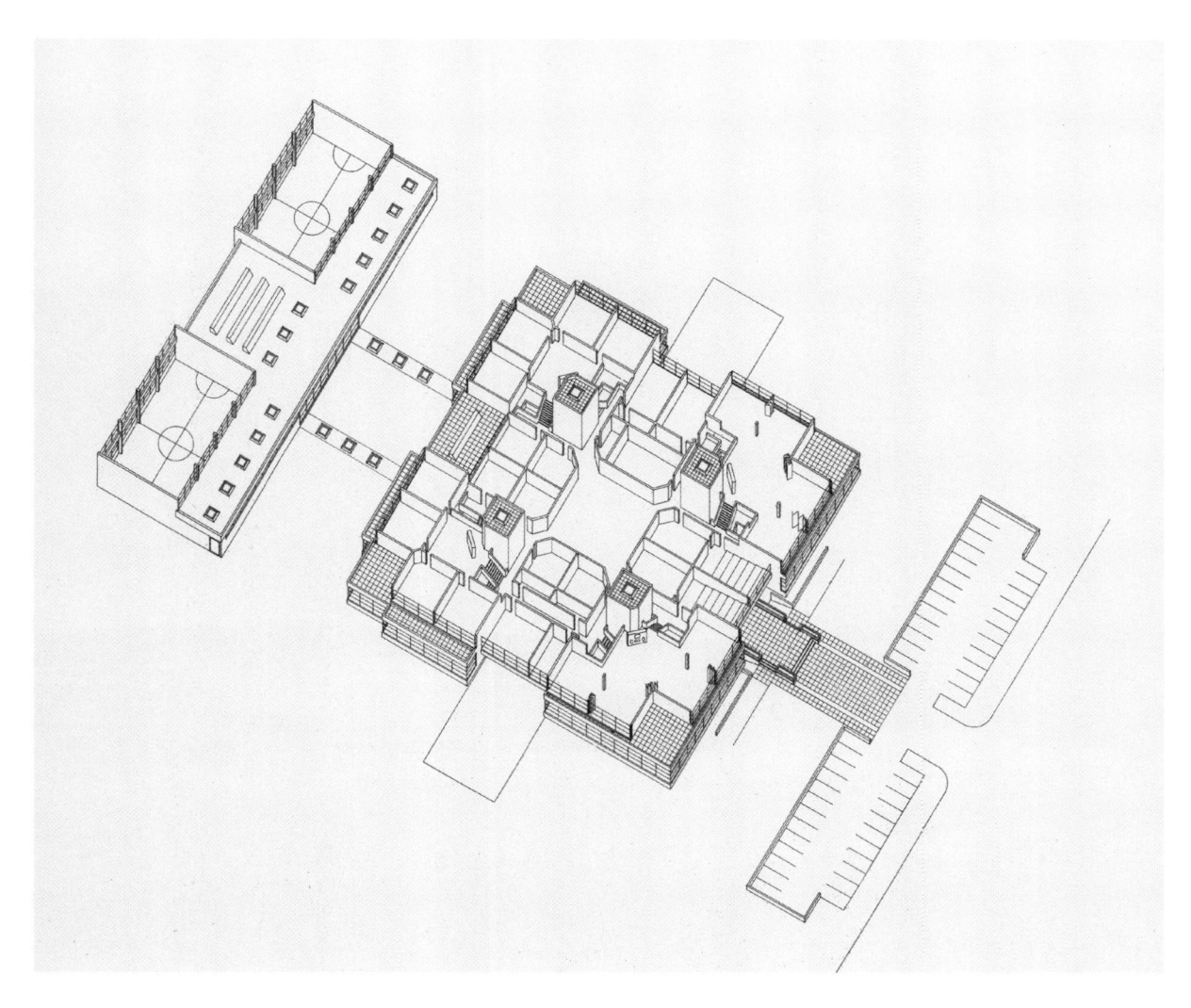

← Axonometrie

Bundesrealgymnasium Imst

1969–1973
Tirol
mit Ferdinand Kitt

→
Außenansicht

160

Neue Wege im Schulbau

Neue Unterrichtssysteme aus den Staaten im Norden haben unser Interesse geweckt. Frontalunterricht in großen Gruppen von ungefähr zwei bis drei Klassen zusammen, um Lehrkräften einen Intensivunterricht in kleinen Gruppen (ca. 15 Personen) zu ermöglichen. Gerade diese Forderung wirkt sich auf die Grundrissgestaltung einer Schule aus. Aufgelöste Tragkonstruktionen und wandelbare Räume. Raumbildende Wände sind in umstellbare Elemente aufgelöst, wobei der Schallschutz zu beachten ist. Dieser Gedanke war wesentlich bei der Entwicklung der Grundrisse.

→
Modell

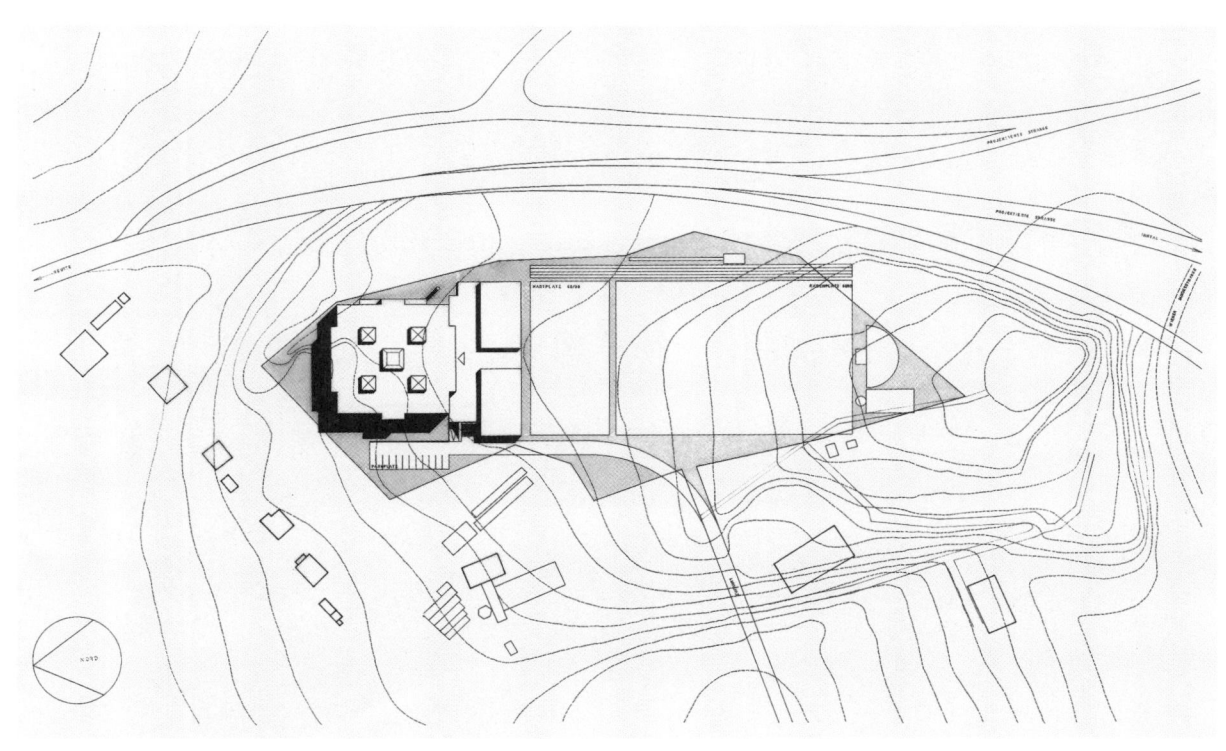

→
Lageplan

Eine raue Betonsäule oder Wand mit Anschluss eines Tischlerelements lassen die feine, präzise Arbeit des Tischlers zur Geltung kommen. Es ist wichtig, der Qualität des einzelnen Professionisten Rechnung zu tragen.

← Lichtdurchflutete Klassenzimmer

← Oberste Geschossdecke mit Tageslichtöffnungen

Neue Wege im Schulbau

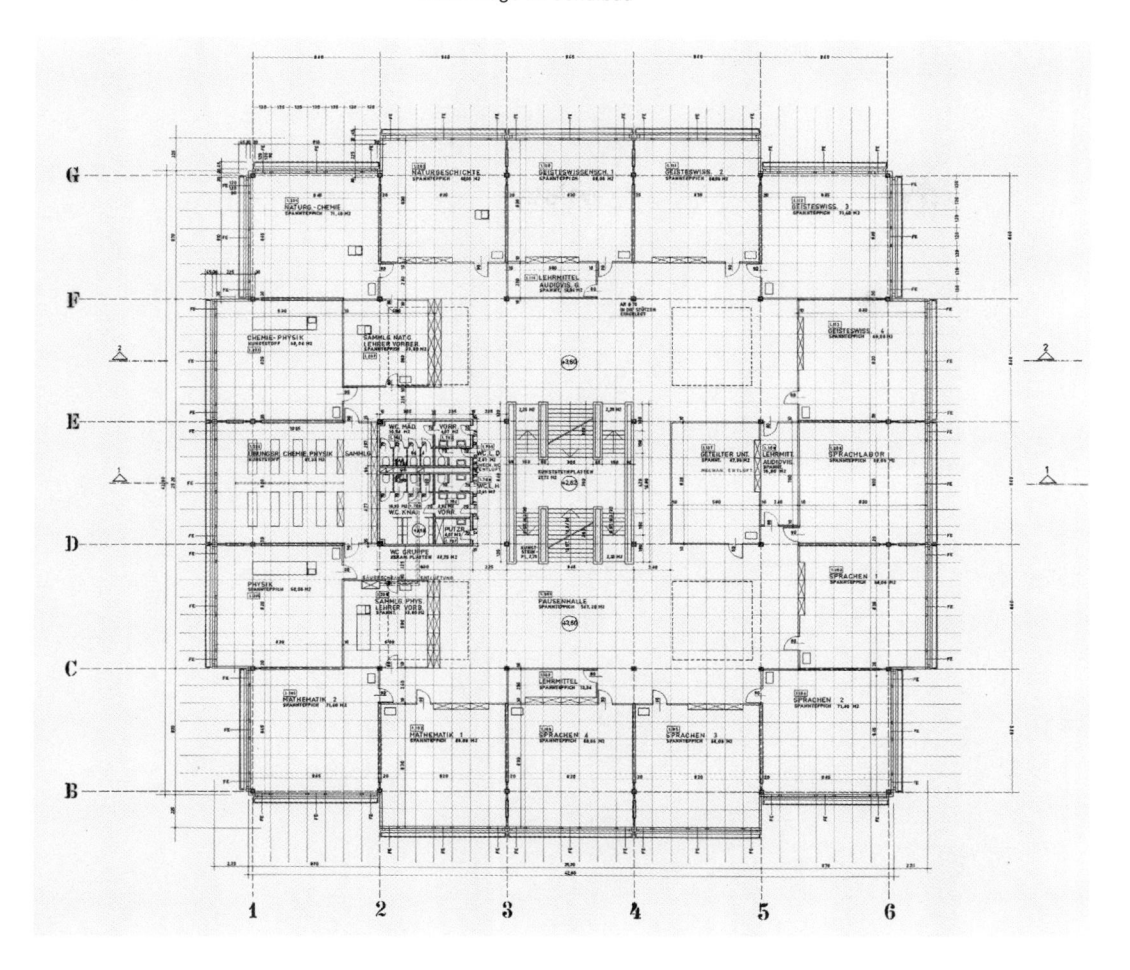

← Grundriss Obergeschoss

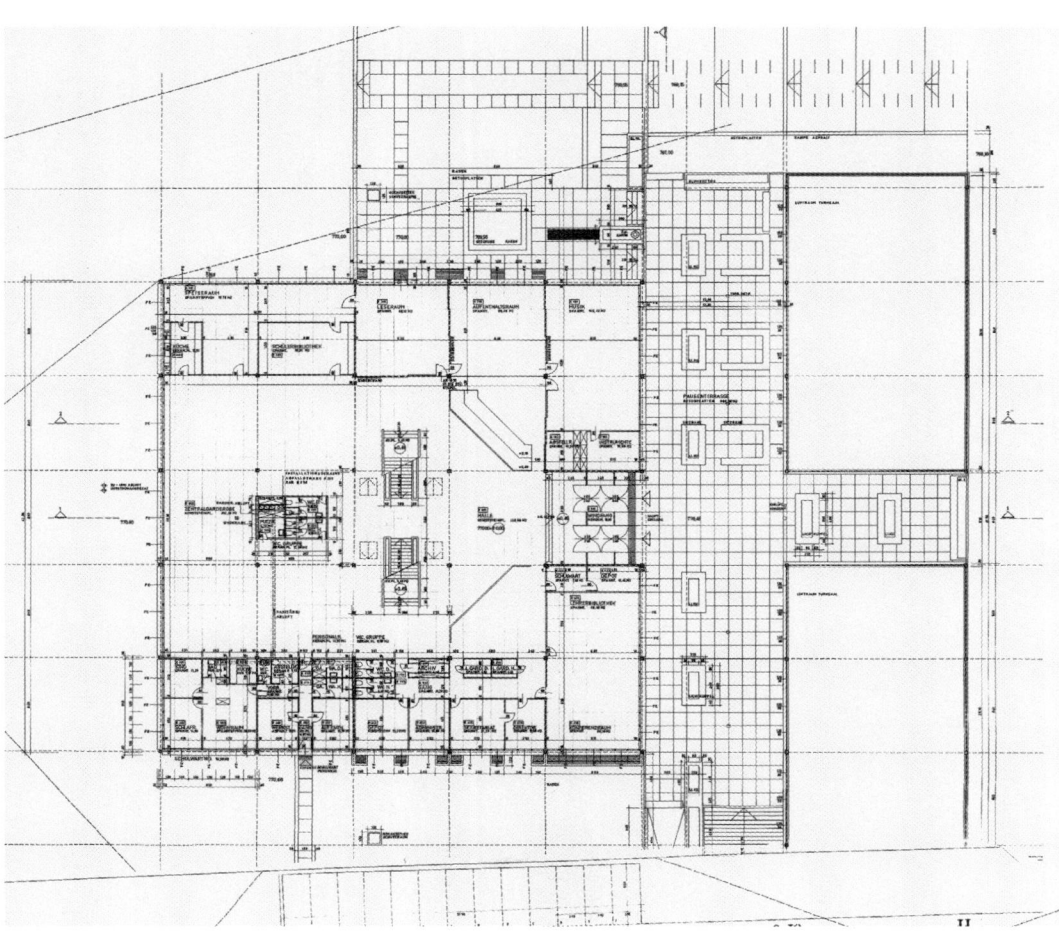

← Grundriss Erdgeschoss

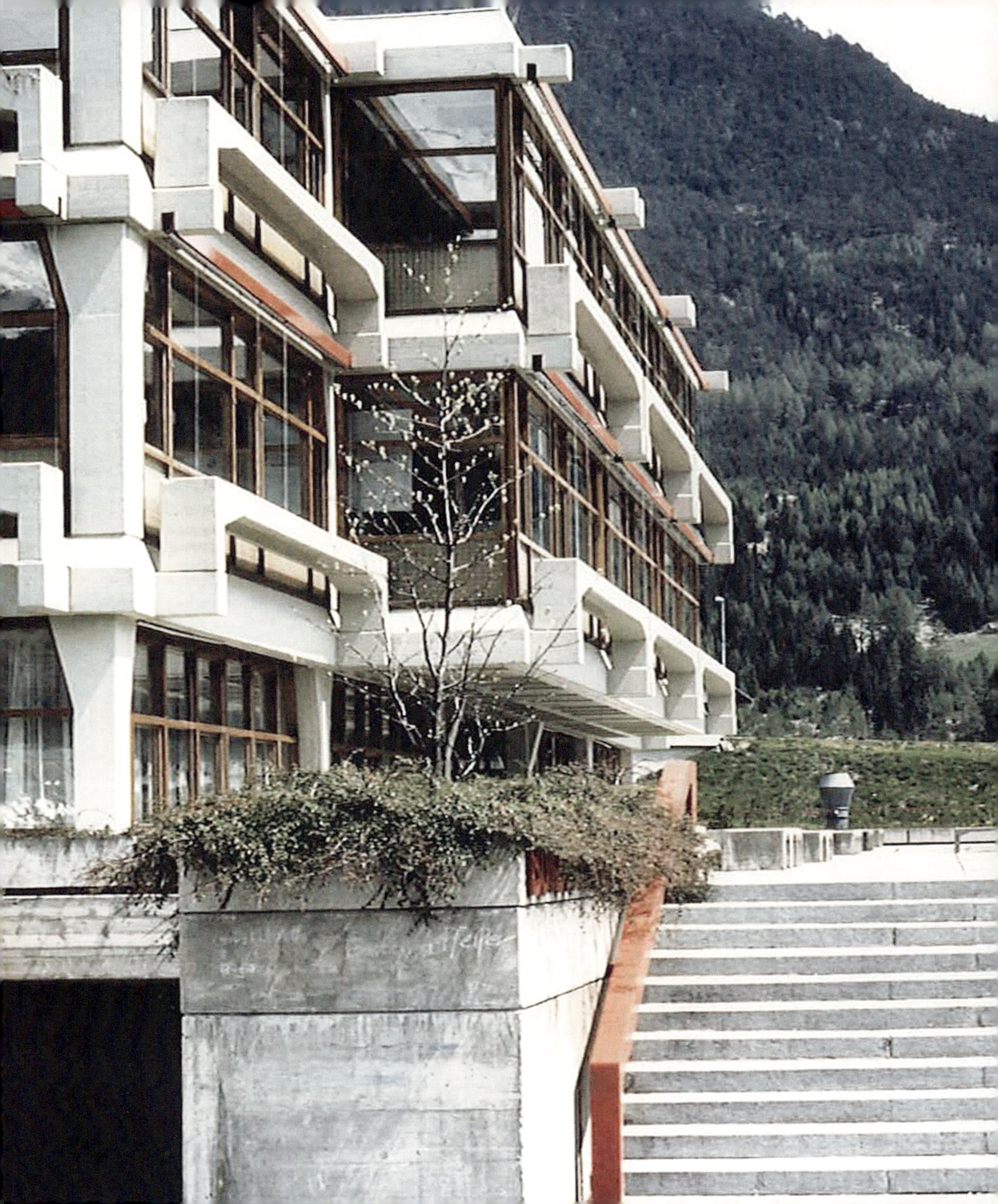

Neue Wege im Schulbau

Auch zwei verschiedene Montageelemente ergeben eine betonte
Schattenfuge. Damit werden feine Toleranzen aufgenommen.

←
Ortbeton-Stütze mit aufge-
lagerten Betonfertigteil-
Deckenelementen

←
Eingangssituation

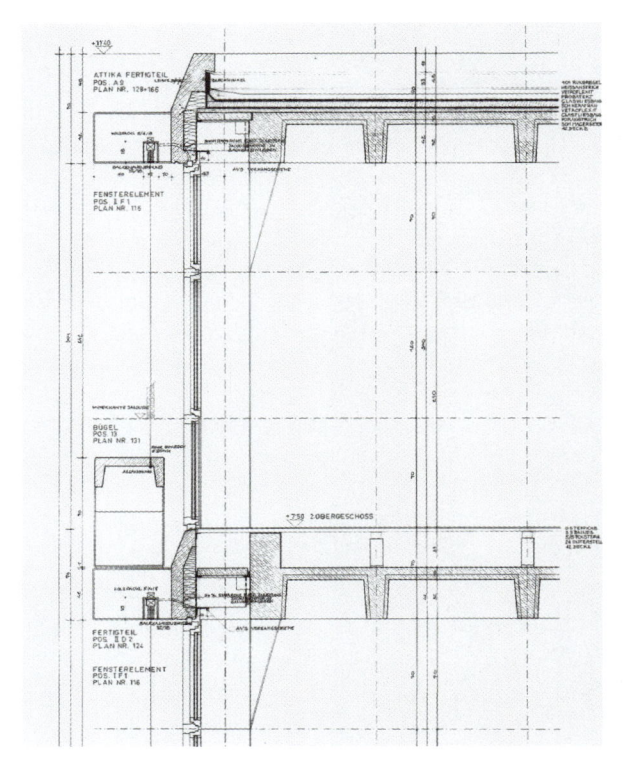

Eine stumpf einschlagende Türe mit Stulp hat eine Fuge zum Putz. Diese sichtbare Trennfuge zweier Materialien ist Ausgangspunkt für die Entwicklung aller Details.

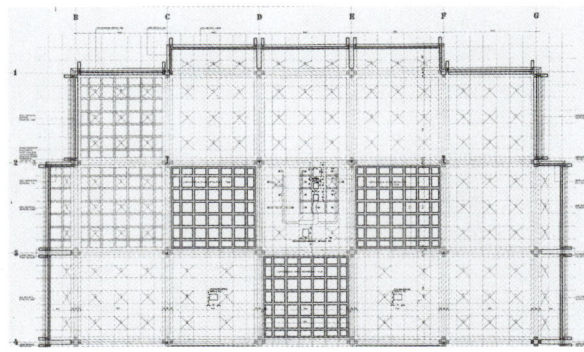

← Fassadenschnitt

← Decke über dem 2. Obergeschoss

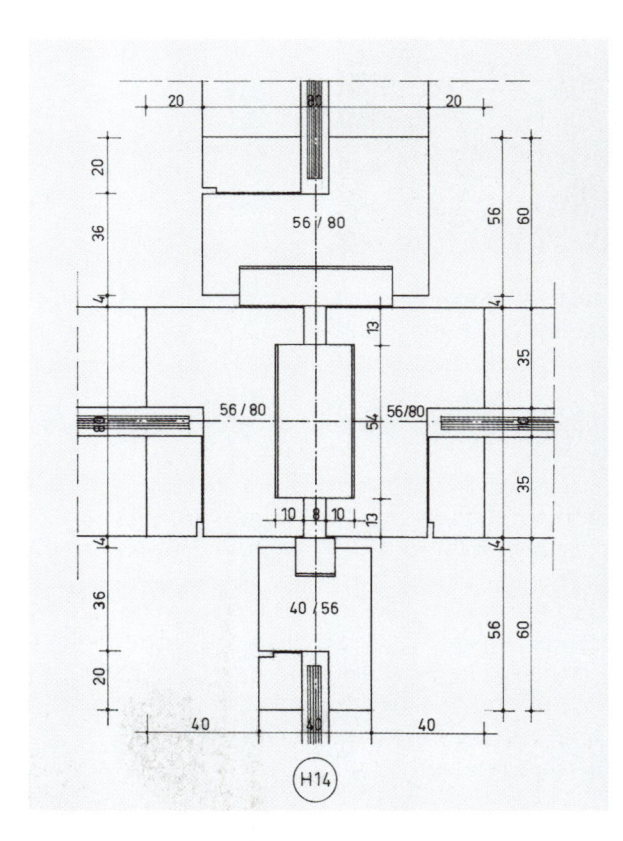

← Zwischenwände, Horizontalschnitt

← Klassenzimmer-Trennwand, Holz-Glaskonstruktion

Neue Wege im Schulbau

→
Innenansicht, Eckausbildung

→
Halle mit Deckenöffnung
ins 2. Obergeschoss

169

Wettbewerb Akademisches Bundesgymnasium Rainberg

1971
Salzburg
mit Manfred Resch

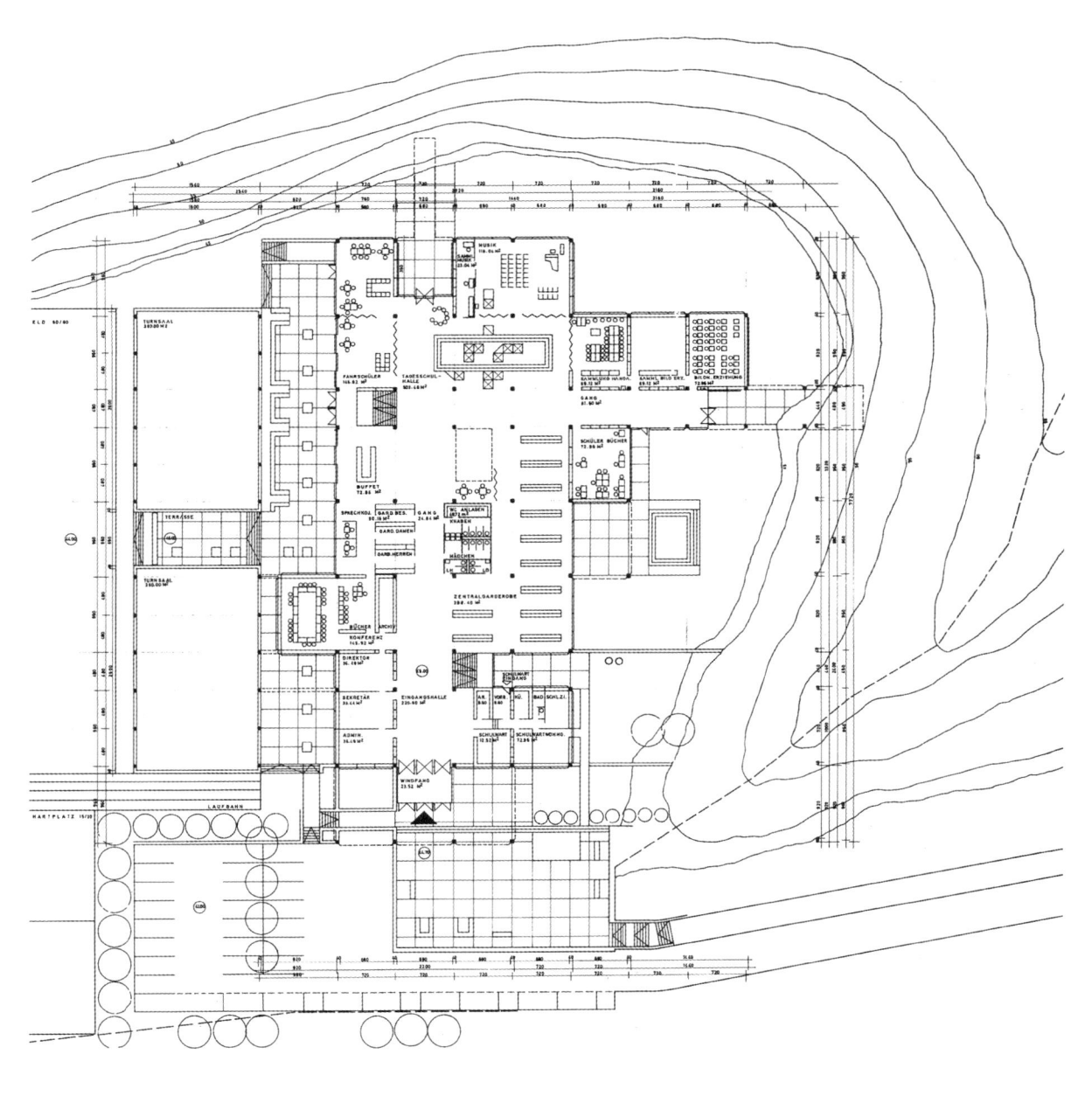

→
Grundriss

Neue Wege im Schulbau

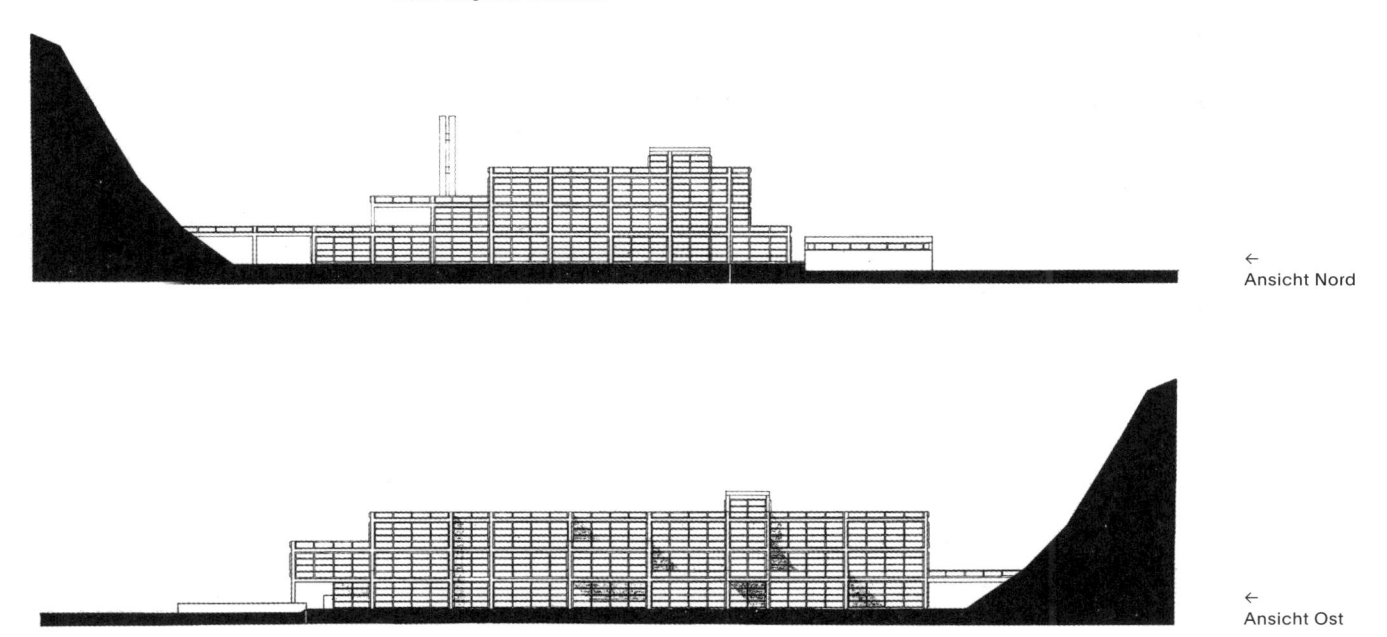

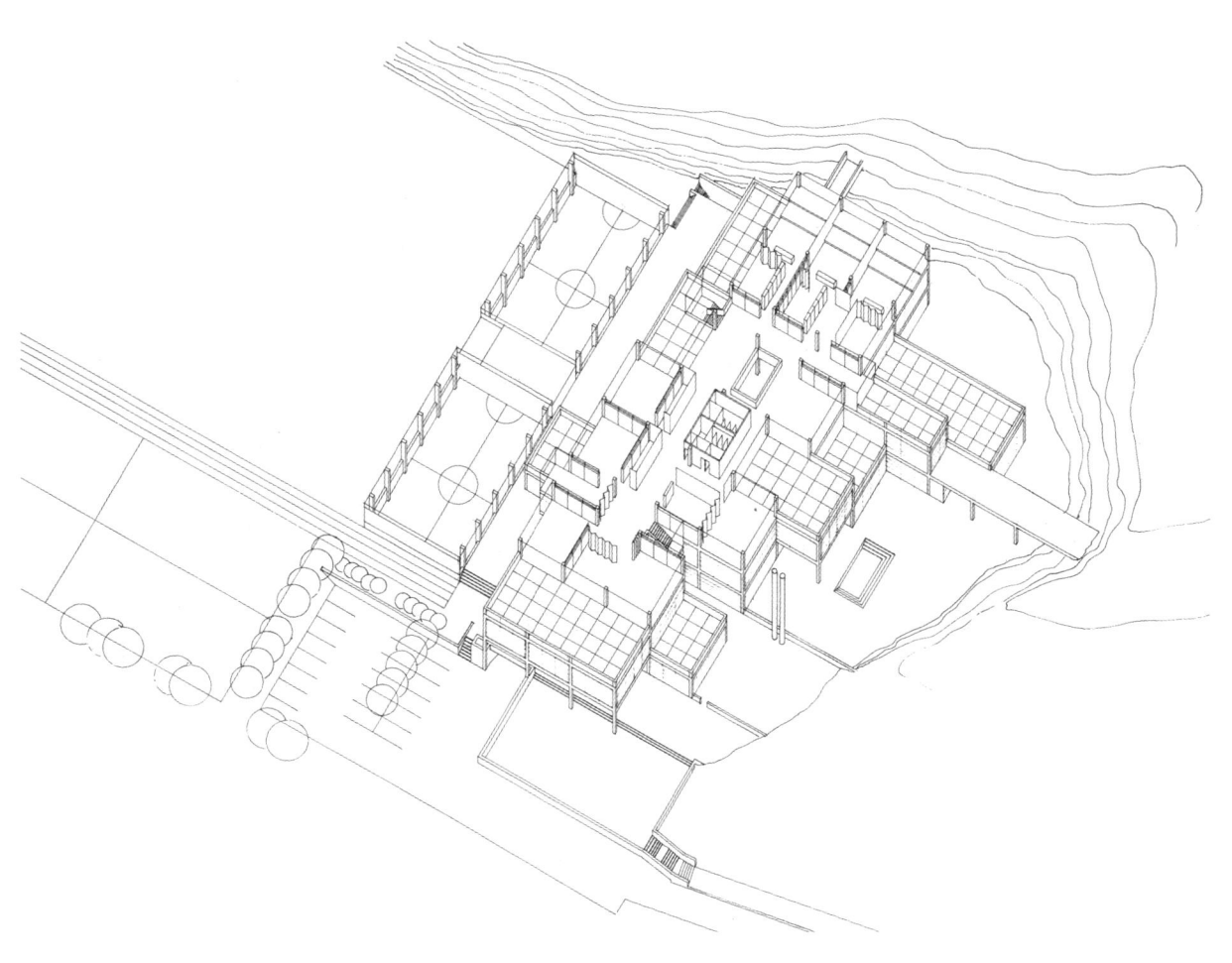

← Ansicht Nord

← Ansicht Ost

← Axonometrie

Wettbewerb Universität Salzburg

1973
Salzburg-Nonntal
mit Gerhard Kleindienst
Ankauf

Unser Projekt wurde mit einem Ankauf ausgezeichnet. Die allgemeine Beurteilung war durchwegs positiv, lediglich der Zugang vom Nonntal wurde bekrittelt, dieser sollte von der Alpenstraße erfolgen. Meine Vorstellung war, die Uni vom Nonntal an die Stadt anzubinden.

→ Skizze

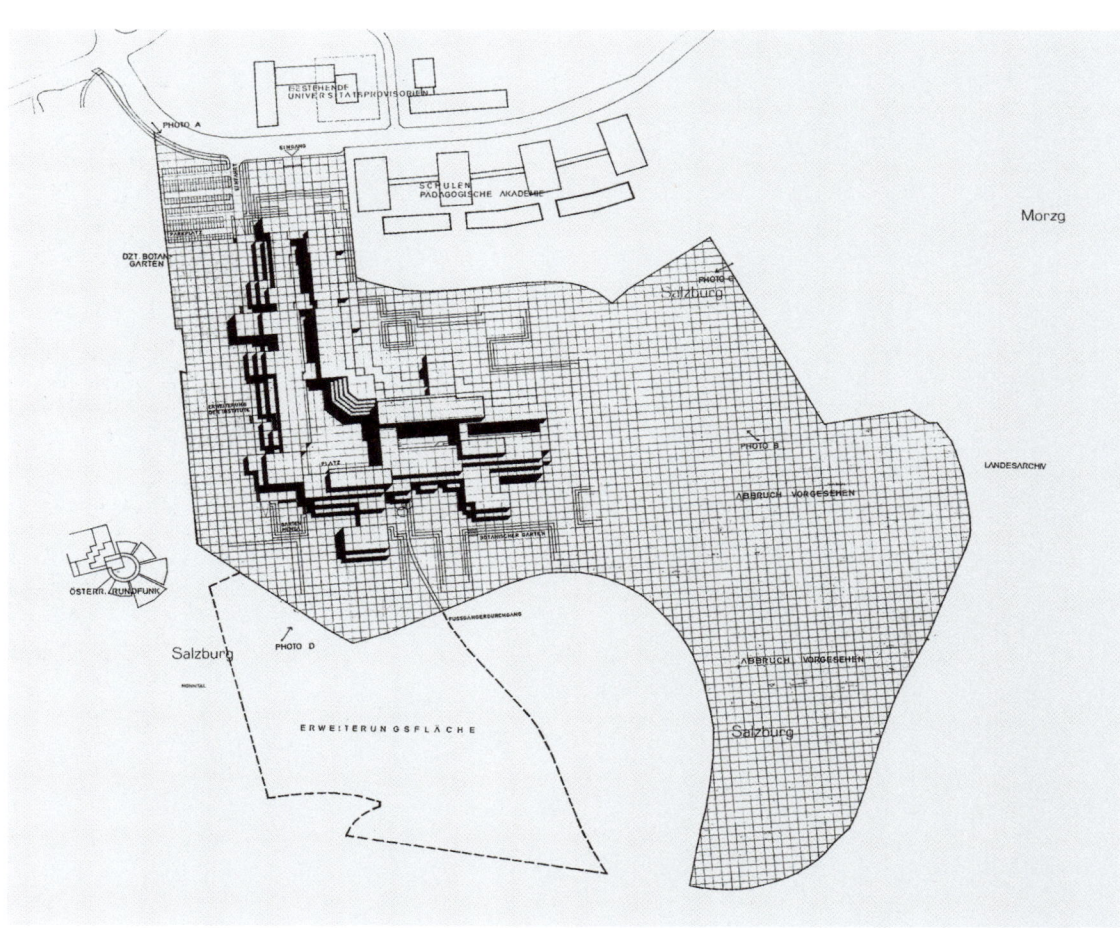

→ Lageplan

Neue Wege im Schulbau

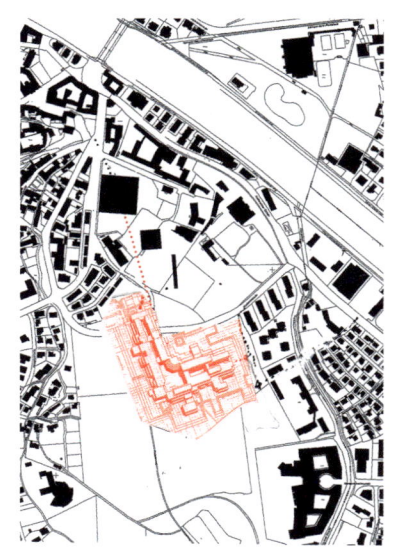

Der in der Zwischenzeit errichtete Neubau der Universität im Nonntal beweist, dass der Zugang in unserem Projekt richtig war. Eine direkte Verbindung zwischen den Bauten der Universität erscheint sinnvoll, was mit unserem Vorschlag gegeben wäre.

→ Wettbewerbsentwurf im heutigen Stadtplan eingesetzt

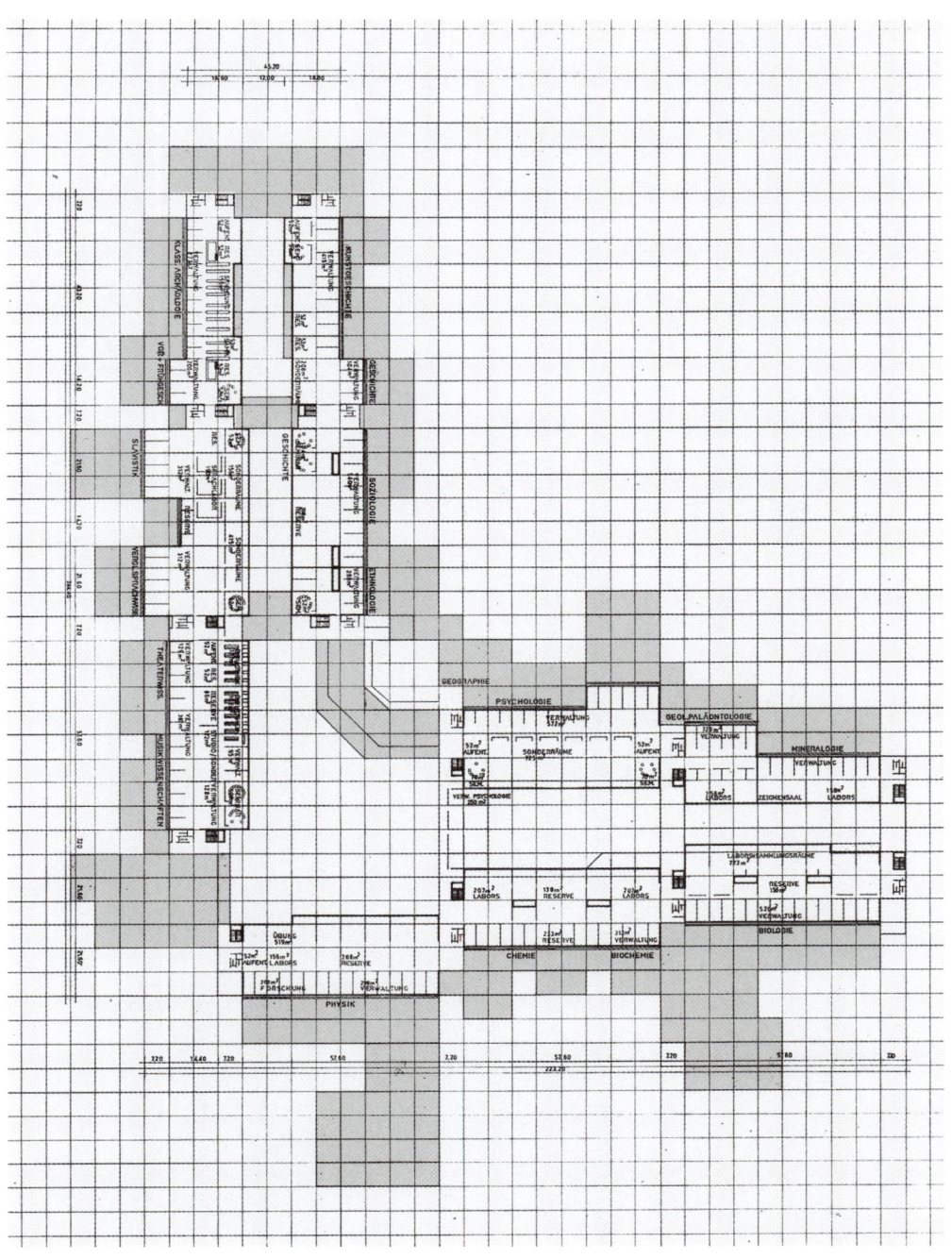

→ Grundriss

Neue Wege im Schulbau

Wettbewerb HTBLA Wien 10

1974
Wien-Favoriten
mit Gerhard Kleindienst

→ Perspektive

Neue Wege im Schulbau

Wettbewerb Bundesrealgymnasium und HBLA Oed

1975
Linz, Oberösterreich
mit Gerhard Kleindienst
3. Preis

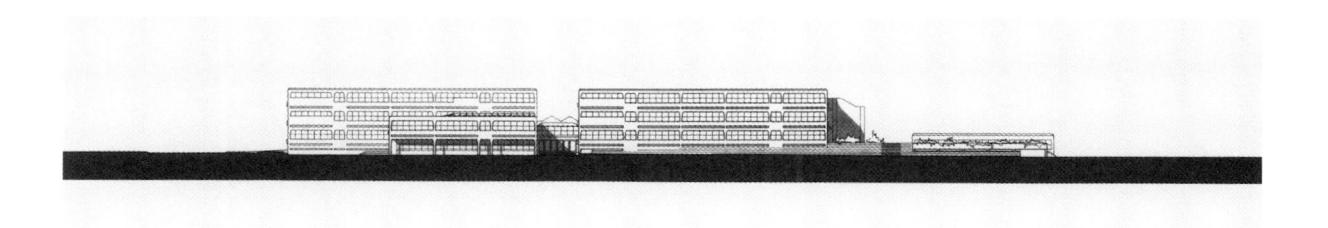

→ Ansicht

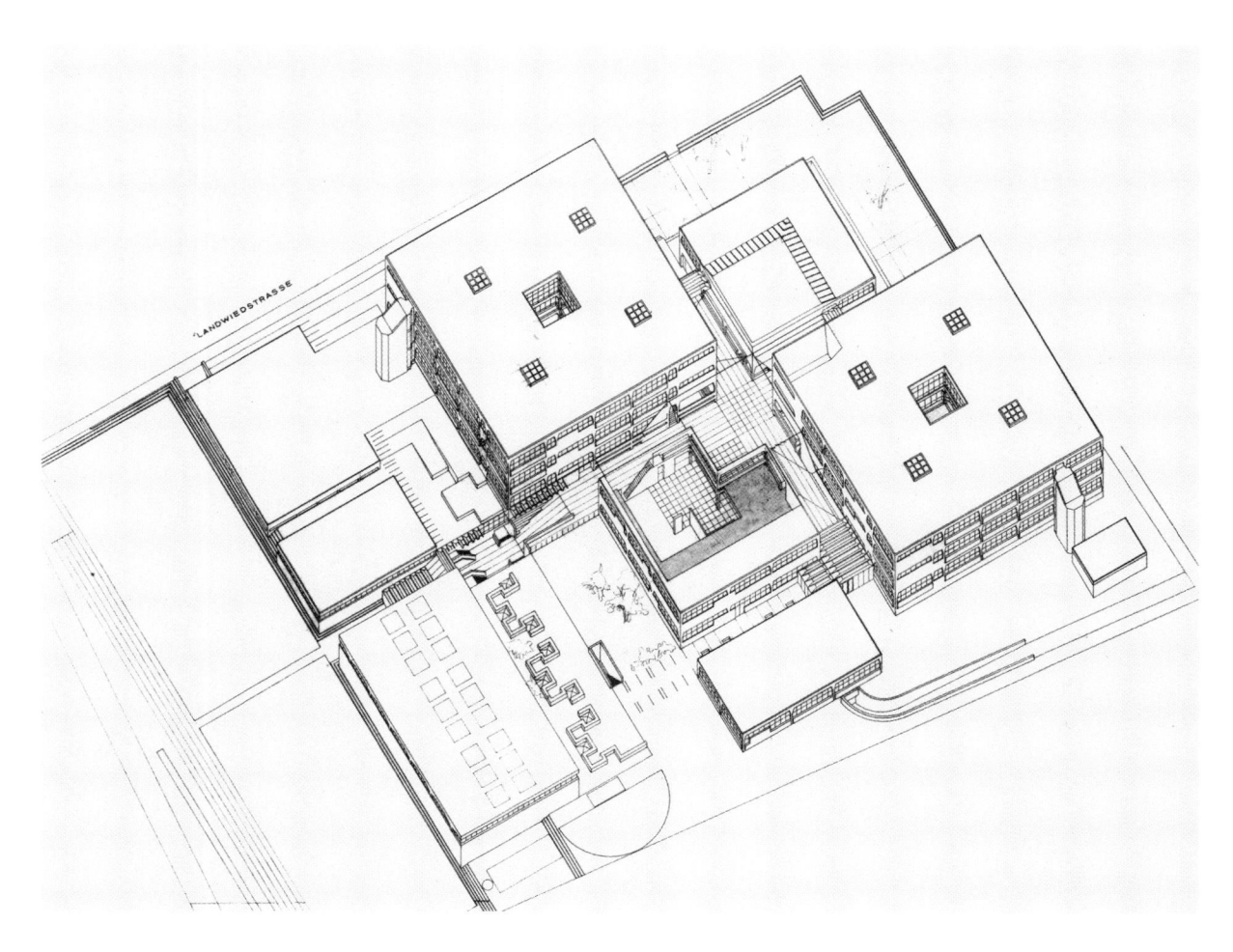

→ Axonometrie

Neue Wege im Schulbau

Wettbewerb HBLA Leoben

1979
Steiermark
mit Gerhard Kleindienst

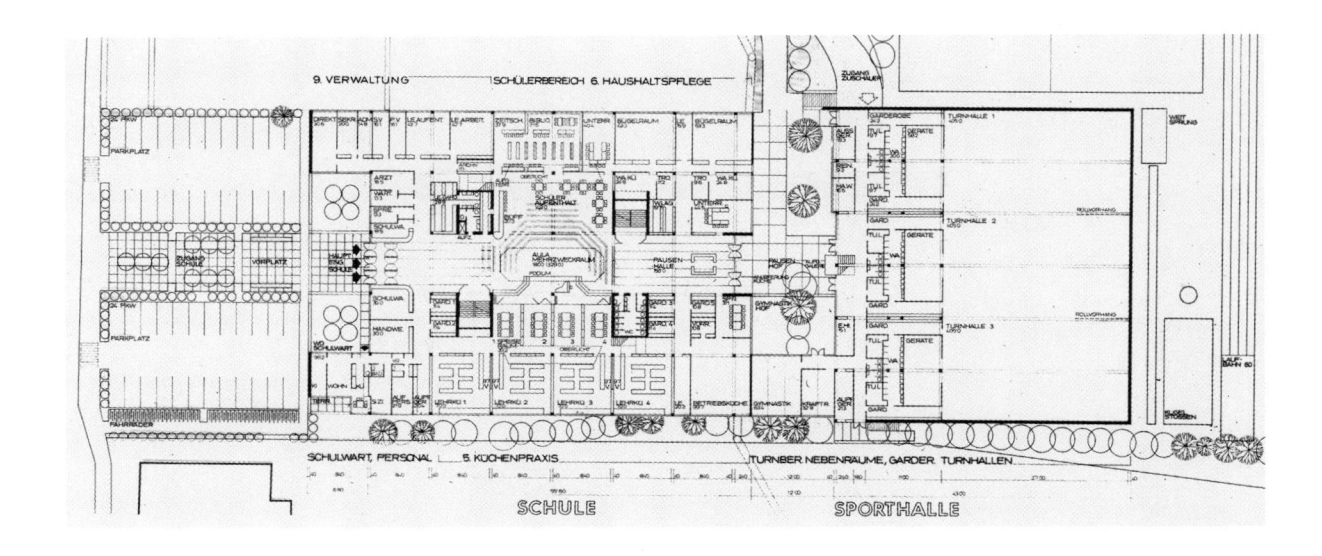

→
Grundriss

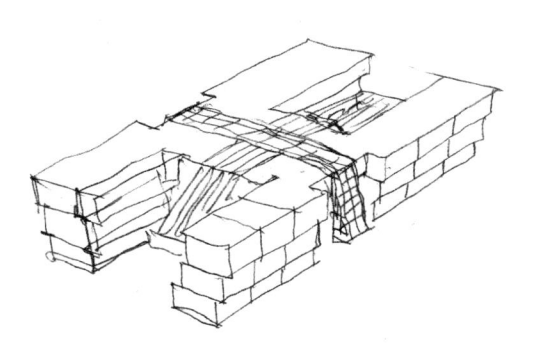

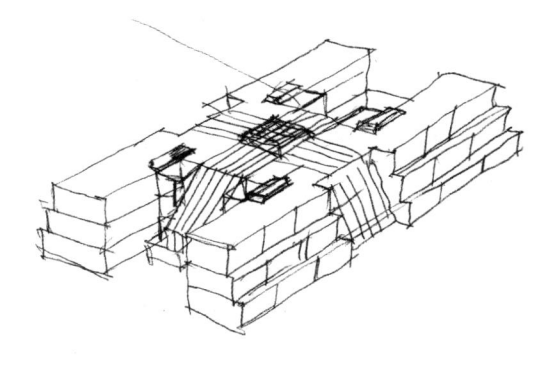

→
Skizzen

Neue Wege im Schulbau

Wettbewerb Landes- und Universitätssportanlagen Rif

1982
Hallein, Salzburg
mit Gerhard Kleindienst

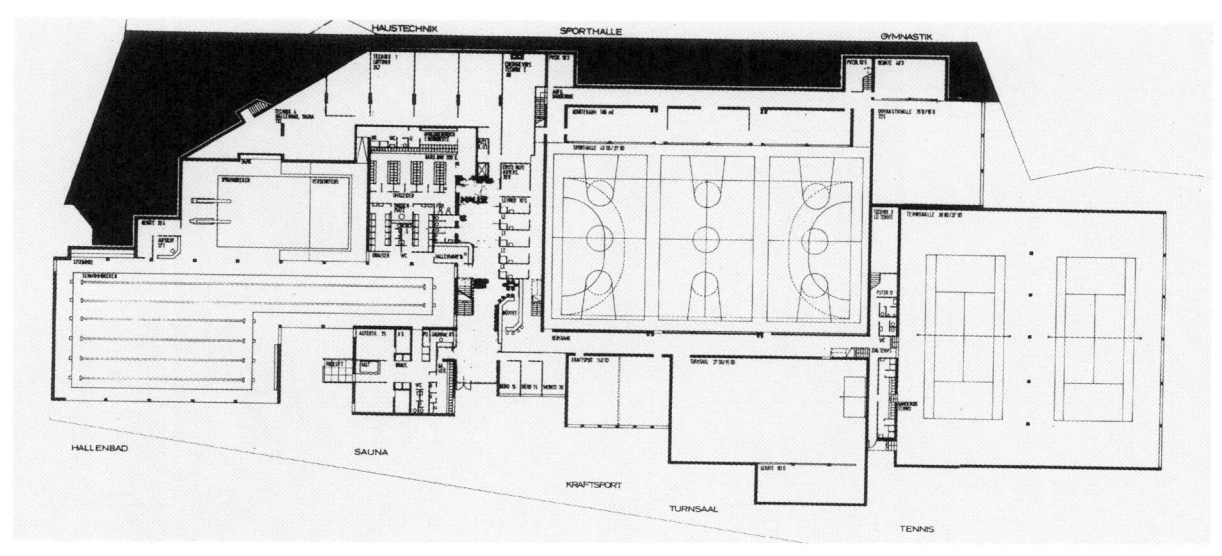

→
Grundriss

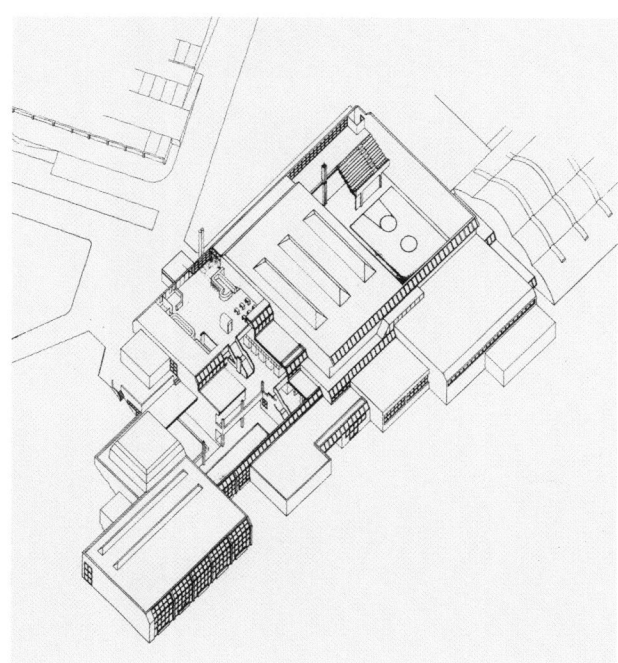

→
Axonometrie

Konservatorium Johannesgasse

1997
Wien-Innere Stadt

Nachdem ich an der Akademie am Schillerplatz als Student meinen Platz hatte, fand ich auch den Weg zum Musikverein und zum Theater an der Wien, in dem die Oper untergebracht war. Es war mir ein Bedürfnis, Konzerte zu besuchen, denn auch eine Symphonie trägt Architektur in sich. So wie bei der Entwicklung eines Entwurfsgedankens schwingen bei der Komposition eines Stückes alle emotionalen Einflüsse mit.

→
Der große Saal für Orchester, Oper und Schauspiel

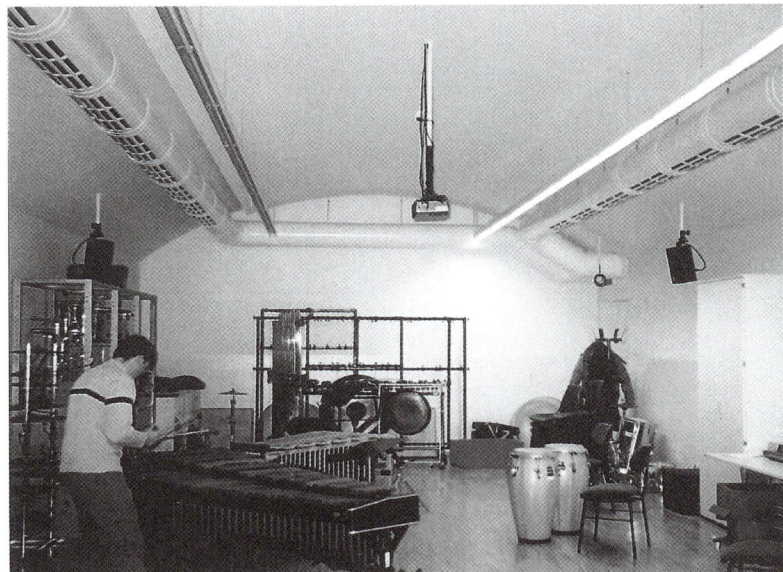

→
Unterrichtsräume der Perkussionisten unter dem Metro-Kino

Musikschulen

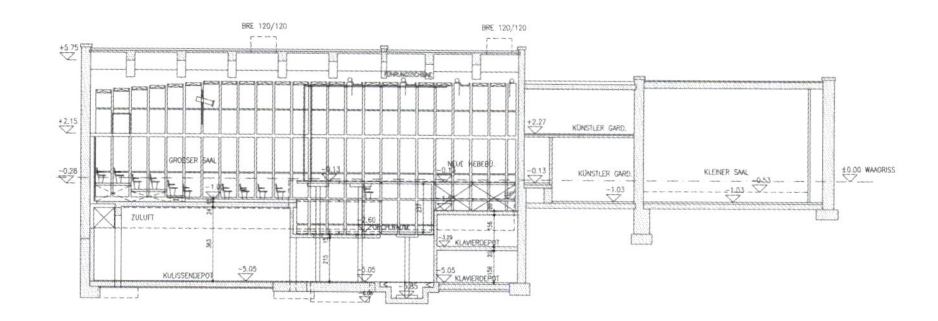

→
Großer Saal, Schnitt

Die Lösung war der Einbau der einzelnen Unterrichtsräume in Massivbauweise in die Kellerräume. Nicht unerheblich war die Konzeption der Luftführung, denn alle Verbindungen zu den Räumen mussten voll schallhemmend sein. Eine gute Ausführung brachte auch den Erfolg für den Theatersaal. Es war eine interessante Aufgabe.

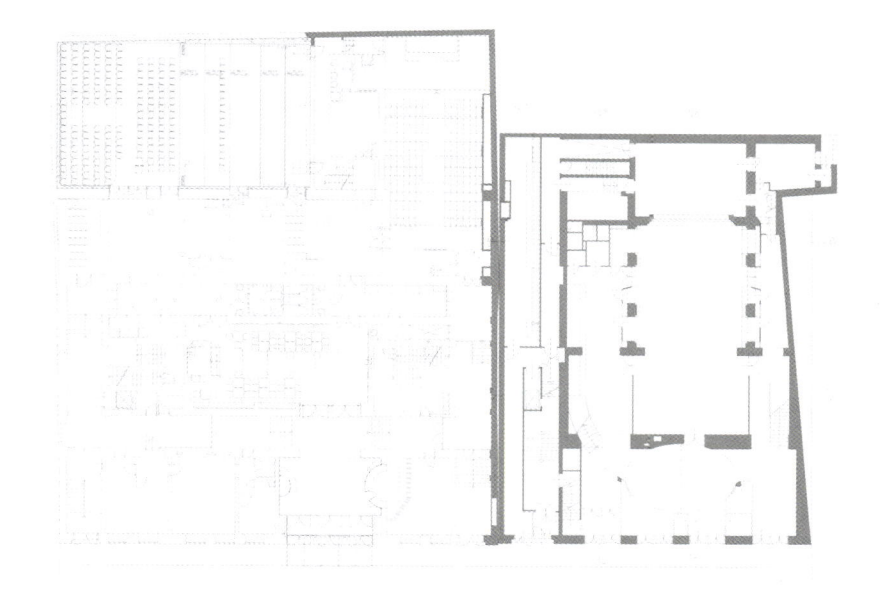

→
Großer Saal, Grundriss

Ein wenig Trommeln zeigte uns, dass nur mit größeren Umbauten eine Schallübertragung verhindert werden könnte. Im ehemaligen Theatersaal werden heute alte Stummfilme gezeigt.

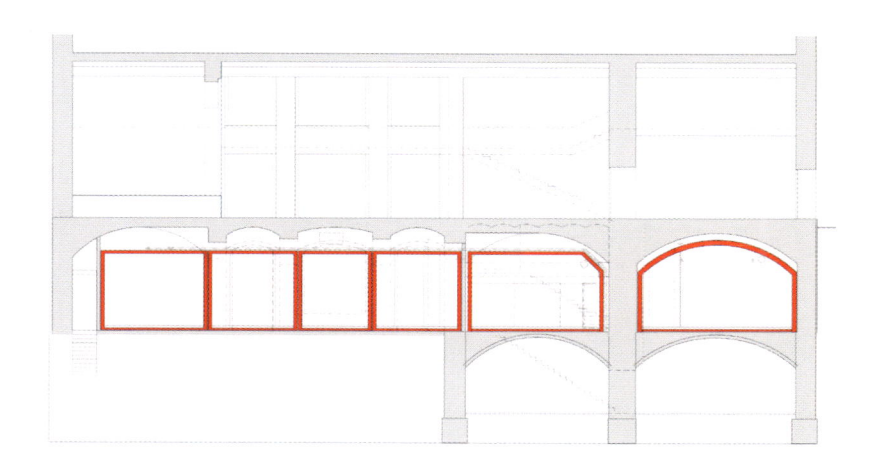

Die Lüftung des bestehenden großen Musiksaals musste erneuert werden. Nach einer Untersuchung stellte sich heraus, dass bei dem geforderten Umbau vom bestehenden Saal nur der Rohbau bleibt. Die Konsequenz wäre eine komplette Neugestaltung. Mein Vorschlag war, alle Möglichkeiten auszuschöpfen, um die vorhandene Raumnot zu lindern. Also auch den Saal zu unterkellern, denn die Außenwände sind vorhanden. Eine positive Entscheidung wurde herbeigeführt.

→
Unterrichtsräume unter dem Metro-Kino, Schnitt

Musikschule Wien, Bräuhausgasse

2001
Wien-Margareten

Im Goldenen Musikvereinssaal, am Stehplatz, konnte ich über die Schultern von Friedrich Cerha oder Kurt Schwertsik schauen und in ihren Notenbüchern mitlesen. Jahre später gründeten Cerha und Schwertsik ein neues Ensemble, „die reihe", um moderne Musik und auch Experimente aufzuführen. Musiker in einem Raum von verschiedenen Positionen aus spielen zu lassen, ist ein Erlebnis. Ich denke da an die Philharmonie von Hans Scharoun.

→
Skizze

Musikschulen

→
Deckenuntersicht

→
Einblick in den neuen Saal

181

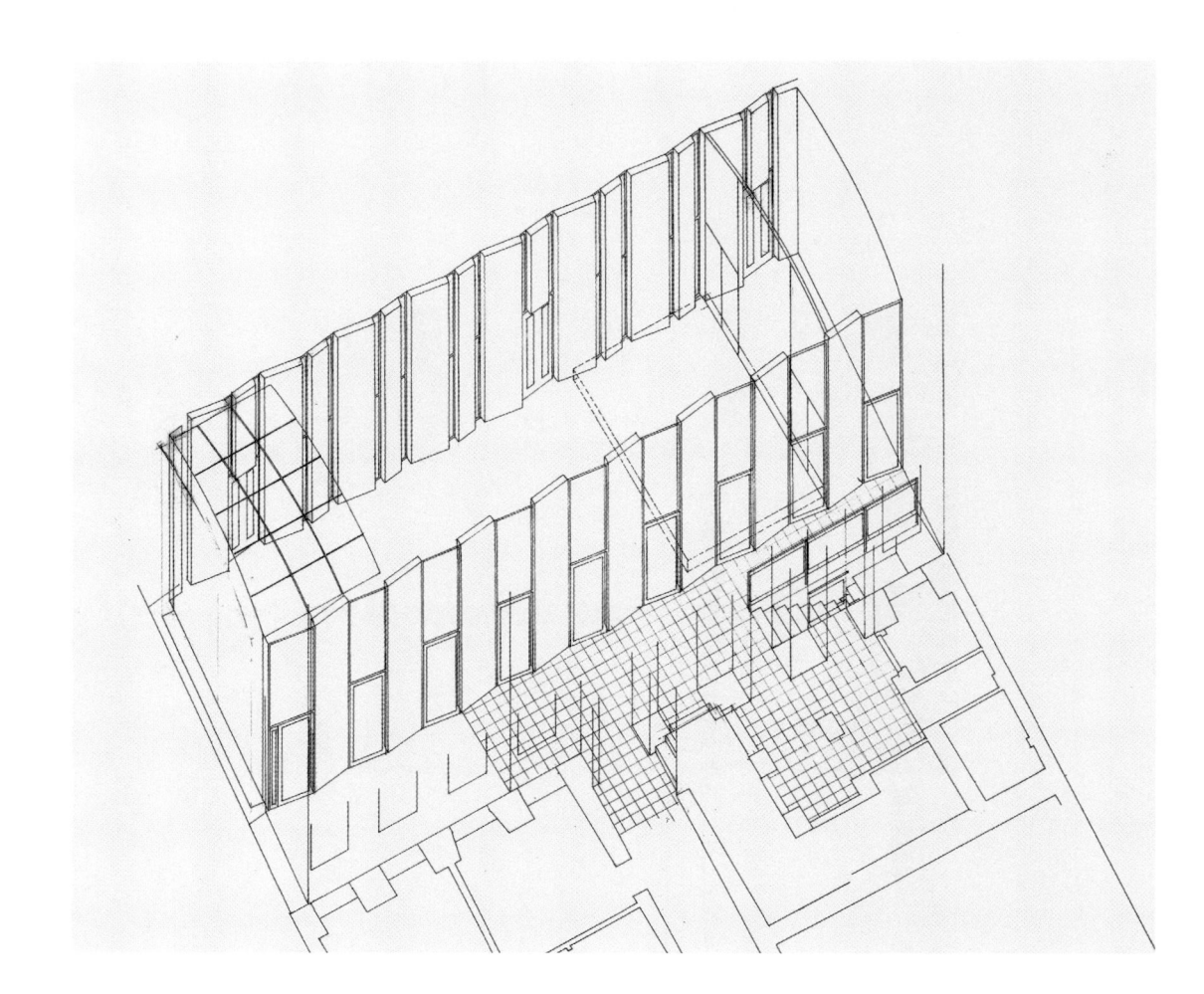

→
Perspektive

Im bestehenden Gebäude sollte durch einen Umbau ein Saal für ca. 100 Personen errichtet werden. Technisch bestand nur im 3. Stock die Möglichkeit, einen entsprechend großen Raum zu schaffen. Die vorhandene Stiege konnte allerdings die notwendigen Vorschriften nicht erfüllen. Mein Vorschlag war daher, im Hof, der ebenerdig verbaut werden durfte, einen frei stehenden Saal zu errichten. So konnte gleichzeitig der sich ergebende Keller für die Perkussionisten ausgestattet werden. Der entsprechende Schallschutz ließ sich beim Neubau leichter realisieren.

Musikschulen

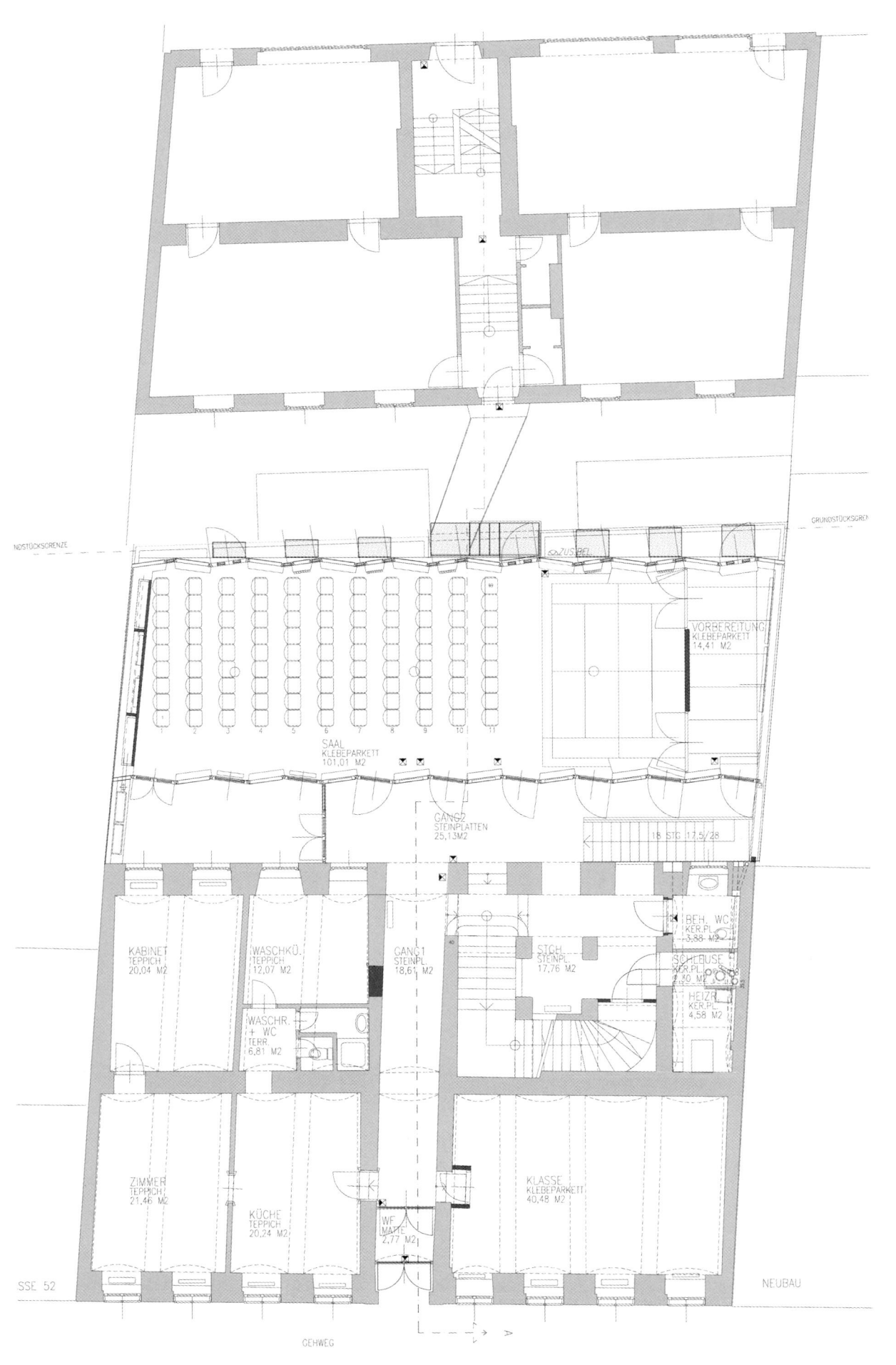

Die Fenster zum Nachbarn sind mit erhöhtem Schallschutz gefertigt. Um eine gute Akustik zu erreichen, ist die äußere Seitenwand in schräge Elemente aufgelöst und die Decke gewölbt, sodass jeglicher Pendelschall unterbunden wird. Das Maximum an Raumhöhe ist durch die Bauordnung vorgegeben, die Wölbung gibt dem Raum eine angenehme Atmosphäre.

← Grundriss

6 Neue Herausforderungen im Gemeindebau. Die Sanierung

↗
Vor der Sanierung: Standardfenster aus der Errichtungszeit; Detail: fixes Setzholz mit Drehflügel und Anschlagleiste außen

→
Nach der Sanierung: neues Isolierglasfenster mit Stulp; Detail: Drehflügel mit Zapfenband; neue Fensterprofile mit Beibehaltung der ursprünglichen Ansichtsflächen

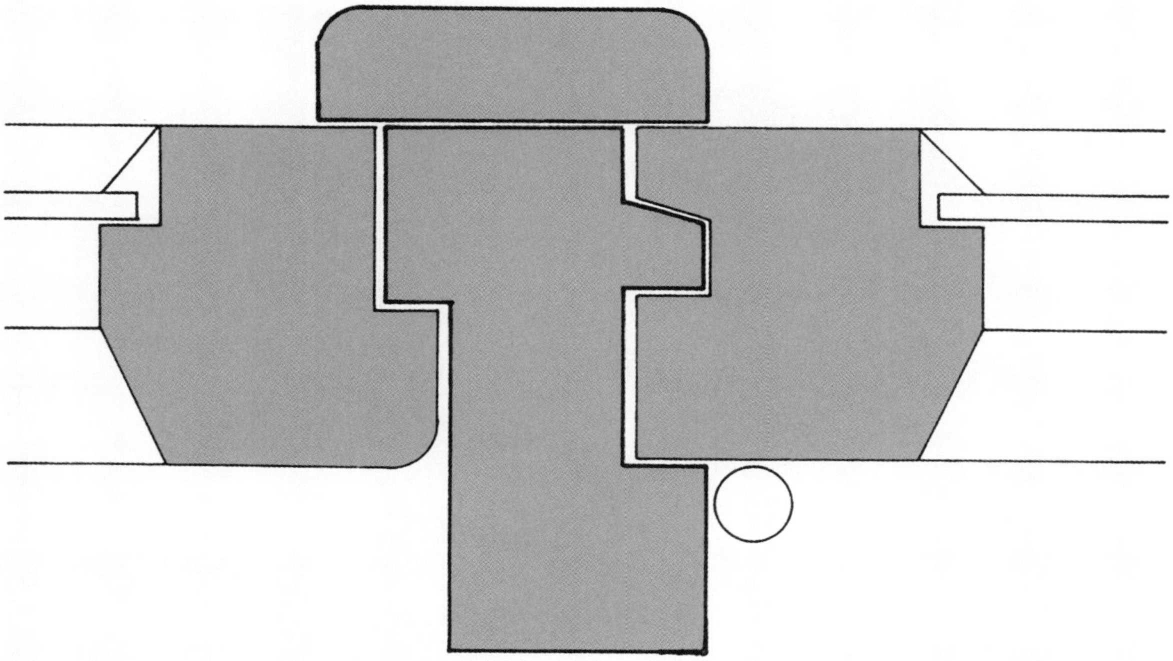

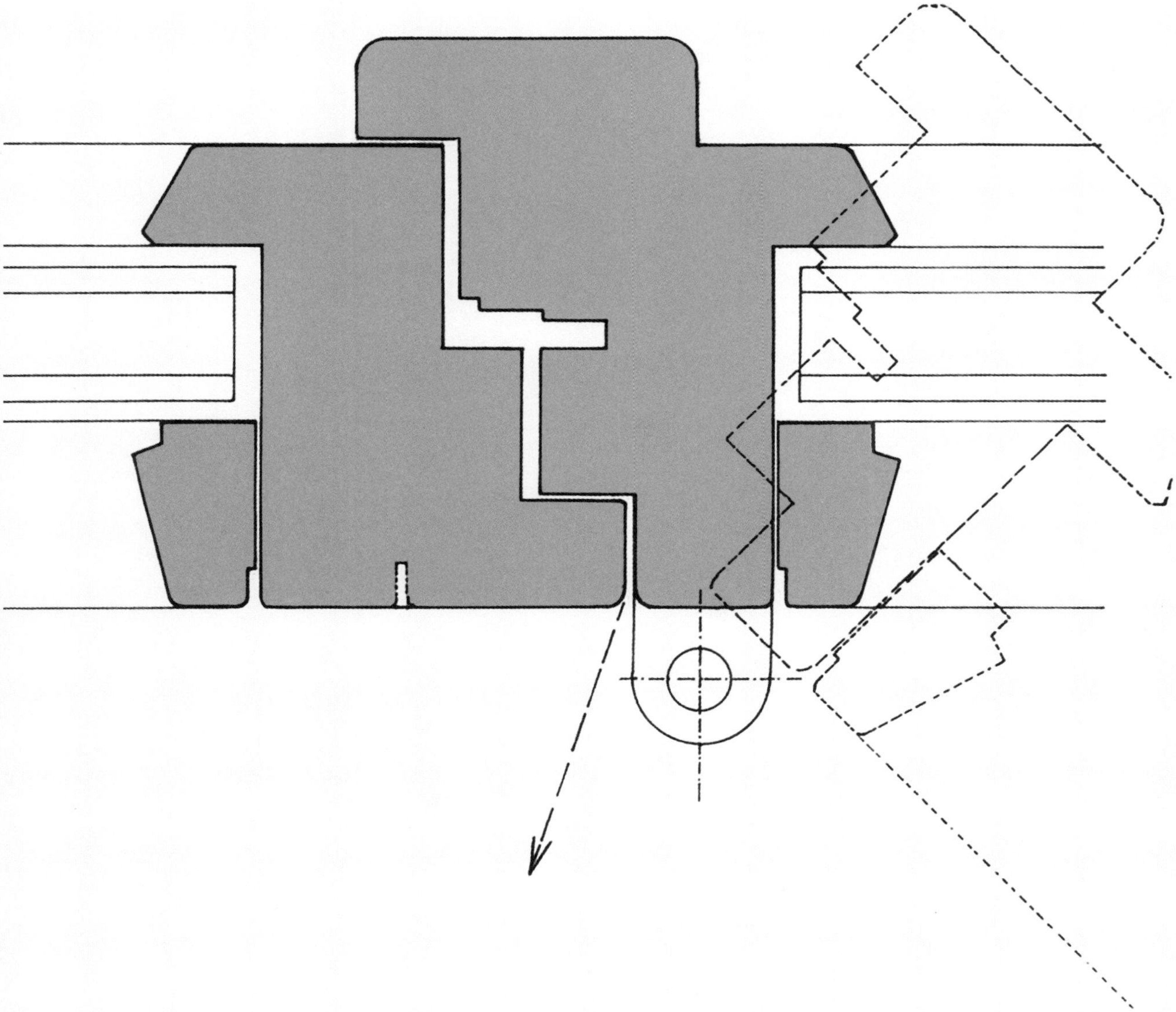

Über die Sanierung der „Baudenkmale" Wiener Gemeindebauten

Bruno Maldoner

[1] Franz Kiener im Gespräch mit dem Autor, 28.10.2015.

[2] Die Gesellschaft für Dorf- und Stadterneuerung Ges.m.b.H. (GSD) ist 1986 aus dem „Institut für Bauforschung" (Leitung Michael Wachberger) hervorgegangen. Unter Mitwirkung von Johann Fürnkranz (Magistratsdirektion Gruppe Hochbau) wurde diese für die praktische Umsetzung der Gemeindebau-Sanierungen gegründet, die die Aufgaben der Planung, Bauausführung und Mieterbetreuung übernahm. Seit 2003 ist Werner Rebernig geschäftsführender Gesellschafter der GSD, deren wesentlichstes Anliegen es ist, die Grundsätze der „Sanften Stadterneuerung" in die Praxis umzusetzen.

[3] Peter Csendes, Ferdinand Opll (Hrsg.), Wien. Geschichte einer Stadt, 3 Bde., Bd. 3, Von 1790 bis zur Gegenwart, Wien u. a.: Böhlau, 2006, S. 381.

[4] Andreas Höferl, „Gemeindewohnungen und Leistbarkeit", in: Wolfgang Förster u. a., Unermüdlich, unbequem. August Fröhlich und die sanfte Stadterneuerung heute, Wien: Picus-Verlag, 1992, S. 137–141, hier S. 137f.

[5] Justus Schmidt, Hans Tietze [neu bearbeitet von Anton Macku und Erwin Neumann], Bundesdenkmalamt (Hrsg.), Dehio-Handbuch: Die Kunstdenkmäler Österreichs [3. Auflage], Horn-Wien: Berger, 1954.

[6] Ottokar Uhl, Moderne Architektur in Wien von Otto Wagner bis heute, Wien: Schroll, 1966, S. 75.

Erste Studien

Als Franz Kiener sich Ende der 1980er-Jahre entschied, „in die Sanierung zu gehen", hatte er als Architekt bereits große Neubau- und Siedlungsprojekte realisieren können. Er setzte diesen Schritt, obwohl ihm sehr wohl bewusst war, dass die Rolle des Architekten auf diesem Arbeitsgebiet notorisch unterbewertet wurde und nach wie vor wird. Denn die Aufgabe des Architekten beschränkt sich dabei nicht auf eigene große oder kleine Konzeptionen, sondern er muss sich intensiv mit gestalterischen, technischen, ökonomischen und sozialen Anforderungen auseinandersetzen bis hin zur Entwicklung von Detaillösungen in Zusammenarbeit mit Auftraggebern, Förderstellen, Mietern, Ingenieuren und Handwerkern. Franz Kiener arbeitet nach der Maxime: „Dem Charakter des bestehenden Objekts darf nichts genommen werden, der ursprüngliche Architekt soll immer spürbar bleiben."[1]

Am Beginn seiner Auseinandersetzung mit der Bauaufgabe Sanierung stehen die frühen Studien zur Sanierung des Karl-Marx-Hofs 1987, die bereits die Komplexität der Aufgabenstellung und die Notwendigkeit einer systematischen Vorgangsweise aufzeigen, um Gestaltung, Technik und Ökonomie gleichermaßen zu bewältigen. Seine gewonnenen Erfahrungen setzte er über zwei Jahrzehnte erfolgreich in einer Vielzahl an Sanierungen von Gemeindebauten der Zwischenkriegszeit ein. 2003 wurde Kiener gemeinsam mit der Gesellschaft für Dorf- und Stadterneuerung Ges.m.b.H. (GSD)[2] mit der Sanierung der 1975–1981 errichteten Wohnhausanlage „Am Schöpfwerk" betraut, bei der der Architekt ein weiteres Mal Neuland betrat, da er sich nun mit der vorhandenen Bausubstanz der 1980er-Jahre auseinanderzusetzen hatte. Von Beginn an musste von ihm eine Fülle von bisher unbearbeiteten Problemen gelöst werden. Der Beitrag versucht, diese Aspekte mit einem gerafften Blick auf das Umfeld darzustellen, um damit die Leistungen Kieners besser zu verstehen.

Voraussetzungen. Die Sanierung des Wiener Gemeindebaus als neue Bauaufgabe

Dieser Aufgabenkomplex beschäftigte Franz Kiener über Jahrzehnte. Wie kann ein derart großer Baubestand sich für alt gewordene Mitbürger weiter eignen und andererseits für neue Mieter attraktiv gemacht werden? Um bewohnte großvolumige Wohnbauten instand zu setzen, diese technisch zu verbessern und den sozialen Zusammenhalt zu stärken, bedarf es nicht zuletzt besonderer Rücksichten auf die hohen Gestaltqualitäten der Wohnbauten aus dem Roten Wien der Zwischenkriegszeit.

Erhaltungspflicht. Die Architekturmanifeste des Roten Wien

Das Rote Wien führte nach dem Ersten Weltkrieg vor, dass die Regulierung von Bau- und Wohnungspolitik einen wesentlichen Bestandteil sozial orientierter Kommunalpolitik ausmacht. Ende 1933 wurden von der Gemeinde Wien 61.617 Wohnungen und 5.257 Siedlungshäuser verwaltet. Addiert man die vor Februar 1934 begonnenen und unter der ständestaatlichen Stadtregierung fertiggestellten Anlagen dazu, zählt man 64.125 Wohnungen.[3] Diese Wohnungen hatten auch im Wohnumfeld hohen Standard gegenüber den Bassena-Häusern der Gründerzeit. Denn die Sozialpolitik war bestrebt, die Fehlentwicklungen der durch die Marktmechanismen der vorhergehenden Jahrzehnte verursachten Defizite in der Wohnungswirtschaft zu korrigieren. Die Entwicklung kam mit Anfang des Zweiten Weltkriegs beinahe zum Erliegen. Nach Kriegsende knüpfte die Stadt Wien an die Wohnbaupolitik des Roten Wien an.

Der hohe Prozentsatz an kommunalen Wohnungen am Wohnungsbestand von Wien wird weder in Österreich noch im vergleichbaren Europa erreicht. Mitte 1991 umfasste der Bestand etwa 218.500 Wohnungen, was etwa ein Viertel des Wohnungsbestandes ausmachte. Hatte 1934 jeder fünfte Arbeiterhaushalt eine Gemeindewohnung, so war es 1990 bereits jeder zweite.[4]

„Baudenkmale" Wiener Gemeindebauten

Bis in die frühen 1980er-Jahre gestand man Wohnhausanlagen des Roten Wien kaum öffentliche Bedeutung als Baudenkmale zu. Das in dritter Auflage 1954 erschienene und neu bearbeitete *Dehio-Handbuch* über Wien[5] nennt keine Wohnbauten aus der Zwischenkriegszeit. Architekt Ottokar Uhl erwähnt in dem 1966 erschienenen Führer, *Moderne Architektur in Wien von Otto Wagner bis heute,* Wohnhausanlagen der Gemeinde Wien als interessant und unterteilt in „baulückenfüllende Bebauung an der Straße" durch kleine Anlagen und in „zusammenhängende größere Baublöcke (oder Teile davon)".[6] Architekt Karl Mang konnte in den 1970er-Jahren eine Ausstellung mit Katalog zur Thematik entwickeln.[7] Ein Artikel in *Domus*[8] führte wie das Buch *Vienna rossa*[9] und ein Buch über ein Seminar zu Superblocks (Berlin)[10] an das Thema heran.

Die kunsthistorische österreichische Fachliteratur nahm das Thema der Wiener Gemeindebauten als Denkmalbestand lange nicht wahr. Der §2 des österreichischen Denkmalschutzgesetzes von 1923 klassifizierte den öffentlichen Baubestand generell als schutzwürdig. Aus diesen gesetzlichen Vorgaben konnte die Denkmalbehörde eine neue Wertschätzung und damit Bedeutung im Sinn des Gesetzes ableiten.[11] Und hier setzten die fachlichen Bemühungen ein,

---

7
Karl Mang, Felix Czeike, Kommunaler Wohnbau in Wien. Aufbruch, 1923–1934, Ausstrahlungen (Ausstellungskatalog, „55 Jahre Gemeindewohnung – Sozialer Aufstieg durch kommunalen Wohnbau"), Wien: Presse- und Informationsdienst der Stadt Wien, 1978.

8
Vieri Quilici, „Vienna rossa 1919–1933", in: Domus, Nr. 608, Mailand 1980, S. 24–25.

9
Manfredo Tafuri, Vienna rossa, la politica residenziale nella Vienna socialista, 1919–1933, Milano: Electa Ed., 1980.

10
Joachim Schlandt, Die Wiener Superblocks (Veröffentlichungen zur Architektur, 23), Berlin: Techn. Univ. Berlin, Lehrstuhl für Entwerfen VI, 1969.

11
Der eher konservativ eingestellte damalige Landeskonservator Peter Pötschner zeigte wenig Interesse an der Problematik insgesamt.

um neue Orientierungen für die Gemeindebauten zu entwickeln.¹²

Ungeachtet der Wahrnehmung in Architektenkreisen waren in den Jahrzehnten nach dem Zweiten Weltkrieg bei den Bauten aus der Zwischenkriegszeit Verslumungstendenzen zu beobachten. Die Zeichen der Vernachlässigung wurden unübersehbar, denn die Mieten waren niedrig, was zur Folge hatte, dass der Baubestand nur notdürftig instand gehalten werden konnte. Vor diesem Hintergrund ist es verständlich, dass Investitionen durch Mieter der Eigentümerin – der Stadt Wien – willkommen waren. Innerhalb des Bundesdenkmalamtes als Denkmalbehörde und der Stadt Wien als Eigentümerin und Handlungsträgerin bedurfte es einer Neubewertung, um zu Handlungsmaximen zu kommen. Die neuen Anforderungen fanden Widerhall bei Verantwortlichen in der Stadt Wien.¹³ Es kam zu Schwerpunktsetzungen: durch Architekten zu gestaltende Aufzugszubauten beim Rabenhof, Putzoberflächen beim George-Washington-Hof und die Entwicklung neuer Fenster beim Karl-Marx-Hof.

Neues Bauprogramm der 1980er-Jahre: „Sanfte Stadterneuerung"¹⁴

Das in Wien entwickelte Modell der Sanften Stadterneuerung zielt auf das Sanieren von bewohnten Häusern in Kooperation mit den betroffenen Mietern ab. Mit der Instandsetzung der Wohnhausanlagen versuchte man, den „Kriterien der sozialen Nachhaltigkeit" zu entsprechen.¹⁵ Mit dem Wohnhaussanierungsgesetz 1984 (WSK; später Wiener Wohnbauförderungs- und Wohnhaussanierungsgesetz, WWFSG, 1989) wurde ein Instrument geschaffen, das die Förderungswürdigkeit am Alter und an der überwiegenden Ausstattungskategorie orientierte. Dem 1984 gegründeten Wiener Bodenbereitstellungs- und Stadterneuerungsfonds (WBSF) kommt seitdem die Schlüsselrolle bei der Vorbereitung und Begleitung von Wohnhaussanierungen zu. Dabei werden Eigentümer und Bewohner beraten, die projektierten Maßnahmen im Hinblick auf Zweckmäßigkeit, Wirtschaftlichkeit und Förderungswürdigkeit sowie die soziale Verträglichkeit und die Abwicklung der Förderung geprüft.

Dafür wurden mehrere Strategien entwickelt. Bei der Blocksanierung werden ganze Häuserblöcke „durchforstet". Frühe Beispiele waren das Blutgassenviertel in der Inneren Stadt und das „Planquadrat" in Wien-Wieden. Dabei wurden Hofflächen freigestellt, zusammengelegt und zusammenhängende Grünflächen geschaffen. Die Sockelsanierung¹⁶ verfolgt das Ziel, haustechnische Anlagen zu erneuern und die Energieversorgung durch Einleitung von Fernwärme zu verbessern. Diese erfolgt nach den Grundsätzen sozialer Verträglichkeit, was bedeutet:

– Erhaltung ist Abbruch und Neubau vorzuziehen;
– der Baubestand soll möglichst schonend behandelt werden;
– Verdrängung und soziale Segregation sollen vermieden werden;
– die Wünsche der aktuellen Bewohner sollen möglichst berücksichtigt werden;
– die Nutzungsmischung soll möglichst kleinteilig bleiben bei angestrebter Verbesserung des städtebaulichen Umfelds.

Ökologische Überlegungen. Das Fenster als thermische Schwachstelle

In den Jahren nach dem „ersten Energieschock" im Winter 1973/74 kamen Fenster als Energieverschwender in Verruf. Wohnungsmietern wurde die Möglichkeit eingeräumt, auf eigene Kosten, unterstützt durch öffentliche Förderungen, die Fenster ihrer Wohnungen zu erneuern. Diese Aktionen befreiten die Stadt Wien als Eigentümerin von der nach dem Mietengesetz bestehenden Erhaltungspflicht für die Außenebene von Kastenfenstern. Mit der üblich gewordenen Zweischeiben-Isolierverglasung wurde eine neue Technologie verbreitet, welche das „veraltete Kastenfenster" ablöste, damit die zu reinigenden Glasflächen halbierte und Erhaltungsanstriche überflüssig machte, da Kunststoff als neuer Werkstoff für Stöcke und Rahmen eingesetzt wurde. Falzdichtungen versprachen überdies Zugfreiheit. Probleme mit zu dichten Fenstern wurden erst später wahrgenommen.

Binnen kürzester Zeit zeigte sich in den Fronten großer Wohnhausanlagen ein buntes Allerlei aus unterschiedlichsten Fenstermodellen. Dieser „Wildwuchs" begeisterte allerdings weder Fachwelt noch Bewohner. Kiener beschäftigte sich nun mit den technischen Möglichkeiten, um die äußere Erscheinung der in der neuen Technik hergestellten Flügel dem Bestand möglichst anzunähern. Ein langer Entwicklungsprozess startete, in dem Kiener in enger Zusammenarbeit mit der Fensterfirma spezielle Fensterprofile entwickelte, wobei die Möglichkeiten der industriellen Fertigung bereits in der Planung mitberücksichtigt wurden. Dabei zeigte sich, dass bei den dreiflügeligen Fenstern bei gleicher Flügelbreite auf ein Setzholz verzichtet werden musste. Die Realisierung wurde mit einem adaptierten Zapfenband möglich. Das neue Fenstersystem bewährte sich und kam nun bei den Gemeindebau-Sanierungen zum Einsatz. Das Material Kunststoff verlor bei den Sanierungen immer mehr an Bedeutung, die Gemeinde entschied sich für die ausschließliche Verwendung von Holzfenstern und in weiterer Folge von Holz-Alu-Fenstern. Hilfreich für die definitive Meinungsbildung im Bereich der Stadt Wien war sicherlich, dass die Stadt München den Einbau von Kunststofffenstern in ihrem Bereich untersagte.¹⁷

12
Mündliche Mitteilung von Eva-Maria Höhle; sie kam 1977 ins Landeskonservatorat für Wien. In der Nachfolge von Peter Pötschner wurde sie 1990 zur Landeskonservatorin für Wien berufen. Von 2002–2010 bekleidete sie die Position der Generalkonservatorin im Bundesdenkmalamt.
13
Rudolf Edlinger, Wolfgang Förster, Wohnhaussanierung und Wien: Selbstverlag, 1995.
14
Wolfgang Förster, „Stadterneuerung zwischen Markt und Staat: Der Wiener Weg", in: Uwe Altrock, Ronald Kunze, Ursula von Petz, Dirk Schubert (Hrsg.), Jahrbuch Stadterneuerung 2004/05. Beiträge aus Lehre und Forschung an deutschsprachigen Hochschulen, Stadtumbau, Berlin: Univ.-Verl. der Techn. Univ. Berlin, 2005, S. 299–309.
15
Wolfgang Förster, „Vier Kriterien für soziale Nachhaltigkeit", in: derstandard.at, 28.10.2009, http://derstandard.at/1256256030430/Wohnbau-Vier-Kriterien-fuer-soziale-Nachhaltigkeit (12.12.2015).
16
Die Sanierungsmodelle Funktionssanierung und Thewosan folgten später.
17
Freundlicher Hinweis von Frau Eva-Maria Höhle, 12.9.2015.

Pilotprojekt Modellsanierung Karl-Marx-Hof 1987

Im Auftrag des Bundesministeriums für wirtschaftliche Angelegenheiten, des Stadterneuerungsfonds und der Stadt Wien erarbeitete die GSD die mit Juni 1987 datierte Studie „Modellsanierung Karl-Marx-Hof".[18] In der Einleitung zur Studie verweisen die Autoren auf die „Qualität seiner architektonischen Gestaltung" und diagnostizieren ein „Architekturdenkmal von weltweitem Interesse".[19]

Man war sich der Komplexität der Aufgabenstellung und der Notwendigkeit der systematischen Vorgangsweise auf Basis eines zu entwickelnden Generalkonzepts bewusst. Anhand eines Pilotprojekts sollte die Strategie geprüft und weiterentwickelt werden. „Auf der Basis der vorliegenden Bestandsaufnahme der Bewohnerstruktur, zur Wohnungsstruktur, zur Ausstattung der Gemeinschaftseinrichtungen, zum baulichen Erhaltungszustand und zur Gebäude- und Wohnungstypologie kann nunmehr ein Katalog von möglichen Sanierungszielen erstellt werden."[20] Fünf Problembereiche wurden ausgewiesen:

– bautechnische Schäden resultierend aus mangelhafter bauphysikalischer Ausführung (keine Wärmedämmung bei Betonteilen) und altersbedingter Abnutzung;
– Ausstattungsmängel in den allgemeinen Teilen der Anlage (fehlende Einrichtungen wie Aufzüge, Sprechanlagen, Zentralheizungen, veraltete haustechnische Leitungen);
– Ausstattungsmängel in den Wohnungen (fehlende Sanitärausstattung und Zentralheizung);
– zu geringe Wohnungsgrößen lassen Familien mit Kindern zu einer Seltenheit werden;
– Nutzungs- und Gestaltungsmängel bei Außenanlagen und Gemeinschaftseinrichtungen (fehlende Kinderwagen- und Fahrradabstellplätze, Parkplätze, Müllsammelplätze, intensive Nutzungsmöglichkeiten für die Grünanlagen).

Die Analyse machte fließende Grenzen zwischen Instandsetzung und Verbesserung deutlich und zeigte, dass mit geringem Mehraufwand zusätzliche Verbesserungen zu erreichen waren. Diese grundlegende Einsicht führte zum flexiblen weiteren Vorgehen bei allen Sanierungsprojekten. Die Sanierungsziele bildeten folgerichtig die Grundlage für die Auflistung der erforderlichen Maßnahmen, der damit verbundenen Konsequenzen, wie Kosten, und der daraus abzuleitenden Erhöhung der Mieteinnahmen.

Nach Abschluss der theoretischen Studie erfolgte die reale Modellsanierung 1989–1992 des Karl-Marx-Hofes. Ein Prototyp, der in engster Zusammenarbeit mit der Gemeinde Wien, dem Bundesdenkmalamt, dem Architekten, der Bauaufsicht, den Professionisten, der Industrie und den Bewohnern entwickelt wurde. Die daraus gewonnenen Erkenntnisse und Ergebnisse dienten als erfolgreiches Modell für zukünftige Gemeindebau-Sanierungen. Franz Kiener prägte als planender Architekt die Zeit der Sanften Stadterneuerung wesentlich mit, womit er auch zum Erhalt des architektonischen Erbes der Stadt einen wichtigen Beitrag leistete.

Erkenntnisse. Sanierung nach dem „Wiener Modell"

Ziel von Sanierungen nach dem „Wiener Modell" ist die Instandhaltung bzw. Instandsetzung der vorhandenen Bausubstanz im Zusammenwirken von Architekt, Baufirma, Fonds, Behörden, Mieter, Betreuer und Nutzer in einem Partizipationsprozess. Die Notwendigkeit, die Nutzer, also die Mieter, in die Zielbestimmung und den Weg dahin einzubinden, wird in der Fachwelt weithin unterschätzt wie auch die laufende Abstimmung mit den vielfältigen Interessen der angesprochenen inhomogenen Gruppe. Dies alles verursacht einen enormen Aufwand an Engagement durch den beauftragten Architekten. Was sich als nicht einfach herausstellte, denn für baukünstlerische Ansprüche und damit verbundene Mehrkosten einzutreten, war sicher nicht einfach.

Hier zeigt sich, dass das Anforderungsprofil für den in der Baudenkmalpflege tätigen Architekten neben dem theoretischen viel praktisches Wissen um aktuelle und historische Baumethoden im Großen wie im Detail, auch Materialkenntnis, aber auch viel soziales Einfühlungsvermögen verlangt. Sprachlich lassen sich Gefährdungen durch nicht adäquate Eingriffe oft schwer ausdrücken, doch gilt es stets, die Vorstellung vom rechten Weg zu pflegen und zu vermitteln.

Hier ist nochmals an Franz Kieners eingangs zitierte Maxime zu erinnern, wonach dem Charakter des bestehenden Objekts nichts genommen werden dürfe, sondern das ursprüngliche Bauwerk trotz aller Eingriffe immer spürbar bleiben müsse. Dennoch unterliegen alle Bemühungen den Begrenzungen der jeweiligen Epoche. Der Architekturhistoriker Eduard F. Sekler hat diese Einsicht präzisiert: „Kein Architekt kann den Rahmen sprengen, den ihm sein Zeitalter vorzeichnet, aber wie kein anderer vermag er dem Ungreifbaren bleibende Gestalt zu geben."[21]

Werküberblick Franz Kiener. Bauaufgabe Superblock-Sanierungen

Wie bereits ausgeführt, mussten die konkreten Projekte aus dem jeweiligen Programm abgeleitet werden. Franz Kiener besorgte – gemäß seiner Maxime – dazu die Grundlagen, wie Originalpläne aus Archiven sowie Sammlungen von Architektennachlässen, und verglich diese mit den Bestandsaufnahmen. In der Mehrzahl der Fälle galt es, zusätzlichen Raum durch Ausbau der Dachböden mit und ohne Aufklappung von Dachflächen, durch Adaptierung von nicht mehr verwendeten Waschküchen, Trockenräumen

---

[18] Projektbetreuer waren Erhard Hammer für das Bundesministerium für wirtschaftliche Angelegenheiten und Johann Fürnkranz für die Stadt Wien, Magistratsdirektion Gruppe Hochbau. Das Projektteam bestand aus den Architekten Michael Wachberger, Franz Kiener, Dieter Ofterdinger und Sepp Seeberger.

[19] Michael Wachberger, Einleitung, in: GSD – Gesellschaft für Stadt- und Dorferneuerung Ges.m.b.H., Modellsanierung Karl-Marx-Hof. Voruntersuchung – Textteil (im Auftrag des Bundesministeriums für wirtschaftliche Angelegenheiten – Stadterneuerungsfonds und der Stadt Wien), Wien, 1987, S. 1.

[20] Ebd., S. 2.

[21] Eduard F. Sekler, „Der Architekt im Wandel der Zeiten", in: Viktor Hufnagl, Erich Schlöss (Red.), Reflexionen und Aphorismen zur österreichischen Architektur, Wien: Bundes-Ingenieurkammer, Bundesfachgruppe Architektur, 1984, S. 31–43, hier S. 43.

etc. zu schaffen. Technische Verbesserungen und Erneuerungen an haustechnischen Anlagen wurden durchgeführt wie auch Fernwärme eingeleitet, Fassadendämmungen angebracht, Fenster erneuert, Liftanlagen ein- oder angebaut. Nassräume und Küchen bildeten einen weiteren Schwerpunkt technischer Verbesserungen. Die Aufstellung der von Kiener durchgeführten Sanierungsprojekte verdeutlicht, dass seit den späten 1980er-Jahren der Schwerpunkt seiner Tätigkeit in dieser Planungsaufgabe liegt:

1988–1990
Svoboda-Hof, Heiligenstädter Straße 80, 1190 Wien
Karl Ehn, 1926–1927
mit der Gesellschaft für Stadt- und Dorferneuerung (GSD)

1989–1992
Karl-Marx-Hof, Heiligenstädter Straße 82–92, 1190 Wien
Karl Ehn, 1926–1930
mit Werner Rebernig, GSD

1990–1993
Blathof, Linzer Straße 128, 1140 Wien
Clemens Holzmeister, 1924/25
mit GSD

1993–1995
Karl-Volkert-Hof, Thaliastraße 75, 1160 Wien
Franz Schuster, Franz Schacherl, 1926–1927
mit GSD

1993–1995
Franz-Domes-Hof, Margaretengürtel 126–134, 1050 Wien
Peter Behrens, 1928–1930
mit Werner Rebernig, GSD

1993–1996
Reumannhof, Margaretengürtel 100–110, 1050 Wien
Hubert Gessner, 1924–1926
mit Werner Rebernig, GSD

1995–1997
Wachauer Hof, Jungstraße 15, 1020 Wien
Hugo Mayer, 1923–1924
mit Werner Rebernig, GSD

1995–1997
Breitenseer Straße 106–108, 1140 Wien
Hugo Mayer, Hans Hamm, 1931–1932
mit GSD

1995–1999
Breitenseer Straße 110–112, 1140 Wien
Hugo Gorge, 1930–1931
mit GSD

1997–1999
Leystraße 19–21, 1200 Wien
Rudolf Perco, 1930–1931
mit Werner Rebernig, GSD

1998–2000
Friedrich-Engels-Platz,
Aignerstraße 8–14,
Friedrich-Engels-Platz 9, 1200 Wien
Rudolf Perco, 1930–1934
mit Werner Rebernig, GSD

2002–2004
Fröhlich-Hof, Malfattigasse 1–5, 1120 Wien
Engelbert Mang, 1928–1929
mit GSD

2005–2007
Liebknechthof, Böckhgasse 2–4, 1120 Wien
Architekt Karl Krist, 1926–1927
mit Werner Rebernig, GSD

2005–2008
Winarskyhof, Stromstraße 36–38, 1200 Wien
Peter Behrens, Josef Frank, Josef Hoffmann, Oskar Strnad, Oskar Wlach, 1924–1925
mit Werner Rebernig, GSD

2008–2012
Neues Schöpfwerk, Am Schöpfwerk 27–31, 1120 Wien
Viktor Hufnagl (Leitung Architektenteam), Erich Bauer, Leo Parenzan, Joachim Peters, Michael Pribitzer, Fritz Waclawek, Traude und Wolfgang Windbrechtinger, 1975–1981
mit Werner Rebernig, GSD

Neue Herausforderungen im Gemeindebau. Die Sanierung

← Friedrich-Engels-Platz

← Karl-Marx-Hof

← Fröhlich-Hof

← Reumannhof

← Friedrich-Engels-Platz

← Liebknechthof

191

Sanierung Karl-Marx-Hof

1989–1992
Wien-Döbling
mit Werner Rebernig, GSD (Gesellschaft für Stadt- und Dorferneuerung)
Stadterneuerungspreis 1993

Ein erster Versuch, den Kratzputz auch auf Dämmplatten aufzubringen, wurde bei drei Stiegen durchgeführt. Eine wesentliche Verbesserung der Dämmung mit Platten gegenüber dem Wärmedämmputz wäre zu erreichen gewesen. Eine Umstellung dieses Systems war aus formalen wie auch Kostengründen nicht mehr möglich.

Unser Vorschlag war, die Fassade des Karl-Marx-Hofes wieder mit Kratzputz, den vorhandenen Farben entsprechend, herzustellen. Für einen verbesserten Wärmeschutz wurde der Grundputz als 3 cm starker Wärmedämmputz ausgeführt.

→
Fassade Heiligenstädter Straße

Auch bei Geländern und Leuchten wurden Farbschnitte durchgeführt, um die Originalfarbe zu finden. Es kam heraus, dass in der gesamten Anlage im Außenbereich die Schäfte der Leuchten und Gittereinfassungen von Grünzonen mit einer Signalfarbe gestrichen waren. Zur damaligen Zeit war der Bauplatz eine Gstätten mit wenig Bäumen. Durch die anspruchsvolle Farbe hat Arch. Ehn einen optischen Zusammenhalt der Anlage geschaffen.

←
Farbig gefasste Außenleuchte

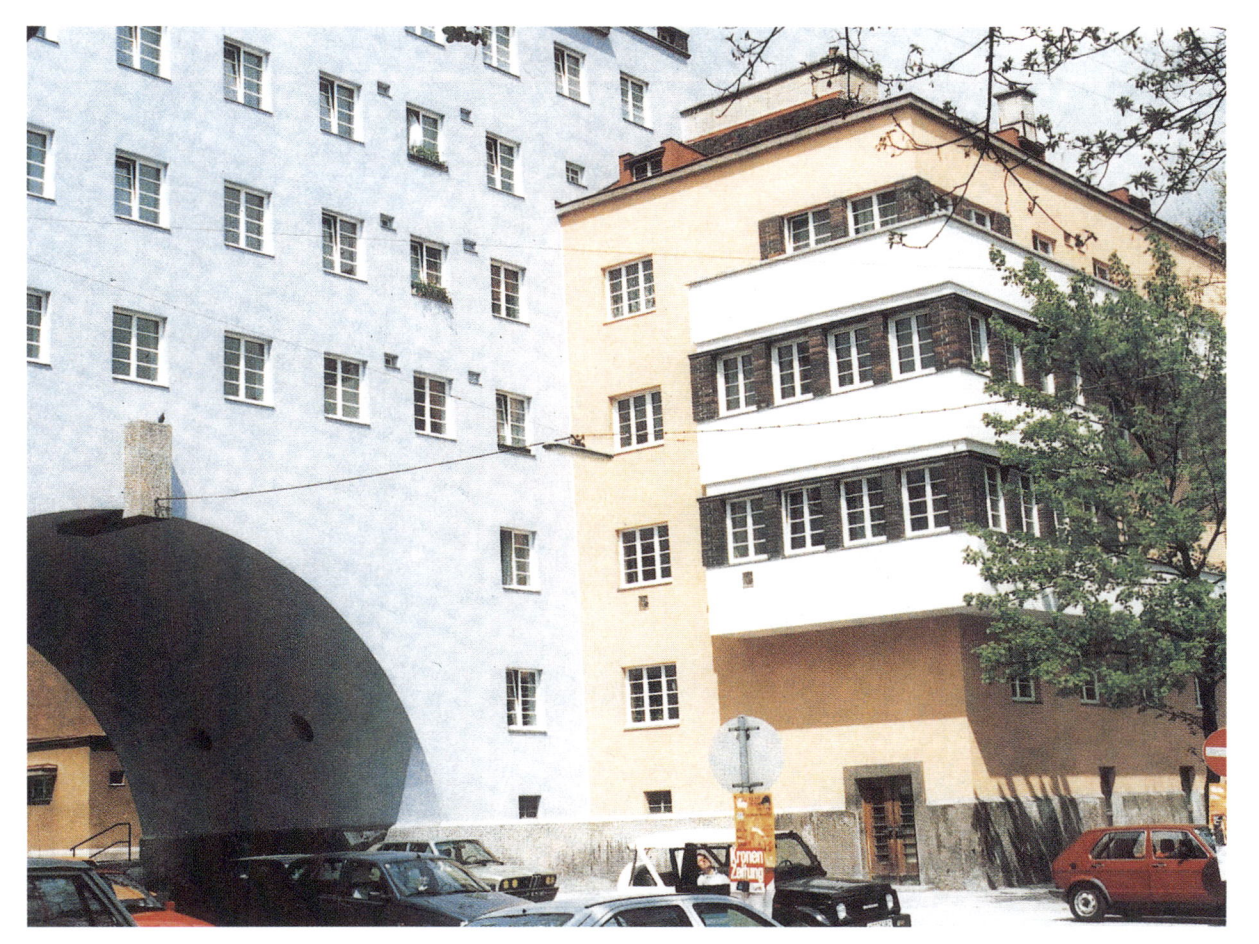

Die Farbbestimmung der Baukörper war relativ einfach. Ein abgeschlagenes Stück Kratzputz zeigte auf der Rückseite die Originalfarbe. Eine weitere wesentliche Erkenntnis war, dass der Farbwechsel nur bei den Innenecken durchgeführt wurde, somit ist jeder Baukörper in einer Farbe sichtbar. Dieses Thema ist konsequent eingehalten. Ich konnte kein offenes Eck mit Farbwechsel finden.

←
Mehrfärbige Fassade

←
Fenster alt und neu,
Ansichten, Schnitte

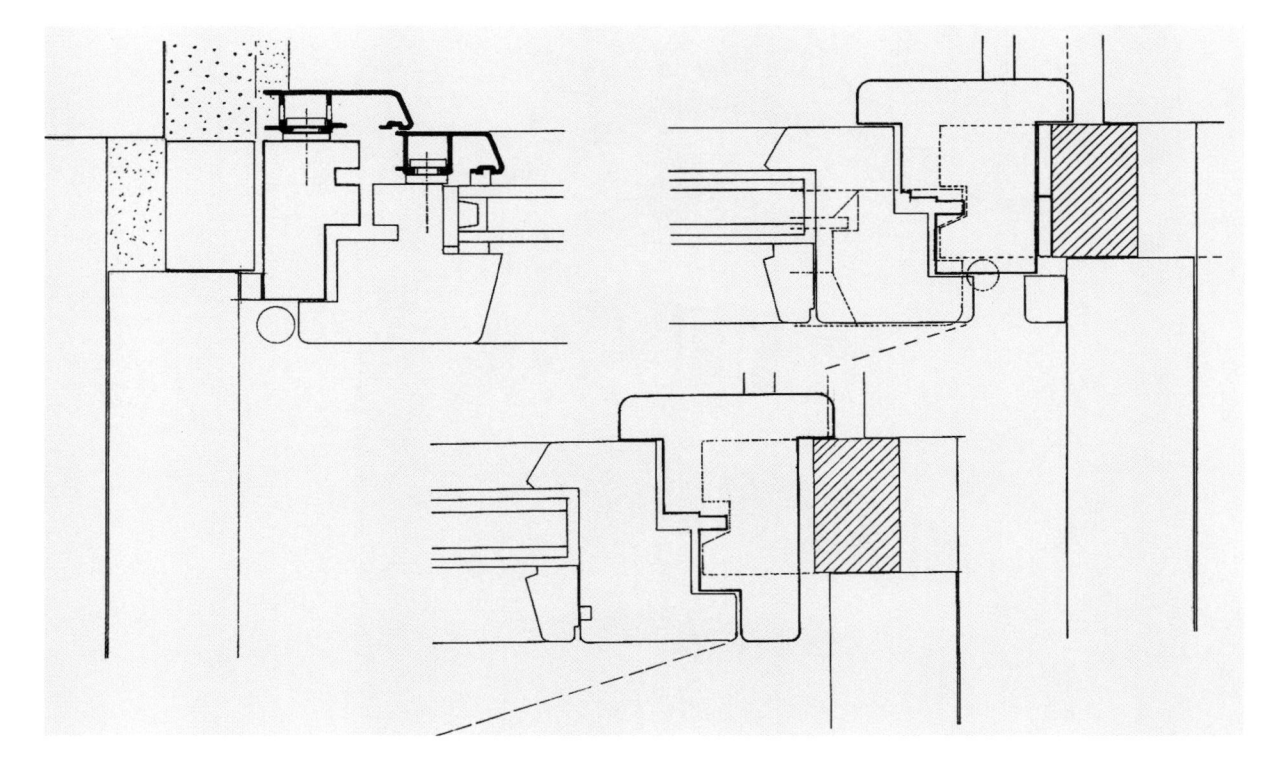

Die äußere Abdeckung der Holzprofile mit einer Alu-Schale wurde von der Industrie angeboten. Bei den weiteren Bauten kamen die Holz-Alu-Fenster zum Einsatz. Natürlich mussten auch die Alu-Profile an die reduzierten Holzprofile angepasst werden. So entstand ein zweiflügeliger Fenstertyp, der allgemein produziert wurde.

←
Fenster neu, Detail,
Horizontalschnitte

Keine Aufgabe war mir zu minder und so war es mein Anliegen, für jeden ein besonderes Stück zu schaffen, eine Küche, eine Garderobe oder auch ein Wohnzimmer sollten gestaltet sein. Der Wunsch, der Ort und die Person mussten zu einer Einheit finden.

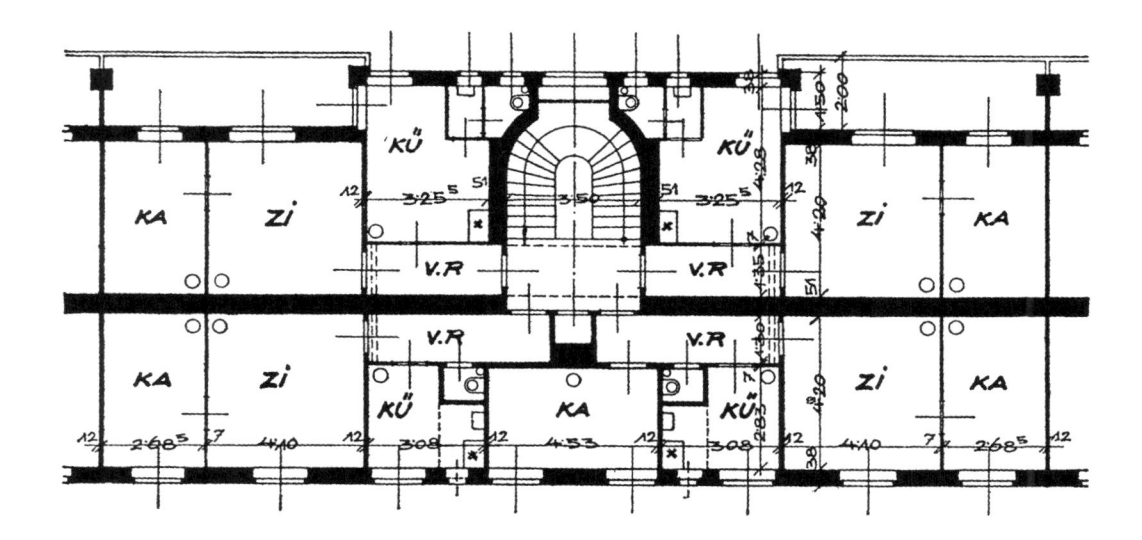

←
Wohnungstyp, Bestand, mit WC und Wasserentnahmestelle innerhalb der Wohnung

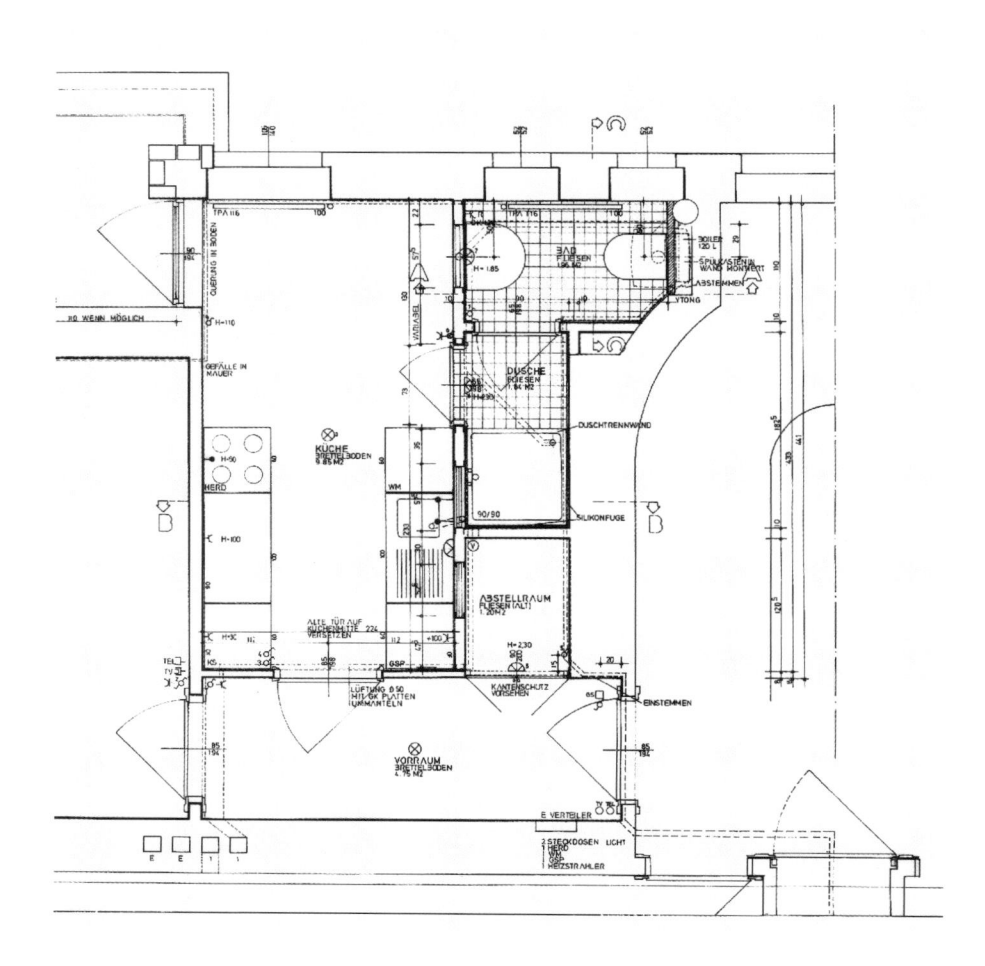

←
Wohnungstyp, nach der Sanierung, mit WC/Bad oder Dusche

Sanierung Blathof

1990–1993
Wien-Penzing
mit GSD

→
Fassade

198

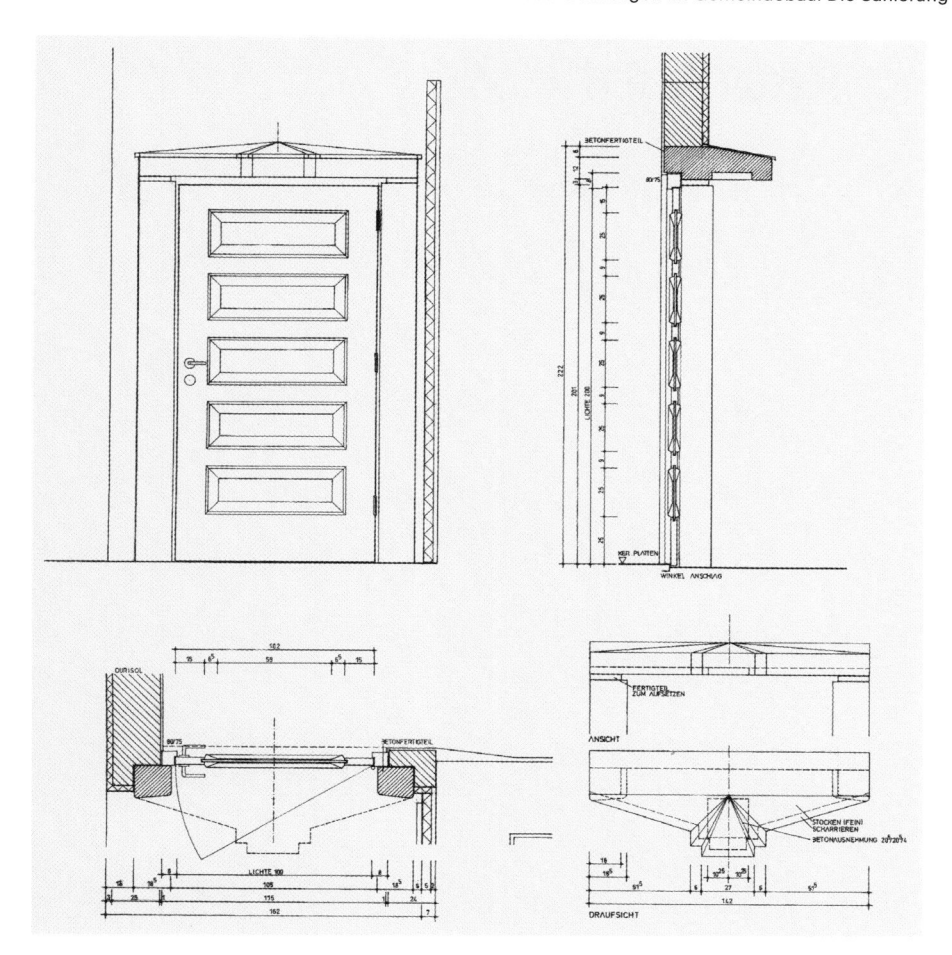

Eingangstür neu,
Ansichten, Schnitte

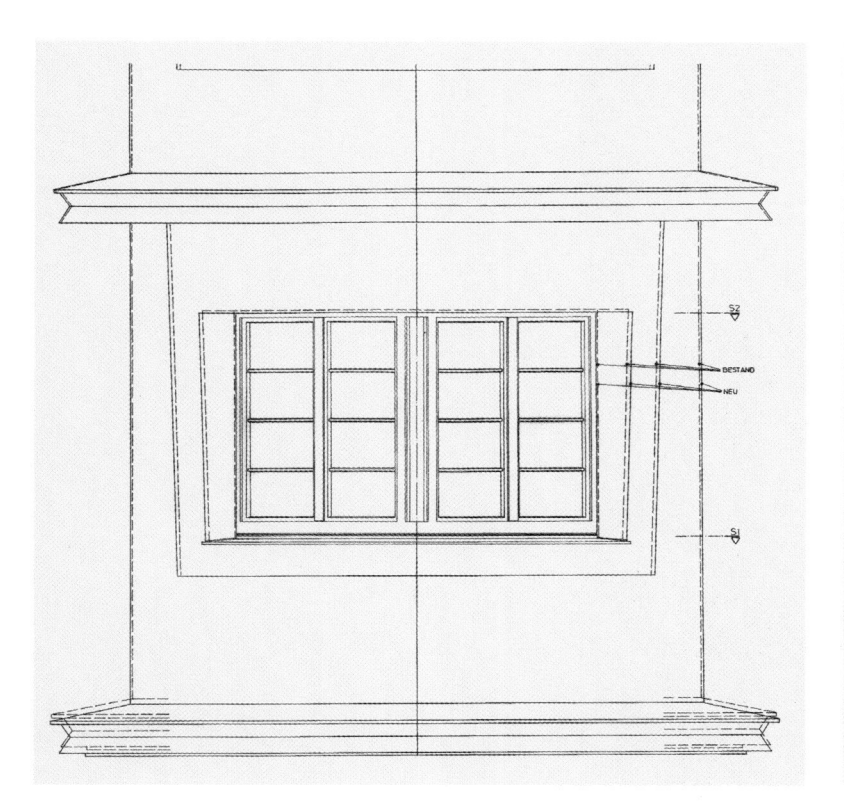

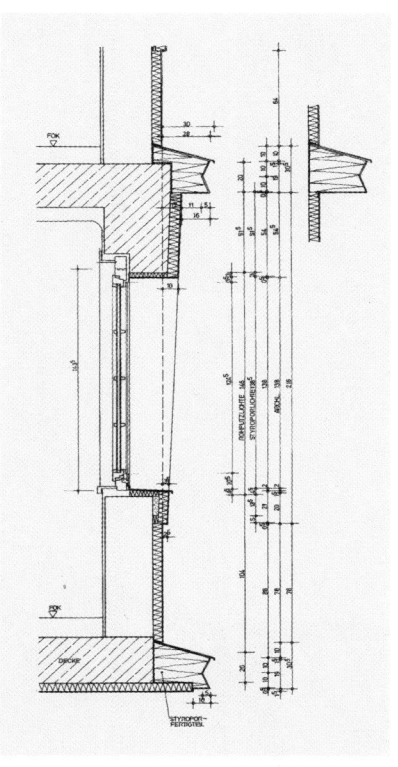

Fensterumrandungen neu,
Detail

Sanierung Reumannhof

1993–1996
Wien-Margareten
mit Werner Rebernig, GSD
Stadterneuerungspreis 1996

Neu konzipiert wurde eine Garage unter dem Hof mit einer Zufahrt von der Nebenstraße und durch das Hauptgebäude.

→
Fassade, davor rekonstruierter Springbrunnen

Neue Herausforderungen im Gemeindebau. Die Sanierung

→ Innenhoffassade mit Maschinenraumaufbau, nach und vor der Sanierung

Außer der Sockelsanierung war unser Interesse, besondere Teile in den Originalzustand zurückzubauen. Das Wasserbecken mit Springbrunnen wurde nach Originalplänen wieder errichtet und in Betrieb genommen. Die Aufbauten der Maschinenräume für Aufzüge, in der Kriegszeit geändert, wurden der ursprünglichen Ausführung angepasst saniert.

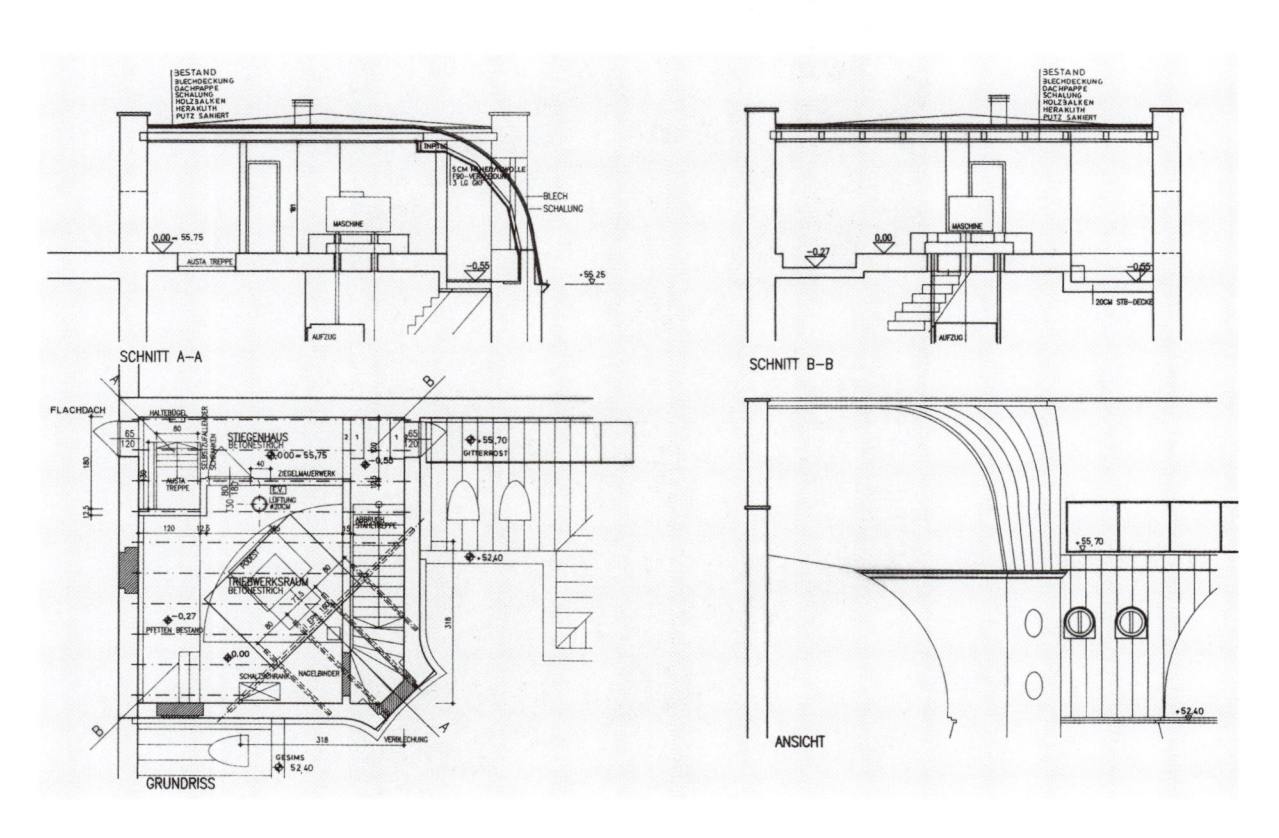

→ Maschinenraumaufbau, Detailplan

Der Kindergarten wurde erweitert, im Keller ausgebaut und neu gestaltet. Ein kleiner Spielplatz entstand im rückseitigen Hof. Nach weiterer Entwicklung der Holz-Alu-Fenster mit den an den Altbestand angepassten Profilen kamen diese erstmals zum Einsatz. Fehlende Beleuchtungskörper konnten nach vorhandenen Plänen wiederhergestellt werden.

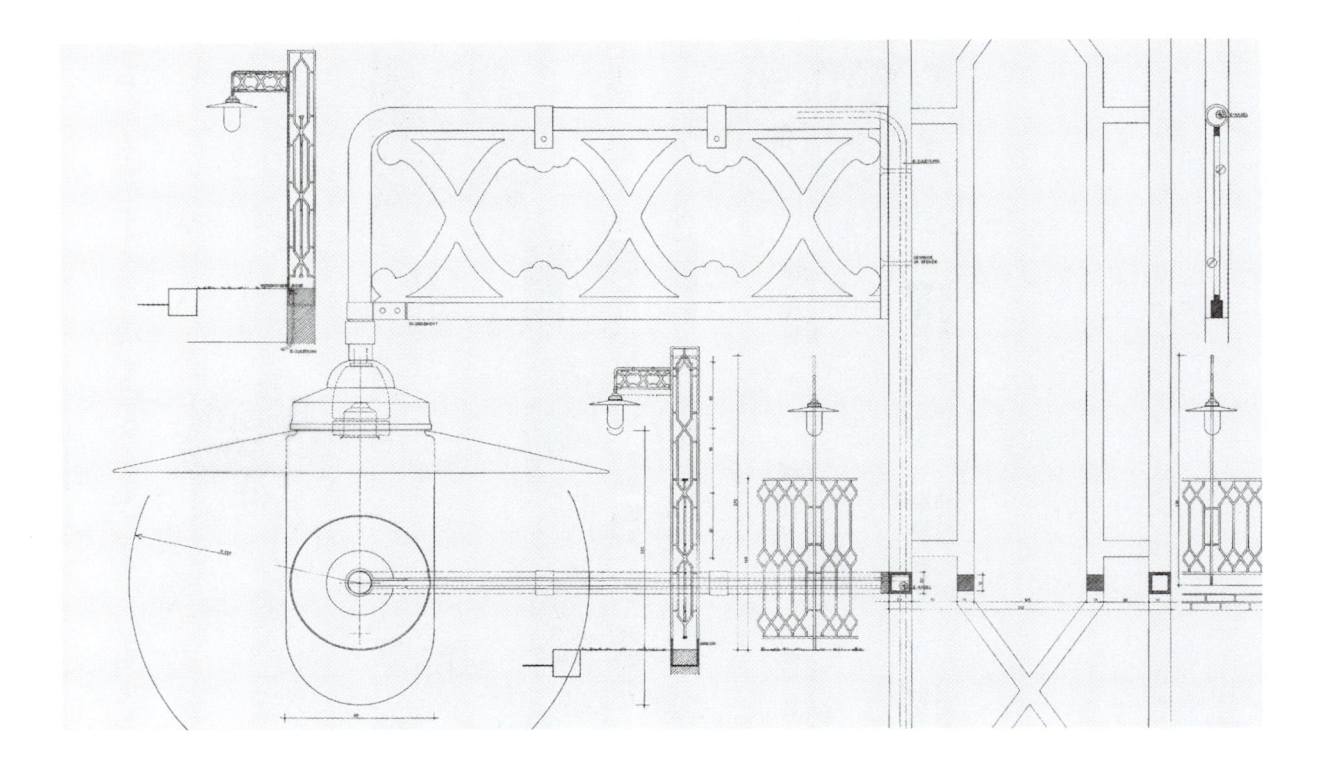

→
Leuchte, Detailplan

Mit Herrn Bürgermeister Häupl wurde der Abschluss der Sanierungsarbeiten gefeiert. Der Superbau des Roten Wien war wieder in Ordnung.

→
Wegbeleuchtung

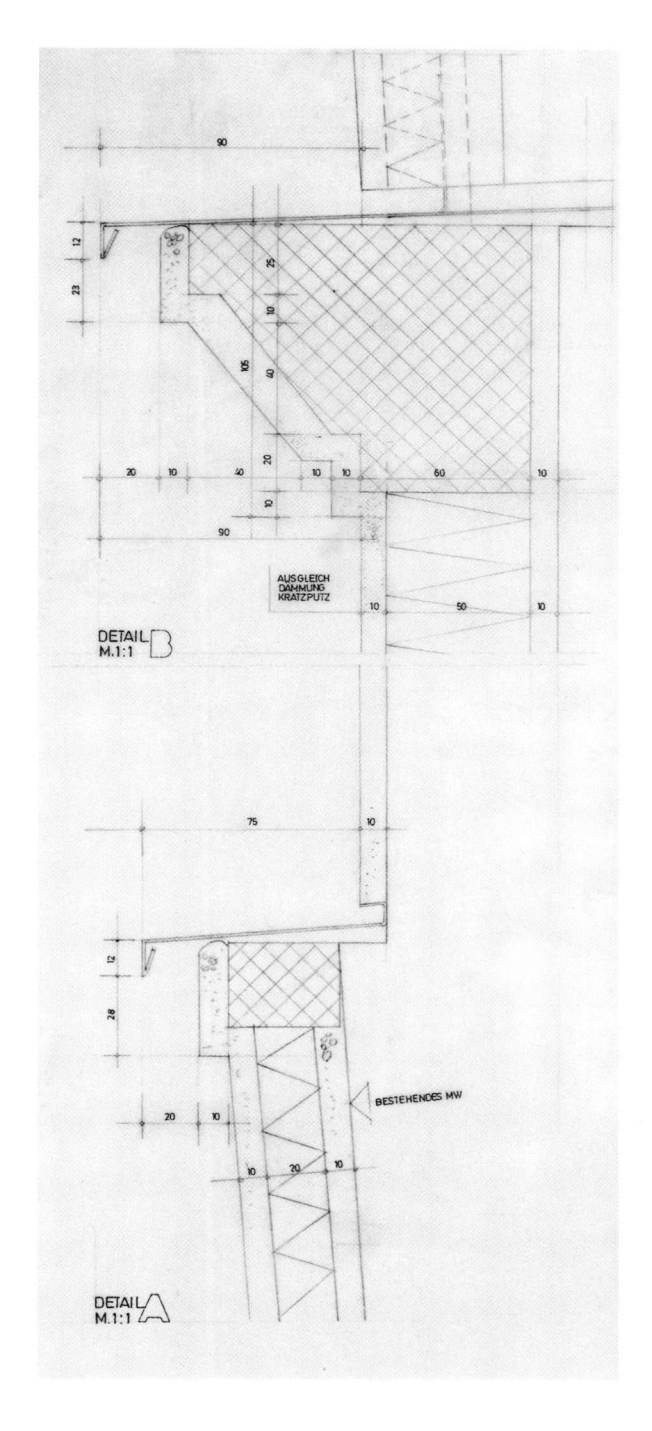

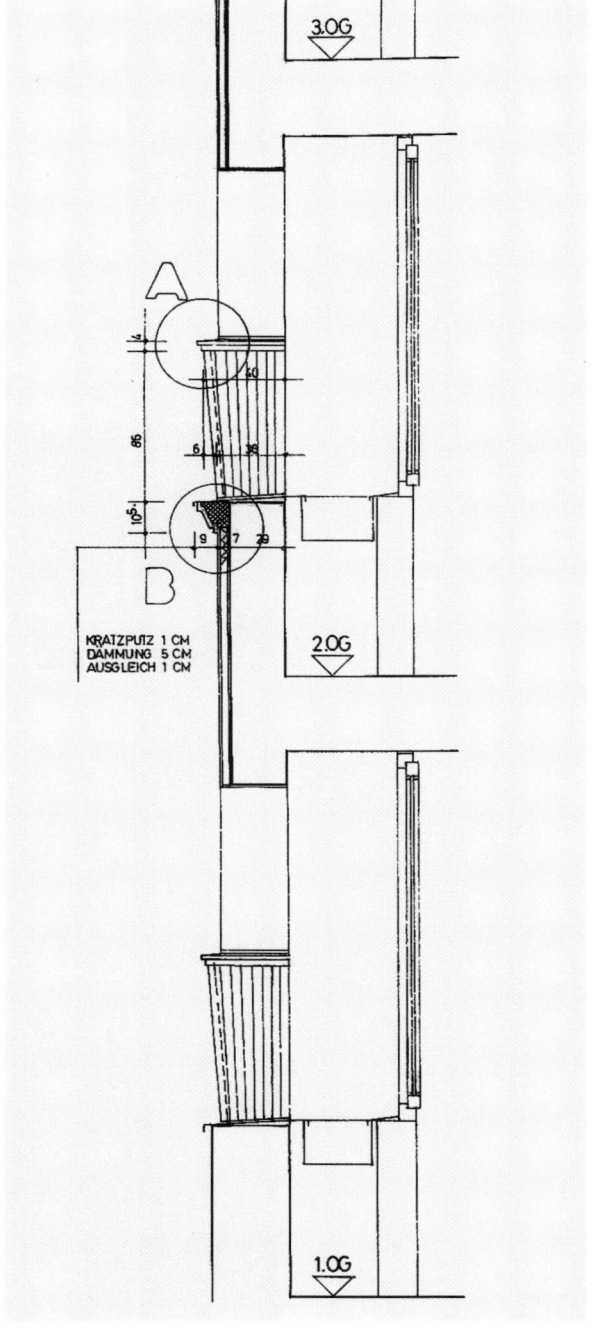

Neue Herausforderungen im Gemeindebau. Die Sanierung

→
Fassadenschnitt

→
Gesimse neu, Details

203

Sanierung Wohnhausanlage Friedrich-Engels-Platz

1998–2000
Aignerstraße 8–14 / Friedrich-Engels-Platz 9,
Leystraße 19–21, Wien-Brigittenau
mit Werner Rebernig, GSD

Bei der Sanierung der Leystraßen-Bauten kam es zur Umsetzung eines ökologischen Programms. Für die WC-Spülungen wurde gemeinsam mit Frau DI Anna Detzlhofer ein Nutzwassersystem entwickelt. Für diese Anlage wurden drei Brunnen errichtet, Grundwasser entnommen und mit einer eigenen Leitung zu allen WCs geführt, gleichzeitig die Dachwässer in gärtnerisch gestalteten Mulden gesammelt und zum Versickern gebracht. Damit wurde ein geschlossener Wasserkreislauf hergestellt, die Kanalgebühr entsprechend reduziert und der Investition gegengerechnet.

Grundsätzlich handelt es sich um eine Sockelsanierung mit Dachausbau bei bestehendem Dachstuhl. Innen liegende Vorräume und Bäder wurden mit Solatube belichtet. Eine Methode, über ein verspiegeltes Rohr mit aufgesetzter Glaskuppel gestreutes Licht in die Räume zu bringen. Die Fassaden wurden mit 5 cm Styropor gedämmt und mit Kratzputz überzogen. Die Fenster sind Holz-Alu-Konstruktionen, wobei die Teilung und Profile des Bestands beibehalten wurden.

→
Hauptfassade,
Friedrich-Engels-Platz

Neue Herausforderungen im Gemeindebau. Die Sanierung

← Fassade

← Fassade mit Uhrturm

← Innenhof mit neu errichteten Nebengebäuden

Sanierung Fröhlich-Hof

2002–2004
Wien-Meidling
mit GSD

Die Aufklappung darf nicht als Geschoss in Erscheinung treten. Daher habe ich die Fensteroberkante mit 2,10 m festgelegt, was auch ungefähr der Dachrinnenunterkante entspricht. Die notwendige Raumhöhe war auch innerhalb des Daches leicht erreichbar. Der Gesamteindruck des Hauses wurde nicht beeinträchtigt und der Charakter des Hauses blieb erhalten. Durch die Aufklappung war es möglich, auch Loggien, ohne Störung der Dachlandschaft, unterzubringen. Somit war für jede Dachwohnung auch ein Freiraum möglich.

Zur räumlichen Ausnützung des Dachgeschosses bot sich eine Aufklappung zwischen den Stiegenhäusern an. Der alte Dachstuhl blieb erhalten, wurde jedoch mit Stahlträgern unterstützt.

→
Hofansicht mit Dach-Aufklappung

Neue Herausforderungen im Gemeindebau. Die Sanierung

Aufzüge im Inneren des Hauses zu errichten, war nur sehr begrenzt durchführbar. Daher wurden diese an den Ecken außen situiert. Der Aufzugsturm wurde in einer Stahlkonstruktion mit Punkthalter-Verglasung errichtet. Diese entmaterialisierte Lösung greift am wenigsten in die bestehende Architektur ein. Es ist eine harmonische Lösung.

→ Neue Aufzugsschächte aus Glas

→ Dachausbau mit Loggien

Sanierung Liebknechthof

2005–2007
Wien-Meidling
mit Werner Rebernig, GSD

Sockelsanierung mit besonderem Augenmerk auf den Dachausbau. Durchlaufende Aufklappung mit gedrückter Höhe an der Fensterfront. Die Dimension der Fenster ist um ein Feld verkürzt im Vergleich zu den Fenstern in den Geschossen.

Über den vorspringenden Fassadenelementen wurden Dachterrassen installiert, die über eine Stiege zugänglich sind.

→ Hauptfassade

← Dachausbau

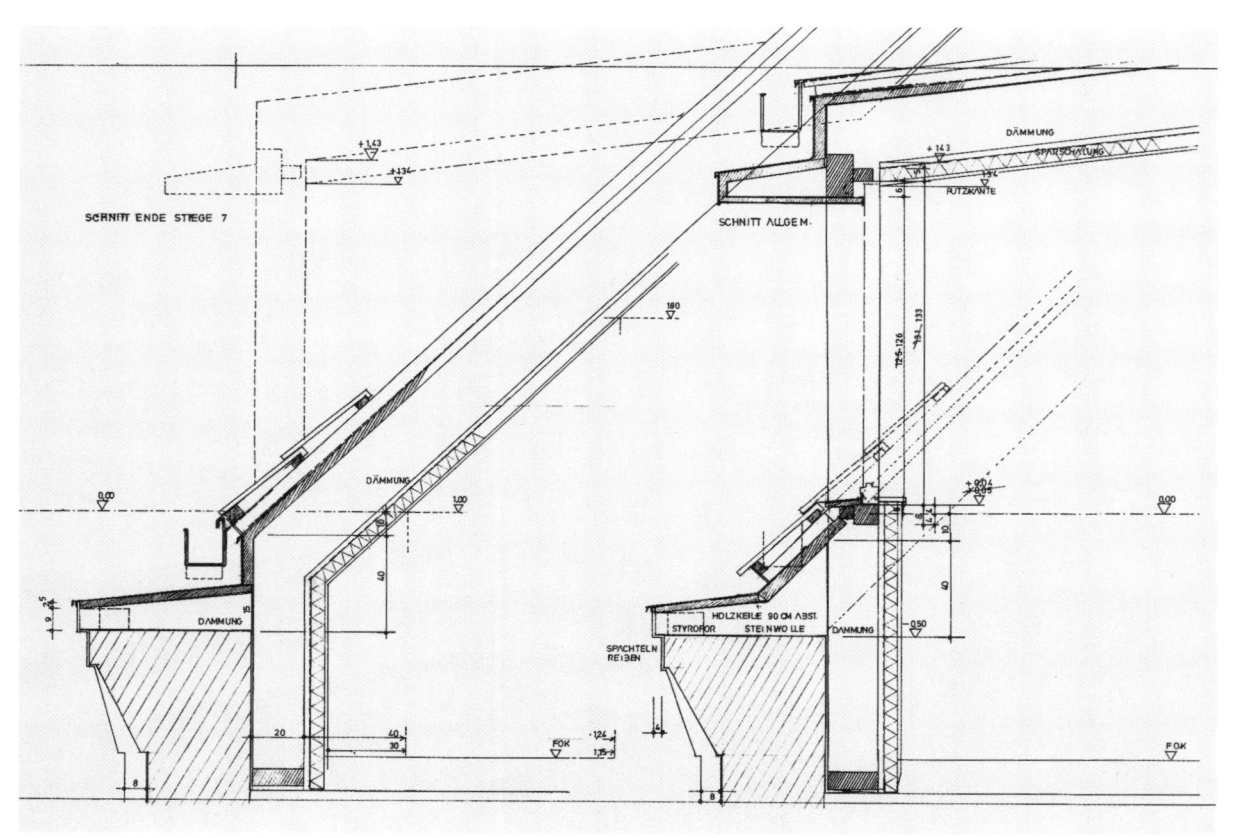

← Dach, Schnitte

Sanierung Neues Schöpfwerk

2008–2012
Wien-Meidling
mit Werner Rebernig, GSD

Die Wohnhausanlage wurde in den Jahren 1975–1981 errichtet. Architekt Hufnagl als Federführender einer Architektengruppe prägte diese Anlage mit seiner persönlichen Handschrift. Es gibt verschiedene Bauweisen, wie Ziegelbau (Oktogone) oder ausgefachte Stahlbetonkonstruktion. Die Bauphysik wurde zur Errichtungszeit wenig beachtet.

→
Gesamtanlage

Neue Vorschriften machten eine Wärmedämmung der Objekte zwingend notwendig – bei gleichzeitigem Einbau dichter Fenster. Die Oktogone und das Hochhaus wurden mit normaler Dämmung ausgestattet. Die Stahlbeton-Skelettbauten wurden ebenso mit Dämmung versehen. Es ist der erste Bau mit dieser Konstruktion. Meiner Meinung nach soll die Konstruktion auch mit der Dämmung gezeigt werden.

→
Aufbringen der Wärmedämmung an der Fassade

Die Anlage wurde in den verschiedensten Konstruktionen, wie z. B. mit Stahlbetonfertigteilen, errichtet. Das Zusammensetzen der Elemente zeigt sich an der Fassade und vermittelt einen starken Ausdruck. Die einzige Möglichkeit, die ich gefunden habe, ist, mit der Wärmedämmung die darunter liegende Konstruktion nachzuzeichnen. Mit Fuge und differenziertem Material konnte dies erreicht werden. Unzählige Details waren notwendig, um den Ausdruck und die Proportionen anzugleichen. Die Ideologie der Architektur wird mit Füßen getreten, aber die bauphysikalisch ungenügenden Objekte kann man nicht abreißen. Also muss eine Lösung gefunden werden.

→
Neue Fassade mit Struktur

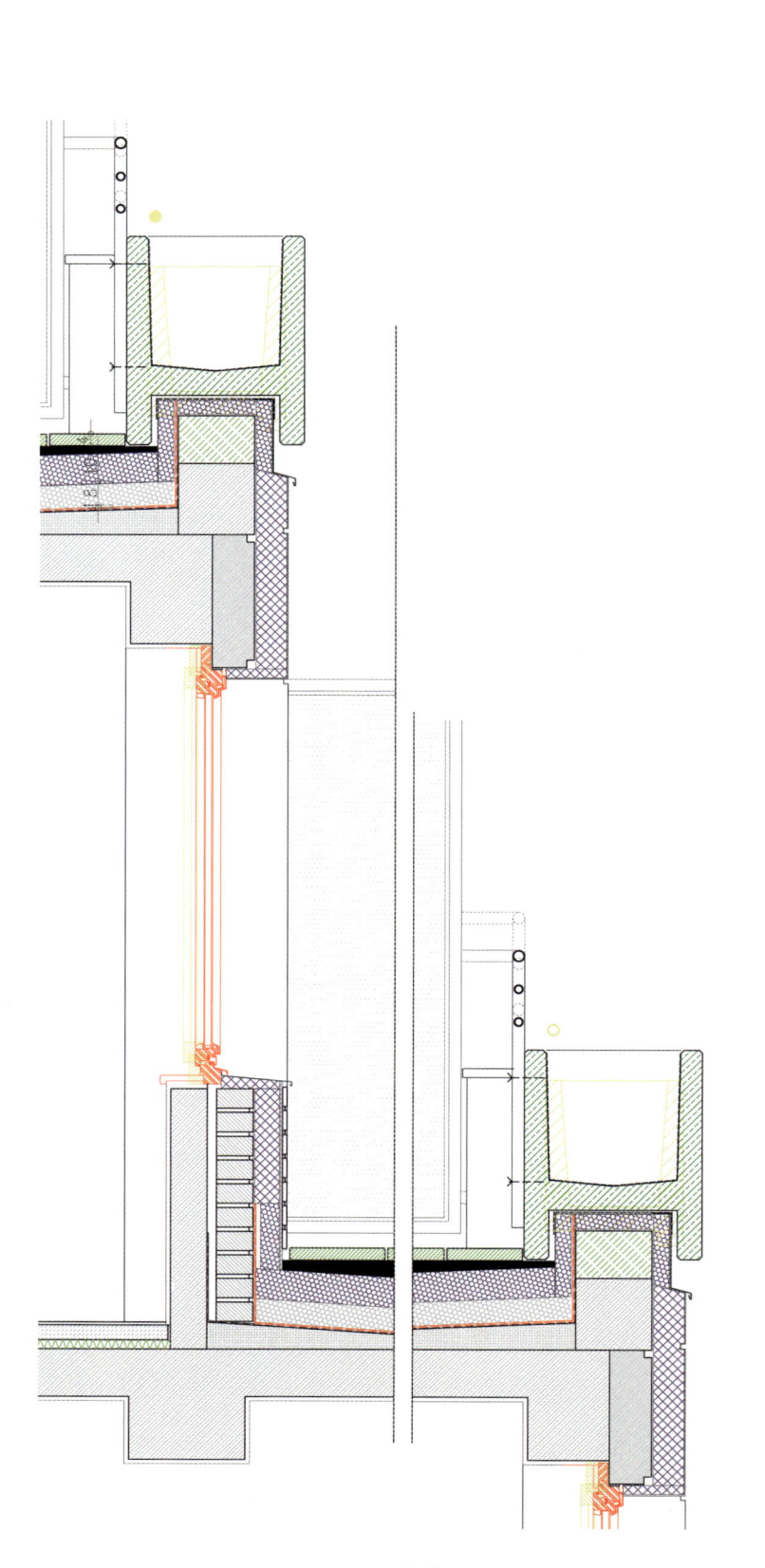

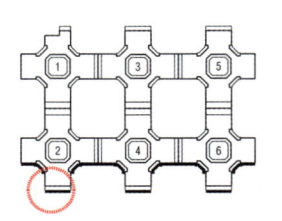

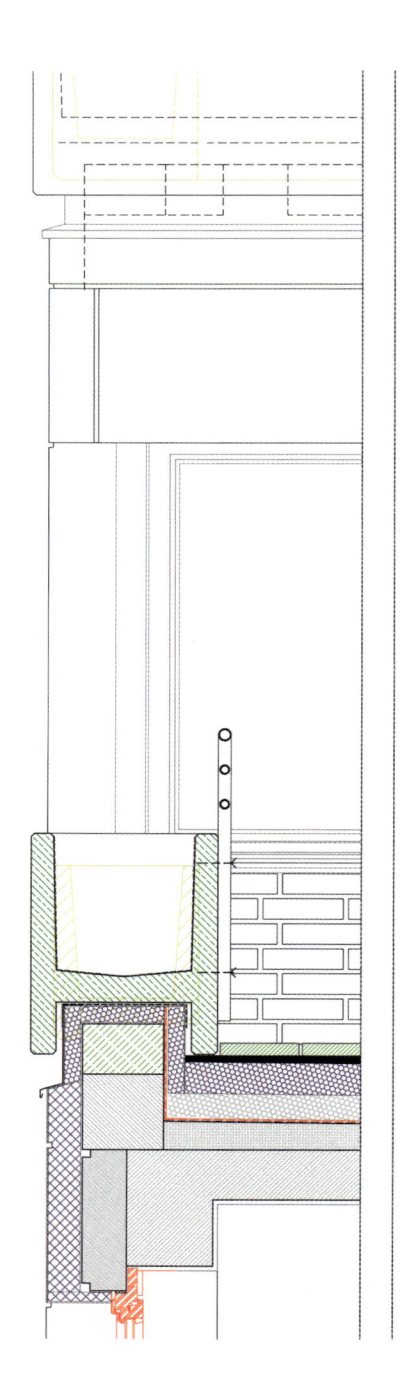

←
Terrasse / Blumentröge,
Detailplan, Schnitt

Neue Herausforderungen im Gemeindebau. Die Sanierung

← Ansicht Bauteil Oktogon

← Ansicht Hochhaus

7 Diverse Projekte

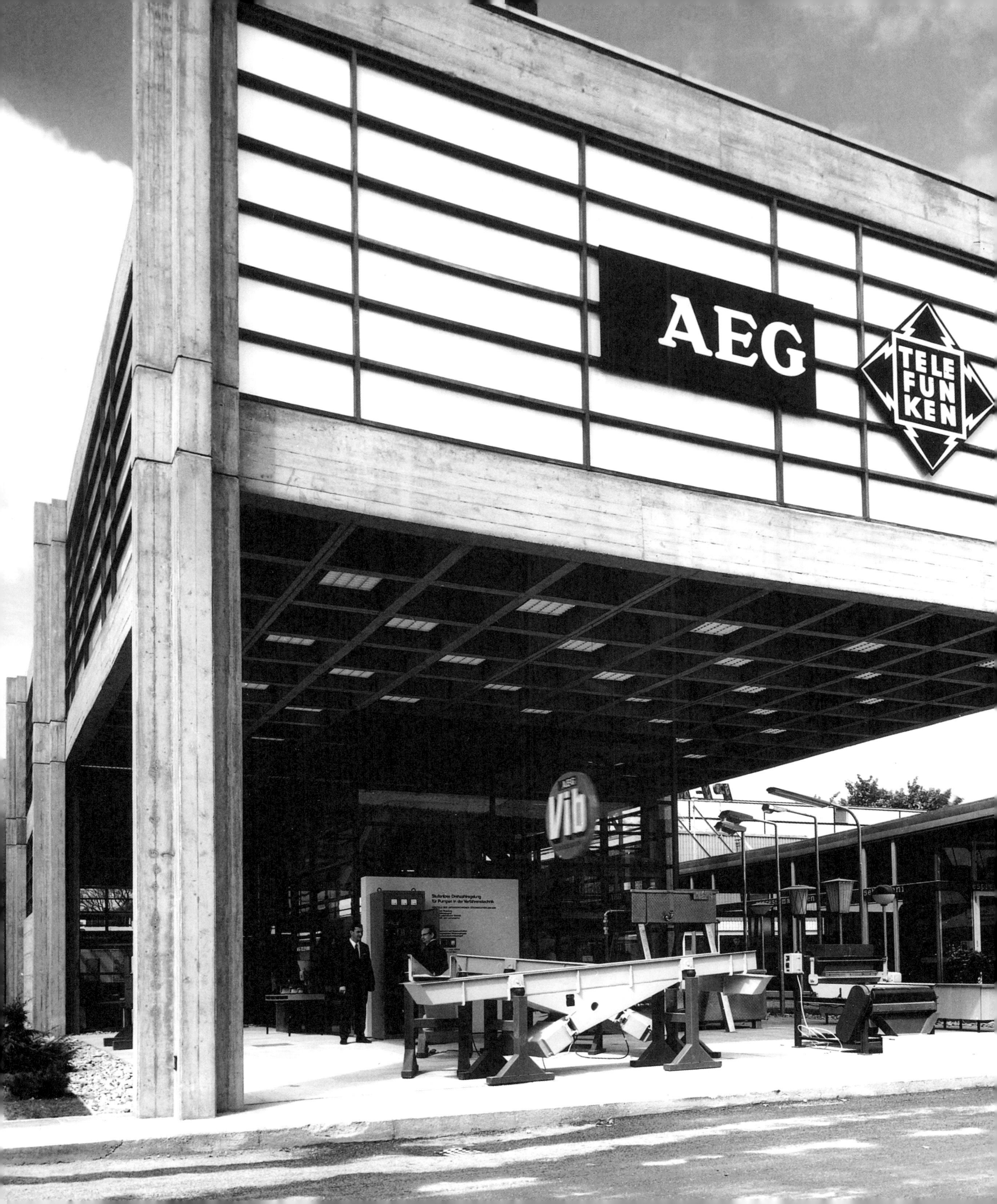
AEG
TELE FUN KEN
Vib

Bäckerei Klinger

1957
Wien-Neubau
mit Heinz Dieter Kajaba

←
AEG Messepavillon, 1970

→
Ansicht

Diverse Projekte

← Schnitt

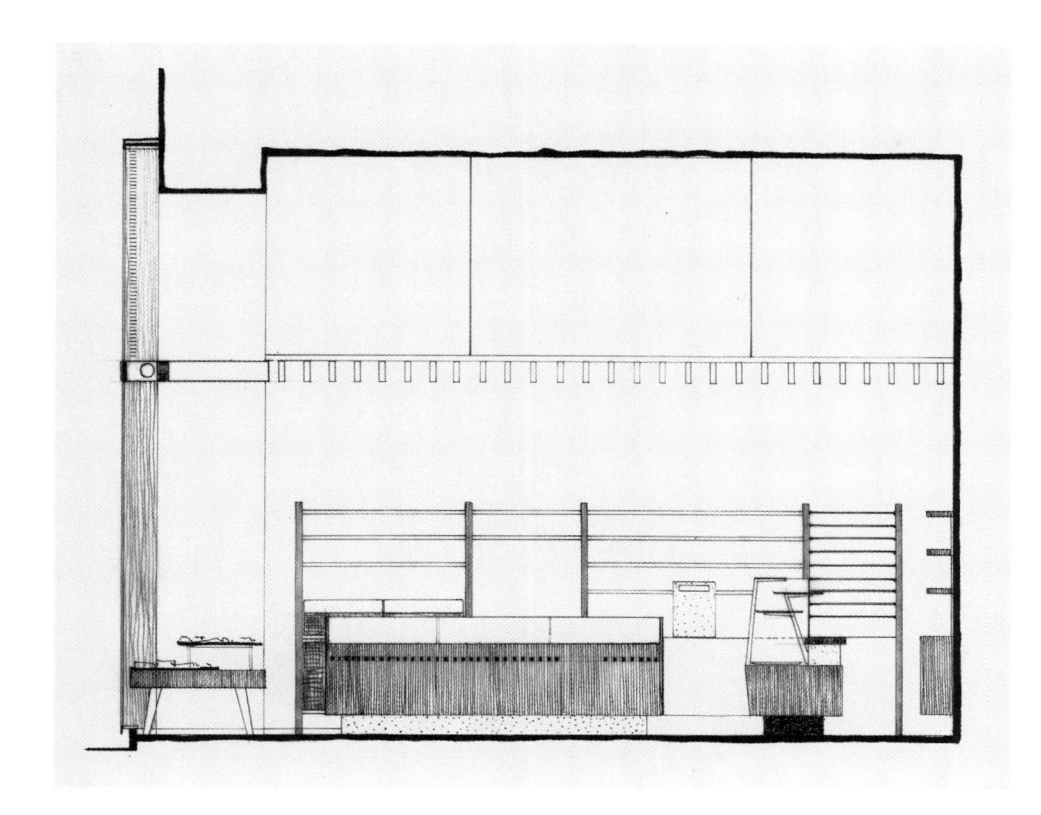

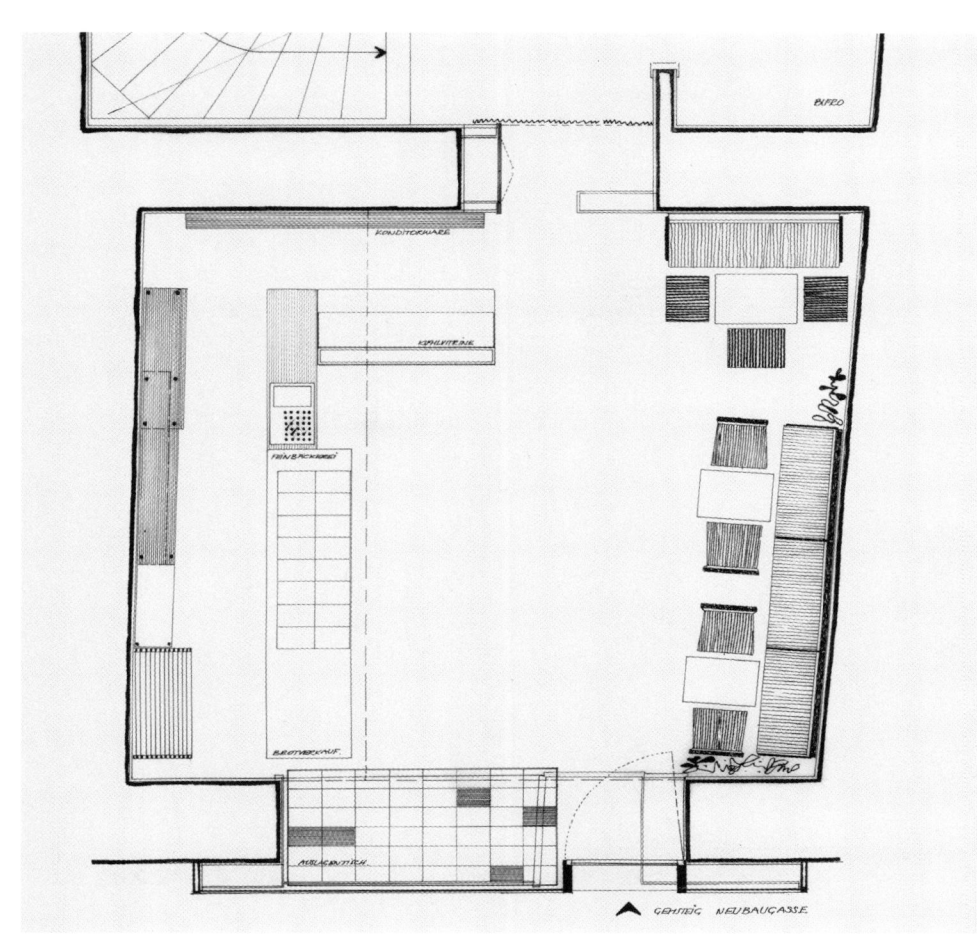

← Grundriss

Firma Indufin

1957
Wien-Innere Stadt

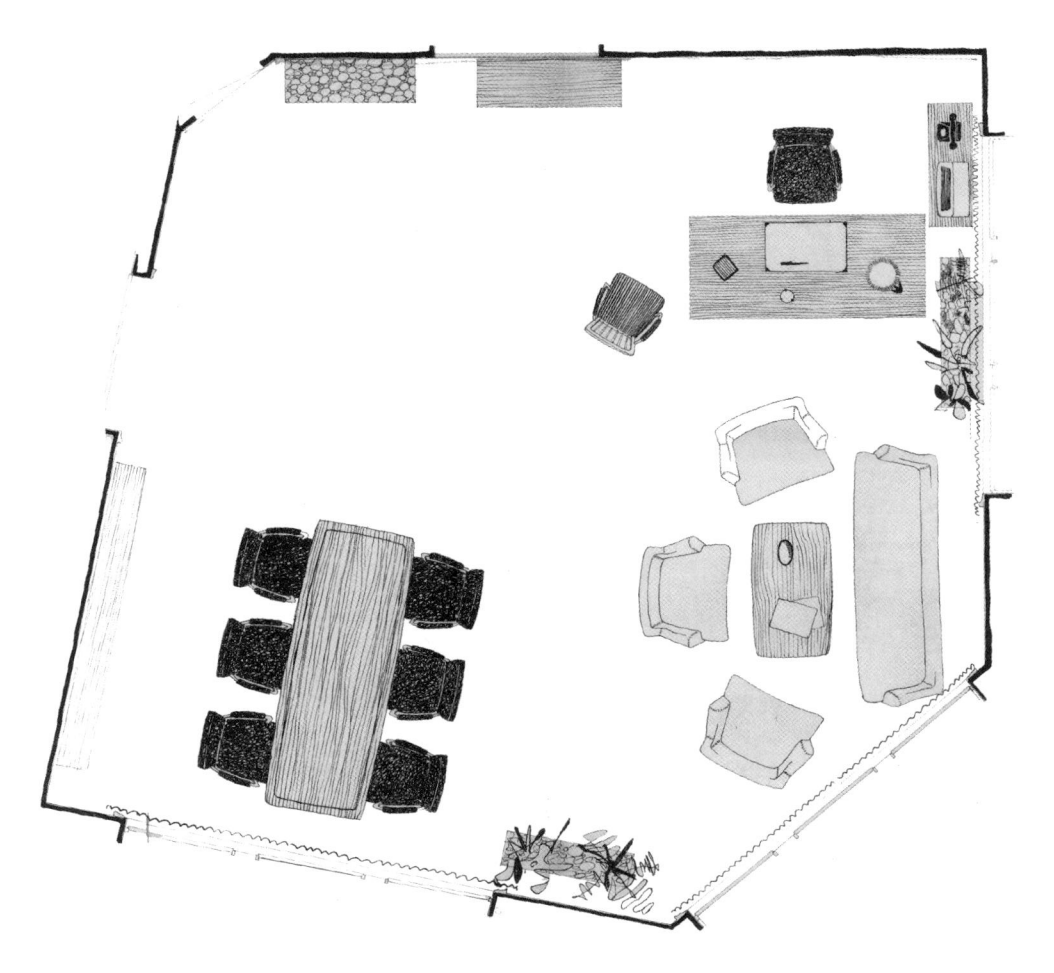

→
Grundriss

Diverse Projekte

→
Besucherstuhl

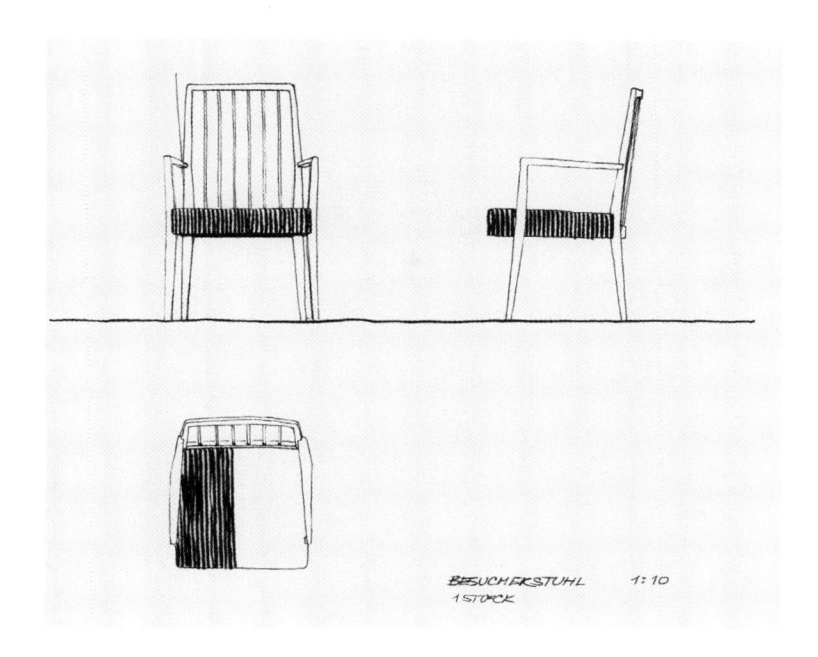

BESUCHERSTUHL 1:10
1 STOCK

→
Ansicht

219

Büroumbau Wukovich

1962
Wien-Josefstadt

→
Büro

Diverse Projekte

→
Chefbüro

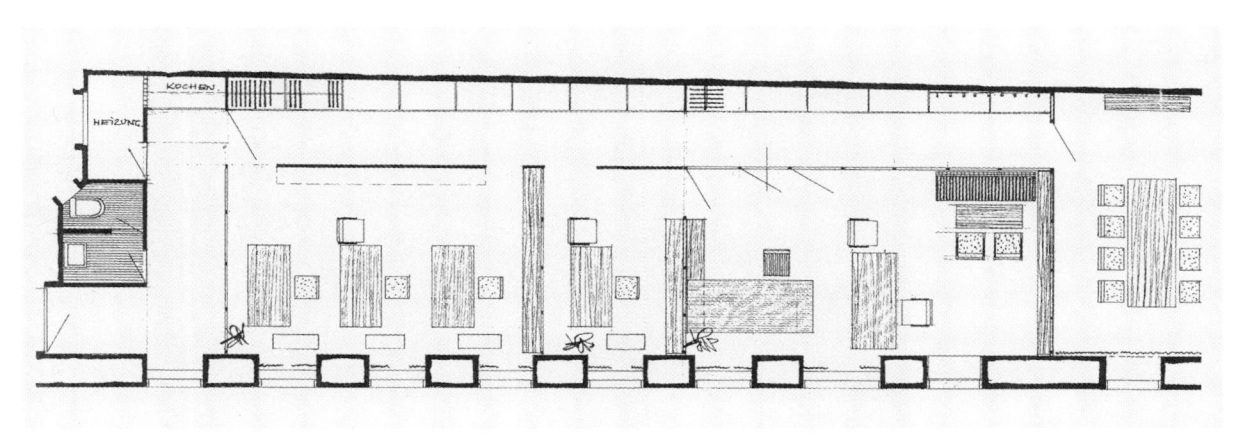

→
Grundriss

221

Geschäftslokale Ferry Dusika

1963
Wien-Landstraße

Ferry Dusika, eine Ikone des österreichischen Radsports, hat sich in der Fasangasse im 3. Bezirk angesiedelt. Ein Lokal für Fahrräder und ein Geschäft für Sportmode sowie eine Radwerkstatt. Eine möglichst einheitliche Einrichtung sollte den Zusammenhang zeigen. Die Reklame für alle Geschäfte war in gleicher Art ausgeführt: eine beleuchtete Schrift.

Für die Art der Geschäfte war eine rustikale Auswahl der Materialien vorherrschend: Lärchenholz und Keramik. Massive Holzmöbel mit ausgeprägten Holzverbindungen unterstützen die Präsentation der Sportmode. Nach dem Tod des Herrn Dusika blieb das Modegeschäft durch Frau Dusika erhalten; aber heute ist alles verschwunden.

→
Holzmöbel mit Fingerzinken-Verbindung als Gestaltungsmotiv

Diverse Projekte

← Verkaufsraum mit Holzmöbeln

Ferry Dusika, ein Frühaufsteher, begann seine Telefonate ab 6.00 bzw. 6.30 Uhr früh. Der totale Gegensatz zu meinem Arbeitsbeginn – als Abendmensch.

← Präsentationstisch aus Holz

Rollschuhbahn Prater

1963
Wien-Leopoldstadt

Die zur Verfügung stehende Parzelle liegt zwischen Münstedt Kino und einem Gasthaus mit einer Front zur Straße des Ersten Mai. Es war eine Halle zu errichten mit Nebenräumen wie Garderobe, Kassa, Rollschuhausgabe und Sanitäranlagen. Auf der Basis von einem 1-m-Raster wurden der Grundriss wie auch die Ansicht entwickelt.

Zur Eröffnung der ersten Wiener Rollschuhbahn gab es eine glanzvolle Vorführung der Sportler, im Beisein der Weltmeisterin im Rollschuhlauf. Um ca. 2000 musste die Halle einer neuen Attraktion weichen.

→
Fassade

Diverse Projekte

Das Gebäude ist konzipiert unter Beibehaltung einer Maßordnung. Holzträger und Leimbinder sind paarweise angeordnet mit einer Spannweite von 14 m bis zur Stütze und einer weiteren Auskragung von über 6 m. Die Straßenfront ist durchgehend in Glaselemente aufgelöst. Die Nebenräume sind mit Holzelementen und Oberlichten abgeschlossen.

← Halle mit Holzleimbinder

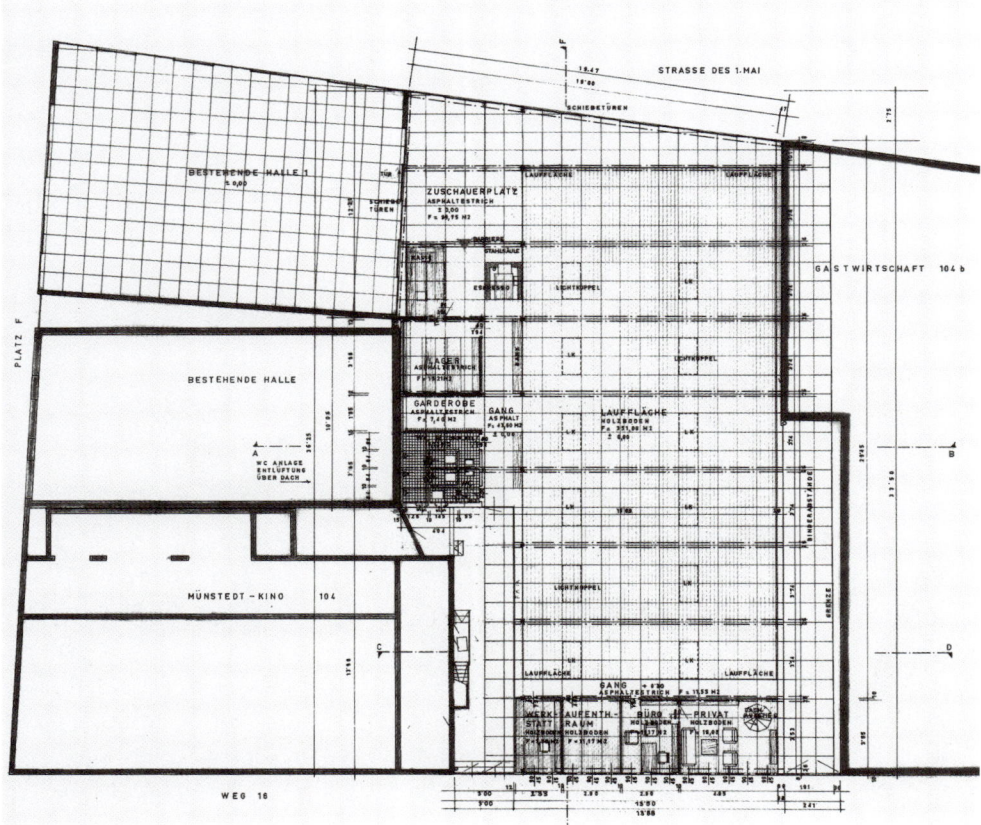

Die Tragkonstruktion sind zwei Holzleimbinder auf Mauerwerk und Stahlstützen gelagert und teilweise auskragend. In den Stahlstützen ist auch die Dachentwässerung untergebracht. Außenwände sind Holzelemente oder Stahlrahmen mit Drahtglas. An der Straßenseite ist jedes zweite Element zu verschieben, sodass eine freie Zugänglichkeit besteht.

← Grundriss

← Ansicht

Wohnhausanlage Deutsch Wagram

1966
Niederösterreich

Für die der NEWAG nahestehende Siedlungsgenossenschaft war ein Wohngebäude zu planen. In dieser Gegend ist der Grundwasserstand so hoch, dass ein Keller nur mit hohen Kosten errichtet werden kann. Daher wurden im Erdgeschoss Abstellräume situiert sowie Einfahrt und Zugang zum zentralen Stiegenhaus, darüber drei Geschosse mit je vier Wohneinheiten inkl. Loggia. Das Gebäude ist im geschlossenen Straßenzug eingebaut.

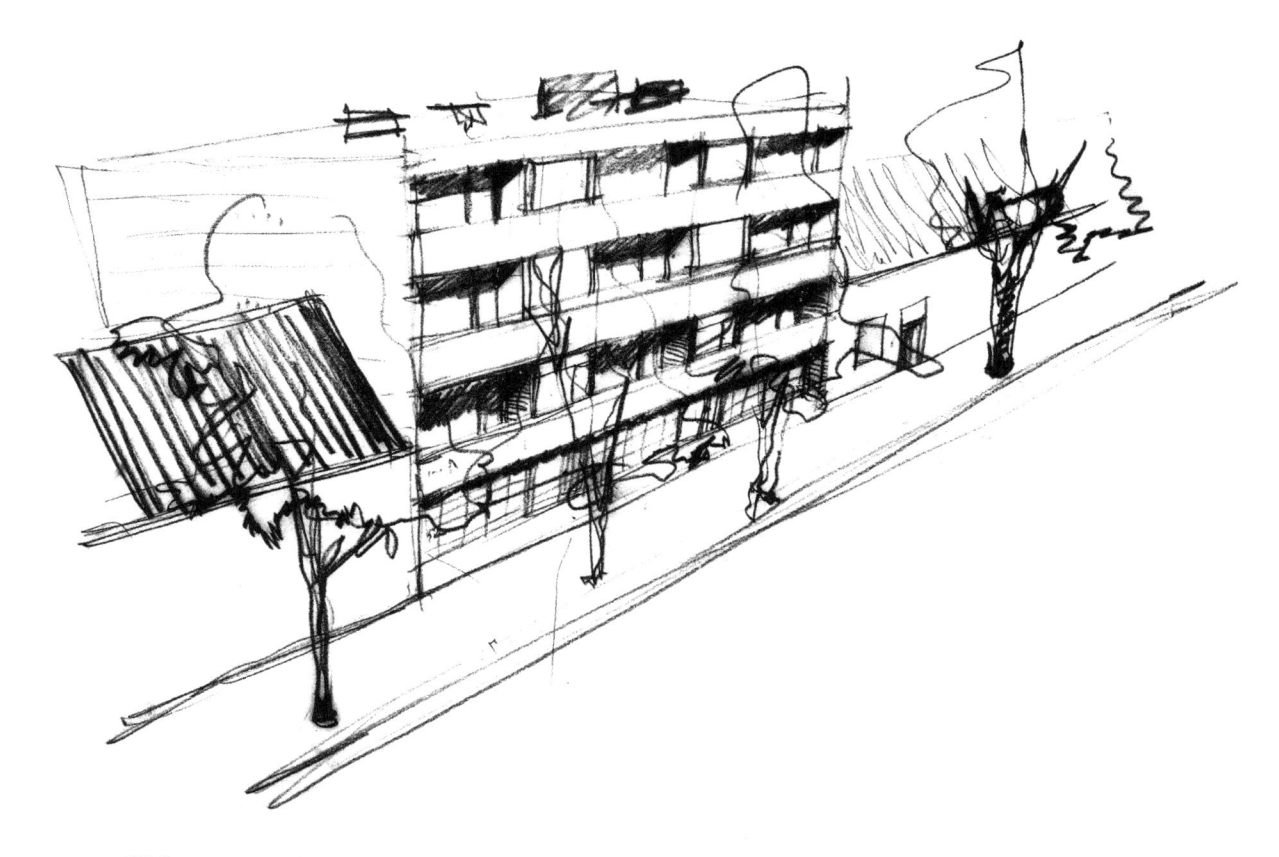

→
Fassade, Skizze

Diverse Projekte

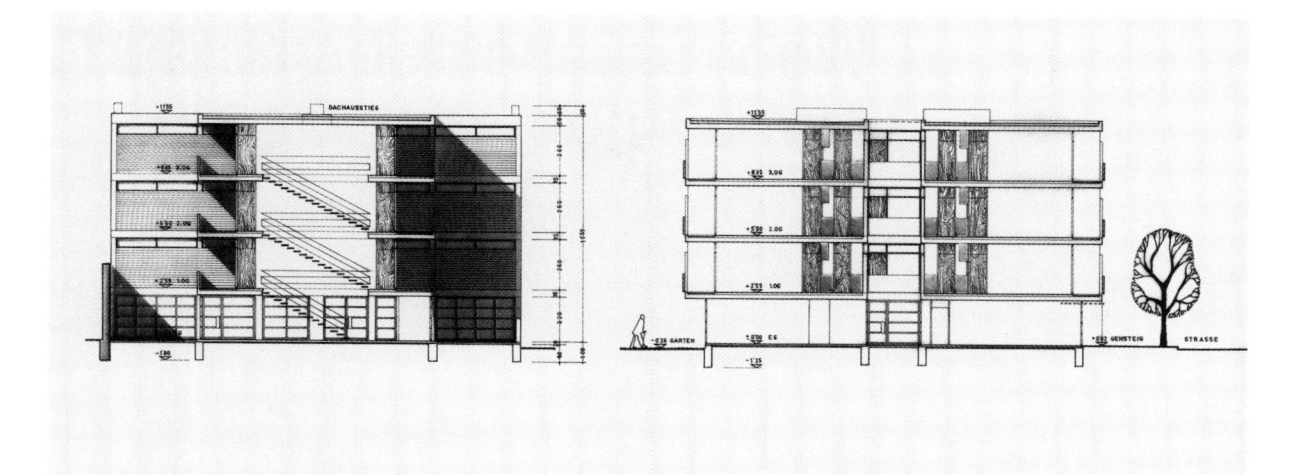

→ Schnitte

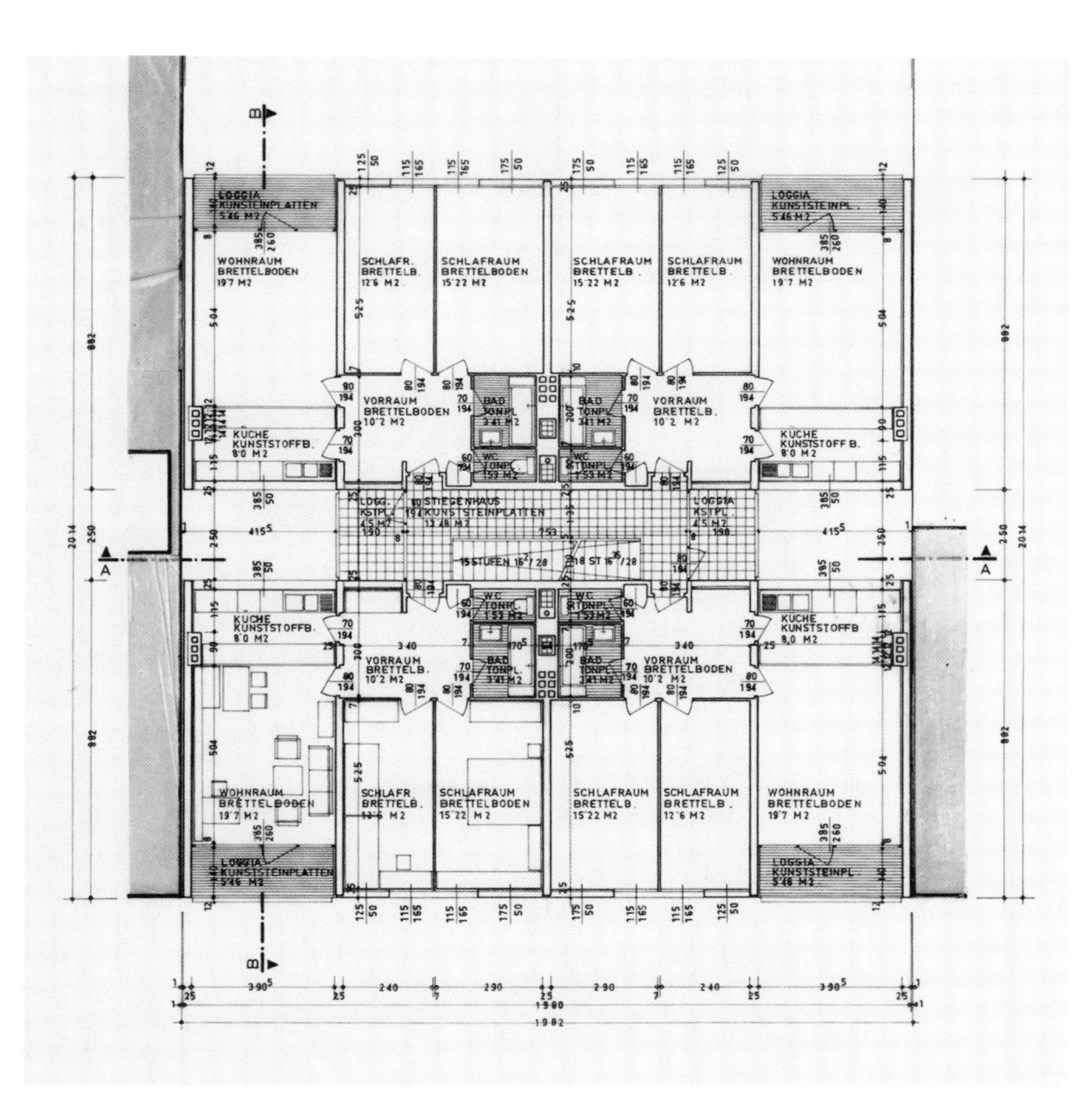

→ Grundriss

Büro- und Betriebsgebäude Firma Anders

1969
Wien-Favoriten

Der Baumaschinenhandel der Firma Anders errichtete auf dem eigenen Grundstück einen neuen Bau. Entlang der Triester Straße entstanden ein Schauraum im Erdgeschoss und Büroräume in den oberen Geschossen. In die Tiefe des Grundstücks wurde eine Betriebshalle entwickelt. Die Höhe der Betriebshalle ist mit der Trägerunterkante fixiert.

An der Längsseite zum Hof ist die Halle mit Stahl-Glas-Toren abgeschlossen. Das Bürogebäude ist ein Stahlbetonskelettbau mit Ausmauerung. Alle Betonelemente sind in Sichtbeton ausgeführt.

→ Dach über der Lagerhalle mit Hoffassade

Diverse Projekte

Um den Luftraum der Halle nicht zu vermindern, wurden Fertigteilelemente an der Unterkante der Deckenhauptträger aufgelegt. Die Träger sind nach oben hin als Überzug ausgebildet und von Stahlbetonstützen getragen. Aufgrund dieses Zusammenspiels ist die Form eines A-Trägers entstanden. Im Hohlraum des Trägers ist die Beleuchtung montiert und nicht gefährdet.

← Werkshalle

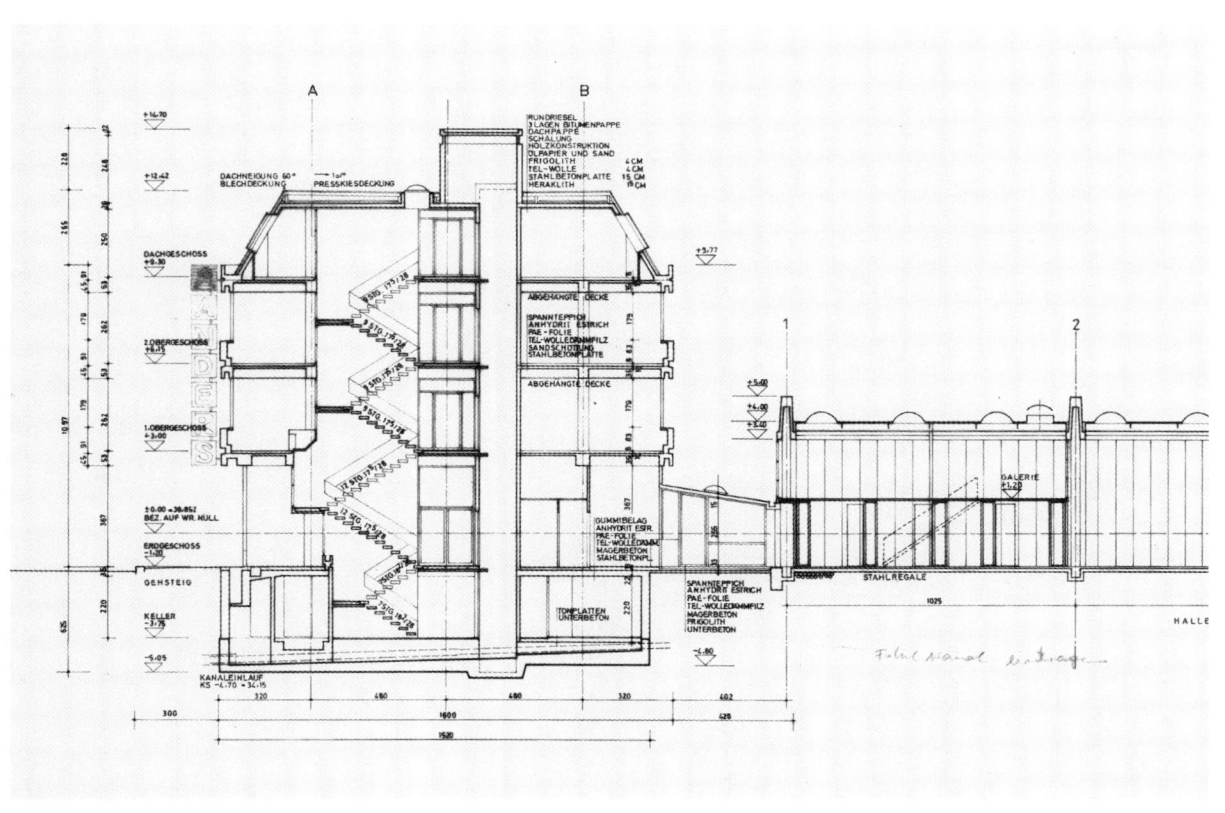

← Schnitt

229

← Büro

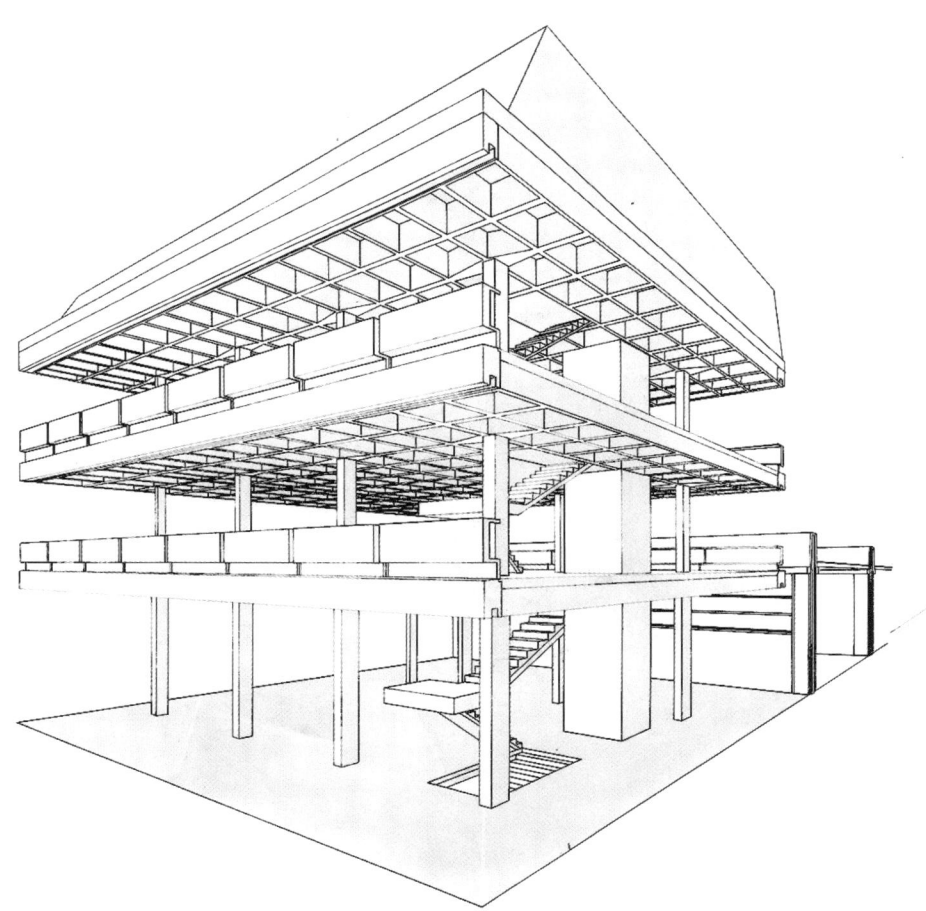

← Perspektive

→ Hoffassade

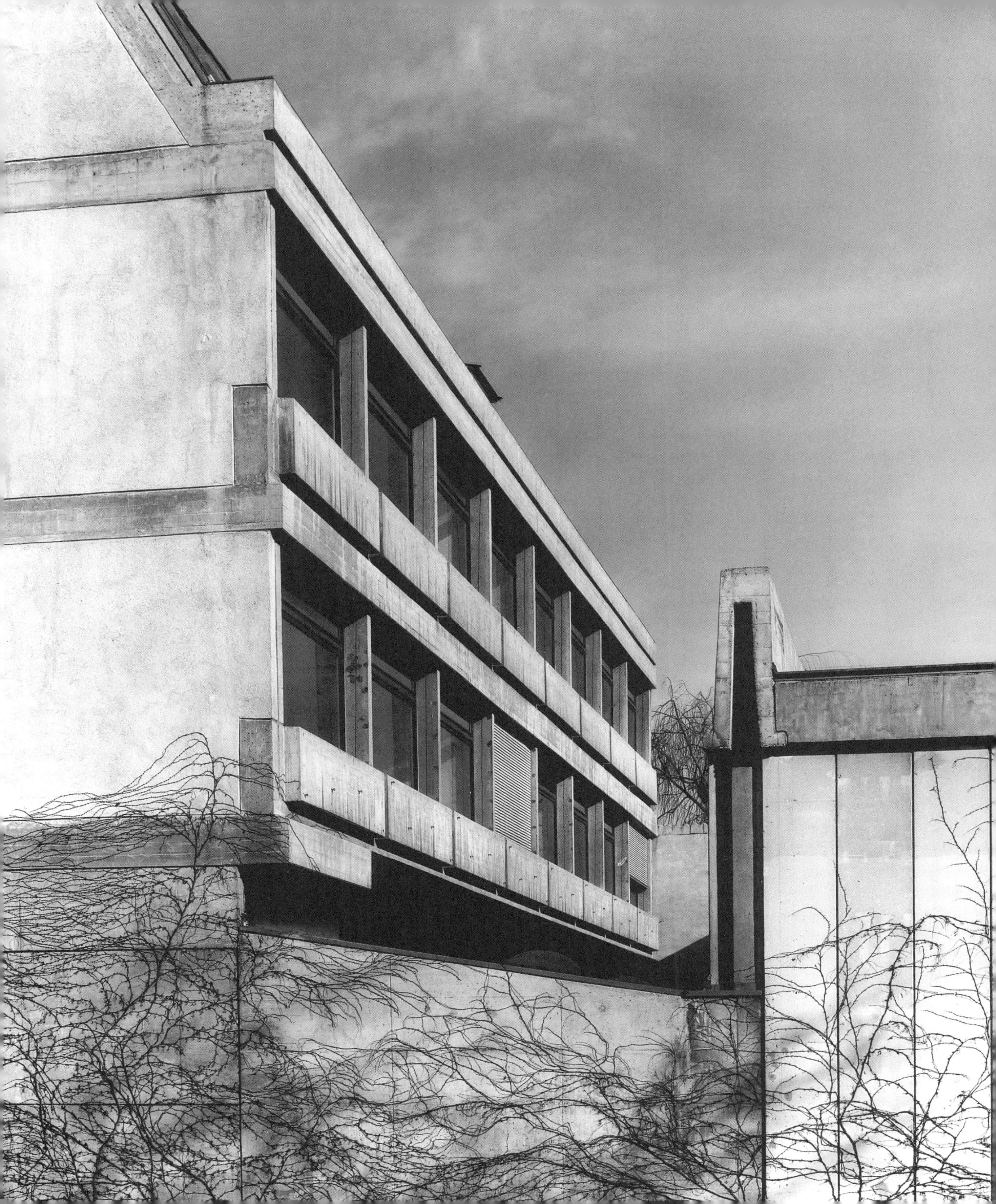

AEG Messepavillon

1970
Messe, Wien-Leopoldstadt

Von der AEG gab es die Vorgabe, auf dem Wiener Messegelände einen Pavillon zur Ausstellung der Firmenprodukte zu errichten. Mein Gedanke war, ein Modul zu entwickeln. Das Grundelement kann verdoppelt oder verdreifacht und auch auf andere Plätze transformiert werden. Der Baukörper ist quadratisch, mit vier kreuzförmigen Stützen an den Ecken. Der Grundriss erstreckt sich über eine Fläche von 12,92 × 12,92, aufgeteilt auf 11 × 11 Achsen. Dieser Raster, 1,22/1,22, bestimmt alle weiteren Elemente.

Drei hintereinander angeordnete Einheiten mit Obergeschoss ergaben den Pavillon mit einer Fassadenkonstruktion aus massivem Hartholz (Oregon) und einer Fixverglasung. Im 1. Stock bestand diese aus zwei Glastafeln mit dazwischen liegendem Glasgewebe. Ein angenehmes, warmes Licht, ohne Ablenkung, für die Ausstellung der Haushaltsgeräte. Im Erdgeschoss ist ein Teil offen, um auch größere Produkte für die Industrie zu präsentieren.

→
Fassade

Diverse Projekte

← Innenraum Obergeschoss

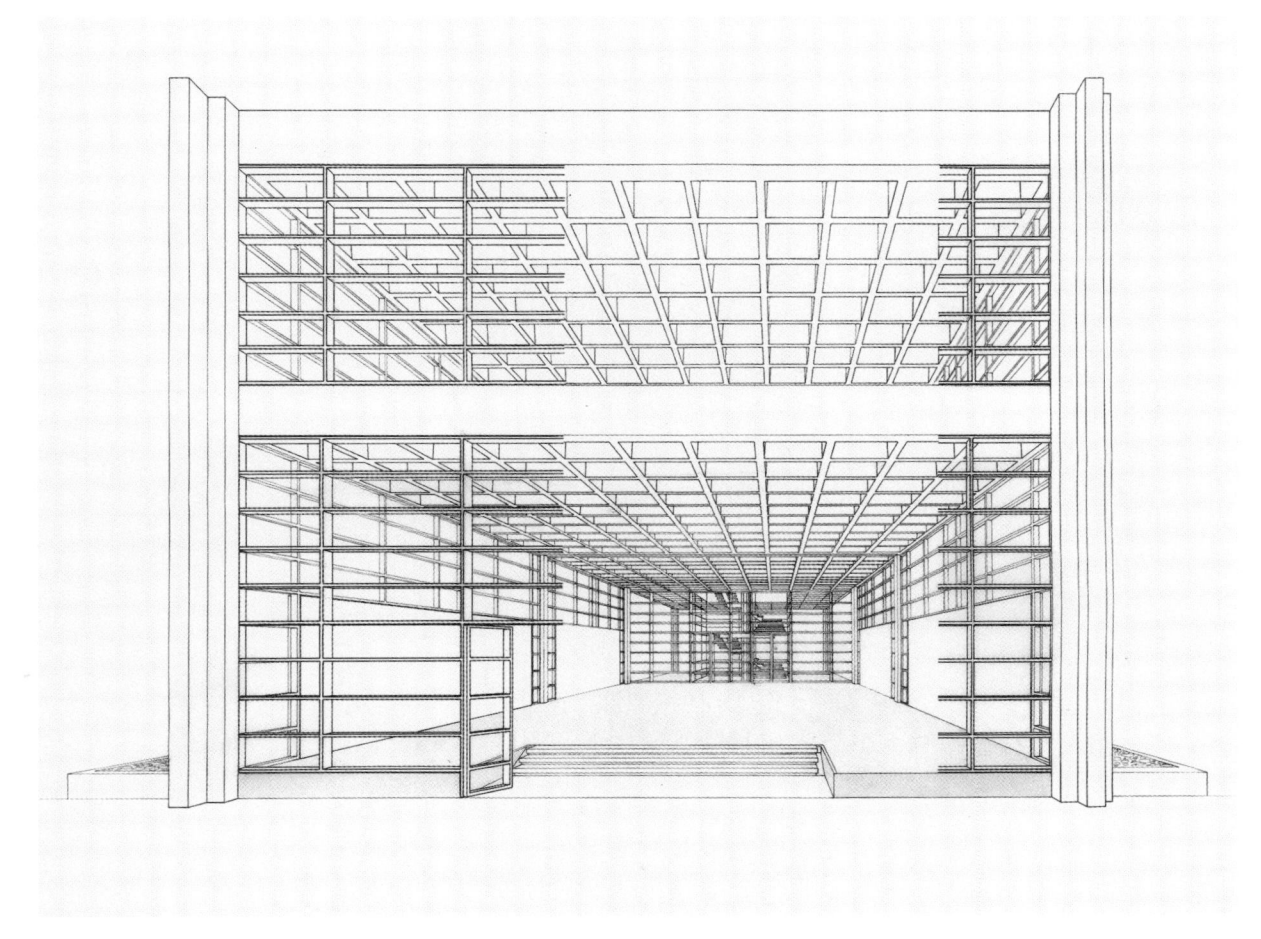

← Perspektive

→
Perspektive, Variante Entwurf

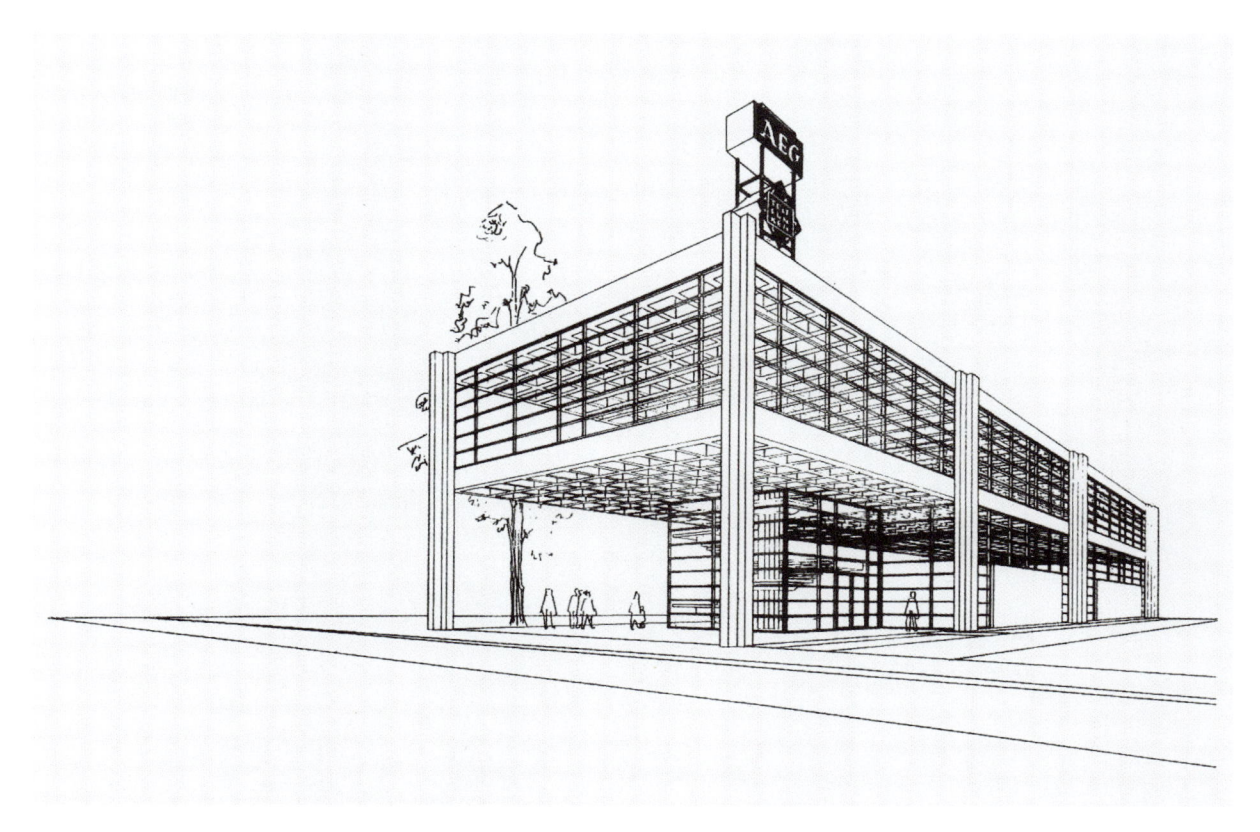

→
Perspektive

→ (rechte Seite)
Innenansicht Erdgeschoss

234

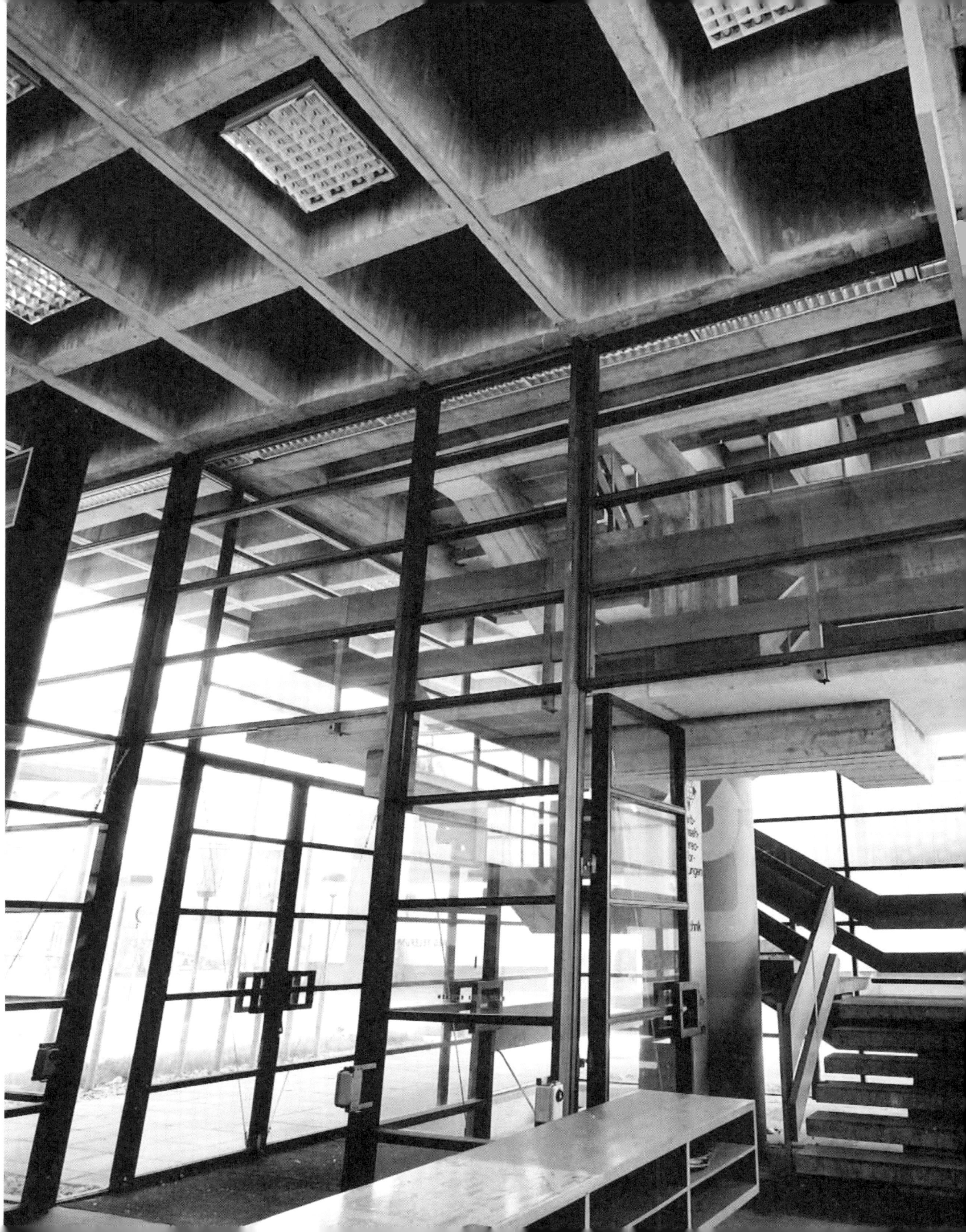

Haus der Industrie, Urbansaal

1970
Wien-Landstraße

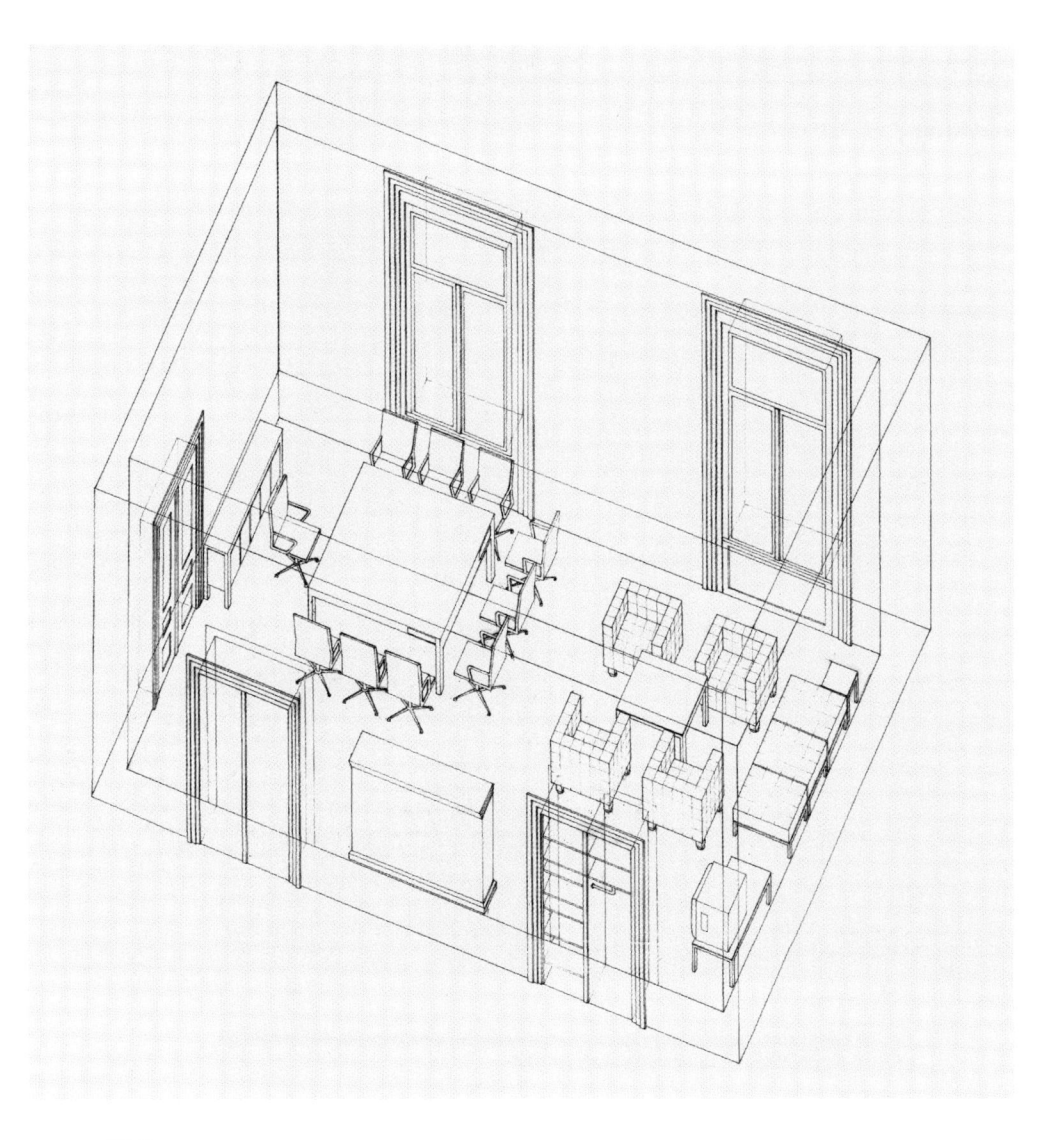

→
Büroeinrichtung

Diverse Projekte

← Karikatur eines Mitarbeiters, Franz Kiener vor dem eingebrochenen Haus der Industrie (Anspielung auf die von ihm übernommene schwierige Bauaufgabe)

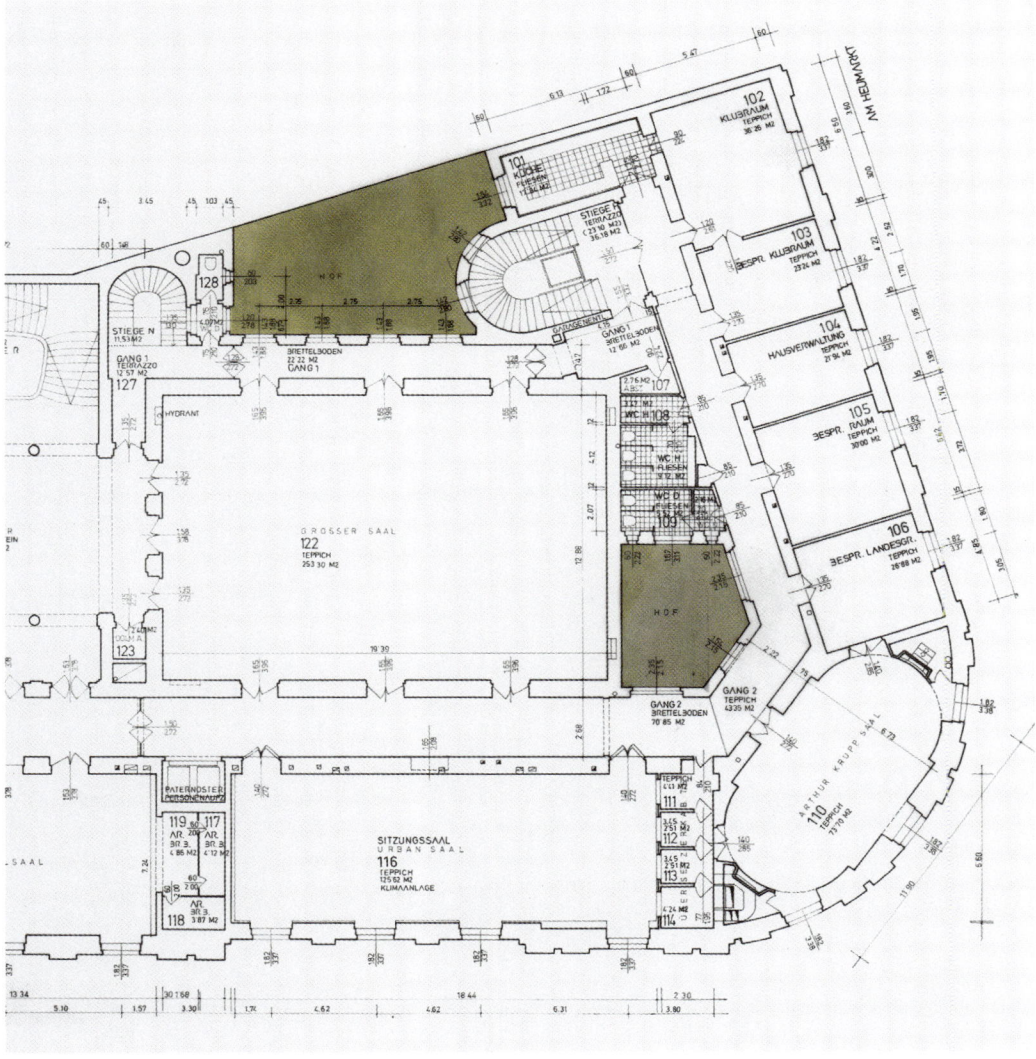

← Grundriss mit dem Urbansaal

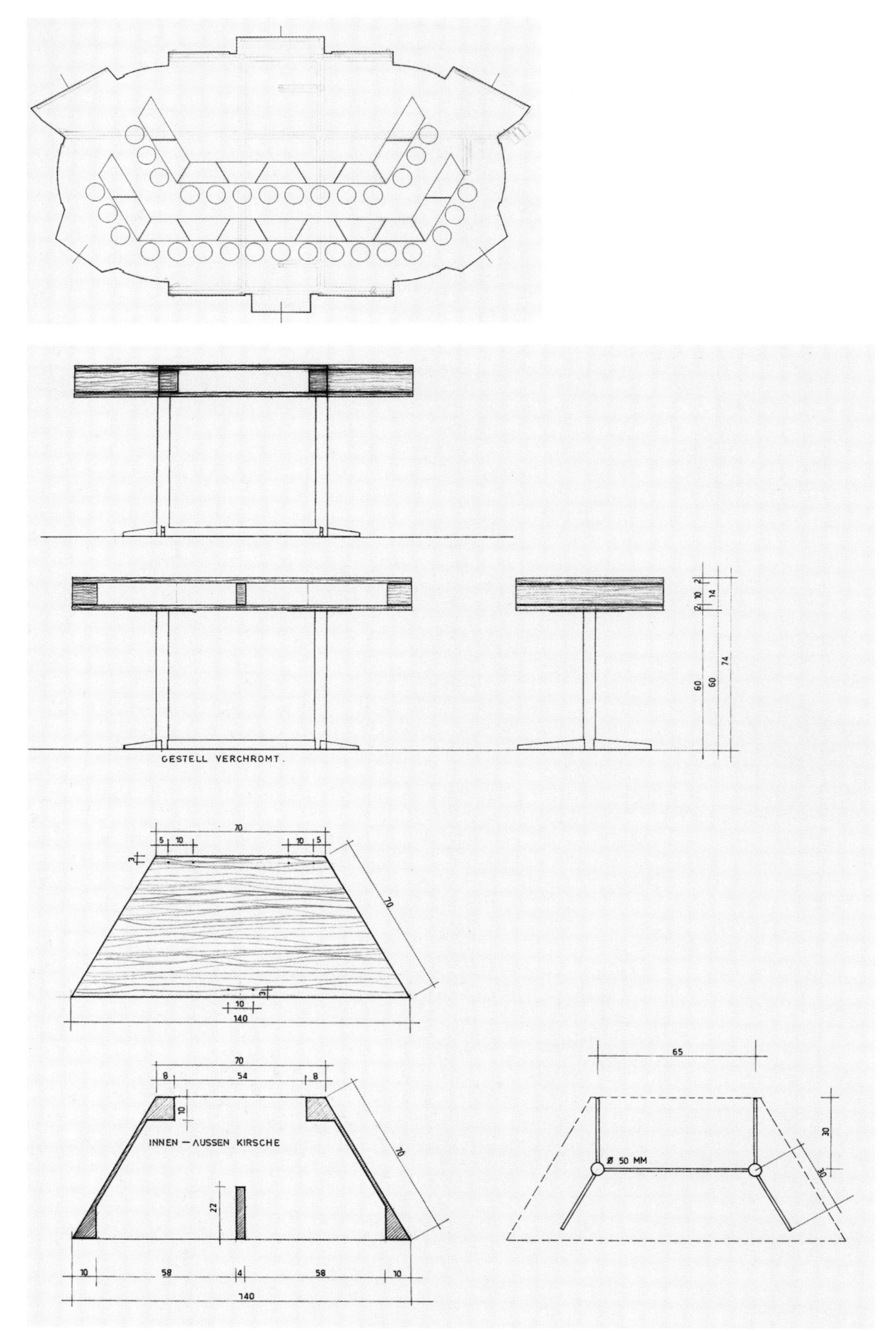

← Möblierungsvariante mit neuen Tischen

GESTELL VERCHROMT.

INNEN – AUSSEN KIRSCHE

Ø 50 MM

← Tisch, Detailplan

Diverse Projekte

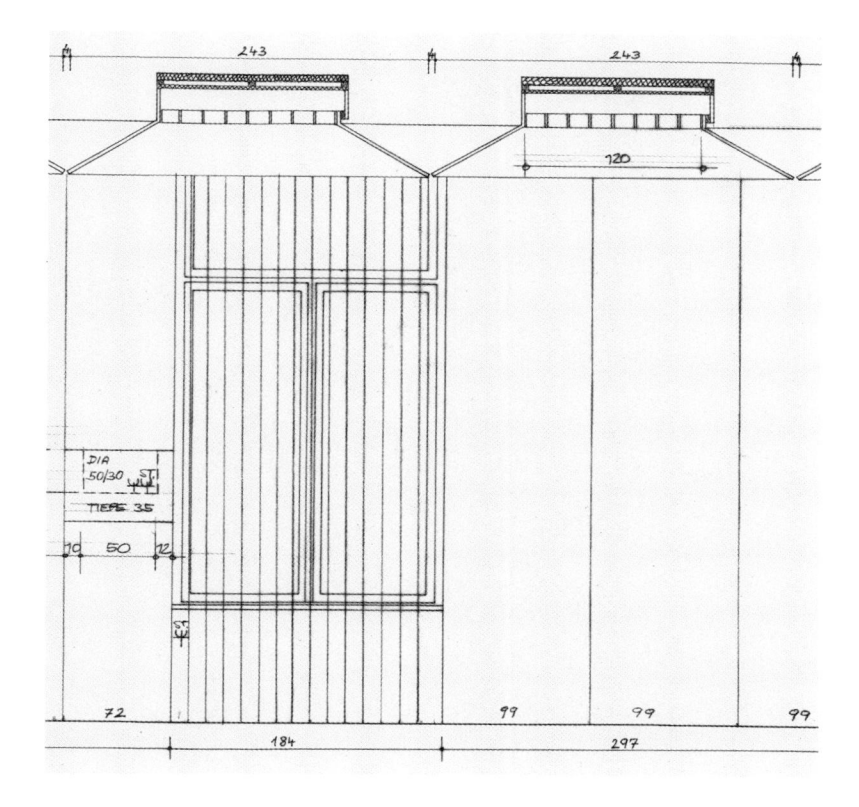

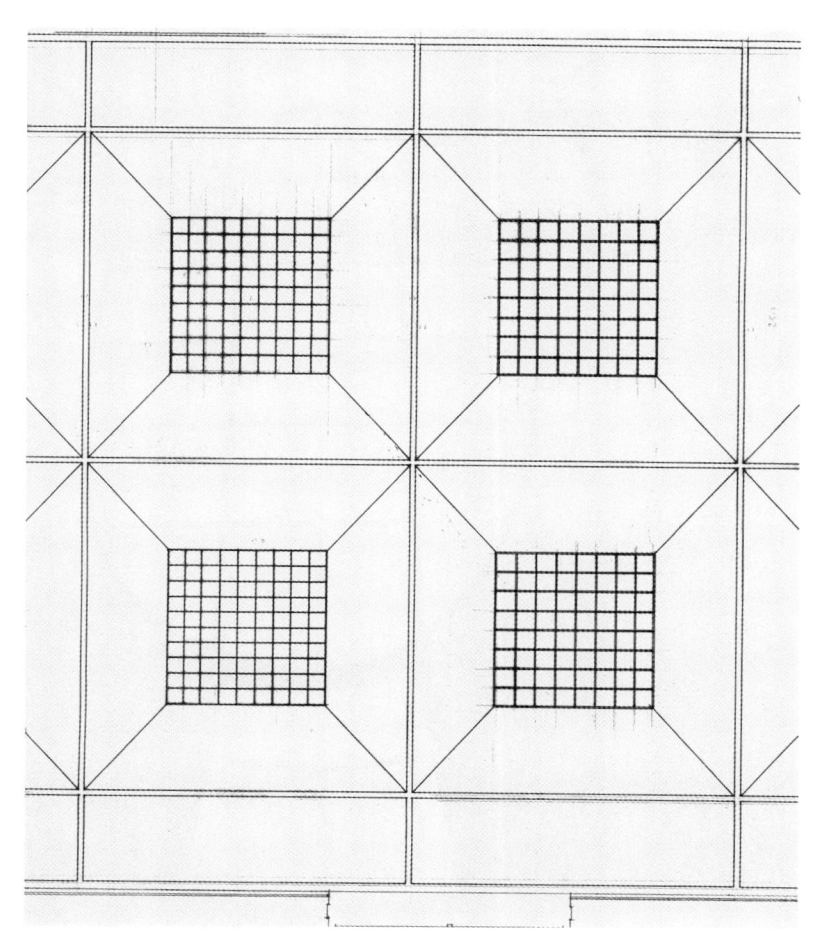

← Schnitt mit Deckenkonstruktion

← Deckenuntersicht mit Lüftungsauslässen (Gitter)

Kaiserhaus

1980
Wien-Innere Stadt

1975 wurde damit begonnen, ein allgemein erarbeitetes Sanierungsprogramm umzusetzen. Der erste Abschnitt umfasste die Instandsetzung des zweiten Geschosses.

1980 bis 1982 gab es wieder eine bauliche Änderung. Das eingemietete Patentamt brauchte einerseits Raum, andererseits war das Dach der Hoftrakte in einem so desolaten Zustand, dass dieses zur Gänze ersetzt werden musste. Diese beiden Bedingungen führten zu dem Gedanken, das Dachgeschoss über den drei Hoftrakten aufzubauen. Es war ein besonderes Anliegen, eine Lösung zu finden, die trotz der zwei Geschosse die Form eines Daches zum Ausdruck bringt.

Die Geschosse wurden versetzt und mit Kupferblech eingedeckt. Die gesamte Substanz des Objektes blieb daher unverändert und bei der Aufteilung der Fenster wurde auf die allgemeine Teilung Rücksicht genommen. Gleichzeitig mit dem Ausbau der Dachgeschosse wurde die gesamte Hoffassade renoviert, der Hof mit alten Granitsteinen neu gepflastert und die alten Tore in einen brauchbaren Zustand versetzt. Im ersten Obergeschoss befinden sich Repräsentationsräume, die in kleinen Schritten, je nach Möglichkeit, hergerichtet wurden.

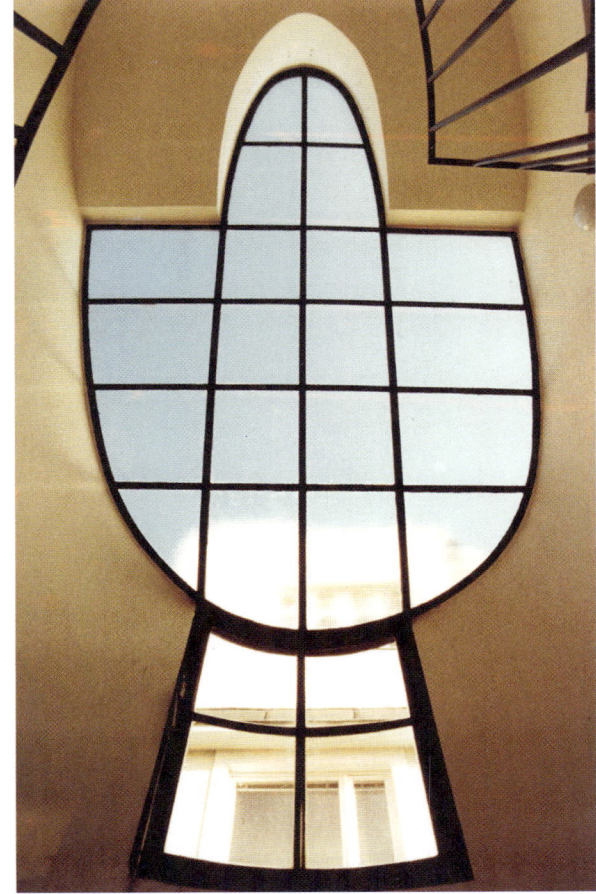

→ Dachlandschaft

→ Lichtöffnung über dem Stiegenhaus

→ (rechte Seite) Innenhof mit Dachausbau und Blick zum Hochhaus Herrengasse

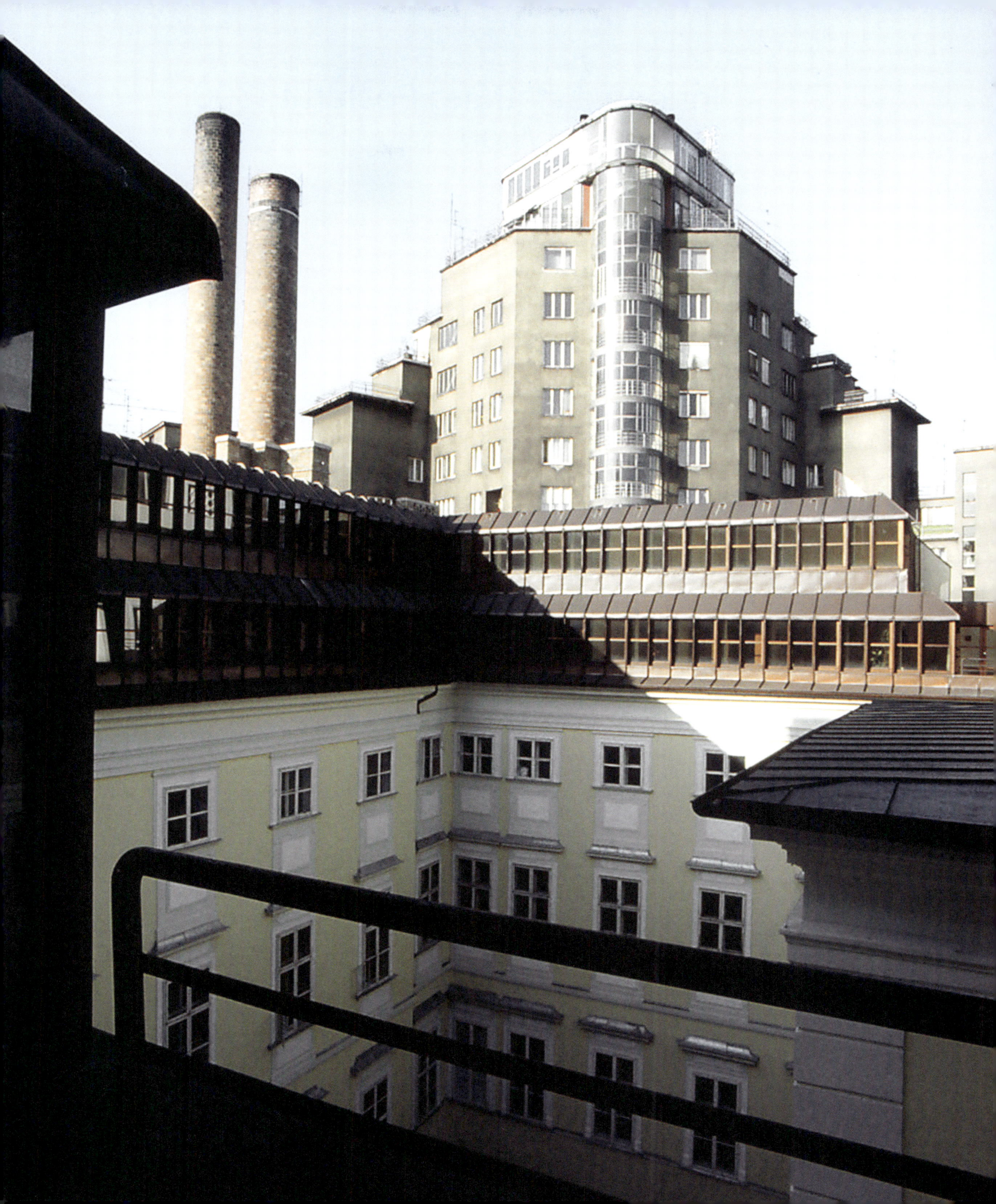

Innenausstattung Postamt 1300 Flughafen Wien

1983
Schwechat, Niederösterreich

→
Schalterraum

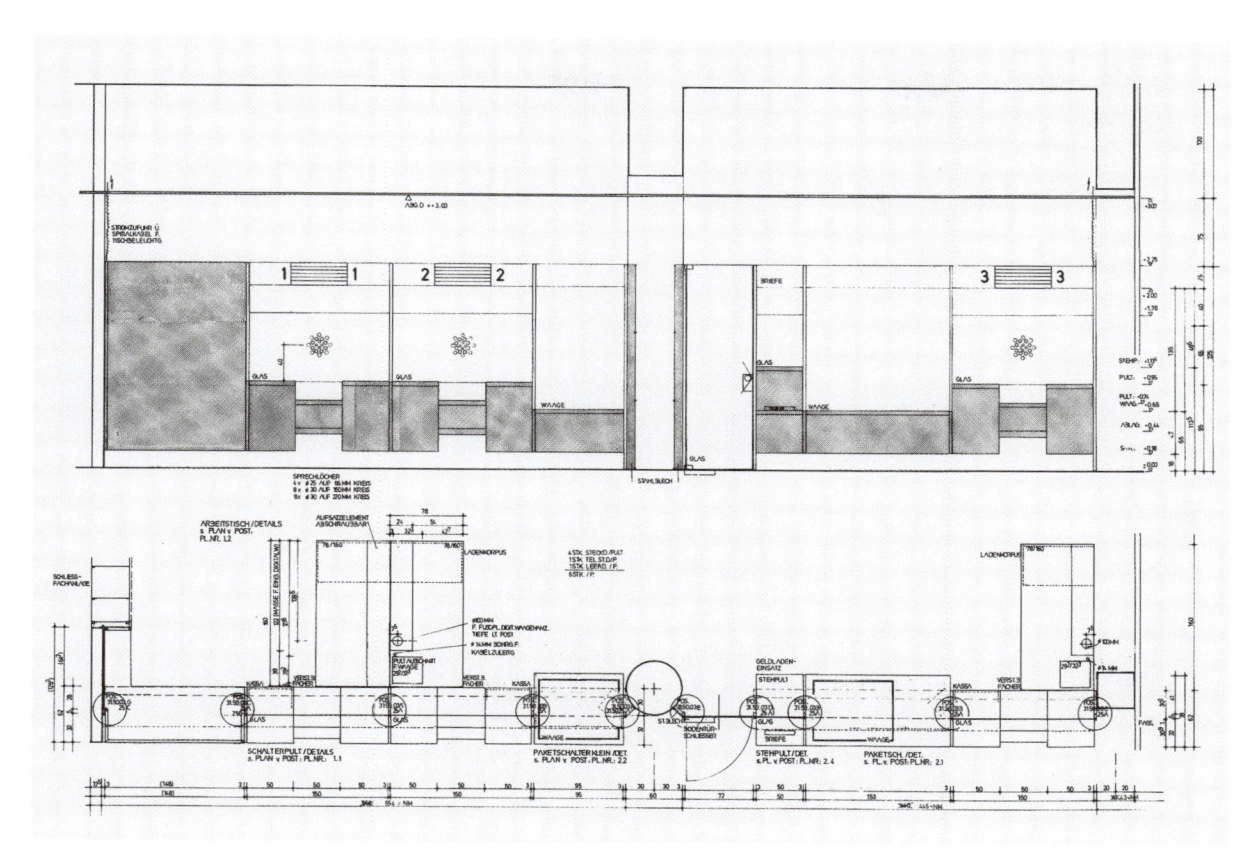

← Pulte, Grundriss, Ansicht

← Schalterraum

Betriebsgebäude Firma Flora

1985–1987
Salzburg-Maxglan

In den Dreißigerjahren gründete Vater Neuhauser eine Gärtnerei. Nach dem Zweiten Weltkrieg baute sein Sohn Otto (sen.) die Gärtnerei aus und legte den Grundstein für einen erfolgreichen Blumengroßhandel. In den frühen 1980er-Jahren musste der inzwischen angewachsene Betrieb in ein Gewerbegebiet übersiedeln. Zeitgleich wurde in der Firma auch ein Generationenwechsel vorgenommen. Josef und Otto (jun.) übernahmen die Geschäftsführung und waren für den Neubau in der Karolingerstraße, nahe dem Flughafen, verantwortlich.

→
Erstes Betriebsgebäude, 1985

Diverse Projekte

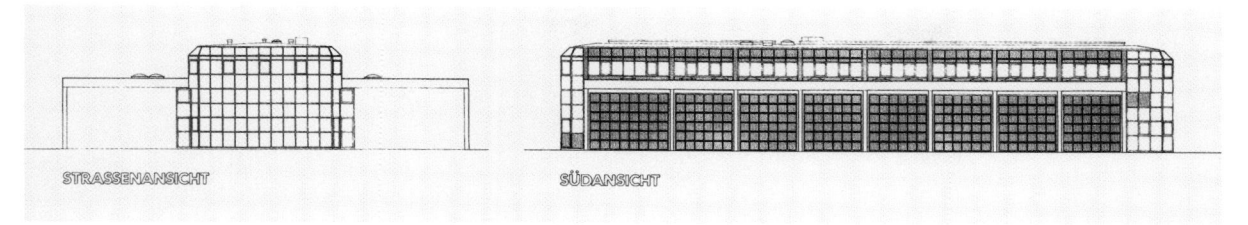

← Ansichten, 1985

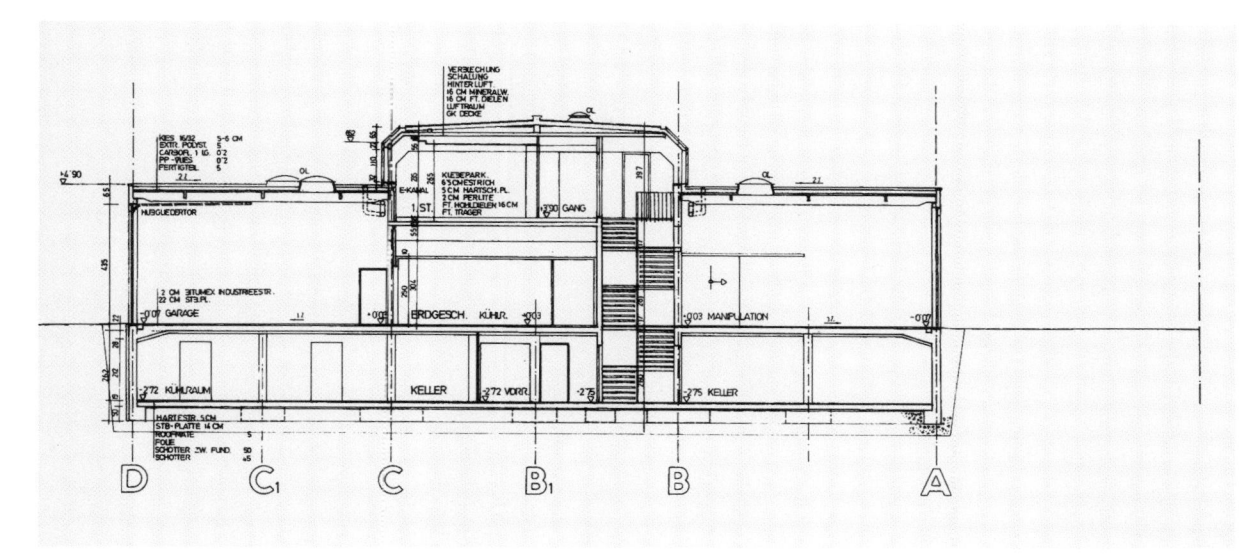

← Schnitt, 1985

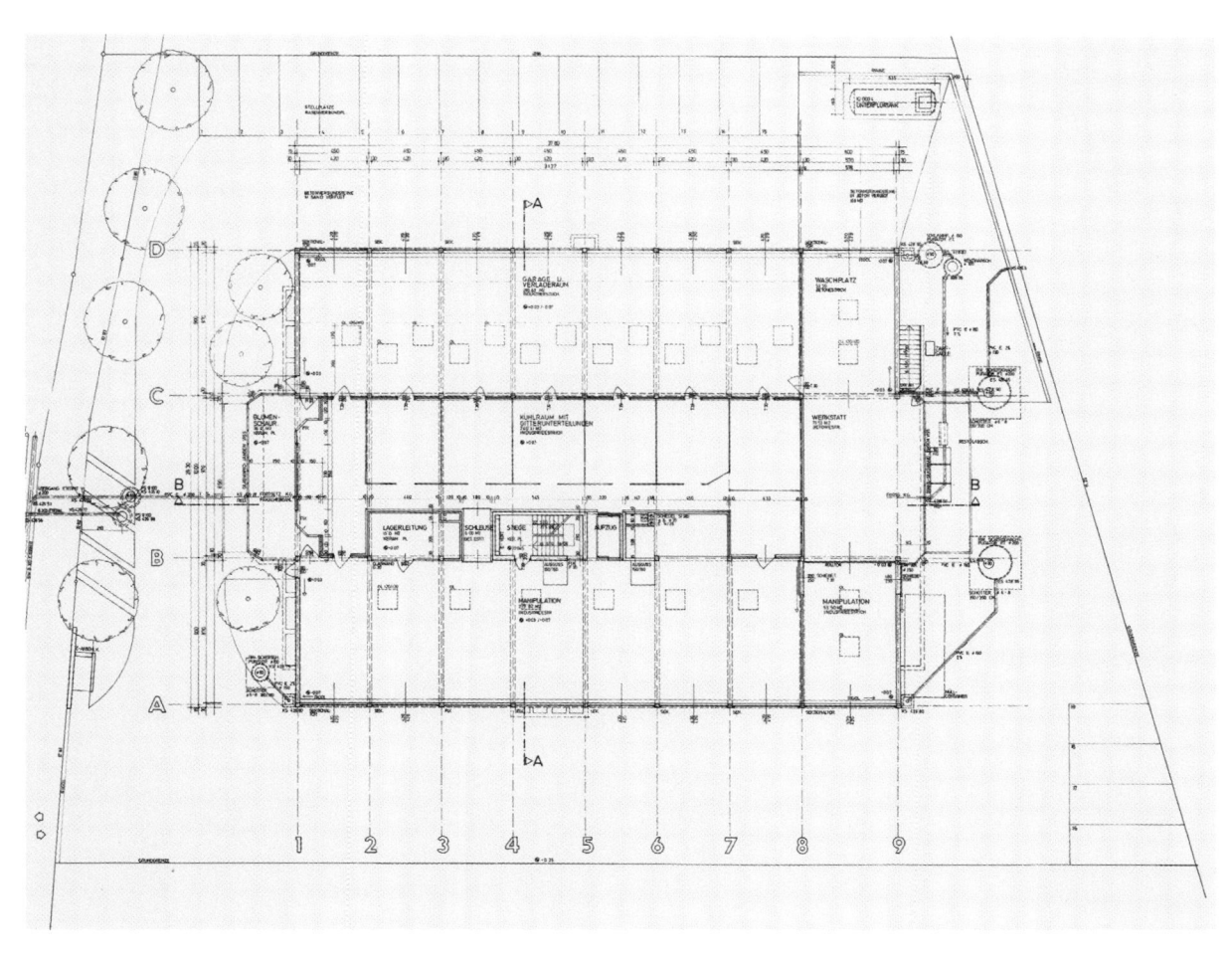

← Grundriss, 1985

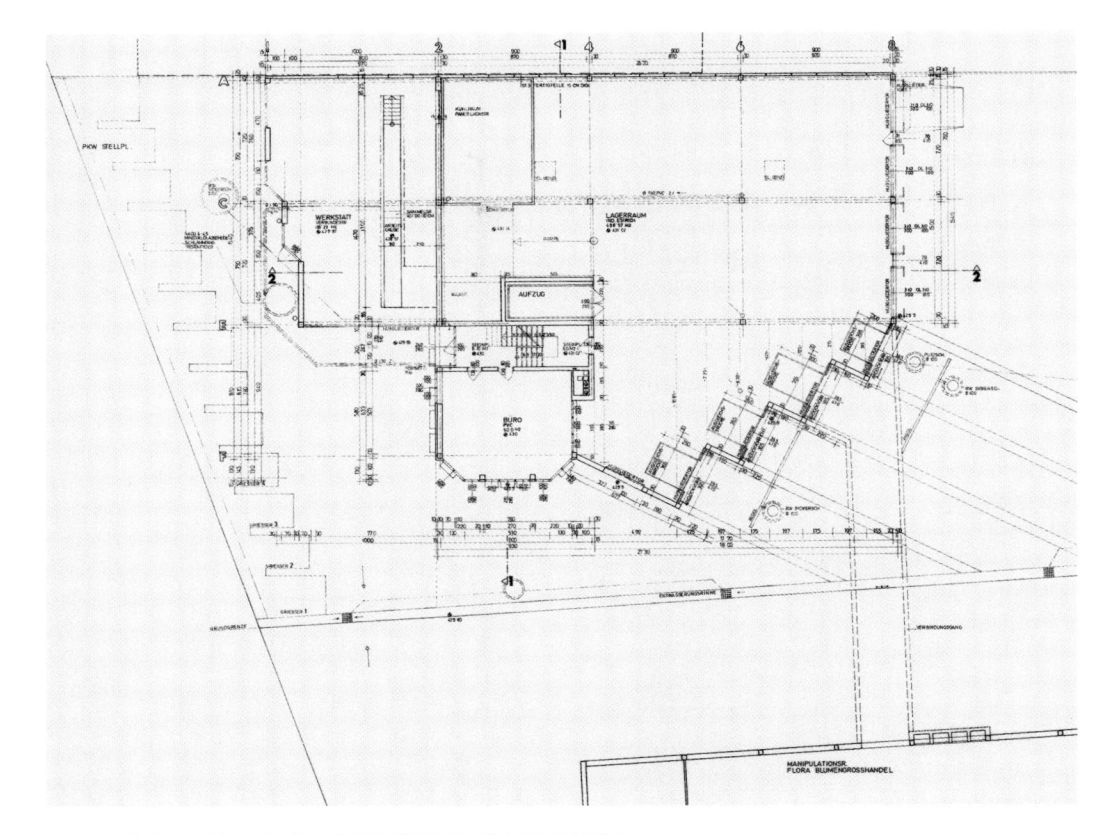

←
Speditionsgebäude,
Grundriss, 1987

In weiterer Folge wurde noch ein von mir geplantes Speditionsgebäude errichtet. Die Ware wird mit LKW von Frankfurt oder Holland angeliefert, im Haus sortiert und unterirdisch in die Kühlräume gebracht.

←
Perspektive, 1987

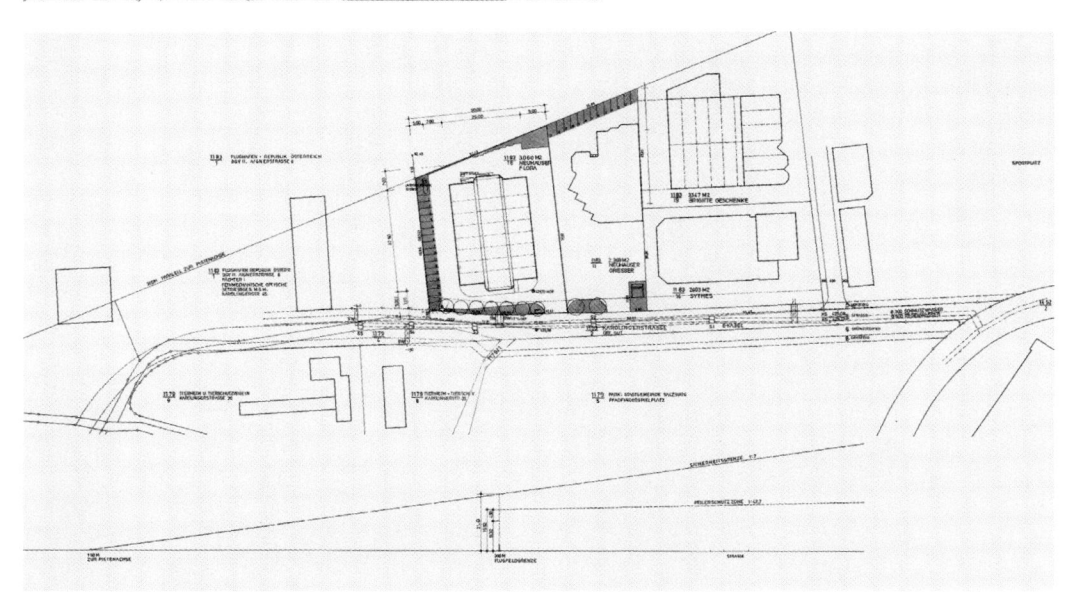

←
Lageplan mit den beiden Betriebsgebäuden, 1987

Acht Verkaufsfahrer versorgten täglich die Blumengeschäfte. Für die Lagerung der Rosen wurden im Keller eigene Kühlräume geschaffen. Die Wunschtemperatur lag bei 2–4 Grad. Um dies zu erreichen, mussten von einer Fachfirma eigene Rotorblätter für die Verdampfer entwickelt werden. Ein Einfrieren der Ventilatoren ist bei diesen tiefen Temperaturen möglich.

←
Kellergeschoss, 1987

←
LKW-Anlieferungsbereich, 1987

Innenausstattung Postamt 1072

1988
Wien-Neubau

→
Schalterraum

Diverse Projekte

→
Schalterraum

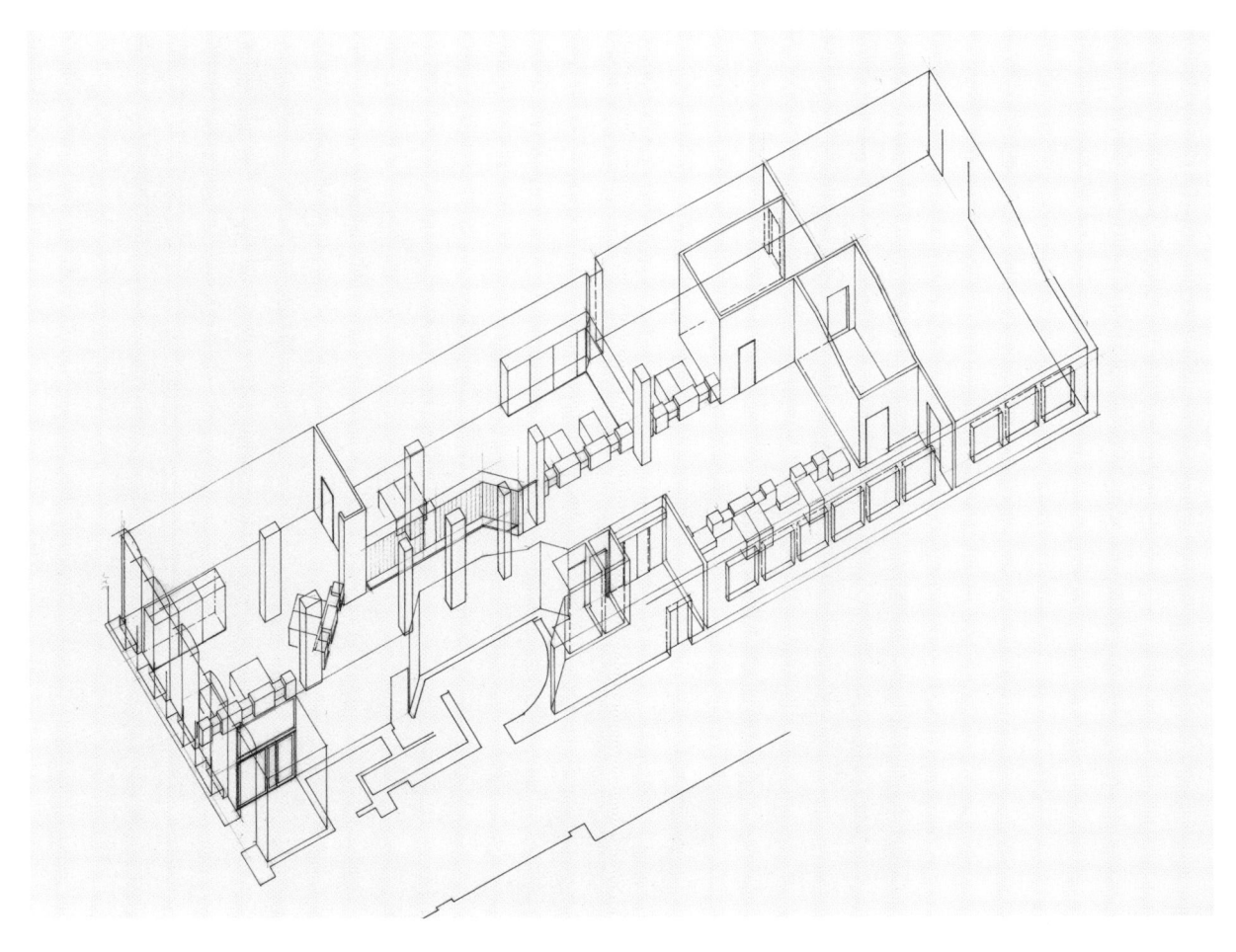

→
Axonometrie

251

Geologische Bundesanstalt, Labor

1999–2000
Wien-Landstraße
mit Werner Rebernig, GSD

→
Ansicht Laborgebäude

Diverse Projekte

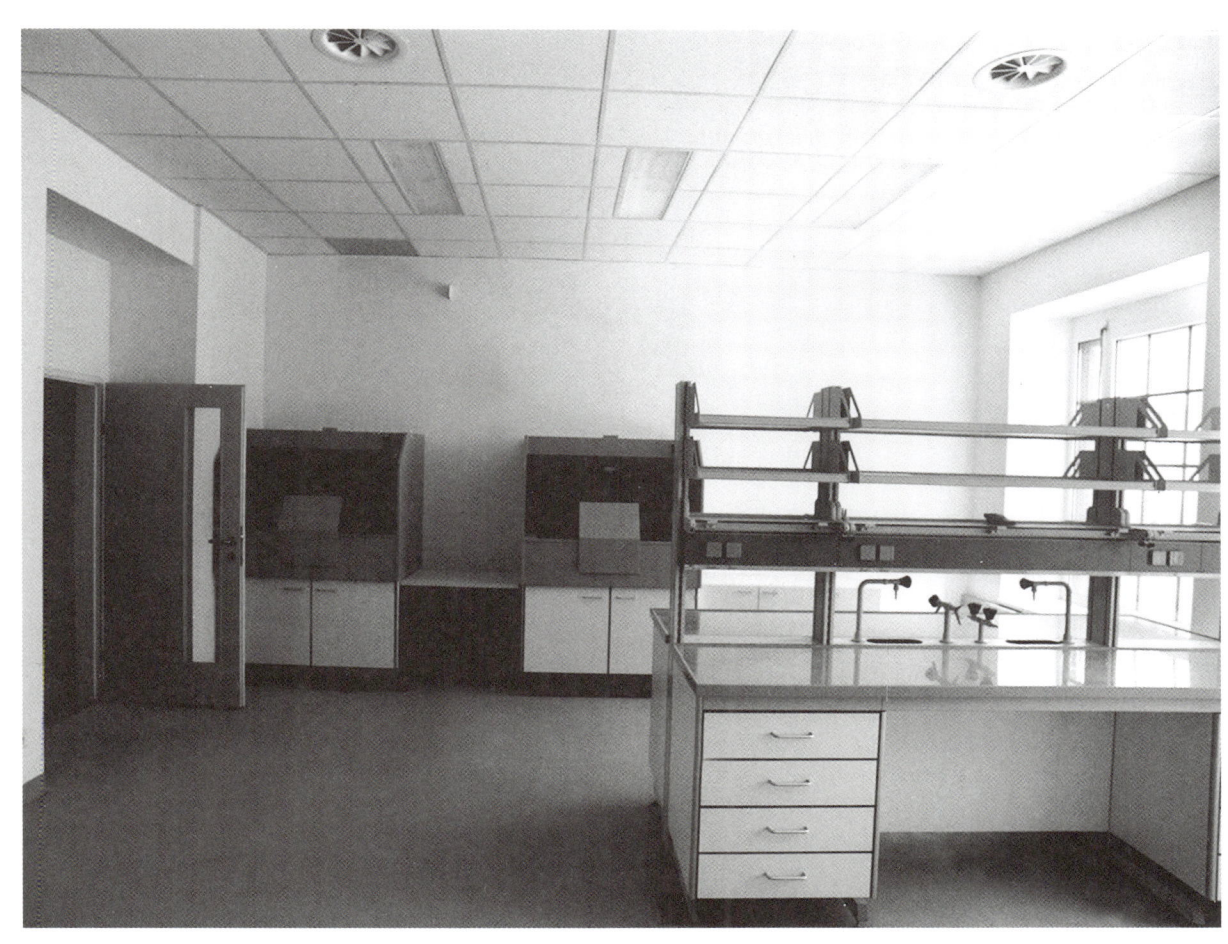

→
Neue Laborräume

Wettbewerb Veranstaltungshalle Araburg

2008
Kaumberg, Niederösterreich
mit Martin Kiener

→
Überdachte Veranstaltungshalle

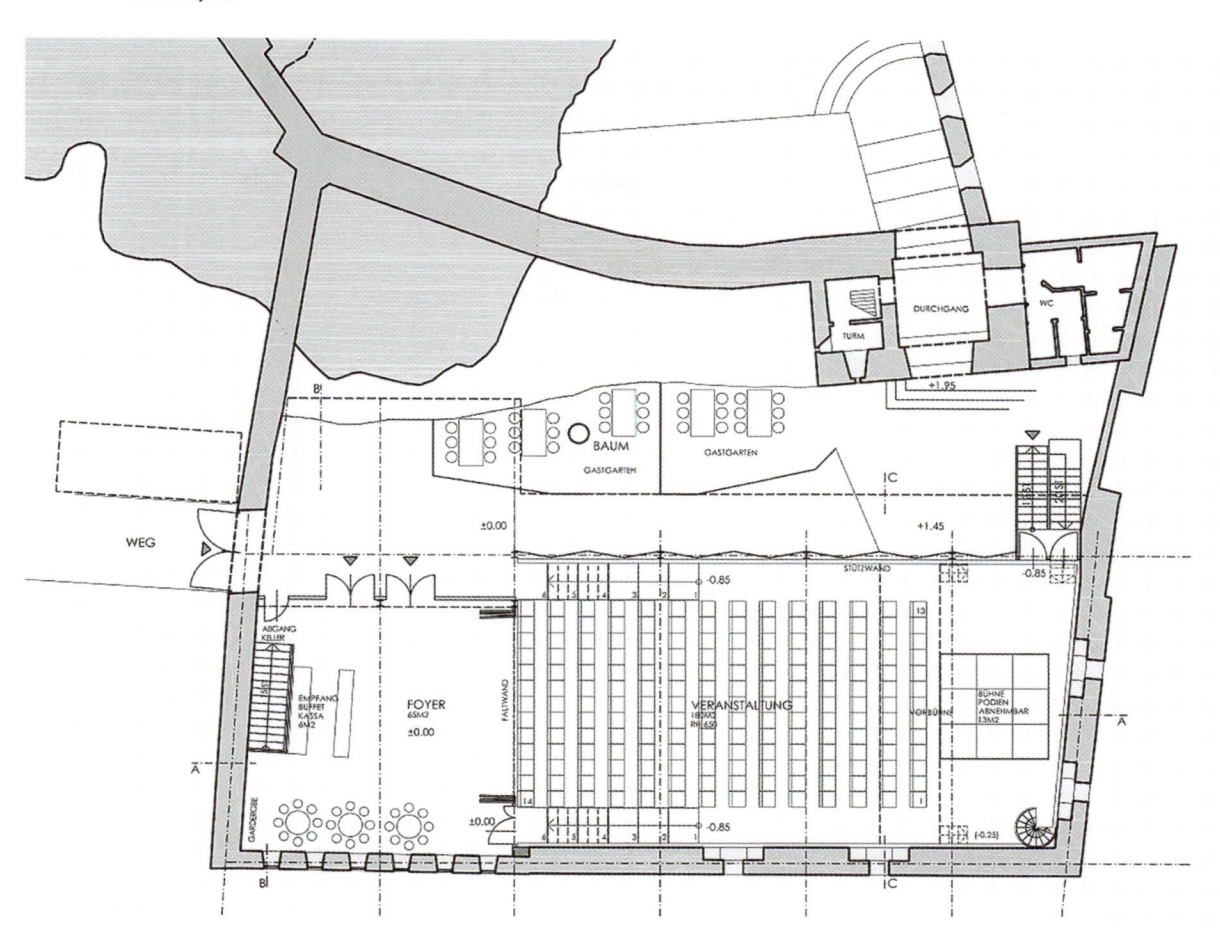

Diverse Projekte

→ Grundriss

→ Gesamtanlage mit überdachtem Veranstaltungsbereich

255

Wettbewerb Wien Museum Neu

2014
Karlsplatz, Wien
mit Martin Kiener

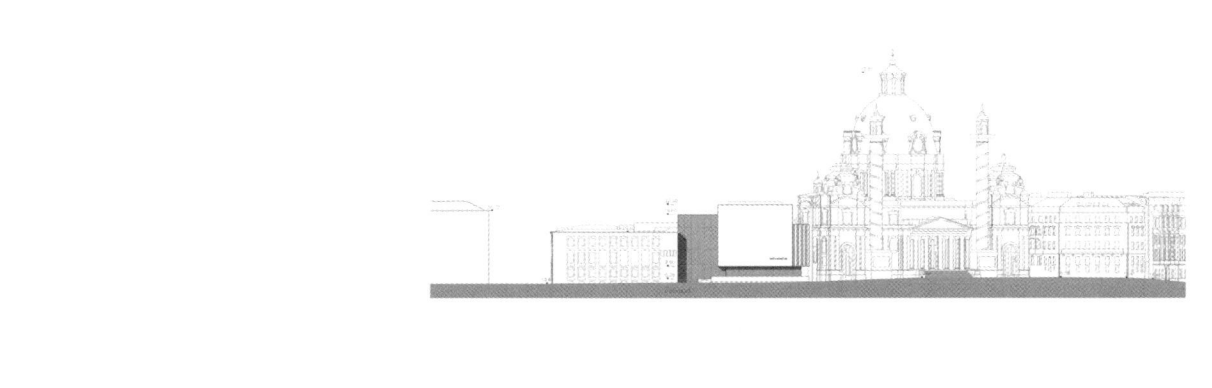

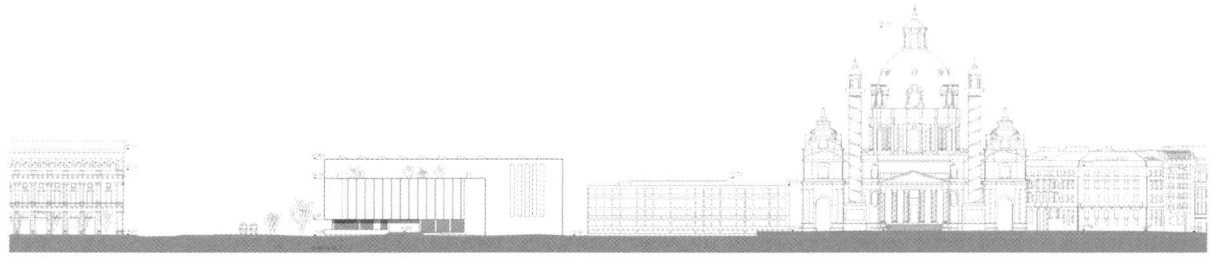

→
Ansichten

256

Diverse Projekte

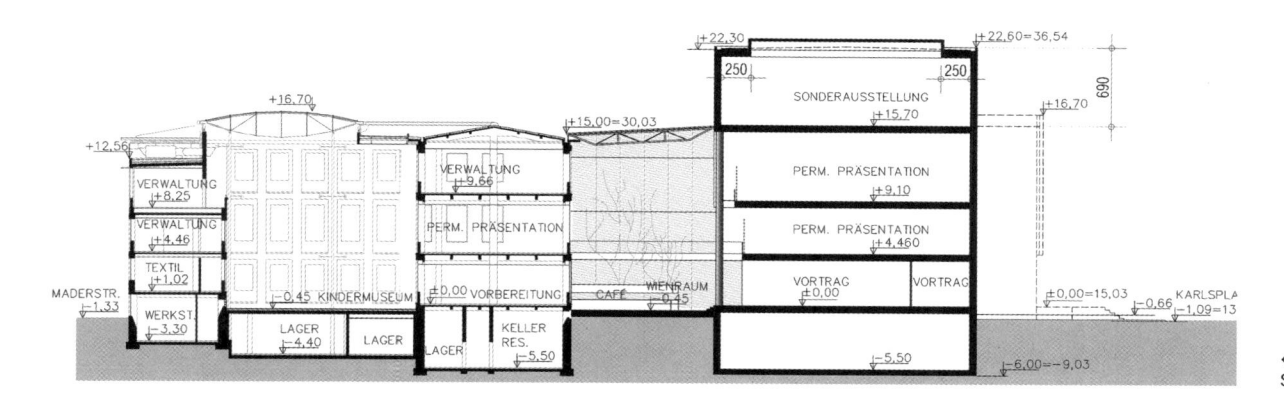

← Schnitt

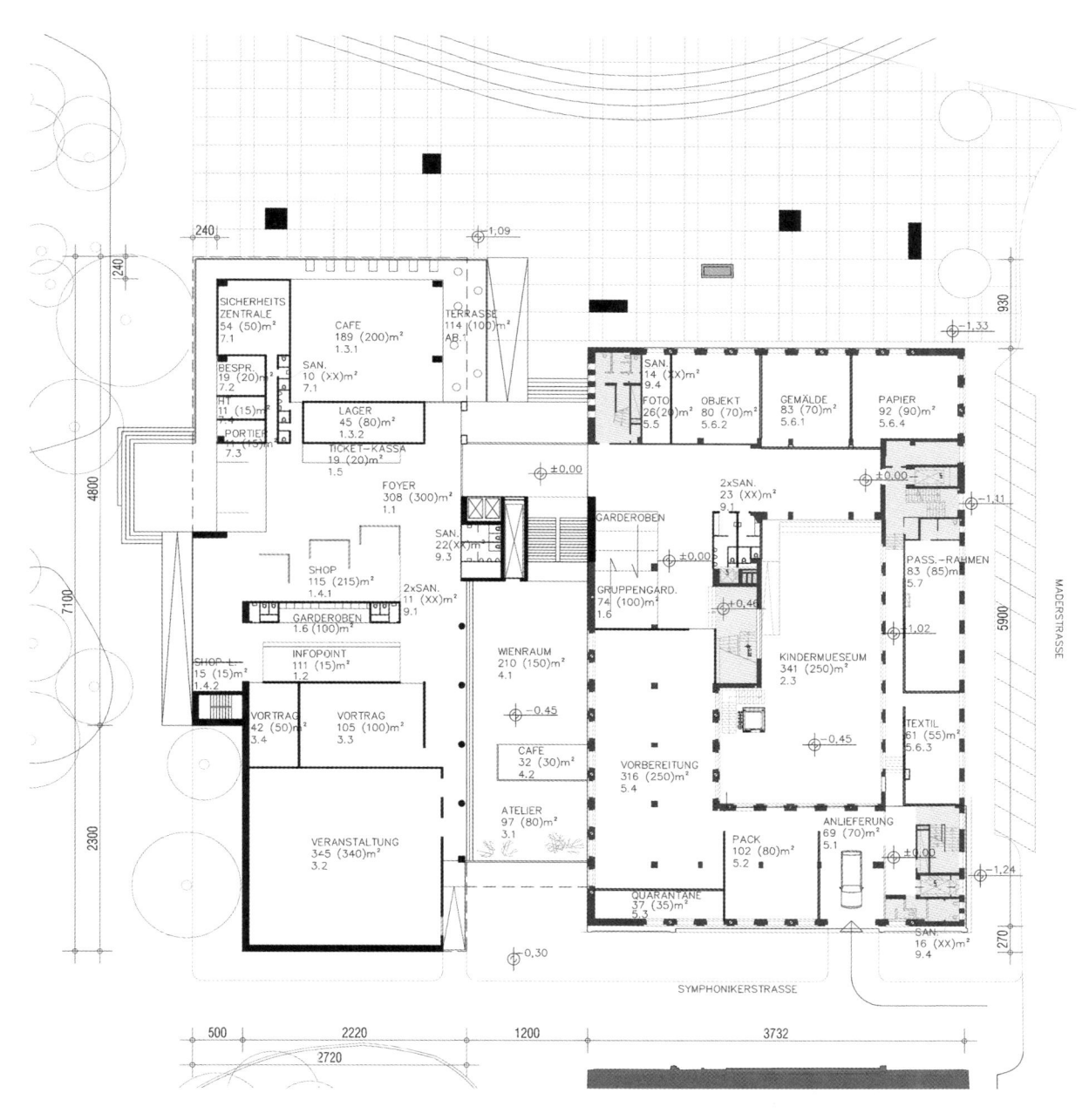

← Grundriss Erdgeschoss

8 Anhang

Kurzbiografien der AutorInnen

Christoph Hölz
Geboren 1962 in Wangen im Allgäu. Studium der Architektur und Kunstgeschichte an den Universitäten in München und Wien, 2001 Promotion an der TU München, 2009 Habilitation an der Universität Innsbruck. 1988–2004 wissenschaftlicher Mitarbeiter im Zentralinstitut für Kunstgeschichte in München und am Architekturmuseum der TU München, 1995–2003 verantwortlicher Redakteur für die Kunstbuch-Publikationen der HypoVereinsbank, seit 2004 im Archiv für Baukunst der Universität Innsbruck tätig. Veröffentlichungen zur Kunst- und Architekturgeschichte des 19. und 20. Jahrhunderts.

Ingrid Holzschuh (Hrsg.)
Studium der Kunstgeschichte an der Universität Wien, 2011 Promotion. Seit 2010 als freie Kunsthistorikerin und selbstständige Ausstellungskuratorin sowie Museumsberaterin tätig, Lehrtätigkeit an der Universität Wien und der TU Wien, Projektmitarbeiterin sowie Projektleiterin in diversen Forschungsprojekten. Forschungsschwerpunkt: Architektur und Städtebau des 20. Jahrhunderts mit Schwerpunkt auf der Zeit des Nationalsozialismus.

Franziska Leeb
Geboren 1968 in Hollabrunn, Niederösterreich. Studium der Kunstgeschichte in Wien und Innsbruck. Lebt in Wien als freiberuflich tätige Architekturpublizistin und -vermittlerin, 1996–2003 Mitarbeiterin der Tageszeitung *Der Standard,* seit 2006 Architekturkritikerin für das *Spectrum* der Tageszeitung *Die Presse,* freie Mitarbeiterin bei *architektur.aktuell,* seit 2015 Chefredakteurin der Zeitschrift *KONstruktiv,* seit 2009 Mitglied im Vorstand der Zentralvereinigung der ArchitektInnen Österreichs, Landesverband Wien, Niederösterreich, Burgenland.

Bruno Maldoner
Abgeschlossene Studien der Architektur und Bildhauerei. Seit 1988 im öffentlichen Dienst (Magistrat der Stadt Wien, Bundesdenkmalamt, Bundesministerium für Unterricht, Kunst und Kultur, Bundeskanzleramt), wo er sich mit Problemen von Schutzzonen, Großstadtdenkmalpflege, Bauten der Moderne und UNESCO-Welterbe befasst. Neben seiner amtlichen Tätigkeit lehrt er an mehreren Universitäten.

Sabine Plakolm-Forsthuber
Geboren 1959 in Salzburg. Studium der Fächer Kunstgeschichte und Italienisch in Wien und Perugia, 1986 Promotion, 2000 Habilitation im Fachbereich Kunstgeschichte an der TU Wien. Publikationen zur österreichischen Kunst und Architektur des 19. und 20. Jahrhunderts, insbesondere zu Künstlerinnen sowie zur Architektur italienischer Frauenklöster im 15. und 16. Jahrhundert.

Monika Platzer
Studium der Kunstgeschichte an der Universität Wien. Seit 1998 im Architekturzentrum Wien als Kuratorin tätig. Forschungsschwerpunkt: österreichische Architektur- und Kulturgeschichte des 20. Jahrhunderts. Mitarbeit und publizistische Tätigkeit bei diversen Forschungs- und Ausstellungsprojekten, Lehrtätigkeit an der Universität Wien und an der TU Wien, Editor von *icamprint,* der Mitgliedszeitschrift der International Confederation of Architectural Museums. 2014 Visiting Scholar am Center for European Studies, Harvard University, USA.

Georg Rigele
Geboren 1960, Historiker, Unternehmensarchivar und Ausstellungskurator, lebt in Wien. Dissertation *Die Großglockner-Hochalpenstraße und die Wiener Höhenstraße* an der Universität Wien. Archivar der EVN AG. Publikationen u. a. über den Architekten Clemens Holzmeister und die Südstadt (Maria Enzersdorf).

Biografie
Franz Kiener

Das Zustandekommen dieses Buches ist vor allem meinen Kindern Martin und Elisabeth zu verdanken. Durch ihre Initiative ist die Idee Wirklichkeit geworden.

Franz Kiener

1926	geboren am 9. April in Friedburg (OÖ), Vater Franz Kiener (1896–1938), Gendarmeriebeamter, Mutter Maria (1898–1997), Schneiderin, geb. Schwandtner
1932–1937	Volksschule in Friedburg und Schwandt
1937–1941	Hauptschule in Braunau am Inn und Salzburg
1938	Umzug der Familie nach Salzburg nach dem tödlichen Unfall des Vaters
1941	Eintritt in die Staatsgewerbeschule in Salzburg
1944	Einberufung in die Wehrmacht
1945	Rückkehr aus der Kriegsgefangenschaft in Italien
1946	Matura an der Staatsgewerbeschule, Salzburg
1946–1948	Mitarbeit im Architekturbüro Ferdinand Klinger, Salzburg
1948–1951	Studium der Architektur an der Akademie der bildenden Künste in Wien, Meisterklasse Clemens Holzmeister
1949–1956	Mitarbeit im Architekturbüro Eugen Wachberger (Erich Boltenstern), Wien
Seit 1952	Mitglied in der Zentralvereinigung der ArchitektInnen Österreichs
Seit 1956	selbstständiger Architekt
1959	Ziviltechnikerprüfung
1960	Heirat mit Irene Naider (1939–2005), Sekretärin bei Clemens Holzmeister und später Büroleiterin des Architekturateliers Kiener, Kinder: Martin (*1960) und Elisabeth (*1966)
Seit 1964	eigenes Architekturbüro in der Lindengasse 39, 1070 Wien
1966–2008	Vorstandsmitglied der Zentralvereinigung der ArchitektInnen Österreichs
Seit 1995	gemeinsames Architekturatelier mit seinem Sohn Martin, Kiener Ziviltechniker KEG, Wien

Für Franz Kiener prägende Reisen

Nordafrika – Alicante – Barcelona (1952), Frankreich – Atlantik – Schweiz (1953), Italien – Sizilien (1954), Türkei (1972), Russland – Moskau – Samarqand (1974), Thailand – Hongkong (1976), Athos/Griechenland (1978), Irak (1979), Griechenland (1980), USA Ostküste (1982), Ostanatolien – Kars (1985), Israel (1985), USA Westküste (1987), Namibia – Botswana (1991), Iran (1992), Nordzypern (1993), Jemen (1994), Irak/Mesopotamien (1995), Tibet – Lhasa, Kailash Pilgerweg (1995), Libyen – Ghat (1996), Jemen (1997), Kenia – Kilimanjaro (1997), Libyen (1998), Peru – Bolivien Inka Trail/Pilgerweg (2000), Lissabon (2001), Mexiko (2001), Port des Puy – Compostela/Pilgerweg (2003), Ägypten – Parikrama – Kailash – Lhasa (2004), Äthiopien, Nord-Süd (2007), Porto – Compostela/Pilgerweg (2008), Costa Rica (2008), Syrien (2009), Baltikum (2009), Ägypten (2009), Kreta (2009), Island (2010), Stockholm – Kopenhagen – Oslo (2013), London (2014), Burma – Kambodscha (2014), Georgien – Armenien – Berg Karabach (2015), Hamburg (2015)

Werkverzeichnis

Jahr	Projekt (E=Entwurf)		Bauaufgabe	Adresse	Bundesland	Partner
1950	Automatenhalle Marczell		Neubau	1020 Wien, Prater	Wien	
1952	Wettbewerb Gewerbehaus	E	Neubau	1030 Wien	Wien	
1952	Wettbewerb Chirurgische Station LKH; Annerkennungspreis	E	Neubau	5020 Salzburg	Salzburg	
1953	Wettbewerb Amtsgebäude Mathias-Bayrhamer-Platz	E	Neubau	5400 Hallein	Salzburg	
1954	Wettbewerb Postamt Wien Süd	E	Neubau	1100 Wien, Südbahnhof	Wien	Kurt Neugebauer
1954	Wettbewerb Beethovenhalle Bonn	E	Neubau	53111 Bonn	Deutschland	Heribert Komlanz
1954	Wettbewerb Schule Liezen; Ankauf	E	Neubau	8900 Liezen	Steiermark	Heinz Dieter Kajaba
1954	Wettbewerb Volks- und Hauptschule Ranshofen; Ankauf	E	Neubau	5280 Ranshofen	Oberösterreich	Heinz Dieter Kajaba
1955	Wettbewerb Bundeserziehungsanstalt Traunsee; 3. Preis	E	Neubau	4810 Gmunden	Oberösterreich	Heribert Komlanz, Bruno Schwamberger
1955	Siedlung Wagram	E	Städtebau	3100 St. Pölten	Niederösterreich	
1956	Wettbewerb Landesberufsschule Eisenstadt	E	Neubau	7000 Eisenstadt	Burgenland	
1956	Wettbewerb Gymnasium Ettenreichgasse	E	Neubau	1100 Wien, Ettenreichgasse	Wien	
1956	Wettbewerb Gymnasium Horn	E	Neubau	3580 Horn	Niederösterreich	
1956	Wettbewerb Kindergarten Perchtoldsdorf	E	Neubau	2380 Perchtoldsdorf	Niederösterreich	
1956–1959	Haus Kiener		Neubau, Innenausstattung	5020 Salzburg, Thumegger Straße	Salzburg	
1957	Firma Indufin		Innenausstattung	1010 Wien, Jasomirgottstraße	Wien	
1957	Kraftwerk, Möbel Wartungsraum		Innenausstattung	3680 Ybbs-Persenbeug	Niederösterreich	
1957	Wohnung Dostal		Innenausstattung	1090 Wien, Rummelhardtgasse	Wien	
1957	Bäckerei Klinger		Innenausstattung	1070 Wien, Neubaugasse	Wien	Heinz Dieter Kajaba
1958	Siedlung Dornbach	E	Städtebau	1170 Wien	Wien	
1959	Wettbewerb Per-Albin-Hansson-Siedlung Nord; Preisträger	E	Städtebau	1100 Wien, Per-Albin-Hansson-Siedlung	Wien	Heinz Dieter Kajaba
1959	Haus Schudawa	E	Neubau	2500 Baden	Niederösterreich	
1959	Wettbewerb Gartenstadt Süd; 1. Preis	E	Städtebau	2344 Maria Enzersdorf	Niederösterreich	Wilhelm Hubatsch, Gustav Peichl
1959	Masterplan Südstadt	E	Städtebau	2344 Maria Enzersdorf	Niederösterreich	Wilhelm Hubatsch, Gustav Peichl
1959	Haus Edith und Johann Graf	E	Neubau	1210 Wien, Johann-Knoll-Gasse	Wien	
1959–1963	Verwaltungszentrum NEWAG und NIOGAS (heute EVN)		Neubau	2344 Maria Enzersdorf	Niederösterreich	Wilhelm Hubatsch, Gustav Peichl
1959–2009	Kaiserhaus		Innenausstattung, Dachausbau	1010 Wien, Wallnerstraße	Wien	
1961	Haus Knoll		Neubau	3683 Altenmarkt	Niederösterreich	
1961–1984	Perma, Umbau Geschäft		Umbau	1020 Wien, Taborstraße	Wien	
1962	Haus Wagner	E	Neubau	Wien	Wien	
1962	Haus Pircher	E	Neubau	2640 Gloggnitz	Niederösterreich	

Anhang

Jahr	Projekt (E=Entwurf)		Bauaufgabe	Adresse	Bundesland	Partner
1962	Büroumbau Wukovich		Innenausbau	1080 Wien, Lerchenfelder Straße	Wien	
1963	Haus Neuhauser	E	Neubau	4623 Gunskirchen	Oberösterreich	
1963	Geschäftslokale Ferry Dusika		Innenausstattung	1030 Wien, Fasangasse	Wien	
1963	Rollschuhbahn Prater		Neubau	1020 Wien, Prater	Wien	
1963	Finnische Botschaft		Innenausstattung, Umbau	1030 Wien, Reisnergasse	Wien	
1963	Svoboda Büromöbel		Beratung Messeauftritt	3100 St. Pölten	Niederösterreich	
1963	Wohnung Dostal		Innenausstattung	Bern	Schweiz	
1964	Gemeinde Wien, Wohnbauten Roda-Roda-Gasse		Neubau	1210 Wien, Roda-Roda-Gasse	Wien	Heinz Dieter Kajaba
1964	Haus Svoboda	E	Neubau	3100 St. Pölten	Niederösterreich	
1964	Haus Subal		Neubau	2753 Markt Piesting	Niederösterreich	
1964	Haus Gottschalk	E	Neubau	Wien	Wien	
1964–1965	Haus Franz Graf		Neubau	3034 Maria Anzbach	Niederösterreich	
1965–1969	Studiengemeinschaft „Vorfertigung im Schulbau"		Studie			Viktor Hufnagl, Ferdinand Kitt, Fritz Gerhard Mayr, Herbert Thurner, Ottokar Uhl
1966	Wohnung und Atelier Kiener		Dachausbau, Innenausstattung	1070 Wien, Lindengasse	Wien	
1966	Holzmeister-Ausstellung (80. Geburtstag)		Ausstellungsgestaltung	1010 Wien, Akademie der bildenden Künste, Schillerplatz	Wien	Walter Schmutzer
1966	Wohnhausanlage Deutsch Wagram		Neubau	2232 Deutsch Wagram	Niederösterreich	
1968	Wettbewerb Bundesgymnasium Gmunden	E	Neubau	4810 Gmunden	Oberösterreich	Gerhard Kleindienst
1968	Wettbewerb Handelsakademie Salzburg	E	Neubau	5020 Salzburg	Salzburg	Gerhard Kleindienst
1968	Wettbewerb Pädagogische Akademie Innsbruck	E	Neubau	6020 Innsbruck	Tirol	Manfred Resch
1968	Wettbewerb Pädagogische Akademie Baden	E	Neubau	2500 Baden	Niederösterreich	Manfred Resch
1968	Wettbewerb Bundesgymnasium Steyr	E	Neubau	4400 Steyr	Oberösterreich	Manfred Resch
1968	Wettbewerb Handelsschule Steyr	E	Neubau	4400 Steyr	Oberösterreich	Manfred Resch
1968	Ferienhaus		Neubau	5163 Mattsee	Salzburg	
1969	Büro- und Betriebsgebäude Firma Anders		Innenausstattung, Neubau	1100 Wien, Triester Straße	Wien	
1969	Wettbewerb Bundesgymnasium Wien 3	E	Neubau	1030 Wien, Kundmanngasse	Wien	
1969–1973	Bundesrealgymnasium Imst		Neubau	6460 Imst, Meraner Straße	Tirol	Ferdinand Kitt
1970	AEG Messepavillon		Neubau	1020 Wien, Messe Wien	Wien	
1970	Haus der Industrie, Urbansaal		Innenausstattung, Umbau	1030 Wien, Schwarzenbergplatz	Wien	
1970	Wettbewerb Bundesgymnasium Villach	E	Neubau	9500 Villach	Kärnten	Gerhard Kleindienst
1970–1972	Haus Pfeiffer		Neubau	8254 Wenigzell	Steiermark	

Jahr	Projekt (E=Entwurf)		Bauaufgabe	Adresse	Bundesland	Partner
1971	Holzmeister-Ausstellung (85. Geburtstag)		Ausstellungsgestaltung	1090 Wien, ehem. Bauzentrum im Palais Liechtenstein	Wien	Manfred Resch
1971	Wettbewerb Akademisches Gymnasium Rainberg	E	Neubau	5020 Salzburg	Salzburg	Manfred Resch
1973	Wettbewerb Bundesgymnasium Bregenz	E	Neubau	6900 Bregenz	Vorarlberg	Gerhard Kleindienst
1973	Wettbewerb Universität Salzburg; Ankauf	E	Neubau	5020 Salzburg, Nonntal	Salzburg	Gerhard Kleindienst
1974	Wettbewerb HTBLA Wien 10	E	Neubau	1100 Wien	Wien	Gerhard Kleindienst
1974	Wettbewerb BRG Schloss Traunsee	E	Neubau	4810 Gmunden	Oberösterreich	Gerhard Kleindienst, Gertrude Hautum
1974	Wettbewerb Bundesschulzentrum Althofen	E	Neubau	9330 Althofen	Kärnten	Gerhard Kleindienst
1975	Wohnung Dostal		Innenausstattung	1090 Wien, Alser Straße	Wien	
1975	Wettbewerb Bundesrealgymnasium und HBLA Oed; 3. Preis	E	Neubau	4020 Linz	Oberösterreich	Gerhard Kleindienst
1975	Wettbewerb Bundesamtsgebäude Kagran	E	Neubau	1220 Wien	Wien	Manfred Resch
1975	Wettbewerb Bundesschul- und Sportzentrum Eisenstadt	E	Neubau	7000 Eisenstadt	Burgenland	Gerhard Kleindienst
1975	Wettbewerb Bundesmittelschule Wien 10	E	Neubau	1100 Wien	Wien	Gerhard Kleindienst
1976	Wettbewerb HTBLA Salzburg	E	Neubau	5020 Salzburg	Salzburg	Gerhard Kleindienst
1976	Holzmeister-Fest (90. Geburtstag)		Organisation	3601 Dürnstein	Niederösterreich	Manfred Resch
1976	Wettbewerb Bundesschulzentrum Wien 22	E	Neubau	1220 Wien	Wien	
1977	Wettbewerb Wohnquartier und Bundesamtsgebäude	E	Neubau	1030 Wien, Rennweg	Wien	Gerhard Kleindienst
1977	Wettbewerb Ganztagsschule Wien (Modellwettbewerb)	E	Neubau		Wien	
1979	Holzmeister-Ausstellung		Ausstellungsgestaltung	3601 Dürnstein	Niederösterreich	Manfred Resch
1979	Hohoff Hair, Geschäftslokal		Umbau	1070 Wien, Westbahnstraße	Wien	Martin Kiener
1979	Wettbewerb HBLA Leoben	E	Neubau	8700 Leoben	Steiermark	Gerhard Kleindienst
1979	Bäckerei Litzka		Innenausbau	1020 Wien	Wien	
1979	Haus Ploch		Neubau	5412 Puch bei Hallein	Salzburg	
1979–2013	Haus Eva Maria Kokoschka		Innenausstattung	1160 Wien, Liebhartstalstraße	Wien	
1980	Ferienhaus Neuhauser		Umbau	5505 Mühlbach am Hochkönig	Salzburg	
1981	Wettbewerb Wohnverbauung Gräf & Stift-Gründe	E	Neubau	1190 Wien	Wien	Gerhard Kleindienst
1981–1983	Gemeinde Wien, Wohnhausanlage Rudolf-Krammer-Hof		Neubau	1060 Wien, Mollardgasse/ Linke Wienzeile	Wien	Manfred Schuster
1982	Wettbewerb Landes- und Universitätssportanlagen Rif	E	Neubau	5400 Hallein	Salzburg	Gerhard Kleindienst
1982	Hansaton, Geschäftslokale		Innenausstattung	1090 Wien, Währinger Straße	Wien	
1983	Postamt 1300, Flughafen Wien-Schwechat		Innenausstattung	1300 Wien-Flughafen	Wien	

Jahr	Projekt (E=Entwurf)		Bauaufgabe	Adresse	Bundesland	Partner
1983	Postamt 1094, Wien		Innenausstattung	1090 Wien	Wien	
1983	Haus Komlanz		Neubau	4020 Linz, Sophiengutstraße	Oberösterreich	
1983	Hansaton, Geschäftslokal		Innenausstattung	4020 Linz	Oberösterreich	
1984	Wettbewerb Sportzentrum Dornbirn	E	Neubau	6850 Dornbirn	Vorarlberg	Martin Kiener, Werner Rebernig, Wolfgang Steininger
1984	Gemeinde Wien, Wohnhausanlage		Umbau, Aufzüge	1020 Wien, Augartenstraße	Wien	
1985	Gemeinde Wien, Wohnhausanlage		Neubau	1060 Wien, Corneliusgasse/Esterházygasse	Wien	
1985	Firma Flora, Betriebsgebäude		Neubau	5020 Salzburg, Karolingerstraße	Salzburg	
1986	Wohnung Matysik und Moldaschl		Innenausbau	1010 Wien, Jordangasse	Wien	
1986	Postamt 1212, Wien		Innenausstattung	1210 Wien	Wien	
1987	Spedition Griesser (Firma Flora)		Neubau	5020 Salzburg, Karolingerstraße	Salzburg	
1988	Postamt Haag		Neubau	3350 Haag	Niederösterreich	
1988	Postamt 1072, Wien		Innenausstattung	1070 Wien, Zieglergasse	Wien	
1988–1990	Gemeinde Wien, Wohnhausanlage Svoboda-Hof		Sanierung	1190 Wien, Heiligenstädter Straße	Wien	GSD – Gesellschaft für Stadt- und Dorferneuerung
1989	Haus Neuhauser		Innenausstattung, Dachausbau	5020 Salzburg, Kajetanerplatz	Salzburg	
1989–1992	Gemeinde Wien, Wohnhausanlage Karl-Marx-Hof; Stadterneuerungspreis 1993		Sanierung	1190 Wien, Heiligenstädter Straße	Wien	Werner Rebernig, GSD
1990	Wohnhaus Hetzendorfer Straße		Sanierung, Dachausbau	1130 Wien, Hetzendorfer Straße	Wien	
1990–1993	Gemeinde Wien, Wohnhausanlage Blathof		Sanierung	1140 Wien, Linzer Straße	Wien	GSD
1991	Wettbewerb, Zentrale Verwaltung ÖAMTC	E	Neubau	3400 Klosterneuburg	Niederösterreich	
1991	Theater der Jugend		Umbau	1070 Wien, Neubaugasse	Wien	Martin Kiener
1992	Gemeinde Wien, Teichhaus		Um- und Neubau	1130 Wien, Lainzer Tiergarten	Wien	
1993	Volksheim, Musikschule		Innenausbau	1220 Wien, Schüttaustraße	Wien	
1993	Elektropathologisches Museum		Umbau, Gestaltung	1160 Wien, Sandleitengasse	Wien	
1993	Österreichisches Patentamt		Umbauten	1010 Wien, Kohlmarkt	Wien	
1993	Gemeinde Wien, Kindergarten, Karl-Marx-Hof		Umbau	1190 Wien, Heiligenstädter Straße	Wien	
1993–1995	Gemeinde Wien, Wohnhausanlage Karl-Volkert-Hof		Sanierung	1160 Wien, Thaliastraße	Wien	GSD
1993–1995	Gemeinde Wien, Wohnhausanlage Julius-Ofner-Hof		Sanierung	1050 Wien, Margaretengürtel	Wien	Werner Rebernig, GSD
1993–1995	Gemeinde Wien, Wohnhausanlage Franz-Domes-Hof		Sanierung	1050 Wien, Margaretengürtel	Wien	Werner Rebernig, GSD
1993–1995	Gemeinde Wien, Wohnhausanlage Ernst-Hinterberger-Hof		Sanierung	1050 Wien, Margaretengürtel	Wien	Werner Rebernig, GSD
1993–1996	Gemeinde Wien, Wohnhausanlage Reumannhof; Stadterneuerungspreis 1996		Sanierung	1050 Wien, Margaretengürtel	Wien	Werner Rebernig, GSD

Jahr	Projekt (E=Entwurf)		Bauaufgabe	Adresse	Bundesland	Partner
1993–1996	Gemeinde Wien, Wohnhausanlage Reumannhof, Sozialzentrum, Kindergarten		Umbau	1050 Wien, Margaretengürtel	Wien	
1995	Gemeinde Wien, Wohnhausanlage Wachauer Hof		Sanierung	1020 Wien, Jungstraße	Wien	Werner Rebernig, GSD
1995	Wettbewerb Mittelschule Wien 22	E	Neubau	1220 Wien, Prandaugasse	Wien	Werner Rebernig
1995	Gemeinde Wien, Wohnhausanlage Breitenseer Straße 110–112, Garage		Sanierung	1140 Wien, Breitenseer Straße	Wien	
1995–1997	Gemeinde Wien, Wohnhausanlage Breitenseer Straße 106–108		Sanierung	1140 Wien, Breitenseer Straße	Wien	GSD
1995–1999	Gemeinde Wien, Wohnhausanlage Breitenseer Straße 110–112		Sanierung	1140 Wien, Breitenseer Straße	Wien	GSD
1996	WWFF-Gutachten Gasometer		Studie			
1997	Konservatorium Wien, Musiksaal		Um- und Neubau	1010 Wien, Johannesgasse	Wien	
1997–1999	Gemeinde Wien, Wohnhausanlage Leystraße 19–21		Sanierung	1200 Wien, Leystraße	Wien	Werner Rebernig, GSD
1998	Wettbewerb Haus der Musik	E	Neubau	8010 Graz	Steiermark	Gerhard Kleindienst
1998	Wettbewerb Gymnasium Gottschalkgasse	E	Umbau	1110 Wien	Wien	Werner Rebernig
1998	Konservatorium Wien, Unterrichtsräume Perkussionisten		Umbau	1010 Wien, Johannesgasse	Wien	
1998	Wettbewerb Hauptbibliothek Wien	E	Neubau	1070 Wien, Neubaugürtel	Wien	Gerhard Kleindienst
1998–2000	Gemeinde Wien, Wohnhausanlage Friedrich-Engels-Platz		Sanierung	1200 Wien, Friedrich-Engels-Platz 9, Aignerstraße 8–14	Wien	Werner Rebernig, GSD
1999	Wohnhaus Salesianergasse		Sanierung	1030 Wien, Salesianergasse	Wien	GSD
1999	Wettbewerb Rettung	E	Um- und Neubau	1030 Wien, Radetzkystraße	Wien	Gerhard Kleindienst
1999	Wettbewerb HTBLuVA Mödling	E	Erweiterung	2340 Mödling	Niederösterreich	
1999–2000	Geologische Bundesanstalt, Labor		Umbau, Innengestaltung	1030 Wien, Neulinggasse	Wien	Werner Rebernig, GSD
2000	Haus Moritz	E	Neubau	9071 Köttmannsdorf	Kärnten	
2000	Ordination Rambousek		Innenausstattung	1140 Wien, Linzer Straße	Wien	
2000	Wettbewerb Unisportzentrum USZ3	E	Neubau	1150 Wien, Auf der Schmelz	Wien	Martin Kiener
2000	Wettbewerb Universitätsbibliothek Wien, Tiefspeicher	E	Neubau	1010 Wien, Universität Wien	Wien	Anton Glaninger, Martin Kiener, Martin Schindler
2000	Wettbewerb BHAK Korneuburg	E	Erweiterung	2100 Korneuburg	Niederösterreich	Martin Kiener
2001	Musikschule Wien 5, Musiksaal		Um- und Neubau	1050 Wien, Bräuhausgasse	Wien	
2001	Wettbewerb Bundesschulzentrum Krems	E	Erweiterung, Neubau	3500 Krems	Niederösterreich	Martin Kiener
2001	Wettbewerb Erweiterung Geologische Bundesanstalt, Bürogebäude	E	Neubau	1030 Wien, Neulinggasse	Wien	Martin Kiener
2002	Haus Weiß		Neubau	2245 Velm, Kienersee bei Achau	Niederösterreich	
2002	Wohnung Matysik und Moldaschl		Neugestaltung	1080 Wien, Josefstädter Straße	Wien	
2002	Wettbewerb WIFI Wien	E	Erweiterung	1180 Wien, Währinger Gürtel	Wien	Martin Kiener
2002–2004	Gemeinde Wien, Wohnhausanlage Fröhlich-Hof		Sanierung	1120 Wien, Malfattigasse	Wien	GSD

Jahr	Projekt (E=Entwurf)		Bauaufgabe	Adresse	Bundesland	Partner
2005–2007	Gemeinde Wien, Wohnhausanlage Liebknechthof		Sanierung	1120 Wien, Böckhgasse	Wien	Werner Rebernig, GSD
2005–2008	Gemeinde Wien, Wohnhausanlage Winarskyhof		Sanierung	1200 Wien, Stromstraße	Wien	Werner Rebernig, GSD
2006	Haus Lindner		Neubau	2770 Urgersbach	Niederösterreich	
2007	Wohnhausanlage Felberstraße		Sanierung	1150 Wien, Felberstraße	Wien	Martin Kiener, KEG
2007	Gemeinde Wien, Wohnhausanlage Lobmeyrhof		Sanierung	1160 Wien, Lorenz-Mandl-Gasse	Wien	Werner Rebernig, GSD Martin Kiener
2007	Wohnung Kührer		Innenausstattung	2401 Fischamend	Niederösterreich	
2007	Wettbewerb AHS Korneuburg	E	Neubau	2100 Korneuburg	Niederösterreich	Martin Kiener, Heribert Lentsch
2008	Wettbewerb Veranstaltungshalle Araburg	E	Neubau	2572 Kaumberg	Niederösterreich	Martin Kiener
2008–2012	Gemeinde Wien, Wohnhausanlage Am Schöpfwerk		Sanierung	1120 Wien, Am Schöpfwerk	Wien	Werner Rebernig, GSD
2009–2012	Wohnungen Weiß		Dachausbau	1080 Wien, Albertgasse	Wien	Martin Kiener, KEG
2014	Haus Roman Kokoschka		Neubau	3053 Laaben	Niederösterreich	
2014	Wettbewerb Wien Museum Neu	E	Erweiterung, Neubau	1040 Wien, Karlsplatz	Wien	Martin Kiener
2015	Dachwohnung Neuhauser		Aufstockung	5020 Salzburg, Karolingerstraße	Salzburg	Martin Kiener
O. J.	Wettbewerb Pädagogische Bundesschule Salzburg	E	Neubau	5020 Salzburg	Salzburg	
O. J.	Wettbewerb Gartenschau	E	Neugestaltung	3430 Tulln	Niederösterreich	

MitarbeiterInnen

Walter Aichinger, 1965
Korkut Akkalay, 1990
Dieter Bachhofner, 2000–2003
Werner Bauer, seit 2015
Ulla Baur, 2001–2003
Ekkehard Bergauer, 2014–2015
Friedrich Böck, 1991
Béatrice Böhm, seit 2014
Gabriele Brugner, 2003–2005
Walter Cvikl, 1959
Martin Deutenhauser, 1993–2000
Natalia Dziadus, 2008–2012
Elke Eckerstorfer, 2003–2005
Hansjörg Eiblmayr, 1959
Rudolf Eschelbacher, 1999–2000
Christian Farcher, 1994–1995
Andreas Fekete, seit 2007
Logman Forootan Nasab, seit 2013
Arno Grünberger, 1974
Manfred Güldner, 1984
Peter Habla, 1984
Reza Helforoush, 1994
Armin Helml, 1983
Otmar Helnwein, 1994–1998
Konrad Hitthaler, 2005–2012
Franz Hofbauer, 1967
Hans Hollein, 1961
Ingrid Holzschuh, 2002–2004
Dieter Hoppe, 1959
Peter Jakaubek, 1965
Theresa Jelinek, seit 2006
Claire Jones, 2009–2013
Daniela Kadlec, seit 2014
Anna Kaltenböck, 1989
Walter Kickinger, 1965
Gerhard Kleindienst, 1961
Sabine Kodatsch, 2000–2003
Helmut Krapmeier, 1976
Volker Kreuzberger, 1995, seit 2002
Bernd Kuschetz, 1996–1999
Egbert Laggner, 1982
Georg Landgrebe, 1962
Rudolf Langzauner, 1959

Günter Lausch, 1973
Gina Loudova, 1965
Stefan Makovec, 1995, 2000–2013
Herbert Mang, 1966
Dieter Matschiner, 1970
Barbara Mayr, 1993
Alexandra Mössl, 2000–2001
Klaus Musil, 1965
Gerd Neversal, 1961
Sandra Obetzhauser, seit 2011
Michael Pech, 1982
Heribert Petrac, 1978
Alfred Pointner, 1961
Mahmood Poormodjib, 1980
Tomas Prochazka, seit 2011
Werner Rebernig, 1977
Gerhard Rieder, 1961
Claus Folke Riedler, 1960
Eva Schiederer, 1980
Konrad Schindler, 1963
Erwin F. Schleindl, 1964
Benjamin Schneider, 2002–2005
Wolfgang Schwarz, 2007–2010
Erwin Schwarzmüller, 1981
Leon Sliwinski, 1961
Kurt Spuller, 1965
Wolfgang Stark, 1961
Adolf Steindl, 1959
Walter Stelzhammer, 1971
Josef Süßenbacher, 1985
Dagmara Szmydke, seit 2004
Werner Teibrich, 1995–2000
Dieter Tuscher, 1961
Ronald Unterberger, seit 2011
Reinhard Vallaster, 1981
Ernst Virgolini, 1978
Winfried Vosicky, 1973
Monika Wachtberger, 1989
Rudolf Weinzettl, 1981
Matthäus Werbanschitz, 1999–2000
Gerda Widhalm (Sektretärin), seit 2000
Hans Wilreker, 1965
Peter Wurm, 1964

Anhang

Personenindex

A Achleitner, Friedrich (geb. 1930) 36, 43, 146
Adorno, Theodor W. (1903–1969) 36
arbeitsgruppe 4 26, 36, 146
Architektengruppe C4 36
Architekturbüro Hentrich-Petschnigg und Partner 37
Auböck, Carl (1924–1993) 146
Auböck, Maria (geb. 1951) 38

B Bakema, Jacob Berend (1914–1981) 35, 36
Bauer, Erich 190
Bauer, Leopold (1872–1938) 35
Baumann, Ludwig (1853–1936) 35
Baumschlager, Carlo (geb. 1956) 37
Behrens, Peter (1868–1940) 190
Benedikter-Fuchs, Renate 37
Biljan-Bilger, Maria (1912–1997) 36
Blaha, Walter 103
Bock, Fritz (1911–1993) 36
Bódi, Franz 103
Boltenstern, Erich (1896–1991) 11, 16, 23, 45, 105, 261
Bramante, Donato (1444–1514) 146
Bressler, Emil (1847–1921) 35

C Cermak, Wilhelm (1920–2005) 43
Czech, Hermann (geb. 1936) 36

D Deininger, Julius (1852–1924) 35
Dichter, Ernest (1907–1991) 36
Dimitriou, Sokratis (1919–1999) 35, 36, 108
Domenig, Günther (1934–2012) 36
Dubrović, Milan (1903–1994) 38
Durand, Jean-Nicolas-Louis (1760–1843) 146

E Ehn, Karl (1884–1959) 190
Eichholzer, Herbert (1903–1943) 37

F Falkner, Rupert (geb. 1930) 103
Fehringer, Franz (geb. 1928) 43
Felber, Robert 37
Fellerer, Max (1889–1957) 17, 19
Fellner, Ferdinand (1847–1916) 35
Feuchtmüller, Rupert (1920–2010) 33
Feuerstein, Günther (geb. 1925) 35, 36
Fohn, Max (1932–2011) 36
Förderer, Walter (1928–2006) 36
Frank, Josef (1885–1967) 43, 190
Fuchs, Jakob 37
Fuller, Richard Buckminster (1895–1983) 36

G Gartler, Klaus 36
Gerngross, Heidulf (geb. 1939) 36
Gessner, Hubert (1871–1943) 190
Gfrerer, Ernst 37
Giencke, Volker (geb. 1947) 37
Gleißner, Heinrich (1893–1984) 30
Gleissner, Wolfgang 36
Gorge, Hugo (1883–1934) 190
Graf, Franz 45
Gropius, Walter (1883–1969) 16, 146
Gruen, Otto (1921–1994) 23
Gsteu, Johann Georg (1927–2013) 43, 146

H Haerdtl, Oswald (1899–1959) 17, 19, 21, 43, 44
Hamm, Hans 190
Hasenöhrl, Felix 17, 19
Haßlinger, Wilhelm 103
Helmer, Hermann (1849–1919) 35
Hermann, Heinrich 37
Hiesmayr, Ernst (1920–2006) 36
Hiesmayr, Hans 36
Hoffmann, Josef (1870–1956) 17, 190
Höfinger, Oskar Eberhard (geb. 1935) 33
Hollein, Hans (1934–2014) 29, 35, 36, 37, 38, 106
Holzbauer, Wilhelm (geb. 1930) 29, 36, 43
Holzmeister, Clemens (1886–1983) 8, 11, 15, 16, 17, 19, 20, 23, 26, 28, 29, 30, 31, 33, 35, 43, 44, 105, 145, 190, 261

Holzmeister, Gunda (1910–1997) 33
Homann, Michael 37
Hosp, Klaus 36
Hubatsch, Wilhelm (1904–1974) 8, 103, 105, 108, 109, 112, 145
Hufnagl, Viktor (1922–2007) 15, 36, 43, 145, 146, 152, 190, 210
Huth, Eilfried (geb. 1930) 36

I Illmaier, Herwig (1957–2001) 37

J Jaksch, Hans (1879–1970) 35
Jordan, Friedrich (1903–2015) 105, 106

K Kajaba, Heinz Dieter 8, 128, 132, 150, 151, 216
Kapeller, Christoph (geb. 1956) 37
Karbus, Heinz (1927–2015) 43
Katzberger, Paul (geb. 1957) 106
Kery, Theodor (1918–2010) 37
Kiener, Elisabeth (geb. 1966) 260, 261
Kiener, Franz sen. (1896–1938) 15, 261
Kiener, Hans (geb. 1927) 15
Kiener, Irene (1939–2005) 261
Kiener, Maria (1898–1997) 15, 261
Kiener, Martin (geb. 1960) 260, 261
Kirchschläger, Rudolf (1915–2000) 30, 33
Kitt, Ferdinand (1919–1973) 9, 43, 145, 146, 152, 160
Kleindienst, Gerhard (geb. 1939) 122, 124, 145, 148, 172, 174, 175, 176, 177
Klinger, Ferdinand (1910–1990) 15, 43, 261
Koch, German 36
Koelbl, Wolfgang (geb. 1968) 37
Körner, Wilhelm 103
Kraus, Herbert (1911–2008) 105
Krenek, Ernst (1900–1991) 29
Kriechbaum, Erika 38
Kripp, Sigmund (geb. 1928) 36
Krist, Karl (1883–1941) 190
Kruft, Hanno-Walter (1938–1993) 146
Kurrent, Friedrich (geb. 1931) 23, 36, 43, 146
Kutschera, Hermann (1903–1975) 103

L Lackner, Josef (1931–2000) 36
Lang, Lukas (geb. 1927) 43
Langner, Siegbert 38
Le Corbusier (1887–1965) 16
Lechner, Wilhelm 44
Ludwig, Siegfried (1926–2013) 37

M Majores, Erich 103
Mang, Engelbert (1883–1955) 190
Mang, Karl (1922–2015) 187
Matzka, Franz 37
Mautner-Markhof, Manfred (1903–1981) 37
May, Ernst (1886–1970) 36
Mayer, Hugo (1883–1930) 190
Mayr, Fritz Gerhard (geb. 1931) 145, 146, 152
Medicus, Fritz (1901–1989) 15
Mies van der Rohe, Ludwig (1886–1969) 16, 45
Monitzer, Erich (geb. 1955) 38
Morgenstern, Oskar (1902–1977) 36
Mosbacher, Ernst 43
Mrazek, Wilhelm (1913–1989) 36
Müllner, Viktor (1902–1988) 104, 105

N Niedermoser, Otto (1903–1976) 36
Nouvel, Jean (geb. 1945) 38

O Oberhuber, Oswald (geb. 1931) 35
Otto, Frei (1925–2015) 36

P Pardatscher, Wolfram H. (geb. 1956) 37
Parenzan, Leo 190
Pattis, Erich (1902–1996) 30
Paxton, Joseph (1803–1865) 146
Peichl, Gustav (geb. 1928) 8, 35, 36, 103, 105, 106, 108, 109, 112

Pelnöcker, Karl 103
Perco, Rudolf (1884–1942) 190
Petermair, Hans (1904–1984) 36
Peters, Joachim 190
Pfeiffer, Gottfried 46
Pichler, Walter (1936–2012) 35
Piffl-Perčević, Theodor (1911–1994) 37
Podivin, Hans 106
Pointner, Alfred 106
Potyka, Hugo (geb. 1927) 43
Prader, Herbert (1928–1980) 43
Prader & Fehringer 43
Prantl, Karl (1923–2010) 37
Prasser, Luise (1918–2009) 46
Praun, Anna Lülja (1906–2004) 37
Pribitzer, Michael 190
Puchhammer, Hans (geb. 1931) 43, 103
Purr, Utz 37

R Rainer, Roland (2010–2004) 8, 45, 105, 129, 133
Rebernig, Werner 190, 192, 200, 204, 208, 210, 252
Rehrl, Hermann (1894–1976) 15, 35, 43
Reinisch, Johann 36
Resch, Manfred (geb. 1939) 30, 33, 154, 158, 170
Retti, Marius 37

S Sallinger, Rudolf (1916–1992) 37
Schacherl, Franz (1895–1943) 190
Scheffel, Karl (1883–1946) 37
Schmitthenner, Paul (1884–1972) 44
Schmutzer, Walter (geb. 1926) 30, 31
Schoiswohl, Josef (1901–1991) 36
Schreieck, Marta (geb. 1954) 38
Schuster, Franz (1892–1972) 190
Schuster, Manfred 134
Schütte-Lihotzky, Margarete (1897–2000) 43
Schwanzer, Karl (1918–1975) 37
Seifert, Alwin (1890–1972) 43
Sekler, Eduard F. (geb. 1920) 19, 36, 37, 45, 189
Sillaber, Karl 36
Simony, Stephan (1903–1971) 35, 36
Spalt, Johannes (1920–2010) 23, 30, 36
Strnad, Oskar (1879–1935) 43, 190
Subal, Anton 45, 46, 52

T Theiss, Siegfried (1882–1963) 35
Thiery, Richard 29
Thurner, Herbert (1905–1998) 36, 37, 38, 145, 146, 152
Trenker, Luis (1892–1990) 30

U Uhl, Ottokar (1931–2011) 145, 146, 152, 187
Ungers, Oswald Mathias (1926–2007) 36

V van den Broek, Johannes Hendrik (1898–1978) 36
Vorderegger, Rudolf (1921–2014) 43

W Wachberger, Eugen (1904–1971) 8, 9, 11, 16, 17, 19, 21, 23, 26, 29, 35, 36, 44, 45, 105, 261
Wachsmann, Konrad (1901–1980) 8, 23, 27, 145, 146
Waclawek, Fritz (geb. 1942) 190
Wagner, Otto (1841–1918) 36
Wawrik, Gunther (geb. 1930) 103, 146
Weber, Peter 37
Weinmayer, Leopold (1904–1966) 105
Weissenbacher, Walter 44
Wengler, Friedrich 36
Wessicken, Josef (1837–1918) 43
Windbrechtinger, Traude (geb. 1922) 190
Windbrechtinger, Wolfgang (1922–2011) 36, 190
Witzmann, Carl (1883–1952) 44
Wlach, Oskar (1881–1963) 190
Wolske, Siegfried (1925–2005) 23
Wörle, Eugen (1909–1996) 17, 19, 30, 35, 36, 38, 145

Z Zotter, Friedrich (1894–1961) 37
Zotter, Michael 37

269

Literaturverzeichnis

Selbstständige Publikationen

Banham, Reyner. 1964. Die Revolution der Architektur. Theorie und Gestaltung im Ersten Maschinenzeitalter. Reinbek bei Hamburg: Rowohlt.

Csendes, Peter/Opll, Ferdinand (Hrsg.). 2006. Wien. Geschichte einer Stadt, 3 Bde., Bd. 3, Von 1790 bis zur Gegenwart. Wien u. a.: Böhlau.

Czerny, Wolfgang/Adam, Peter/Bundesdenkmalamt (Hrsg.). 1996. Dehio-Handbuch: Die Kunstdenkmäler Österreichs, X. bis XIX. und XXI. bis XXIII. Bezirk. Horn-Wien: Berger.

Edlinger, Rudolf/Förster, Wolfgang. 1995. Wohnhaussanierung und Wien. Wien: Selbstverlag.

Eibelmayr, Judith/Meder, Iris (Hrsg.). 2006. Moderat Modern. Erich Boltenstern und die Baukultur nach 1945 (Ausstellungskatalog, Sonderausstellung des Wien-Museums, 20.10.2005–29.1.2006, 326). Salzburg u. a.: Pustet.

Hölz, Christoph (Hrsg.). 2015. Gibt es eine Holzmeister-Schule? Clemens Holzmeister 1886–1983 und seine Schüler (Schriftenreihe des Archivs für Baukunst im Adambräu, 8). Innsbruck: Univ. Press.

Hoppe, Diether S. (Hrsg.). 1996. Schulbau in Österreich. Eine qualitative Bestandsaufnahme 1996. Wien: Verl. Österreich.

Hubatsch, Wilhelm. 1965. Probleme des Schulbaus. Wien-München: Wedl.

Hubatsch, Wilhelm. 1973. Neue Planungsaspekte im Schulbau unter Berücksichtigung der voraussehbaren Erfordernisse auf der Grundlage künftiger Organisations- und Funktionsprogramme. Forschungsarbeit im Auftrag des Bundesministeriums für Bauten und Technik. Wien: Architekturforum.

Hufnagl, Viktor (Red.)/Österreichische Gesellschaft für Architektur (Hrsg.). 1969. Österreichische Architektur 1960 bis 1970 (Ausstellung La-Chaux-de-Fond, 3.–23. 5.1969). Wien.

Hufnagl, Viktor. 1969–1971. Vorfertigung im Schulbau. Zusammengestellt von der Studiengemeinschaft Vorfertigung im Schulbau unter Mitwirkung von Heiner Fürst und Helmut Eisenmenger. Bd. 1, Literatur; Bd. 2, Systeme Österreich; Bd. 3, Turnhallen; Bd. 4, Systeme Ausland; Bd. 5, Modulkoordination; Bd. 6, Gesetzliche Grundlagen; Bd. 7, Pädagogische Aspekte – bauliche Konsequenzen; Bd. 8, Vorfertigung, Industrialisierung, Architektur; Bd. 9, Schlußbericht. Wien: Eigenverlag.

Kruft, Hanno-Walter. 1991. Geschichte der Architekturtheorie. München: Beck, 3. Auflage.

Kurrent, Friedrich. 2001. Einige Häuser, Kirchen und dergleichen. Salzburg u. a.: Pustet.

Litzlbauer, Günther. 2011. Flexibler Schulbau – Umbau Gymnasium Völkermarkt. Wien, Techn. Univ., Dipl.-Arb.

Mang, Karl/Czeike, Felix. 1978. Kommunaler Wohnbau in Wien. Aufbruch, 1923–1934, Ausstrahlungen (Ausstellungskatalog, „55 Jahre Gemeindewohnung – Sozialer Aufstieg durch kommunalen Wohnbau"). Wien: Presse- und Informationsdienst der Stadt Wien.

Pisarik, Sonja (Red.)/Architekturzentrum Wien (Hrsg.). 2010. arbeitsgruppe 4. Wilhelm Holzbauer, Friedrich Kurrent, Johannes Spalt, 1950–1970 (Ausstellungskatalog, Architekturzentrum Wien, 4.3.–31.5.2010). Salzburg-Wien: Müry Salzmann.

Posch, Wilfried. 2010. Clemens Holzmeister. Architekt zwischen Kunst und Politik. Salzburg: Müry Salzmann.

Rigele, Georg. 2000. Clemens Holzmeister. Innsbruck: Haymon Verlag.

Schlandt, Joachim. 1969. Die Wiener Superblocks (Veröffentlichungen zur Architektur, 23). Berlin: Techn. Univ. Berlin, Lehrstuhl für Entwerfen VI.

Schmidt, Justus/Tietze, Hans [neu bearbeitet von Anton Macku und Erwin Neumann]/Bundesdenkmalamt (Hrsg.). 1954. Dehio-Handbuch: Die Kunstdenkmäler Österreichs [3. Auflage]. Horn-Wien: Berger.

Tafuri, Manfredo. 1980. Vienna rossa, la politica residenziale nella Vienna socialista, 1919–1933. Milano: Electa Ed.

Steger, Bernhard. 2011. Vom Bauen. Zu Leben und Werk von Ottokar Uhl. Wien: Löcker.

Uhl, Ottokar. 1966. Moderne Architektur in Wien von Otto Wagner bis heute. Wien: Schroll.

USA – Europa. 1955. Der Aufbau, Sondernummer, 10. Jg., H. 2/3.

Vetter, H. A. 1932. Kleine Einfamilienhäuser mit 50 bis 100 Quadratmeter Wohnfläche. Wien: Schroll.

Wachsmann, Konrad. 1971. Wendepunkt im Bauen. Stuttgart: Dt. Verl.-Anst.

Zentralvereinigung der Architekten Österreichs (Hrsg.). Kiener, Franz/Thurner, Herbert (Red.). 1975. Otto Wagners Postsparkasse (ZV-Dokumentation). Wien.

24 Einfamilienhäuser. 1949. Der Bau, 1. Sonderheft, 4. Jg.

Aufsätze, Artikel

Achleitner, Friedrich. 2015. „Eugen Wörle – Ein Mentor der Jungen" vom 6.1.1997, in: ders., Eva Guttmann, Gabriele Kaiser, Claudia Mazanek (Hrsg.), Wie entwirft man einen Architekten? Porträts von Aalto bis Zumthor. Graz: Diachron, S. 269–270.

Dimitriou, Sokratis. 1963. „Gartenstadt Süd", in: Der Aufbau, H. 3/4, S. 104–109.

Elser, Oliver. 2013. „EVN und Südstadt, eine Melange der internationalen Nachkriegsmoderne", in: Heike Maier-Rieper (Red.), EVN AG (Hrsg.). Südstadt, Maria Enzersdorf, Österreich. Wohnbau und Bürokultur. Wien: Sonderzahl-Verlag, S. 106–117.

Förster, Wolfgang. 2005. „Stadterneuerung zwischen Markt und Staat: Der Wiener Weg", in: Uwe Altrock, Ronald Kunze, Ursula von Petz, Dirk Schubert (Hrsg.). Jahrbuch Stadterneuerung 2004/05. Beiträge aus Lehre und Forschung an deutschsprachigen Hochschulen, Stadtumbau. Berlin: Univ.-Verl. der Techn. Univ. Berlin, S. 299–309.

Förster, Wolfgang. 28.10.2009. „Vier Kriterien für soziale Nachhaltigkeit", in: derstandard.at, http://derstandard.at/1256256030430/Wohnbau-Vier-Kriterien-fuer-soziale-Nachhaltigkeit (12.12.2015).

Fürst, Heiner. 1970. „Baukastensysteme im Wohnungsbau", in: Der Bau, H. 3, S. 31–36.

Höferl, Andreas. 1992. „Gemeindewohnungen und Leistbarkeit", in: Wolfgang Förster u. a. Unermüdlich, unbequem. August Fröhlich und die sanfte Stadterneuerung heute. Wien: Picus-Verlag, S. 137–141.

Holzmeister, Clemens. 1952. „Junge Architekten. Über den Unterricht an der Meisterschule an der Akademie der Bildenden Künste in Wien spricht Professor Clemens Holzmeister", in: Der Bau, H. 7/8, 144–145.

Hufnagl, Viktor. 1973. „Internationale Tendenzen im Schulbau – ihre Auswirkungen in Österreich", in: Der Aufbau, Sonderheft Schulbau, H. 11/12, S. 418–436.

Kapfinger, Otto/Boeckl, Matthias. 1991. „Vom Interieur zum Städtebau. Architektur am Stubenring 1918–1990", in: Erika Patka (Red.), Wilhelm Holzbauer, Hochschule für Angewandte Kunst Wien (Hrsg.). Kunst: Anspruch und Gegenstand. Von der Kunstgewerbeschule zur Hochschule für Angewandte Kunst in Wien 1918–1991. Salzburg-Wien: Residenz-Verlag, S. 97–179.

Keck, George Fred. 1946. „Entwurf für das ‚House of Tomorrow'", in: Der Bau, H. 6, Titelblatt und S. 5.

Kühn, Christian. 2012. „Vom Haus des Lehrers zum Raum für Teams", in: Caroline Jäger-Klein, Sabine Plakolm-Forsthuber, ÖISS (Hrsg.). Schulbau in Österreich 1996–2011. Wege in die Zukunft. Wien-Graz: NWV, S. 80–86.

Loicht, Franz/Leinwather, Peter. 1982. „Schulentwicklung in Österreich", in: Manfred Nehrer, Michael Wachberger u. a. (Hrsg.). Schulbau in Österreich von 1945 bis heute. Horn-Wien: Berger, S. 9–11.

Maier-Rieper, Heike. 2013. „Zwischen den Räumen. Wahrnehmungen zu Schreibtischen und anderen Oberflächen aus fünf Jahrzehnten – eine kommentierte Bildstrecke", in: dies. (Red.), EVN AG (Hrsg.). Südstadt, Maria Enzersdorf, Österreich. Wohnbau und Bürokultur. Wien: Sonderzahl-Verlag, S. 138–184.

O. A. 1946. „Einfamilienhaus in USA", in: Der Bau, H. 6, S. 5.

O. A. 1951. „Ein Zweifamilienhaus", in: Der Bau, H. 3/4, S. 54–55.

O. A. 1953. „Wohnhausanlage der Nationalbank in Wien", in: Der Bau, Heft 5/6, S. 111–113.

O. A. 1960. „Nachbar einer gotischen Kirche", in: Der Bau, H. 2, S. 76–77.

O. A. 1965. „Der neue BAU", in: Bau, Schrift für Architektur und Städtebau, H. 1, S. 1.

O. A. 1966. „ZV-Nachrichten", in: Bau, H. 3, S. 64.

O. A. 1967. „Förderungspreis 1967 der ZV der Architekten Österreichs", in: Bau, H. 4/5, S. 119–120.

O. A. 1971. „Modellschule Imst/Tirol", in: Vorfertigung im Schulbau, Pädagogische Aspekte – Bauliche Konsequenzen, H. 7, S. 86a–86f.

Prader, Herbert/Fehringer, Franz. 1969. „Die nächste Generation – Konturen – Tendenzen", in: Viktor Hufnagl (Red.), Österreichische Gesellschaft für Architektur (Hrsg.). Österreichische Architektur 1960 bis 1970 (Ausstellung La-Chaux-de-Fond, 3.–23. 5. 1969). Wien. o. S.

Quilici, Vieri. 1980. „Vienna rossa 1919–1933", in: Domus, Nr. 608, Mailand, S. 24–25.

Rainer, Roland. 1949. „Das erreichbare Wohnideal", in: Der Aufbau, H. 1, S. 14–22.

Rigele, Georg. 2013. „Die Südstadt. Planungspolitik und Raumentwicklung", in: Heike Maier-Rieper (Red.), EVN AG (Hrsg.). Südstadt, Maria Enzersdorf, Österreich. Wohnbau und Bürokultur. Wien: Sonderzahl-Verlag, S. 52–75.

Rigele, Georg. 2013. „Facts & Figures", in: Heike Maier-Rieper (Red.), EVN AG (Hrsg.). Südstadt, Maria Enzersdorf, Österreich. Wohnbau und Bürokultur. Wien: Sonderzahl-Verlag, S. 90–105.

Schöbl, Wilhelm. 1973. „Vorfertigung im Schulbau", in: Architektur aktuell, H. 37, S. 44.

Sekler, Eduard F. 1952. „Europäische Architektur seit 1945", in: Der Aufbau, H. 6, S. 213–216.

Sekler, Eduard F. 1984. „Der Architekt im Wandel der Zeiten", in: Viktor Hufnagl, Erich Schlöss (Red.). Reflexionen und Aphorismen zur österreichischen Architektur, Wien: Bundes-Ingenieurkammer, Bundesfachgruppe Architektur, S. 31–43.

Simony, Stephan. 1957. „Maria am Gestade oder im Gegenteil: Wir wollen Architekturkritik", in: Der Bau, H. 5, S. 247–248.

Stiller, Adolph. 2000. „Mehr als eine Vitrine …", in: ders. Oswald Haerdtl. Architekt und Designer, 1899–1959 (Ausstellungskatalog, Architektur im Ringturm, 6. 6.– 1. 9. 2000). Salzburg u. a.: Pustet, S. 85–99.

Stiller, Adolph. 2000. „Eine Ikone der Nachkriegsmoderne. Pavillon Felten & Guilleaume, 1953", in: ders. Oswald Haerdtl. Architekt und Designer, 1899–1959 (Ausstellungskatalog, Architektur im Ringturm, 6. 6.– 1. 9. 2000). Salzburg u. a.: Pustet, S. 141–149.

Thurner, Herbert. 1985. „Eine nicht gehaltene Rede", in: Zentralvereinigung der Architekten (Hrsg.). Herbert Thurner. Ein Beitrag zum individuellen Wohnen. Wien, S. 83.

Voigt, Wolfgang. 1992. „Vom Ur-Haus zum Typ. Paul Schmitthenners ‚deutsches Wohnhaus' und seine Vorbilder", in: Vittorio Magnago Lampugnani, Romana Schneider (Hrsg.). Moderne Architektur in Deutschland 1900 bis 1950, 3 Bde., Bd. 1, Reform und Tradition (Ausstellungskatalog, Deutsches Architekturmuseum Frankfurt am Main, 15. 8.–29. 11. 1992). München: Prestel, S. 245–266.

Wachberger, Michael. 1987. Einleitung, in: GSD – Gesellschaft für Stadt- und Dorferneuerung Ges.m.b.H. Modellsanierung Karl-Marx-Hof. Voruntersuchung – Textteil (im Auftrag des Bundesministeriums für wirtschaftliche Angelegenheiten – Stadterneuerungsfonds und der Stadt Wien). Wien, S. 1.

Waditschatka, Ute. 2010. „Im Vordergrund das Bauen", in: Sonja Pisarik (Red.), Architekturzentrum Wien (Hrsg.). arbeitsgruppe 4. Wilhelm Holzbauer, Friedrich Kurrent, Johannes Spalt, 1950–1970 (Ausstellungskatalog, Architekturzentrum Wien, 4. 3.–31. 5. 2010). Salzburg-Wien: Müry Salzmann, S. 20–77.

Wimmer, Wilhelm. 1962. „Die Vorfabrikation im sozialen Wohnbau der Stadt Wien", in: Der Aufbau, H. 6/7, S. 227–233.

Internetquellen

ÖGFA, Gründungsmanifest, www.oegfa.at/page.php?id=32&item=888 (14.2.2016).

Lainzer Tiergarten, Wikipedia, https://de.wikipedia.org/wiki/Lainzer_Tiergarten (29. 9. 2015).

Wachberger, Eugen, Architekturlexikon Wien 1770–1945, www.architektenlexikon.at/de/668.htm (5. 10. 2015).

Zinner, Michael, „Das Bundesschulzentrum Traun", in: www.schulraumkultur.at/perch/resources/140220-blog-zinner.michael-20110405analyse-bsz.traun-seite-1bis28.pdf, Linz 2011 (2. 10. 2015).

Archive und sonstige Quellen

Architekturzentrum Wien

Archiv, Akademie der bildenden Künste Wien

Archiv Franz Kiener, Wien

Archiv der Zentralvereinigung der ArchitektInnen Österreichs (ZV), Wien

EVN Archiv, Maria Enzersdorf

Diverse Interviews der Autorinnen und Autoren mit Franz Kiener

Mitschrift eines Interviews von Angelica Bäumer mit Clemens Holzmeister, „Clemens Holzmeister: Von der Würde des Bauens", ORF-Produktion, 1984.

Impressum

Herausgeberin
Ingrid Holzschuh

Für die Zentralvereinigung der
ArchitektInnen Österreichs

ZV Zentralvereinigung
der ArchitektInnen Österreichs

Idee
Elisabeth Kiener, Martin Kiener

Konzept
Ingrid Holzschuh

Gestaltung
Christoph Schörkhuber

Lektorat
Brigitte Ott

Reproduktionen
Elmar Bertsch

Druck
Ueberreuter

Papier Kern
Munken Lynx Rough 120g, Amber Graphic 120g

Schrift
Plain

Abbildungsnachweis
Titelfoto: Bundesrealgymnasium Imst, 1973
(Archiv Franz Kiener)
S. 34: Archiv Zentralvereinigung der ArchitektInnen Österreichs
S. 39: Architekturzentrum Wien
S. 47, 82, 83: Architekturzentrum Wien, Sammlung, Christoph Panzer
S. 101, 102, 107, 111: EVN Archiv, Maria Enzersdorf
S. 260: Andrea Peller
Alle anderen Fotos und Pläne: Archiv Franz Kiener

Dank an alle Institutionen und Archive, die uns die Bilder zur Verfügung gestellt haben.
Die AutorInnen haben sich bemüht, alle Bildrechte einzuholen. Sollten InhaberInnen von Bildrechten nicht ausfindig gemacht worden sein, werden diese gebeten, sich an die Herausgeberin zu wenden.

ISBN 978-3-03860-016-9

© 2016 Ingrid Holzschuh, Wien, und Park Books AG, Zürich
© der Texte: die AutorInnen

Park Books AG
Niederdorfstrasse 54
8001 Zürich
Schweiz

Alle Rechte vorbehalten; kein Teil dieses Werkes darf in irgendeiner Form ohne vorherige schriftliche Genehmigung des Verlags reproduziert oder unter Verwendung elektronischer Systeme verarbeitet, vervielfältigt oder verbreitet werden.

www.park-books.com

Das Buch wurde großzügig gefördert von

Andrea Kührer
Traumgarten, Ing. Georg Guggenberger
Dr. Ewald Weiß